律令官人制再編の研究

田　原　光　泰　著

塙　書　房　刊

目次

目　次

凡　例

一、史料の文字は新字体を用い、必要に応じて句読点・中点を付した。また原則として訓点を施したが、文書史料などで一部省いたものもある。
一、史料中の割註などの細字双行は原則として〈　〉内に一行で表した。
一、史料中、意により補訂した文字を〔　〕で示した。そのほか必要に応じて各章ごとに校訂記号を使用し、その旨を注記した。
一、史料で使用した主な刊本は以下の通り。条文番号や項目名などもこれに従った。これ以外の刊本はそのつど注記した。

『日本思想大系』律・令・意見十二箇条・寛平御遺誡
『日本古典文学大系』日本書紀・菅家文草
『新日本古典文学大系』続日本紀
『訳注日本史料』日本後紀・延喜式
『新訂増補国史大系』続日本後紀・日本文徳天皇実録・日本三代実録・類聚国史・本朝世紀・日本紀略・令義解・令集解・類聚三代格・弘仁格抄・貞観交替式・弘仁式・法曹類林・類聚符宣抄・続左丞抄・政事要略・朝野群載・公卿補任・尊卑分脈
『神道大系』内裏式・儀式・西宮記・北山抄・江家次第
『続神道大系』侍中群要
『大日本古記録』貞信公記（貞信公記抄）・九暦（九条殿記）・小右記（小記目録）・御堂関白記・中右記・殿暦・愚昧記・猪隈関白記・実躬卿記
『史料纂集』吏部王記・権記
『増補史料大成』帥記・左経記・春記・水左記・中右記・長秋記・兵範記・台記（台記別記）・山槐記
『図書寮叢刊』御産部類記・九条家歴世記録・玉葉
吉田早苗校訂『大間成文抄』（吉川弘文館）

凡　例

一、史料の引用にあたっては、巻・頁・番号の一部で以下のような略記法を用いた。
『大日本古文書』編年文書、巻之二十五、七六頁　→　『大日本古文書』二五―七六
『平城宮木簡』七、一一九四八号木簡　→　『平城宮木簡』七―一一九四八
『平安遺文』古文書編、第一巻、第二一五号文書　→　『平安遺文』一―二一五

律令官人制再編の研究

序章　律令官人制再編に関するこれまでの研究と本書の視角

律令国家として展開した日本の古代国家は、その運営を支える者＝官人の地位に関わる制度を律令によって詳細に規定した。そして文書や出土木簡などの一次史料からは、考選制度などその綿密なシステムが実際に機能していたことがうかがえる。一方で平安時代に入ると、官職の年労や年給にもとづく叙任など、それまでにないシステムが登場する。それらの新しい制度についても近年までにかなりの部分が明らかにされ、そうした変化の総体についても、官人制の「再編」として研究が深められている。

しかしながら、これまでの再編に関わる研究については、基本的な部分でなお課題が残る。例えば、平安時代の半ばには六位以下の下級位階が形骸化し、一部を除いて消滅していることが知られている。「位階を保持する集団が、国家の官職を専有して、官位をもたないいわゆる「白丁」身分を統治するという形態が、律令制国家の特徴」[1]であるとされ、官人制研究の中で位階制はこれまでとりわけ重視されてきた。だが下級位階が消滅したことについて明瞭な説明がなされてきたわけではない。

こうした官人制の再編について、その本質により近づくためには、その変化の事象をさまざまな方面から集めて分析し、それを体系的にとらえてゆく必要がある。また、そのようにして再編問題に迫ることにより、すでに重厚な研究の蓄積のある「律令官人制」そのものについても、その特徴や運用の実態をさらに明確なものにすることができるのではないだろうか。本書では、そうした律令官人制再編に関わる諸問題を多様な角度から検討し、またそのことを通して律令官人制の特質を明らかにしたいと考える。そのためにまず本章では、再編に関連する研究の流れを確認した上であらためてその課題を整理し、それに対する本書の視角について述べたいと思う。

第一節　律令官人制の再編に関わる先行研究——一九九〇年前後まで——

今日までの官人制に関わる研究は膨大な数にのぼる。ここでは律令官人制の再編という視点から、その主題についての画期をなす一九九〇年前後までの主な流れを概観したい。

戦後の官人制の研究は、一九五〇年代に位階制に関わる部分から本格的にスタートする。竹内理三・野村忠夫・時野谷滋・曽我部静雄・宮崎市定・井上光貞の各氏が位階の性格について、野村・喜田新六氏が考選制度をはじめとする制度的側面を中心に研究を進め、六〇年代のはじめまでには、今日の官人制研究の基盤となる研究がすでに出揃うことになる。(2)一方、平安時代における官人や官人制のあり方は、そうした運用法とは明らかにかけ離れていることも意識されていた。しかし、その時代特有の個々の制度については、戦前すでに竹内氏が成功、戦後は時野谷氏が年給について詳細に論じたものの、(3)平安時代を律令制の崩壊過程とみる認識の中で、その時期における官人制に対しての関心は概して薄く、変化そのものを積極的にとらえようとする方向性はほとんどみられなかった。

平安時代における官人制の変化に着目した研究は、六〇年代以降に本格化する。その流れは大きく二つに分けられる。一つは、社会経済史研究の進展を背景とした、諸司財政および官人給与に関わるものである。まず、村井康彦氏が中央財政の特質を指摘するとともに、元慶官田の成立などから諸司財政の独立化を論じ、早川庄八氏もほぼ同じ視点から、令制下の官人給与制の構造とその平安時代における変化を明らかにしている[4]。また個別官司の財政基盤とその変遷については、笹山晴生氏が衛府について、森田悌氏が、大蔵省・内蔵寮・衛府・馬寮などについて検討している[5]。

変化をとらえようとするもう一つの流れとして、個々の官人の出自や昇進過程から、個別官職の性格やその変化について考察した笹山・野村・大塚徳郎氏などの研究があげられる[6]。ただ当然のことながら、こうした方法は、六国史や『公卿補任』などの史料上の性格に制約されるため、分析の対象は基本的に上級官職・官人層に限らざるをえない。とはいえ、この分野から、承和の変を起点とする「官職の貴族化」[7]や「近衛府・弁官体制」[8]などの政治史的な視角が生まれたことは留意されよう。

しかし、以上の流れの中では、官人制の中核部分ともいえる叙任システムなどの制度面の変化に関しては、ほとんど言及されることはなかった[9]。そうした方面に先鞭をつけたのが、一九七一年の福井俊彦氏の「労および労帳についての覚書」[10]である。そこでは官職の年労の基本的な性格を明らかにするとともに、賞・成功・年給などの制度にも言及し、平安時代における叙位・除目の体系的な研究の必要性を指摘している。しかしながら、その後、黒板伸夫氏が、除目の中の四所籍の制度を取り上げた[11]程度で、平安時代以降の膨大な叙位・除目に関する個別記録に対して直接立ち向かった研究は、しばらくの間は低調といわざるをえなかった。こうした制度史研究の状況が大きく変わる契機となるのが、平城宮跡等の発掘調査の進展がもたらした出土木簡の増加や宮都の構造に関する研究の展開、それとも密接に関わる儀式研究・文書研究の深化である。

発掘調査の成果が官人制研究に直接反映された例をあげると、平城宮式部省跡付近から大量に出土した考選関係木簡に関するものがあり、早くから野村・東野治之氏によってその木簡の用途が探究されてきた[12]。その後、寺崎保広氏が、平安時代の儀式書等にみられる政務の中に、そうした木簡を位置づけることを試み、またそれまでの通説に対して奈良時代前期における考課の厳格性を指摘したことなどによって、考選関連手続きの実像がより具体性をもつものとなった[13]。

一方、福井氏がその必要性を指摘していた叙位・除目の体系的な研究については、儀式研究が進んだ八〇年代に入ってから、まず玉井力氏によって精力的に進められることとなる。玉井氏は、古記録と儀式書によって、受領挙・受領巡任の実態とその性格を明らかにし、さらに『魚魯愚抄』などの編纂史料も積極的に利用して、除目を構成する個々の制度を分析することにより、除目そのものの成立の問題にも取り組んだ[14]。さらに、福井氏が重視した年労についても、五位以上の加階について分析を進め、その実態を明らかにしている[15]。そして同じ時期には、高田淳氏も加階の問題を中心に年労の研究を進めており[16]、年労制度の解明が一気に進むこととなる。高田氏はまた巡爵の制度を取り上げ、その制度の実態を明らかにしているが[17]、この八〇年代後半から九〇年代前半にかけては、ほかにも、氏爵について宇根俊範・田島公氏、年給について尾上陽介氏、成功については上島享氏が研究を進めるなど[18]、平安時代の個別の叙任制度の研究は著しく進展することになる。一方、こうした除目における銓擬の過程でなく、その最終結果が公布される任官儀に着目し、八世紀の文書をも利用して、奈良から平安時代へと続く儀礼として明らかにしたのが早川氏であった[19]。そこでは口頭伝達など、政治・行政システムの中に「音声の世界」があったことを重視したのが特筆されよう。

このように一九九〇年前後において官人制、とくに平安時代の叙任制度については飛躍的に研究が進み、早くから精緻な研究が行われていた律令に規定される官人制度との比較も可能となった。しかしながら、個々の制度的実態が明らかになっても、叙任制度の変化の本質部分については、漠然と考課選叙方式から年労方式への移行がいわれた程度で、ほとんど言及されてこなかったといえる。[20]
　そうした中、平安時代における官人制の変化の問題を、律令官人制の「再編」という形で正面から向き合ったのが吉川真司氏であった。変質を追うには、まずその官人制の基本構造・原理が明確にされていなければならない。吉川氏は一九八九年の「律令官人制の再編」[21]において、律令官人秩序の基本は、天皇と個々の官人の〈君恩―奉仕〉の関係であるとし、その「奉仕」の程度は基本的に上日によって示され、それに対する「君恩」は、位階〈副次的に官職〉と禄から構成されるとした。その上で平安時代前期の天長年間に、成選による勅授が制度的に放棄されたことを指摘し、再編の本質を〈位階の上日・成選から官職の年労へ〉という形で明快に示したのである。
　そして、上日によって示されていた官人の奉仕が形骸化し、特定官職の年労のみが評価されるようになった結果、上日より官職の労、位階より官職、叙位より除目が重要となり、広い範囲への君恩が収縮し、特定の官職と「恩寵」に預かる人々のみが優遇を受ける体制が成立したとする。さらにそこから、五位以上集団の解体、六位以下の下級官人の諸司・諸家への帰属、三省から外記方・蔵人方へという官人把握機構の再編、などの諸点を示した。そしてこうした官人秩序、また官司秩序という視角にもとづく律令官人制・官司制について、両者を総合する概念としての「律令官僚制」という見方を提示している。氏の研究は、戦後の日本古代の官僚制研究の一つの到達点を示しており、以後の官僚制研究、とりわけ官人制の研究は、すべてそれを前提に議論が組み立てられているといって過言ではない。
　したがって現在、律令官人制およびその再編、とくに叙任に関わる研究を進めるにあたっては、吉川氏が確立した視点をふまえることが必須となっている。そこで次に氏が示した、天皇と官人との間の君恩・奉仕の関係、つまり〈君臣関係〉、そして君恩としての位階・禄を賜与するためのシステムである〈位階制〉〈禄制〉、それを得るための奉仕を測る基準としての〈上日〉、という四つのポイントから、あらためて今日に至るまでの官人制研究をふりかえっておきたい。

第二節　君臣関係・位階制・禄制・上日からみた官人制研究

まず〈君臣関係〉〈位階制〉について。すでに触れたように、戦後の早い段階から位階制の研究は集中的に進められ、中国の官品制とは異なる日本の位階の特質が明らかにされてきた。そうした位階制が登場した理由について、宮崎氏は朝鮮との外交関係、井上氏も諸国使間の位次など、外交問題を契機とする国内での礼的秩序の整備をあげた。そして石母田正氏も『日本の古代国家』の中で、礼の秩序の一部であるところの位階がもつ技術的な機能を重くみて、やはりその登場について、朝鮮三国・隋との外交上の契機を指摘する。[22] 一方で石母田氏は、位階が大化前代のカバネナと同様に、王権に対する忠誠関係または人格的服従関係をとり結んでいた点を重視し、「冠位または位階の制が、国家機構とは独立に、より重要な意義を付されてきた」とする。[23] 律令制においてこのような官職に対する位階の優位性を明確に指摘したのが早川氏であった。

叙任に際して当事者に書面で交付されるのは、叙位における位記だけである。その点をもって日本では任官よりも叙位の方が重視されていたとすることは、黛弘道氏などによって早くから指摘されていたが、[24] 早川氏はそのことをより多角的に追究した。すなわち、日唐の律令や位階・官品の比較から、日本では任官よりも叙位を優先する意識が強く、官職はあくまでも位階＝クライに従属するものとして位置づけられていたとする。そして前期難波宮の歴史的意義についても、それまで一般的であった官制の整備という指摘に対し、官制よりもむしろ「冠位の授与を基調とする君臣関係の拡大」と評価したのである。[25]

ではその位階を媒介とする「君臣関係の拡大」以前に、官人と天皇はどのような君臣関係を結んでいたのか。熊谷公男氏はその点について、令制以前の各ウヂを支えていた主要な基盤は、諸氏の伝統的な政治的地位＝「ツカサ」と、それに付随した「部」であり、諸氏は累代の王権への奉仕によるツカサの相伝を通してはじめて世襲的な部の領有が可能になったと指摘している。[26] そして大化二年（六四六）八月・三年四月の品部廃止詔によって、ウヂと部が切り離され、官僚制とそれを支える一元的な公民支配の実現が目指されたとした。

令制下の君臣関係の性格を、天皇と官人との間の君恩・奉仕関係としてとらえることにより、君臣関係を律令官人制の中に明確に位置づけたのが、既述のように吉川氏であり、右の歴史的過程についても次のようにとらえた。[27] すなわち、官人の奉仕という規範の前身は、各ウヂ固有の職務（ツカサ）によって大王にツカヘマツル（仕奉）の意識であり、仕奉によって認められる部民の領有が君恩の前身であるとした。そして、部民制の廃止によって君恩は、一元的に集約された調庸物の再配分である禄と位階の賜与という形に変化したこと、そして、ウヂの組織が解体され非世襲の律令官司に代わったことにより、官人の奉仕は抽象的な上日によって示されることになったとしたのである。

こうした律令官人制の性格が提示されて以降、課題となったのが、日唐間の君臣関係の相違である。坂上康俊氏は、唐の官僚には皇帝による統治を補佐する義務があり、それは禄との交換関係でなかったことを指摘し、吉川氏が指摘したような、日本古代における奉仕と君恩の交換という世襲的・双務的な君臣関係との相違を明確にした。[28] そしてさらに大隅清陽氏は、中国における官人への禄は、天子の召しに応じて官途につくことによって、生業が行えなくなったことへの代償であり、日本のような王権への奉仕の反対給付としての性格は希薄であることをあらためて指摘し、日唐の君臣関係の相違について、考課・選叙の手続きや季禄の性格の比較を通してより具体的に明らかにした[29]。

ではその律令制下の君臣関係は、律令官人制の再編によってどのような様相を示すことになるのか。その点について吉川氏は、広い範囲の官人への君恩が収縮し、特定官職と天皇家を中心とする諸家の「恩寵」に預かる人々のみが優遇を受ける体制が成立し、また六位以下では天皇と官人との間の君恩・奉仕関係は実質的に消滅していったとする[30]。

一方、佐藤泰弘氏は、平安時代の公卿・官人の奉仕を「役」という側面からとらえ、そこにみられる天皇との関係を「召―奉仕」関係と規定した。公卿についていえば、天皇が公卿を召し、公卿が天皇に役を奉仕することは、両者を結ぶ君臣関係が直接表現されたものという。そして、十世紀後期から十一世紀初期にかけて、公卿は院・女院・東宮・摂関家などへも奉仕するようになり、多元的な「召―奉仕」関係が生まれることになった。またその大多数が君恩から排除され、諸司・諸家に分属するようになった一般官人においても、官司の長官や諸家の主人との間に多元的な「召―奉仕」の関係が形成されたことを指摘する[31]。佐古愛己氏は、君臣関係が変化する中で、位がどのような奉仕に対して与えられたのか、という視点のもとで、令制下から平安時代までの叙位制度の変遷を追うとともに、こうした奉仕の多元化を推進した制度の一つとして年爵について検討した。またそうした年爵や勧賞など、人格的関係を拠り所とする叙位が十一世紀以降に増加したことによって、九世紀に叙位事由の中核だった年労の役割が低下したことも指摘している[32]。

次に〈位階制〉の中でも、とくに五位以上の位階について。戦後、位階制の研究が本格化した当初から、五位以上の階級性が強調されてきたが、関晃氏はそれを畿内勢力という支配者層として位置づけた。そして彼らによる全国制圧という形は、律令制度の上に明瞭に現れているとしたが[33]、それはのちの畿内政権論の基礎的な柱となり、そのため五位以上の政治的地位に関しての研究は深められてゆくことになる。その一方で、官人秩序として の五位以上の性格に着目したのが虎尾達哉氏である。虎尾氏は律令官人社会において、五位以上官人は位階制秩序の規制を強く受け、それに対し六位以下官人は官職制秩序の規制を強く受けていたことを指摘する。そして、五位以上官人はマヘツキミと称される一体的な存在であり、天皇と近しく接しうる臣下であると同時に、六位以下の諸司官人への指導力・統率力が期待されていたことを指摘した[34]。

これを承けて吉川氏は、その枠組を「五位以上集団」と名づけ、彼らと天皇との間は、「五位以上上日」と節会等での宴会という、特殊なシステムで結ばれていたことを指摘した[35]。そしてさらに、宮都の発掘調査の進展による朝堂院の機能に関する研究の展開をふまえ、朝堂とは、虎尾氏が指摘したような五位以上官人の役割を実現するための施設であったと評価した[36]。一方、大隅氏は、拝礼・答拝に関する日唐の比較から、五位以上は天皇の権威を分有する貴族集団として、六位以下の致敬の対象になっていたとし、礼制の面から五位以上集団の性格を明らかにした[37]。また佐藤全敏氏は、政務システムの詳細な分析から、律令四等官制の基本的な構造を導き出し、五位以上が六位以下の判官・主典を率いるという官司運営原理をあらためて指摘した[38]。

しかし、こうした性格をもつ五位以上集団も、十世紀に入って位禄が変質し節禄が衰退するなど、君恩の及ぶ範囲が限られるようになり、その一方で昇殿制などの新しい原理が展開する。そして五位以上集団は解体に向かい、「五位以上」はたんなる身分表示にすぎなくなったことが指摘されている[39]。

次に〈禄制〉について。禄を含む官人給与の問題に関しては、戦後、早い時期に時野谷氏が食封を中心に、ついで高橋崇氏がそれに加えて季禄、位田・職田などについて基礎的な研究を進めた[40]。また既述のように早川氏は、律令財政とその変質という視点から、位禄・季禄のみならず、時服・馬料・大粮・月料・要劇料・番上粮などの官人給与についての検討を行った。そうした経済的側面からの研究に対して、禄を君恩・奉仕関係の中でとらえ、その政治的意義について指摘したのが吉川氏であった[41]。そしてその政治的意義という側面を重視した山下信一郎氏は、中国との比較などを通して、日本における俸禄の思想について考察し、俸禄の構造や原理、賜禄儀礼の類型やその変遷について論じた[42]。また饗場宏・大津透氏は節禄のもつ政治的意義とともに、平安時代初期におけるその変質を指摘し、そこに同時期における官僚制の変質を見出している[43]。

位階とともに禄を君恩の中心に位置づけた吉川氏は、十世紀半ばに季禄目録・馬料目録・時服目録に関する三省申政が史料からみえなくなり、また節禄の支給も同じころ崩壊し、位禄も支給対象が限定されるようになったことから、同時期の禄制のあり方の変化を官人制再編の最終段階としてとらえた。一方、仁藤智子氏は、禄自体を月料・要劇料なども含めて広くとらえ、大同年間に集中的に行われたその法整備を禄制改革とし、それを平安初期の国制改革の一環として位置づけている[44]。

最後に〈上日〉について。正倉院文書には、個々の下級官人の「奉仕」＝業務実態を具体的に記録したものとして、上日・行事に関わる文書が数多く残されている。そのため、山田英雄氏がそれについて詳細に分析[45]して以降、八世紀における上日の運用等については諸論考でもしばしば触れられてきた。ただそうした文書の性格上、上日そのものの性質について言及されることはほとんどなかった。

しかし、王宮の空間構造や儀式に関する研究が進展する中で、古瀬奈津子氏は告朔という視点から、そうした上日・行事などを報告することの政治的意義を明らかにし、さらに王宮の構造の分析とあわせて、平安時代初期における政治機構の変遷の中で上日の制度の変化をとらえた[46]。そうした上日の政治性を重視し、官人の奉仕の量を表す指標として律令官人制の中に明確に位置づけたのが吉川氏である。官人制の再編も上日の視点からとらえ、既述のように〈位階の上日・成選から官職の年労へ〉という移行関係で示した。

そして、上日と位階・禄を君臣関係の軸とする視角を継承し発展させたのは大隅氏である。大隅氏は、さきの山下氏の禄に関する指摘などもふまえ、日唐の制度を比較することにより、日本の考選と季禄は、上日を媒介として密接に結びついており、それは上日を通じて計量化された「仕奉」に対して、考選・季禄という「君恩」を与えるという互酬関係にほかならず、それが日本の律令官人制の基本的な論理とする。そしてその歴史的前提には、トモやマヘツキミによる王宮への出仕があったことを指摘する。また平安時代における君臣関係の変化についても、上日の制度の視点から見通している。(47)

その後、志村佳名子氏は、現在までの王宮の空間構造の研究をふまえ、そこでの政務形式・勤務制度という視点から上日についても分析を加えた。すなわち、七世紀末から九世紀に至るまでの各宮室の空間構造の変化や唐との比較などから、朝参と朝政・上日との制度的関係を論じた。さらに平安時代の殿上の上日についても詳細な考察を加え、そこに令制下における上日の性格の継承を指摘している。(48)

このように、「上日」によって示される官人の奉仕、それに対する「位階」「禄」という形での天皇の君恩、それを君臣関係の中心に置く律令官人制論、そしてその上日から年労への転換を軸に平安時代の官人制度を評価する再編論の視点は広く共有・継承され、今日の官人制研究全体の骨格をなしているといえるだろう。

第三節　これまでの研究の課題と本書の視角・構成

以上の研究動向をふまえ、ここでは律令官人制の再編、そして律令官人制そのものに関する研究の課題と、それに対する本書の視角を提示し、その上で本書の具体的構成について述べたい。

律令官人制システムの中心に位置づけられている位階に関わる制度、とくにその基本とされる考選制度については、令文の構造に対する精緻な分析と、正倉院文書などの文書史料にもとづく基礎的な研究が早くから進められ、その中で勤務評定としての考課の実態については、形式的・固定的なものであったことが指摘されてきた。しかしその後の平城宮跡出土木簡の増加によって、そうした姿は奈良時代後期以降になってのものであり、令制当初は実態に即した厳しい考課が行われていたことが明らかにされたのは、官人社会の実像をとらえる上で貴重な成果であったといえる。ただ、なぜ考課が形式化したのかについては、これまで「先例主義」[49]あるいは「官人社会の成熟」[50]など、統治技術的な側面が指摘されるにすぎなかった。

しかし、律令官人の秩序について、その基本を天皇と官人との間の「君恩」と「奉仕」の関係という形で研究が深められるようになると、こうした考選制度の実態があらためて問題として浮上する。考課は全官人の奉仕の度合いを測るための重要な手続きであり、したがってその考課が奈良時代後期に形式化したとするなら、天皇と官人との間の君恩・奉仕関係、すなわち君臣関係を考える上で、その変化は平安時代の再編期よりも前の官人社会における一つの大きな転換点になるはずである。しかしながら、そのころ君臣関係そのものについて特段の変化が見出されるわけではない。そもそも奉仕を測るための重要な考課がなぜ早くから形式化するのか。このことは、成選叙位を君臣関係の基軸に置くこと、そこから再編を見通すことについて疑念を抱かせる。

また、君臣関係において成選叙位が重視されるのであれば、その変化に関わる問題については、いわゆる「恩寵」のようなものが働きやすい五位以上の勅授よりも、そうした要素の影響を受けにくい六位以下の成選叙位こそが問題にされなければならない。そして冒頭でも触れたように、その六位以下の位階は、平安時代半ばにもなると一部を除いてほとんどみられなくなる。その点については、十世紀以降に六位以下の位階は消滅、集約化するという黒板氏の分析[51]があり、考課や成選叙位もそのころに行われなくなったと考えられる。しかしそれにもかかわらず、従来の再編に関わる研究では、成選叙位の放棄については基本的に勅授の範囲でしか検討されていないのである[52]。

その理由は、これまでの研究で明らかにされてきた、平安時代に登場した巡爵・年労加階・年爵・氏爵などの新しい官人制システムが、いずれも勅授であることによる面が大きい。しかし、それらの新しいシステムが形成されたのは九世紀であり、六位以下の位階の変質との時間差という点でもやはり問題がある。そもそも圧倒的多数の官人が帯びていた六位以下だけがなぜ事実上消滅するのか。君臣関係の中心に位階を置くのであるなら、その点が明確にされなければならないだろう。史料が少ないとはいえ、勅授、ひいては叙位制度の検討のみで官人制の再編や、官人秩序・君臣関係の問題を考えるのは課題があるといえよう。

そしてこれらのことは、五位以上の位階についての課題をも示すことになる。これまでの平安時代の政治構造に関する理解について、特権的な身分を示す五位以上という位階のラインの意義はしだいに低下してゆくというのが大方の見方である。官人制の再編に関する研究においても、既述のように、再編によって五位以上集団は解体し、五位以上はたんなる身分表示にすぎなくなったとされる。これは、再編の結果、位階よりも官職が重視されるようになったとする理解とも矛盾しないかもしれない。しかし、これまで明らかにされてきた、再編のもとで登場した君恩に関する新しいシステムは、年労を基準にするものにせよ、年爵のような「恩寵」に関わるものにせよ、勅授、とくに叙爵を中心に成立したものであり、五位以上に関する位階制の運用面は、再編によってむしろ拡充しているとさえいえるのではないか。五位以上の枠組がもつ官人制上の意味について、あらためて考えてみる必要があるだろう。

さらに、これまでの再編論のベースにある〈位階の上日・成選から官職の年労へ〉という理解自体についても課題がある。例えば、平安時代になっても上日を評価基準として重視するポストがあることが知られており、実際、再編論に対してその点からの批判がないわけではない。ただその場合でも、平安時代でも部分的には「まだ」上日の観念が残っていた、という理解に立つ批判[53]であり、上日から年労へという移行の構図そのものを疑問視したものではない。しかし平安時代に入っての新しい叙爵制度の中には、途中で評価基準が年労から上日へと変更された例もみられる[54]。これはどのように理解すべきであろうか。そして従来の再編論は、令制における官人の奉仕の程度は上日の数量によって示される、という理解を前提とするわけだが、令の規定そのものをみる限り、上日については考課や禄を得るための最低限の勤務日数を示すのみで、その多寡が評価の指標であることを規定しているわけではない。したがって、その前提そのものについてもいま一度十分な吟味が必要なのではないか。

以上のことは、律令官人制の再編の本質が〈位階の上日・成選から官職の年労へ〉にあり、その転換の結果、叙位よりも任官の方が重視されるようになった、などの再編論の基本的な理解、およびその前提となる、上日や成選叙位を君臣関係の中心にみる今日における律令官人制論への疑義につながる。そしてさらにその疑いは、位階が主で官職は従であることを当然としてきた戦後の官人制研究における一般的な理解に対しても及ばざるをえない。

右にあげた官人制研究の課題の多くは、奈良・平安時代を問わず、基本的に六位以下の下級位階や下級官職、それを帯びる下級官人に対しての視線の弱さに由来するように思われる。とくに、四等官などのいわゆる「官人」（以下、これら狭義の官人[55]を「官人」と表記する）の範疇にない雑任など、広義の官人については、制度面であまり注意が払われてこなかったのではないか[56]。

しかし、「官人」の性格を相対化してみてゆくためにも、官人層全体の最も外側にあたる部分、つまり白丁との境界に位置する雑任、あるいは散位、あるいは地方官人などについて、官人制の問題としてもっと注視する必要があるだろう。再編の問題を扱うにしても、官人たちの圧倒的多数を占めるその外枠部分の、平安時代における制度的実態やその変化が明らかにされなければならない[57]。平安時代の下級官人や下級位階の検討の必要性は、つとに黒板氏が説いていたにもかかわらず、平安時代史研究が活発化して以降も、制度面での研究がそれほど進展したとはいえない。官人制の再編の問題を考えるにあたっては、広義の官人層全体の制度的動向について、これまで以上に深くみてゆく必要があると考える。

そして再編に関わる研究の問題点は、当然ながらそのまま従来の律令官人制研究の課題にも直結する。したがって、官人秩序に関する変化の実態、あるいはそれに関わる諸政策を検討することは、再編だけの問題にとどまらず、律令官人制の特質をより鮮明に浮き上がらせる手段ともなるだろう。本書ではこれまであげた課題に鑑みて、位階制よりも官職や任用制度、とりわけ下級官人に対する視角を重視して、律令官人制の再編の問題、そして律令官人制そのものに対しての問題に取り組みたいと思う。最後に本書の構成を示す。

第Ⅰ部では、考選制度周辺の問題を中心に、律令官人制の運用に関わる諸政策について考察する。第一章では、さきにあげた考選制度に関わる課題を明確にした上で、令制の考課の構造と実態について再検討を行い、上日とそれにもとづく位階制（成選叙位）・禄制を基軸にすえる今日の律令官人制論の問題点を確認する。第二・三章では、関連史料が少ないため今まで注目されることの少なかった「考状」「考帳」という考課関係文書について検討する。それらの文書の機能を明らかにすることによって、考選制度の一側面を確認するとともに、それが必要とされた背景を分析することによって、奈良時代前期および平安時代前期の官人社会の動向の一端をとらえる。第四章ではその官人社会の動向を、平安時代前期の地方における官人問題＝「部内居住官人」問題にまで広げてみてゆく。部内居住官人に対する政策を追うことによって、考選制度やそれと連動する課役免除システムなど、令制的身分編成にもとづく令制の諸システムが、実態としてどのように機能してきたかが鮮明になると考えたからである。

第Ⅱ部では、諸司底辺部における令制官人組織の変化、あるいは新たな下部組織の誕生、という個別組織の問題から官人制再編の性格を考える。第一章では、令制トネリの変化について検討する。トネリ制度は、律令官人出身制度の基盤をなすものであり、そのことは令の規定における制度面、個々の官人の昇進過程などの実態面から明らかにされてきた。下級官人の中では早くから注目されていたポストともいえる。ところが、平安中期以降のトネリの姿にそのような印象はない。そのため、衛府舎人は別として、平安時代のトネリ全体に対しての関心は薄かったといえる。しかし律令官人制の再編を考えるのであれば、こうしたトネリの性格やその制度の変化に対しての検討は不可避と思われる。

続く第二・三章では、十世紀後半、つまり官人制の再編後あるいは再編終盤の時期に、幅広い官司の下層部に登場した「官人代」と呼ばれるポスト、そして春宮坊や中宮職などの官司の内部に形成された「庁」という組織と、その職員である「庁官」について取り上げる。これらの下部ポストの成立をみてゆくと、彼らの官司固有職員としての性格が明らかになり、官人制再編の性格の一側面がうかがえるのであるが、そのことが逆に、式部・兵部省による官人管理を基盤とする、本来的な律令官人制のあり方をも浮き彫りにさせると思うからでもある。

第Ⅲ部では、律令官人制の「再編」という中心課題について直接取り組むことにする。この問題に関して、吉川氏は上日と位階制（成選叙位）・禄制を基軸にした律令官人制論を前提に、いくつかの視点を示した。ここでは、その再編論の中核である〈位階の上日・成選から官職の年労へ〉の構図と、それがもたらしたとされる、位階より官職、叙位より除目の重視、という方向性、さらに官人把握機構の三省から外記方・蔵人方への移行、などの諸点を中心にその再検討を図ることにする。

まず第一章で、いわゆる「除目」の対象にならない判任以下の下級官人の任用手続きについて、律令人事官司である式部省の問題を中心に検討する。この手続きにおける式部省の位置づけの変化を追うことにより、式部省の関与を前提とする令制の官人任用手続きの建前が、九世紀以降、しだいに失われてゆく実態を明らかにする。とくに令制外の論理にもとづく官人の奉仕、それに関わる任用案件に関しては、式部省が事前に関与できなかった点を指摘する。続く第二章では、「諸司奏」を素材に、その前章の視点を「除目」の場に移して検討する。除目で扱われる諸司奏の性格、そしてその登場・展開を追うことによって、令制的論理外の多様な奉仕を官司運営などに積極的に取り込む形で展開した平安時代の官人制の一側面を明らかにする。また、年労制や外記など従来の再編論に関する課題、そして十世紀半ばという時期へのアプローチの必要性などについても言及する。

第三章では、平安時代の官人とは何か、というテーマを設定し、それについて、黒板氏が問題提起した平安時代における六位以下の「位階制変質」問題などを切り口に検討する。既述のように、これまでの律令官人制およびその再編に関する研究は、位階制を重視してきたにもかかわらず、十世紀以降、六位以下の下級位階が実質的に消滅している事実に対して直接向き合ってこなかった。とくに再編を考える上では本来おさえておくべき課題ともいえよう。これらの課題に取り組むことによって、再編期の中でもとくに十世紀半ばの段階における再編の意義を明らかにし、あわせて外記方・蔵人方による官人把握という再編論の論点の一つについて見直す。

第四章では、ここまでの行論で指摘した、上日や年労、そして平安時代の官人のあり方など、従来の再編論に関する問題点をふまえ、あらためて〈位階の上日・成選から官職の年労へ〉という中核部分についての再検討を行う。そして同時に、その再編論の前提にある、上日と位階制（成選叙位）・禄制を君臣関係の中心に置く現在の律令官人制論の見直しを図ることによって、律令制下における天皇と官人との間の君臣関係の実像をより明確なものにすることを試みる。

補論では、兼官留任の宣旨という「官人」（職事官）に関する任用手続きの一つについて考察し、その類型や構造を明らかにする。それによって他の一般政務とは異なる除目儀礼の特殊性を浮き彫りにするとともに、その手続きの院政期に入ってからの微妙な変化についても触れる。

終章では、以上の検討を整理し、さらにいくつかの新たな知見を加えた上で、律令官人制の再編および律令官人制の特質について、本書での私見をまとめたいと思う。

なお、本書各章とそのもととなった旧稿との関係は以下の通りである。

序章　律令官人制再編に関するこれまでの研究と本書の視角（新稿）

第Ⅰ部　律令官人に対する諸政策

第一章　律令考課制度の再検討（新稿）

第二章　考状の成立（『続日本紀研究』三三七、二〇〇二年）

第三章　考帳について（『学習院史学』五二、二〇一四年）

第四章　官人制からみた部内居住官人問題―延喜二年四月十一日太政官符を中心に―（『史学雑誌』一二五―四、二〇一六年）

第Ⅱ部　律令官人組織の変容

第一章　令制トネリの変質（『ヒストリア』一五四、一九九七年、原題は「令制トネリの変質に関する一考察―下級官人の出身制度の問題を中心に―」）

第二章　官人代の成立（『日本歴史』七三八、二〇〇九年）

第三章　春宮坊・中宮職内の「庁」について（『ヒストリア』二三四、二〇一二年）

第Ⅲ部　律令官人制の再編

第一章　「除目」以外の官人任用手続きの変化と式部省（『延喜式研究』二一、二〇〇五年、原題は「九・十世紀における式部省―「除目」以外の官人任用手続の検討から―」）

第二章　諸司奏について（新稿）

第三章　平安時代における官人―「位階制変質」問題を中心に―（新稿）

第四章　律令官人制の再編からみた律令制下の君臣関係（新稿）

補論　兼官留任の宣旨について（『古代文化』五九―一、二〇〇七年）

終章　律令官人制とその再編（新稿）

註

（1）石母田正『日本古代国家論』第一部Ⅰ（『石母田正著作集』三、岩波書店、一九八九年、初出は一九七三年）。

(2) 竹内理三「律令官位制に於ける階級性」(『竹内理三著作集』四、角川書店、二〇〇〇年、初出は一九五一年)、野村忠夫『律令官人制の研究』増訂版(吉川弘文館、一九七〇年)、時野谷滋『律令封禄制度史の研究』(吉川弘文館、一九七七年)、曽我部静雄『律令を中心とした日中関係史の研究』(吉川弘文館、一九六八年)、宮崎市定「日本の官位令と唐の官品令」(『宮崎市定全集』二二、岩波書店、一九九二年、初出は一九五九年)、井上光貞「冠位十二階とその史的意義」(『井上光貞著作集』一、岩波書店、一九八五年、初出は一九六三年)。喜田新六『令制下における君臣上下の秩序について』(皇學館大学出版部、一九七二年)。

(3) 竹内理三「成功・栄爵考—特に寺院経済史の一節として—」(『竹内理三著作集』五、角川書店、一九九九年、初出は一九三五年)、前掲註(2)時野谷氏書。

(4) 村井康彦「平安中期の官衙財政」(『古代国家解体過程の研究』岩波書店、一九六五年)、早川庄八「律令財政の構造とその変質」(『日本古代の財政制度』名著刊行会、二〇〇〇年、初出は一九六五年)。

(5) 笹山晴生『日本古代衛府制度の研究』(東京大学出版会、一九八五年)、森田悌『平安初期国家の研究』Ⅱ(関東図書、一九七二年)、同『平安時代政治史研究』(吉川弘文館、一九七八年)。

(6) 前掲註(5)笹山氏書、野村忠夫「弁官についての覚え書—八世紀～九世紀半ばの実態を中心に—」「九世紀後半の弁官について—「弁官についての覚え書」補考—」(『律令政治と官人制』吉川弘文館、一九九三年、初出は一九六九・七一年)、大塚徳郎『平安初期政治史研究』(吉川弘文館、一九六九年)。

(7) 玉井力「承和の変について」(『歴史学研究』二八六、一九六四年)。

(8) 福井俊彦「藤原良房の任太政大臣について」(『史観』七五、一九六七年)。

(9) ただわずかに森田氏が「律令官司制度の展開と変質」(『日本古代官司制度史研究序説』現代創造社、一九六七年)において、叙任制度をはじめとする律令官人・官司に関わる諸制度全般について、平安時代における変化を示す史料を幅広く取り上げ概観しているのが注目される。

(10) 福井俊彦「労および労帳についての覚書」(『日本歴史』二八三、一九七一年)。

(11) 黒板伸夫「四所籍小考—律令官制形骸化の一側面—」(『摂関時代史論集』吉川弘文館、一九八〇年、初出は一九七二年)。
(12) 野村忠夫「平城宮跡出土の木簡をめぐって—考叙関係の木簡を中心に—」(前掲註(2)野村氏書、初出は一九六八年)、東野治之「成選短冊と平城宮出土の考選木簡」(『正倉院文書と木簡の研究』塙書房、一九七七年)。
(13) 寺崎保広a「考課・選叙と木簡」、同b「考課木簡の再検討」(『古代日本の都城と木簡』吉川弘文館、二〇〇六年、初出は一九八六・八九年)。
(14) 玉井力「「受領挙」について」「受領巡任について」「平安時代の除目について—蔵人方の成立を中心として—」(『平安時代の貴族と天皇』岩波書店、二〇〇〇年、初出は一九八〇・八一・八四年)。
(15) 玉井力「平安時代における加階と官司の労」(前掲註(14)玉井氏書、初出は一九八八年)。
(16) 高田淳「加階と年労—平安時代における位階昇進の方式について—」(『栃木史学』三、一九八九年)、同「「年労加階制」以前—その成立と平安前期の位階昇進の実態について—」(『国史学』一五〇、一九九三年)。
(17) 高田淳「「巡爵」とその成立—平安時代的叙位制度の成立をめぐって—」(『國學院大學紀要』二六、一九八八年)。
(18) 宇根俊範「氏爵と氏長者」(坂本賞三編『王朝国家国政史の研究』吉川弘文館、一九八七年)、田島公「「氏爵」の成立—儀式・奉仕・叙位—」(『史林』七一—一、一九八八年)、尾上陽介「親王の年官について—巡給制度の考察—」(『早稲田大学大学院文学研究科紀要』哲学・史学編別冊一七、一九九一年)、同「年爵制度の変遷とその本質」(『東京大学史料編纂所研究紀要』四、一九九四年)、同「内給所について」(虎尾俊哉編『日本古代の法と社会』吉川弘文館、一九九五年)、上島享「地下官人の成功」「受領の成功」(『日本中世社会の形成と王権』名古屋大学出版会、二〇一〇年、初出は一九九二・九四年)。
(19) 早川庄八「八世紀の任官関係文書と任官儀について」(『日本古代官僚制の研究』岩波書店、一九八六年、初出は一九八一年)。
(20) 前掲註(10)福井氏論文、(15)玉井氏論文。

(21) 吉川真司「律令官人制の再編」(『日本史研究』三二〇、一九八九年)。この論文はその後、『律令官僚制の研究』(塙書房、一九九八年)に収録されたが、その際、a「律令官僚制の基本構造」、b「律令官人制の再編過程」の二つに分けられている。
(22) 石母田正『日本の古代国家』第一章(前掲註(1)石母田氏著作集、初出は一九七一年)。
(23) 前掲註(1)石母田氏書。
(24) 黛弘道「位記の始用とその意義」(『律令国家成立史の研究』吉川弘文館、一九八二年、初出は一九五七年)。
(25) 早川庄八「前期難波宮と古代官僚制」「選任令・選叙令と郡領の「試練」」(前掲註(19)早川氏書、初出は一九八三・八四年)。
(26) 熊谷公男「〝祖の名〟とウヂの構造」(関晃先生古稀記念会編『律令国家の構造』吉川弘文館、一九八九年)。
(27) 前掲註(21)吉川氏a論文。
(28) 坂上康俊「成文法と規範意識―古代の法と慣習―」(『唐法典と日本律令制』吉川弘文館、二〇二三年、初出は一九九四年)。
(29) 大隅清陽「律令官人制と君臣関係―王権の論理・官人の論理―」(『律令官制と礼秩序の研究』吉川弘文館、二〇一一年、初出は一九九六年)。
(30) 前掲註(21)吉川氏b論文。
(31) 佐藤泰弘「平安時代における国家・社会編成の転回」(『日本中世の黎明』京都大学学術出版会、二〇〇一年、初出は一九九五年)。
(32) 佐古愛己『平安貴族社会の秩序と昇進』(思文閣出版、二〇一二年)。
(33) 関晃「律令国家の展開」(『関晃著作集』四、吉川弘文館、一九九七年、初出は一九五二年)。
(34) 虎尾達哉「律令官人社会における二つの秩序」(『律令官人社会の研究』塙書房、二〇〇六年、初出は一九八四年)。
(35) 前掲註(21)吉川氏a論文。

(36) 吉川真司「王宮と官人社会」(『律令体制史研究』岩波書店、二〇二二年、初出は二〇〇五年)。
(37) 大隅清陽「儀制令と律令国家─古代国家の支配秩序─」(前掲註(29)大隅氏書、初出は一九九二年)。
(38) 佐藤全敏「古代日本の四等官制」(『平安時代の天皇と官僚制』東京大学出版会、二〇〇八年、初出は二〇〇七年)。
(39) 前掲註(21)吉川氏b論文、前掲註(29)大隅氏論文。
(40) 前掲註(2)時野谷氏書、高橋崇『律令官人給与制の研究』(吉川弘文館、一九七〇年)。
(41) 前掲註(21)吉川氏a・b論文。
(42) 山下信一郎「律令俸禄制と賜禄儀」(『日本古代の国家と給与制』吉川弘文館、二〇一二年、初出は一九九四年)。
(43) 饗場宏・大津透「節禄について─「諸節禄法」の成立と意義─」(『史学雑誌』九八─六、一九八九年)。
(44) 仁藤智子「諸司時服の再検討─平安初期における国制改革の一側面─」「律令官僚制の再編と禄制改革」(『平安初期の王権と官僚制』吉川弘文館、二〇〇〇年、初出は一九九二・九五年)。なお、要劇料・番上粮・大粮などの支給実態については、相曽貴志「不仕料について」(『書陵部紀要』五六、二〇〇五年)参照。
(45) 山田英雄「奈良時代における上日と禄」(『日本古代史攷』岩波書店、一九八七年、初出は一九六二年)。
(46) 古瀬奈津子「告朔についての一試論」「宮の構造と政務運営法─内裏・朝堂院分離に関する一考察─」(『日本古代王権と儀式』吉川弘文館、一九九八年、初出は一九八〇・八四年)。
(47) 前掲註(29)大隅氏論文。
(48) 志村佳名子「日本古代の朝参制度と政務形態」「平安時代日給制度の基礎的考察─東山御文庫本『日中行事』を手がかりとして─」(『日本古代の王宮構造と政務・儀礼』塙書房、二〇一五年、初出は二〇一三・〇九年)。
(49) 前掲註(12)野村氏論文。
(50) 前掲註(13)寺崎氏b論文。
(51) 黒板伸夫「位階制変質の一側面─平安中期以降における下級位階─」(『平安王朝の宮廷社会』吉川弘文館、一九九五年、初出は一九八四年)。

(52) ただし間接的ではあるが、神谷正昌氏が六位以下の位階の変化について言及している（「平安初期の成選擬階儀」『平安宮廷の儀式と天皇』同成社、二〇一六年、初出は一九九二年）。すなわち氏は、成選擬階儀に関する式の検討から、その一連の儀式の式日の固定化と手続きのシステム化、それによる六位以下の叙位手続きの儀式化・形骸化について明らかにした。そしてそのことが結果的に六位以下の位階そのものがもつ意義の低下をもたらしたと指摘している。しかしながら、そのシステム化の理由については、吉川氏が示した天長期の勅授における成選叙位の放棄に求めており、その点で課題が残る。

(53) 古瀬奈津子「吉川真司報告「律令官人制の再編」を聞いて」（『日本史研究』三二一、一九八九年）。

(54) 『類聚符宣抄』第七、応和元年（九六一）八月五日宣旨・四年三月五日宣旨。このことについては、本書第Ⅲ部第四章で触れる。

(55) 以下、本書における広義・狭義の官人の定義については、野村忠夫「官人の定義と官人制構造の基本構成」（『官人制論』雄山閣出版、一九七五年）による。

(56) 戦後まもなく、土田直鎮氏は著名な「奈良時代に於ける舎人の任用と昇進」（『奈良平安時代史研究』吉川弘文館、一九九二年、初出は一九五〇年、なお同書にはこの論考のもととなった未発表論文「奈良時代に於ける律令官制の衰頽に関する一研究」も収録）を発表し、トネリを官人制システムの中に明確に位置づけたが、その後、こうした研究は進展しなかった。

(57) その視点によるこれまでの官人制研究の代表的なものとして、中村順昭氏の『律令官人制と地域社会』（吉川弘文館、二〇〇八年）がある。近年では平安時代の散位や地方官人に関して十川陽一氏が活発に研究を進め（本書第Ⅲ部第三章参照）、また中世の「職」の成立という視点から、梅村喬氏が地方官人を中心に平安時代の下級官人について論じている（『「職」成立過程の研究―官職制の外縁』校倉書房、二〇一一年）。

第Ⅰ部　律令官人に対する諸政策

第一章　律令考課制度の再検討

はじめに

律令官人の考課と成選叙位に関わる制度、すなわち考選制度については、野村忠夫氏による制度面を中心とする体系的な律令官人制研究の中で、早くからその基本的な構造が明らかにされている(1)。そして平城宮跡から出土した木簡などにもとづくその後の研究(2)は、その具体像を浮かび上がらせてきたといえよう。そしてその制度を、天皇と官人との間の君臣関係の中に明確に位置づけたのが吉川真司氏である(3)。すなわち氏は、律令官人秩序の基本は、天皇と個々の官人の〈君恩―奉仕〉の関係であること、そして天皇の君恩は位階（副次的に官職）・禄から構成され、官人の奉仕の程度は基本的に上日によって示されること、したがって日常の官人秩序は、機械的・数量的な〈君恩―奉仕〉の関係によって維持されていたこと、などを指摘した。

こうした上日にもとづく成選叙位を君臣関係の軸とするとらえ方が、以後の律令官人制研究の方向性を決定づけ、それを継承しながら研究が進められてきたといえる。しかし、今日の官人制論の中心にあるともいうべきその視角については、なお検討の余地があるように思われる。そこで本章では、そのための基礎的な作業として、律令考選制度、とくに考課の構造面に関わる部分を中心に、再検討を行うことにする。

第一節　律令考課制度研究の課題

本節では、まず持統四年（六九〇）四月の詔を中心に律令考課制度の形成過程に関する史料を概観する。そして持統四年詔および令制下の考課に関わる従来の研究を確認した上で、あらためて考課制度研究の課題について指摘したいと思う。

1　持統四年詔と大宝令の考課制度

律令考課制度の形成過程に関する研究(4)においては、『日本書紀』所収の次の四つの詔が直接の検討対象となってきた。

【天武二年（六七三）五月乙酉条】

詔㆓公卿大夫及諸臣連并伴造等㆒曰、夫初出身者、先令㆑仕㆓大舎人㆒。然後、選㆓簡其才能㆒、以充㆓当職㆒。又婦女者、無㆑問㆓有㆑夫無㆑夫及長幼㆒、欲㆓進仕㆒者聴矣。其考選准㆓官人之例㆒。

【天武七年（六七八）十月己酉条】

詔曰、凡内外文武官、毎㆑年、史以上、其属官人等、公平而恪懃者、議㆓其優劣㆒、則定㆓応㆑進階㆒。正月上旬以前、具記送㆓法官㆒。則法官校定、申㆓送大弁官㆒。

【天武十一年（六八二）八月癸未条】

詔曰、凡諸応㆓考選㆒者、能検㆓其族姓及景迹㆒、方後考之。若雖㆓景迹行能灼然㆒、其族姓不㆑定者、不㆑在㆓考選之色一。

【持統四年（六九〇）四月庚申条】

詔曰、百官人及畿内人、有レ位者限二六年一、無レ位者限二七年一、以二其上日一、選二定九等一。四等以上者、依二考仕令一、以二其善最功能・氏姓大小一、量授二冠位一。

個々の詔については、八色の姓や浄御原令の問題などと関連することもあって、論点が多岐にわたり、それぞれにみられる考課対象者一つとっても解釈に大きな開きがあるなど、ここから令制以前の考課制度の実像を正確にとらえることは困難といえる。しかし、天武七年（六七八）詔から、この段階での叙位は、毎年「応レ進階」が議されたこと、すなわちのちの令制のように、数年分の「考」を積み上げたあとに「選」＝叙位が決定されるという、「考選」方式でなかったとすることについては、おおむね異論はない。一方、いつから令制のような考選方式が始まったのかについて、持統四年詔を詳細に検討した野村忠夫氏は、同詔をその前年に施行された浄御原令の修訂ととらえ、持統四年を考選方式の起点としているが[5]、浄御原令ではすでに数年分の勤務評定が前提であったとの見方もある[6]。いずれにしても、この持統四年詔に明示されている方式が大宝令施行の直前の形であることに変わりはないと考えられるので、ここでは持統四年詔と大宝令（養老令）の二つの考選方式をあらためて比較することで、令制の考課制度形成の特質について考えてみたい。

まず大宝令以降の考選制度について確認しておく。持統四年詔では、考課対象者を有位・無位の二つに分けるが、令制下ではポスト等の類型ごとに四つ考選法が設定された。そのうち、四等官など狭義の官人である内長上の考課・成選の基本部分を養老考課令・選叙令（大宝令では考仕令・選任令）で示すと次のようになる。

【考課令1内外官条】（『唐令拾遺補』により、大宝令文にもあったと推定される字句には○印を、大宝令文と異なると推

定される場合は〔　〕で大宝令の字句を右傍に記す。以下同じ）

凡内外文武官初位以上、毎レ年当司長官、考二其属官一。応レ考者、皆具録二一年功過行能一、並集対読。〔嶋司一人集。〕議二其優劣一、定二九等第一。（下略）

【考課令50一最以上条】

一最以上有二四善一、為二上上一。一最以上有二三善一、或無レ最而有二四善一、為二上中一。一最以上有二二善一、或無レ最而有二三善一、為二上下一。一最以上有二一善一、或無レ最而有二二善一、為二中上一。一最以上、或無レ最而有二一善一、為二中中一。職事粗理、善最弗レ聞、為二中下一。愛憎任レ情、処断乖レ理、為二下上一。背レ公向レ私、職務廃闕、為二下中一。居レ官諂詐、及貪濁有レ状、為二下下一。若於二善最之外一、別有レ可二嘉尚一、及罪雖レ成レ殿、情状可レ矜、或雖レ不レ成レ殿、而情状可レ責者、省校〔之〕日、皆聴二臨時量定一。

【選叙令9遷代条】

凡初位以上長上官遷代、皆以二六考一為レ限。六考中中、進二一階一叙。毎二三考中上一、及二考上下、并一考上中、各亦進二一階一叙。一考上上、進二二階一叙。其進二加四階一、〔以上者、〕及計レ考応レ至二五位以上一、奏聞別〔授〕叙。（下略）

すなわち本司では、記録した一年の「功過行能」をもとに毎年、考課を行い、考課令で規定する考課基準の「善」「最」の数の組み合わせによって「上上」から「下下」までの「九等第」を決定する。そして六年の成選年ごとにその六考分の考第の組み合わせにより結階、すなわち昇進階数を決定する。ただし五位以上に達した場合は、別に奏聞の上で叙することになっていた。

以上をふまえた上で持統四年詔に戻ると、同詔では一見して明らかなごとく、考課基準として上日の数量に一定の意味が置かれている。野村氏が指摘するように、令で規定される内長上の考課基準である四つの「善」(7)（「徳義有レ聞」「清慎顕著」「公平可レ称」「恪勤匪レ懈」）のうち、「恪勤匪レ懈」は上日に関わる評価基準であると考えられる。そしてすでに天武七年詔の段階で、四善に関わる「公平」とともにその「恪懃（勤）」がまず示されていることから、この持統四年詔が「上日」の初見史料ではあるものの、官人の奉仕を示す指標として、上日がすでに一定の役割を担う形で官人制が整備されつつあったことをうかがわせる。そしてさらに、その上日をここで「九等」に区分したことについて、野村氏は、大宝令における内長上の考第が「九等第」とされることとの連続性を示すものとし、考選制度の創始とともに、大宝令に直接結びつく施策として注目した。

しかし、同詔にみられる上日の多寡による等級づけについては、令制下に継承されているわけではない。すなわち、野村氏自身も含め諸氏が言及するように、考課令において上日は、

【考課令59内外初位条】

凡内外初位以上長上官、計二考前釐一レ事、不レ満二二百冊日一、分番不レ満二一百冊日一、若帳内資人不レ満二二百日一、並不レ考。（下略）

と規定するだけで、毎年の考課の対象になるための最低限の出勤日数の基準を示すにすぎない。そして実態としても、そうした上日の等級づけが何らかの形で行われていた形跡はみられない。そもそも持統四年詔にしても、上日による等級区分は、考課対象となるための最低限の等級を示すのみで、その等級づけそのものが実際の考課の際に考慮されることを明示しているわけではない。このように上日の数量を測る形で考選制度が整備されていった様子がみられないのである。その一方で、令制の善と最の基準にもとづく考課法については、天武七年詔の「公平而恪懃」から始まり、そして持統四年詔の「依二考仕令一、以二其善最功能・氏姓大小一、量授二冠位一」が示すように、実態はともかく、浄御原考仕令における採用が明確になり、さらに同詔を介して、大宝令制へ向けて着実に

整備されている様子がうかがえるのである。

さて、最初に述べたように、律令官人の奉仕を表す基準として、これまで上日の数量が重視されてきた。上日が叙位における一基準として重くみられてきたことは間違いないであろう。しかし、官人の考選制度が整備されてゆく経過をみるならば、持統四年詔では上日を九等分する形を示しながらも、令制下において上日は、位階昇叙の対象となる最低限の基準を示すにとどめおかれているのが気になる。大宝令では、持統四年詔で「百官人及畿内人」に限定していた考課対象を郡司などの畿外人にも広げ、また下級ポストの拡張に対応して分番の考課を分離するなど[8]、組織の発展段階に応じた考課法を創出し、昇叙システムが飛躍的に展開しているだけに、その後退ともとれる点は無視できないものがあるのではないだろうか。

こうした考課制度の形成過程からみえてくる問題点をふまえた上で、次に令制下の考課の構造に関する既往の研究を示すとともに、再検討されるべき考課制度研究の課題を明確にしたい。

2　令制下の考課制度に関する研究とその課題

令制下の考課制度に関しては、既述のように、野村氏による制度面での基礎的研究が早くから進められ、その後は木簡などの出土文字史料の増加によって、実態面での検討も前進することとなった。とりわけ寺崎保広氏によって、それまで知られていた考課の形式的・固定的な様相に対し、奈良時代前期における、官人勤務の実態に即した厳しい考課のあり方が明らかにされたことが特筆すべきことといえよう[9]。さらに寺崎氏は、平城宮の式部省に関わる遺構の変遷から、奈良時代後期になって、儀式空間としての式部曹司庁が成立したことを指摘した上で、文献史料からうかがえる考問の形式化や考課の固定化などが、そのことに連動しているとする[10]。

一方、律令官人制全体の中における考選制度の位置づけに関しては、本章冒頭でも述べたように、吉川氏が上日と位階制（成選叙位）・禄制を君臣関係の中心に置くことを提示するとともに、さらにそれにもとづいて官人制の「再編」を論じている(11)。そして大隅清陽氏は、君臣関係を象徴するキーワードとして「仕奉」を取り上げ、日本における君臣関係の特質を考察した。そしてその中で日唐の考選制度を分析・比較し、その日本的特質を明らかにしている(12)。このほか早川庄八氏は、八・九世紀の考選制度に関わる儀式を比較し、成選叙位と勅授との関係について論じている(13)。

以上の論考の中で、吉川氏の視角を継承する形で律令制下における君臣関係の解明を進めた大隅氏の論考は、律令官人の考選制度の実態を具体的かつ精緻に描き出したという点でも注目される。したがってそのことは、当然ながら本章全体にも直接関わるので、その所論のうち、考課そして季禄に関する部分について、以下でやや詳しく紹介しておきたい。

日本の考選制度の直接の淵源である唐における考課の仕組みは、まず各官司において、所属官人の当年の功過行能について「対レ衆読」、すなわち官人を集めて読み聞かせ、その優劣を討議して九等の考第を定めることから始まる。次にそれを尚書省に送り、省でさらに考が検討されるが、その際に京官については官人本人が尚書省に招集され、面接が行われた。こうして作成された考の原案が皇帝に奏聞されることにより考が決定された。尚書省での考課の基準は、貴族社会の価値観に根ざした人格主義的なものであり、各官司での考課も、勤務内容のみでなく、面接にもとづく人物の総合評価という形で行われたと考えられる。

一方、日本の考課の実態については、平安時代における「定考」の儀式に関する史料からうかがうことができる。それによって太政官における考課をみると、まず少納言以下の官人によってあらかじめ考文の原案が作成され、そして八月十一日の定考当日は、その原案作成のもとになった個々の官人の上日・行事が読み上げられ、それに対し大臣が「縦（ヨシ）」と宣ることで考が確定することになっていた。

日本の養老考課令1内外官条の「皆具録二一年功過行能一、並集対読。議二其優劣一、定二九等第一」は、復元される唐令の「皆具録二一年功過行能一対レ衆読、議二其優劣一、定二九等考第一[14]」をほぼそのまま継承している。それにもかかわらず、実際の考課では、右のようにすでに作成された原案を読み上げ、長官の裁可を得るだけだったのである。同条の集解古記の今行事には「定訖一時対読耳」とあるので、こうした仕組みは大宝令制下でも同じであったと考えられる。そして、正倉院文書の中の上日帳・考中行事などの考課関係文書や、そこにみられる「考選司」「考文所」などの存在から、その原案は、上日と考中行事にもとづき、各官司内の考選司などの事務レベルでまとめて作成されたと推定される。

大隅氏は、本司におけるこうした考課、そして式部省における査問である考問、さらにそのあと行われる引唱（後述）や、成選における列見のあり方などをふまえ、日唐の比較を通して次のような点を指摘する。すなわち唐の考選においては、書類審査だけでなく面接や筆記試験が重要な意味をもっていたのに対し、日本の考選は、数量化された上日と行事により事務的に決定されたため、官人本人が介在する余地が少ないこと。そして季禄の支給条件を示す禄令1給季禄条の上日規定に相当する部分が唐令にはないこと。また唐の禄は生活費の先渡し的な支給であるのに対し、日本の禄は過去の奉仕の結果分を得るものという山下信一郎氏の指摘[15]と同様に、日本の季禄は半年前からの上日に対する見返りとしての支給であること、などを述べている。そして以上から、日本の律令官人制の基本的な論理として、上日を通して計量化された「仕奉」に対して、考選・季禄という「君恩」を与えるという互酬的関係を指摘している。

さて、これまでみてきたように、考課の構造に関わる研究は大きく前進し、官人と天皇との間の君恩・奉仕関係、つまり君臣関係という視点を通して考選制度をとらえるまでに今日の官人制研究が深化した。しかし、そうした研究の進展は、一方で次のような課題をもたらすことになったと思われる。

（A）まず、なぜ考課における勤務評定が「一善一最」＝「中上」のように形式化・固定化したのか。言い換えれば、令制のシステマチックな考課の中でなぜ固定化がおこりえたのかという問題である。形式化・固定化の理由について、野村氏が「先例主義」[16]をあげたのに対し、寺崎氏は「理想を生真面目に実行しようとしていた段階から、官人社会の内実にあわせて制度を運用するようになるということであって、官人社会の成熟と評価すべき」[17]とする。おそらく、背景面についてはこれらの理解が妥当なのであろう。しかし、考課の構造から考えた場合、もし大隅氏が述べるように、考課が上日・行事の数量のような数値基準により、原案段階で事務的に決定されていたとするなら、情実の入る余地の少ない客観的な基準が用いられているにもかかわらず、なぜ早くからこのような評価の固定化が生じたのかが問題になる。考課の構造に関して、今一度、検討が必要なのではないだろうか。

（B）さらに、考課基準の一つとしての「行事」の問題があげられる。行事とは、考中行事等に「繕写公文二百七十八張」「遣使十度」[18]などと記載されるように、いわば業務実績の数量ということになるが、官人考課において、上日と比べ言及されることは少ない。例えば大隅氏も、考課の仕組みに関して、上日と行事の両方についで取り上げながらも、君恩に対する「仕奉」の中では行事について触れていない。すなわちこれは、官人の奉仕の程度は上日の数量によって示される、という理解を承けてのためと思われる。これまでの律令官人制研究がその理解のもとで進められたことにより、考課の場面でしばしば上日と並び登場する行事については、官人の奉仕の構成要素としてほとんど問題にされてこなかったように思われる。

（C）そして右の二点は、端的にいえば、令制下における官人の奉仕の程度は上日の数量によって示される、という理解の妥当性に直接関わる問題ということになる。君恩とされる位階・禄は、令条（既出の考課令59内外初位条、禄については禄令1給季禄条・8兵衛条）でいずれも上日に関係づけられていることが、この理解の重要な論拠となる。しかし先述のように、その条文が規定するのは、それぞれの君恩を得るための最低限の上日数にすぎないのであり、これまで上日の数量と君恩との関係が過度に強調されてきたように思われる。前項でみた考課制度の形成過程の問題をもふまえるなら、大宝令制が本来、どのような考課を目指していたのかという点をあらためて考える必要があるのではないか。

（D）最後に、官人と天皇との間の君臣関係の視点から考課をみた場合、考課が形式化・固定化した事実について、どう評価するのかということである。例えば、諸氏が示すように、成選叙位が君臣関係の中心にあるシステムだとするなら、その形式化・固定化という重大な局面である奈良時代後期の段階で、君臣関係に大きな変化が見出せてもおかしくはないはずだが、そうした様子はとくにうかがうことはできない[19]。そして、君臣関係について触れる論考も、考課について、その形式化・固定化に言及することはないのである。

以下、これらの課題設定にもとづいて検討を進めてゆきたい。

第二節　令制下の考課制度とその実態

本節では、令制下における実際の考課制度のあり方を再検討することにより、さきにあげた課題のうちの（A）

および（B）について取り組むことにする。

1　令制の考課の構造

本司における考課手順については、既述のように大隅氏をはじめとする諸氏が、太政官で行われる定考の儀式をもとに言及している[20]。本節でもそれらをふまえた上で、あらためて『延喜式』太政官123考定条から、定考の儀式の様子を確認したいと思う。もちろん平安時代の定考が、八世紀以来の考課の姿をどこまでとどめているのかは不明だが、勤務評定としての実質面は失われていても、本司における考課の基本的な流れは示されているとみて大過はないと思われる。

式では、八月一日に担当の少納言・弁・外記・史が考課資料を「勘抄」し「成レ案」し終えるところから記述が始まる。そして十一日にその考文の原案を太政官の長官である大臣に上申する儀が行われる。通常この部分が「定考」と呼ばれ、そこでは少納言が「札[21]」、弁が「紙文」を読み上げる儀式が中心となる。その内容を逐一追うと、最初に少納言が「札」に書かれている考に預かる者の総数、預からない者の総数をそれぞれ読み上げる。そしてその内訳として、もともと考の列にない者（＝大臣）の数、善最だけを定めて考第を定めない者（＝五位以上）の数、そして「中上」の考第を付された者の数を読み上げる。そしてそれが終わると今度は、個人ごとの本年度の上日と行事が、その昨年度からの増減数とともに、少納言と弁によってそれぞれ読み上げられ、最後に大臣が「縦（ヨシ）」と宣することで考が確定する。

大臣の前にはあらかじめ「短冊」が置かれているが、その内容について寺崎氏は、定考のあと作成される考文の個人部分と類似する記載だったのではないかと推測している[22]。そこで天暦五年（九五一）の考文[23]の「中上」枠の一部から、想定される短冊の記載内容について確認したい。

中上

大外記正六位上菅野朝臣正統　　上日三百廿

《中略》

右少史正六位上山直文宗　　上日三百卅二

並恪勤匪懈善　勤於記事稽失無隠最

この当時では全員が固定化された「中上」の評価であるため、一善一最の評価文言（「恪勤匪レ懈善」「勤二於記事一稽失無レ隠最」）は最後にまとめられてはいるが、奈良時代前期の考文の実例として知られる「官人考試帳」(24)をみればわかるように、固定化される以前は、当然ではあるが一人一人の名前のあとにそれぞれに善最による評価文言が付されていた。「中上」などの考第は、さきの考課令50一最以上条により、基本的にこの善最の数の組み合わせで決まる。式によれば、原案にはすでに考第が「中上」のように具体的に算出されているわけだから、そのもととなる具体的な善最の評価もまた原案の段階ですでに明確にされていたはずである。したがって、大臣の手もとの短冊にも、善最の評価文言がすでに書かれていたことは間違いないと思われる。つまり、少納言・弁によって、善最の評価文言の根拠となった上日・行事が読み上げられるのを大臣が聴き、その原案の善最の妥当性を確認する、ということが定考の儀式の本義であったということをあらためておさえておきたい。

定考の場で読み上げられた原案には、『延喜式』にみえるように、考第が「中上若干」だけしか記されないので、考第の中上への固定化が確認できるが、一方で九世紀の『儀式』巻第十、八月十一日太政官庁定考儀では、同じ部分が「中乃上等若干」とされており、当然ではあるが、本来的には考第やそのもととなる善最の獲得内容に幅があったことをうかがわせる。したがって長官である大臣による確認・確定は、必ずしも形式的なものではなく、評定としてもともと重要な意味をもっていたと考えられる。

さて定考の場では、評価の根拠として上日と行事が読み上げられており、本司における考課ではたしかに上日・行事の数量のみにもとづいて善最の評価が決定されたようにもみえる。しかし、もし原案段階での善最などの評価が、上日・行事のような客観的判断が可能な数値の上下だけにもとづいて決定できたならば、さきに述べたように、早い時期から評価が固定化するようなことは、逆におこりにくい。とくにその値が極めて明瞭な上日の多寡を中心に考えるならなおさらであろう。

令制上、考課は長上・分番を問わず官人の「功過行能」[25]にもとづいて行われるとされる。すなわちマイナス点である「過」や、「善悪」[26]などの倫理的側面をみる「行」など、多様な要素をも含めて判断されることになっていたと考えられる。実際に既述の「官人考試帳」には、本司での評定にあたって考慮されたと思われる「過」と読みとれる記載があり[27]、さらにそこにみられる「能」などの技能面も、最の判定に影響を与えていた可能性がある[28]。

したがって、上日・行事の数量のみがストレートに考課に反映されるわけではなく、他の要素をも勘案した上で、善最の形に置換された。少なくともそれが建前であったと考えられる。とくに勤務態度や官人としての倫理的側面の判断が中核となる善について、上日・行事の多寡のみでそれを判断するのは、「恪勤匪ㇾ懈」は別として難しいものがある。その抽象的な文言ゆえに、善は最に比べて比較的早くから「恪勤匪ㇾ懈」の一つのみで固定化していたことが想像できるが、一方で、珍しいとはいえ「清慎顕著」の善が、実際に与えられたケースが確認できること[29]は看過できないだろう。

つまり、現在儀式書等で確認できる定考の儀式において、考課の根拠は上日・行事しか読み上げられていないが、それは本司における日常的な勤務・業務実績という最低限の判断要素が結果的に儀式上に残っただけで、本来的には多様な要素をもとに原案が作成され、そのすべてが読み上げられるべきものであったと考えられる。上日・行事の絶対数にもとづく等級表のようなものを作らず、それ以外の多様な要素をも勘案するなど、総合的な判断を行う考課の仕組みだったからこそ、かえって時間がたつにつれ一善一最＝中上という無難なラインで固定化していったと思われる。そして考課の固定化に伴い、基礎資料である上日・行事しか記録化されなくなると、考課の場ではそれだけが読み上げられることとなった。そのため上日・行事のみで善最が決定されていたようにみえるのではないか。

2　善最にもとづく考課

善最にもとづく令制の考課法に忠実に従おうとすれば、上日・行事の数量だけでなく多様な実績、あるいは官人の職務に対する姿勢など、多岐にわたる要素を考課にいかすのは当然のことになる。そして寺崎氏が指摘するように[30]、和銅五年（七一二）五月の詔[31]に、

> 詔二諸司主典以上幷諸国朝集使等一曰、制レ法以来、年月淹久、未レ熟二律令一、多有二過失一。自レ今以後、若有二違レ令者一、即准二其犯一、依レ律科断。其弾正者、月別三度、巡二察諸司一、糺二正非違一。若有二廃闕一者、仍具二事状一、移二送式部一、考日勘問。又国司因二公事一入レ京者、宜乙差下堪レ知二其事一者上充甲レ使。々人亦宜下問二知事状一、幷惣中知在レ任以来年別状迹上。随レ問弁答、不レ得二礙滞一。若有二不レ尽者一、所由官人及使人、並准レ上科断。自レ今以後、毎年遣二巡察使一、検二校国内豊倹得失一。宜下使者至日、意存二公平一、直告莫上レ隠。若有二経レ問発覚一者、科断如レ前。凡国司、毎年実二録官人等功過行能幷景迹一、皆附二考状一、申二送式部省一。々宜レ勘二会巡察所見一。

とあるように、少なくとも八世紀の早い段階においては、「未レ熟二律令一、多有二過失一」という現状認識のもと、律令の厳密な適用に努力する姿勢が実際に見受けられる。そしてその対策として、この和銅五年詔では、考課にあたり、弾正台・巡察使など本司以外の諸方面からの多様な所見や、本司（諸国）内で考第決定の根拠とされた「功過行能幷景迹」の情報そのものを記載した「考状」を式部省で直接監査する、という方策を具体的に示しているのである。[32]

そして当時、実際にこうした多様な角度からの情報を必要とする、善最の厳格な運用にもとづく考課に固執していたことは、霊亀二年（七一六）四月、国司の考課に関して、次のような詔[33]が出されたことからもうかがえる。

凡貢調脚夫、入レ京之日、所司親臨、察二其備儲一。若有下国司勤加二勧課一、能合中上制上、則与下字育和恵、粛二清所部一之最上。不レ存二教喩一、事有二闕乏一、則居二撫養乖レ方、境内蕪之科一。依二其功過一、必従二黜陟一。又比年計帳、具言如レ功、推二勘物数一、足二以掩レ身。然入レ京人夫、衣服破弊、菜色猶多。空著二公帳一、徒延二声誉一、務為二欺謾一、以邀二其課一。国郡司如レ此、朕将何任。自レ今以去、宜下恤二民隠一以副上レ所レ委。仍録二部内豊倹、農桑増益一言上。

すなわちここでは、中央諸司による脚夫の疲弊などの観察をも、国司の考課の材料にしようとしており、その評価を「字育和恵、粛二清所部一之最」という国司の最と思しき文言で表していることがわかる。[34] のちのように、機械的に一つの最が与えられていたわけではないことがうかがえるとともに、考課をあくまで善最のシステムのもとで運用しようとしている姿勢が垣間みられる。また、養老三年（七一九）七月には按察使が設置されたが、その際、国司を監察する方法として、

其所レ管国司、若有三非違及侵二漁百姓一、則按察使親自巡省、量レ状黜陟。其徒罪已下断決、流罪以上録レ状奏

上。若有二声教条条一、脩二部内一粛清、具記二善最一言上[35]。

が示されており、やはり「善最」に則った形での報告を求めていることがわかる。なお、この数日後に具体的な監察基準が示されるが[36]、それも令条の「善」などの考課文言に沿うものであった。

唐の考課のような、中央人事官司における個人ごとの面接こそ継承しなかったものの、日本でも唐令の善最の運用にもとづく考課を忠実に行おうとしていたのである。とくに考課令（考仕令）で規定されるポストごとの個別の最についていえば、むしろ唐制を発展させた形で継受しているとさえいえるのである[37]。考選法上は分番であり、本来なら善最を用いないトネリに対して、「舎人之最」という特異な最をあえて設定して考課に組み入れたのも、そうしたことの表れといえよう[38]。

しかしながら、基準としてはややあいまいな善最の評価基準、とくに善のように高度な倫理性を求めるがゆえに唐令の字句をそのまま引き写さざるをえなかったような抽象的な評価基準は、ともすれば形式化に陥りやすい側面がある。すなわち、善最の基準で運用された考課法においては、「理想を生真面目に実行しようとしていた段階」では、個々の官人の勤務姿勢や職務達成度を、いかに令制の善最にあてはめるかということに腐心したであろうから、善最の獲得にそれなりに差がつく場合もあっただろう。しかし、ある意味で実態をどのようにでも解釈できるこうした抽象的な評価基準は、「官人社会の成熟」した段階に至ると形式的になり、結局のところ評価は、一善一最の獲得という無難なラインで固定化したと思われる。

もっとも右の善最に関する二つの史料、および巡察使・弾正台の所見や考状を重視する和銅五年詔をみると、早い時期の厳しい考課の実態とは、情実が働きがちな本司よりも、むしろその後の式部省内での段階に由来するようにもみえる。寺崎氏が指摘したように、奈良時代後期の考課の形式化と、考問などが行われる式部省の儀式空間の整備が連動していたとすれば、そうした側面は十分に考えられるだろう。案外、本司における考課自体は、早い時期から無難な評価で固定化しがちだったのかもしれない。

いずれにしても（A）で述べたように、もし上日のような客観性をもった数値を重視し、それが直接考課に反映されていたならば、評価の固定化はむしろおこりにくかったであろう。しかし実際には、上日あるいは行事の多寡がストレートに考課の昇降に結びつくような運用は行われなかった。あくまで善最のフィルターを通した考課の形式を維持し続けたため、結果的に奈良時代後期までに考課は固定化してしまったと考えられるのである。

さて、この善最に準拠した考課はあくまで内長上、つまり職事官の考課についてのものである。いうまでもなく、広義の官人全体でみた場合、その圧倒的多数は分番の考課の適用を受けることになる。善最にもとづかない分番の考課の実態とは、どのようなものであったのだろうか。史料はほとんど残されてはいないが、次にその実像に近づいてみたい。

3　分番の考課と行事

官人の考課にあたっては、本司による考課のあと、式部省において考問が行われるが、さらにその終了後、個々の考課対象者に対して、省から最終的に評価の根拠が示される引唱というものが行われる。ここでは、まずこの引唱に関する『弘仁式』（『延喜式』式部省下33考問条もほぼ同文）の史料から検討したい。

> 省掌引二祐以下使部以上考人一、且称二容止一、入屯二中庭一。立定輔命唱之。専当録称唯、先披二職事考文一唱之。祐以下随レ唱称唯、進就二版位一。〈若有二不レ到者一、専当史進就二省掌傍一、代称唯。番上准レ此。〉録宣二示日数幷善最一、以レ次引唱。毎レ満二十人一、省掌称二直立一。考人倶称唯、就二直立位一、並如二常儀一。職事唱了、丞判命之。倶称唯

退出。録復披二番上考文一唱之。史生以下称唯、就二版位一。録亦宣二示日数行事一、毎レ満二十人一、亦称二直立一。唱了丞唱二省掌名一曰、退之。省掌伝告。考人倶称唯、以レ次退出。

ここで着目したいのは、「職事」と「番上」（分番）についての、考第の根拠とされるものの相違である。すなわち、職事官は「日数幷善最」が評価の根拠として提示されているのに対して、分番は「日数行事」が示されているのである。いずれも共通しているのは上日であり、上日が重視されていることは間違いないのだろう。しかし注意されるのは、職事官は「善最」の評価文言をあげるのに対して、分番は「行事」を記すということである。なぜ、分番の場合、評価文言が唱示されないのだろうか。考課令51分番条によれば、分番の場合も、

凡分番者、毎レ年本司、量二其行能功過一、立二三等考第一。小レ心謹卓、執当幹了者、為レ上。番上無レ違、供承得レ済者、為レ中。逋違不レ上、執当虧失者、為レ下。対定。訖具記送レ省。

とあるように、善最に相当する評価文言（上考なら「小レ心謹卓、執当幹了」など）が示されており、後述するように、実際の考課でもそれが評価用語として使用されているのである。

もっとも職事官が善最を唱示するのは、適用された評価文言がそのまま考第とイコールである分番の場合と異なり、その善最の組み合わせを明示する必要があった、ともいえるかもしれない。しかし、現存する八世紀の選文には、個々人に対する各年度の考課について、分番も職事官もそうした考課令の評価文言が考第とは別に示されているのであり[39]、したがって分番の唱示でも、善最と同様に評価文言が示される方が自然といえる。

このことは、分番は勤務姿勢のようなものが、実態としてあまり重視されなかったともとれそうである。一方、次の『延喜式』式部省上245書生考条のような考課規定の存在は、そのことを反対の側面、つまり分番は行事などの量そのものの方がより重視されていたという側面を示しているように思われる。

凡書生者、随二紙多少一、以定二考第一。其無レ注者限二六百紙一、有二注及疏一、限二四百紙一、並与二上考一。

これによれば、書生の場合、まさに行事の数量だけがストレートに考第に直結していることがわかる。もっともさきの分番条のような分番共通の考課法とは別に、こうした運用細則を載せるのは、書生の場合、とくに行事の数量のみが重視されていたからかもしれず、他の分番に対して一般化はできないかもしれない。ただ逆に、こうした職掌ごとに行事等の数値を示した細則は、かつてはほかにもあったが、これだけが残ったとも考えられる。いずれにせよ、分番において、行事が重くみられていたことに間違いはないであろう。

なお、分番の場合でも考課の固定化が進んだという事実がある。さきの分番条では、官人としての勤務姿勢などが抽象的な評価文言で述べられている。衛府舎人は別に規定がある[40]ものの、それ以外のすべての分番に共通のこうした評価基準は、それだけで運用された場合、やはり考課が形式化しやすい側面があったと思われる。したがって分番の場合も、「官人社会の成熟」に伴い、分番条の規定を緩く適用する形で上考に固定化していったと考えられる。また、さきの書生の細則にしても、「随二紙多少一、以定二考第一」としながら、「上考」の基準しか設けていない。評価が固定化した段階において、職事官の考課が「中上」か「不考」の幅しかなかった[41]のと同じように、書生などの考第の決定も、上考の数値基準のハードルを下げる一方で、その最低限の数値すら越えなければ「不考」として処理されていたのかもしれない。いずれにしても、官人の考課において、分番は行事が重視されるべきものであり、場合によってはその数量そのものが直接考課に反映されることもあったのである。

大隅氏は、「律令官人制における「仕奉」は、上日で表される王権への一元的奉仕であり、人格的隷属性の強いものであった」とする。そしてその理由については、部民制下における仕奉のうち、マヘツキミおよびトネリなどのトモによる、人格的結合の強い王宮への「出仕」を歴史的前提に成立したためとする。しかし一方で、部民制における仕奉の内容は多岐にわたっていることから、それが上日への一元化とは別な形で仕奉の理念に独自の影響を及ぼしたとも指摘している。すなわち具体的には、天智十年（六七一）正月の百済亡命貴族への特技を背景とする叙位[42]、養老五年（七二一）正月の技能官人への禄支給[43]のように、特定の技能をもつ者に対しての叙位・賜禄、そして部民制下における生産物の貢納や労働力の供出という視点から、続労銭・蓄銭叙位・献物叙位をあげている。

しかし、これまでの検討をふまえれば、君恩の対象となる部民制下の奉仕、とくに生産物の貢納や労働力の供出を含む奉仕について、その令制下への継承を考えるにあたっては、献物叙位などの特殊なケースよりも、むしろ大勢の分番によって日常的に遂行される「行事」において、まずそれを見出すべきではないか。そして実際に分番の考課において、行事は上日と同様、場合によってはそれ以上に重視されていたと思われるのである。

ところで、職事官の考課においても、上日だけでなく行事もまた一定の役割を果たしていたことは、さきにみた定考の儀式からうかがえるわけだが、その儀式で読み上げられる次の文言に注意したい。すなわち、『延喜式』によれば、少納言・弁によって読み上げられる上日・行事は、それぞれ「仕奉礼留日数」「仕奉礼留政[44]」のように、同じ「仕奉」として表現されているのである。単純明快な指標という点で上日に劣るかもしれないが、官人の奉仕を構成する要素として、本来的に行事は上日と同等に位置づけられていたとみるべきであろう。

第三節　律令考課制度の形成と上日

ここまで、さきにあげた（A）（B）の課題を中心に、令制の考課のあり方を再検討してきた。この検討を通してあらためて明らかになったことは、君恩の対象となる官人の奉仕について、それを上日の数量に一元化してとらえるという、これまでの律令官人制への理解に対する疑義、すなわち（C）の課題そのものといえる。そのことをふまえ、本節では、令制下における上日の位置づけについて、いま一度さきにみた令制考課制度の形成という観点から考えてみたい。

最初に持続四年詔を見直したい。ここにみえる上日を九等に区分する手続きは、唐令における考課の「九等考第」の区分を上日に直接援用したものと考えられ、一見、上日数を重視する考課法が形成されつつあるかのようにみえる。しかし、くり返すように、大宝令以後の考課において、上日数そのものをランクづけするようなことは確認できるわけではないし、この詔自体、その等級が考課のランクであることを明示しているわけではない。そもそも最初から考課の対象とならない五等以下も区分しているのは不審である。

この持続四年詔にみえる上日の九等区分が、考課に関係ない部分をも規定していることに関して注意したいのは、この九等区分は賜禄のためのものではないか、という指摘[45]である。もしそうであれば、禄という経済的な君恩については、上日の多寡が君恩に直接結びつくという時期があったこと、あるいはそうしたことを試みようとしていたことが注意されよう。その場合、想起されるのは、平安時代の史料に散見する殿上人・蔵人・女官等に支給された「等第禄」の存在である[46]。これは位階などを媒介とせず、まさに上日の数量で区切った等級に応じて禄が支給されるものである。古くからの殿上（およびその前身空間）における奉仕形態に適合した評価方法や、それに対応した経済的な君恩賜与のあり方が、この部分にのみ残された、あるいは宇多朝における殿上の整備[47]を経てさらに展開したというべきであろう。このように殿上において、上日の数量を直接重視する仕組みが、律令的な制度の背後に脈々と続いていたという事実があったとしたら、そのことは大宝・養老令制のもとでの一般官人の上日が、逆にランクづけ等をまったく行わなかったということと鮮やかな対照をなすのではないだろうか。

つまり上日とは、大隅氏が指摘するように、もともとマヘツキミやトネリなどによる天皇への近侍において重視されてきた単位であり、そのためかつては経済的な君恩の賜与も、その上日数にストレートに対応させる場合があったのかもしれない。そして上日・考選の制度が整備されてゆく中で、それに対応する禄物の等差についても、唐考課令の考第の九等区分を参考にしようとしたのではないか。しかし、官人範囲そのものの下層部（とくにのちの分番）への急速な広がりや、その後の禄制の整備が進む中で、結局、禄に関する上日規定については、考課とともに最低勤務条件としての部分だけが採用されたのではないか。そして上日数の多寡による賜禄は、令に規定されない、天皇の日常生活空間における奉仕の中だけで生き続けた、ということなのだろう。

いずれにしても、最終的に確立した令制下の考選・賜禄において、上日は、叙位・禄という君恩を得るための最低限の奉仕を客観的かつ明瞭な形で示すための、全官人（禄は基本的には狭義の官人のみ）共通のライン設定、ということの方に重きが置かれたというべきだろう。一方、大宝令制の考課が、上日の多寡をストレートに評価するのではなく、あくまで善最にもとづく唐制の官人像のフィルターを通して評価するのが建前であったことを、さらに別の側面から示しているのが、五位以上の上日を毎月太政官、そして天皇に報告する制度[48]（以下「五位以上上日」とする）の存在であると考える。

周知のように、大宝令の施行直前の大宝元年（七〇一）五月、本司は五位以上の官人の上日を月ごとに式部省に提出し、そこからさらに太政官へ上申せよ、という法令が出され[49]、六年後には、武官の五位以上についても同様の措置がとられた[50]。これらは令にはまったく規定のないものである。この上日が式部省に提出されることからみても、人事に直接関わる措置であることは間違いない。それを月ごとに把握するのは、年度ごとの考課に関わらない勅授特有の臨時の叙位、あるいは任官にも随時対応できることを念頭に置いた措置であった可能性がある。

大宝令制施行により、五位以上官人に対しても、一律に唐制の善最にもとづく考課、そして（実際に結階にもとづいて昇叙されるかどうかは別として）成選制が適用されることになった。そのため、マヘツキミという本来的に王宮の天皇近くでの出仕日数＝上日の多寡が重視されてきた彼らについては、その君恩・奉仕関係をできるだけ従前のような形で維持するための措置が、大宝令の施行前後にあらためて問題になったのではないか。それが五位以上上日という形で法制化されたのであろう。むしろ五位以上上日を通して従来のような君恩・奉仕関係を確認・維持することにより、律令官人としての倫理規範や秩序維持を前面に出した善最にもとづく考課が、彼らに対しても建前的に可能になったというべきか。

そしてこの令制下の上日の問題について、唐令との比較に関しても、これまでの説に再考を要する部分がある。すなわち、唐制と異なり、日本では季禄支給の最低限上日数が、禄令1給季禄条においてとくに規定され、それが日本における上日重視の根拠となっていることについてである。しかし、日本の禄が過去の奉仕に対しての見返り的性格をもつとするなら、こうした日唐の相違を必要以上に強調することはできないのではないのだろうか。つまり唐令に上日規定がないのは、それが先渡し支給の形をとるがゆえに、そもそも最低限の上日を規定する必要がないからである。

そして考課を受けるための最低限上日数を示す考課令59内外初位条の本文では、その上日数をあげたあとに続けて、「其有三功過灼然、理合二黜陟一者、雖レ不レ満レ日、別記送レ省」と記しており、これは大宝令でもほぼ同文であったと推定される。すなわち、必要最低限の上日ラインですら、特記すべき「功過」の前においては、絶対的な指標として機能するわけではないのである。(51)

令制下において、考課令59内外初位条・禄令1給季禄条が上日数を示すのは、それが多様な職掌にわたるすべての官人に対し、君恩を得るための最低限の奉仕を示すのに、最も客観的で明快な基準であることをまず忘れるべきではないだろう。つまり考課・禄に限らず、食料支給や休暇・罰則など、官僚制的な運用において、上日がもつ客観的かつ計算上利便性のある単位という側面を（人格的従属関係の問題以前に）あらためて重視すべきではないか。行事という別の考課要素の存在を考えても、令制下の上日については、それを律令官人における奉仕の絶対的な指標とみるのでなく、もう少し相対化してみる必要があるように思われる。

おわりに

本章では、考課（考選）制度の形成過程、考課の形式化、そして下級官人層の奉仕、などの視点から、令制下の考課の構造と実態について再検討を行った。その中で、令制の考課制度は、上日の数量を進階数に反映させる仕組みをとっていないこと、また官人の奉仕の要素としての行事の見直しの必要性、反対に上日を中心にみる官人の奉仕のとらえ方への疑念、などを指摘した。したがって君臣関係の中心に、上日にもとづく成選叙位を置く形での官人制論には、再考の余地があるということになる。

そして最後に残されたのが（D）の課題についてである。考課の形式化・固定化という、官人の奉仕を評価し君恩を決定するにあたって中心となる行為の内実面での大きな変化にもかかわらず、なぜ君臣関係に変化がみられないのかという疑問である。というよりも、そのような君臣関係の基盤をなすはずのシステムが、「先例主義」「官人社会の成熟」ということだけで早々に形式化してしまうのであろうか。

ここであらためて想起されるのは経済的な君恩の問題である。すなわち、六位以下においては、官職に就かない限り禄に預かることはできない。もちろん官位相当により対応する官職に就くのが建前であろうが、それは十分に貫徹されているわけではなく、[52]またそのポスト自体にも限りがある。また分番（雑任）に関しては、基本的に禄の対象にならない。ふだん位階による序列を意識することの少ない圧倒的多数を占める中下級官人の実生活にとって、その昇叙はどの程度の意味をもっていたのであろうか。

これらのことは裏返せば、上日のみならず、成選叙位そのものが君臣関係の主軸たりえるのか、という疑問にもなる。そしてそのことは、当然ながらそれを前提とする今日の律令官人制の再編論にも密接に関わってくる問題でもある。この最後の（D）に関わる課題は、右のような問題提起に置き換え、本書全体の課題とした上で、より具体的には最後の第Ⅲ部第三・四章の中であらためて検討を行うことこととしたい。

註

（1）野村忠夫『律令官人制の研究』増訂版（吉川弘文館、一九七〇年）。

（2）野村忠夫「平城宮跡出土の木簡をめぐって―考叙関係の木簡を中心に―」（前掲註（1）野村氏書、初出は一九六八年）、東野治之「成選短冊と平城宮出土の考選木簡」（『正倉院文書と木簡の研究』塙書房、一九七七年）、寺崎保広a「考課・選叙と木簡」、同b「考課木簡の再検討」（『古代日本の都城と木簡』吉川弘文館、二〇〇六年、初出は一九八六・八九年）、同c「考課・選叙の木簡と儀式」（角谷常子編『東アジア木簡学のために』汲古書院、二〇一四年）。

（3）吉川真司「律令官僚制の基本構造」（『律令官僚制の研究』塙書房、一九九八年、初出は一九八九年）。

（4）考課制度の形成過程に関する主な論考は次の通り。青木和夫「浄御原令と古代官僚制」（『日本律令国家論攷』岩波書店、一九九二年、初出は一九五四年）、原島礼二「天武朝の官人考選基準の詔について」（『続日本紀研究』七―一、一九六〇年）、山田英雄「奈良時代における上日と禄」（『日本古代史攷』岩波書店、一九八七年、初出は一九六二年）、野村忠夫

「天武・持統朝の官人法―考選法の整備過程を中心に―」（前掲註（1）野村氏書、初出は一九六五年）、北啓太「律令制初期の官人の考選について―その所掌者―」（『史学論叢』六、一九七六年）、関晃「天武朝の氏族政策」（『関晃著作集』四、吉川弘文館、一九九七年、初出は一九七七年）、熊谷公男「天武政権の律令官人化政策」（関晃教授還暦記念会編『関晃先生還暦記念日本古代史研究』吉川弘文館、一九八〇年）、渡辺晃宏「兵部省の武官人事権の確立と考選制度―平城宮東区朝堂院南方官衙の発掘調査の成果をめぐって―」（奈良国立文化財研究所創立四〇周年記念論文集刊行会編『文化財論叢』Ⅱ、同朋舎出版、一九九五年）。

（5）前掲註（4）野村氏論文。

（6）坂上康俊「律令制の形成」（『唐法典と日本律令制』吉川弘文館、二〇二三年、初出は二〇一四年）。

（7）考課令3～6善条。大宝考仕令でもほぼ同文と推定される。

（8）もっとも天武七年詔の対象を分番のみとする解釈（前掲註（4）関・熊谷氏論文）に立てば、すでに分番の考課法は成立していたことになる。

（9）前掲註（2）寺崎氏b論文。

（10）寺崎保広「式部曹司庁の成立」（前掲註（2）寺崎氏書、初出は二〇〇〇年）。

（11）吉川真司「律令官人制の再編過程」（前掲註（3）吉川氏書、初出は一九八九年）。

（12）大隅清陽「律令官人制と君臣関係―王権の論理・官人の論理―」（『律令官制と礼秩序の研究』吉川弘文館、二〇一一年、初出は一九九六年）。

（13）早川庄八「成選叙位をめぐって」（笹山晴生先生還暦記念会編『日本律令制論集』下、吉川弘文館、一九九三年）。

（14）『唐令拾遺』考課令復旧第一条（開元七年・同二十五年令）。

（15）山下信一郎「律令俸禄制と賜禄儀」（『日本古代の国家と給与制』吉川弘文館、二〇一二年、初出は一九九四年）。

（16）前掲註（2）野村氏論文。

（17）前掲註（2）寺崎氏b論文。

(18)『大日本古文書』二五―七七。
(19)なお矢越葉子氏は、正倉院文書に残されている「告朔解」の書式の変化から、告朔儀で提出される公文の奈良時代半ばにおける変化を指摘し、それを考課の形骸化と関連づけ、天皇・太政官と下級官人との結びつきの希薄化を想定している（「写経所と「告朔解」」『日本古代の行政文書―正倉院文書の形成と復原―』八木書店、二〇二〇年、初出は二〇一〇年）。
(20)前掲註(2)野村氏・寺崎氏a論文、前掲註(13)早川氏論文、前掲註(12)大隅氏論文。
(21)『儀式』巻第十、八月十一日太政官庁定考儀では「永籍」、『西宮記』恒例第三、八月、考定（定考）では「簡」と表記されている。
(22)前掲註(2)寺崎氏a論文。
(23)『政事要略』巻二十五、天暦五年（九五一）十月一日太政官符。
(24)『大日本古文書』二四―五五二～四。
(25)考課令1内外官条・51分番条・67考郡司条・69考帳内条（ただし分番条以下は「行能功過」）。
(26)考課令1内外官条義解。
(27)陰陽少属の大宅岡田末足の項目に「過従駕人数誤記漏失」とみえる（前掲註(2)寺崎氏b論文参照）。なお、後述する「能」の記載を含め、これらの情報はのちに考状に記載されるようになったと考えられる（本書第Ⅰ部第二章）。
(28)ここでは陰陽師・陰陽博士・天文博士の計四人が、「占候医卜、効レ験多者、為二方術之最一」（考課令41条）という技術系官人の最を獲得しているにもかかわらず、同じ技術系官人の漏刻博士の池辺大嶋だけは、「訪察精審、庶事兼挙、為二判官之最一」（考課令35条）という一般官人の判官の最が与えられている。これは、他の四人の「能」の記載は内容が豊富なのと異なり、大嶋は「匠」の一文字しか書かれていないことに関係している可能性がある（野村忠夫「大宝・養老令制の考叙法」前掲註(1)野村氏書、初出は一九六一年）。
(29)考課令6善条集解の古記によれば、「清慎顕著」の善について、聖武朝前半の十年ほどの間では「守部大夫」一人だけが獲得したという。

(30) 前掲註(2)寺崎氏b論文。
(31)『続日本紀』和銅五年（七一二）五月乙酉条。
(32) 本書第Ⅰ部第二章。
(33)『続日本紀』霊亀二年（七一六）四月乙丑条。
(34) 養老令における国司の最は、「強二済諸事一、粛二清所部一」（考課令46条）であるが、大宝令ではこの詔にみえる文言だった可能性がある（日本思想大系『律令』岩波書店、一九七六年、同条註）。
(35)『続日本紀』養老三年（七一九）七月庚子条。
(36)『類聚三代格』巻七、養老三年（七一九）七月十九日按察使訪察事条事。
(37) 野村氏は「唐開元七年令の二十七最が類同する諸官職を包括する抽象性をもつのに対して、我が令制の四十二最の構成は、より具体的に官司制機構の組織に密着した体系的構造をもっていた」と評価する（「令制考叙法の基本的問題」前掲註(1)野村氏書、初出は一九六一年）。また大庭脩氏も日本の最について、具体的な職分による細分化、大納言等の高級官僚のみを対象とした最の創出、などの点を指摘している（「建中元年朱巨川奏授告身と唐の考課」『唐告身と日本古代の位階制』皇學館出版部、二〇〇三年、初出は一九五八年）。
(38) 考課令集解は「内舎人之最」と「次官以上之最」との間に、養老令に無い「舎人之最」を載せており、その古記の記述から、大宝令にのみその特異な規定があったことがわかる。周知のように令制上、トネリは蔭子孫をも含む官人の養成機関として重要な位置づけにあったが、官制の構造上、分類としては分番に入れざるをえなかった。そのため、考課などの面においてのみ（狭義の）官人に近づけるための措置がとられたのだろう。この「舎人之最」が実際に運用されていたことは、後述する奈良時代の選文の実例から確認できるが、養老令においては削除されており、同令施行下では通常の分番の考選法が適用されたものとみられる。この削除について、野村氏は考課上の扱いの矛盾を整合したものとしか評価していないが（前掲註(37)野村氏論文）、そうした一見してわかる矛盾を内包する方式をあえて採用したところに、善最にもとづく考課を日本の実情にあわせて運用しようとした姿勢が強く表れているといえよう。なお、この特殊形態が結局は整序されてしまった理由については、次のようなことを想定しておきたい。すなわち、実際の官人の出身にあたっては、令規定のトネリ出身コースあるいは大学寮出身コース以外にも、「蔭子」「蔭孫」という地位を通しての出身方法が存在した。また、令制において白丁からの出身が可能なのは帳内・資人のポストだけだが、実際には多くの白丁が大舎人その他のポストに就くことも行われていた。つまり実態としてトネリは、当初強く期待されていた官人養成機関としての役割を低下させていたのだが、それが奈良時代の早い段階から進行していたのではないか。そのためいびつな考課方式をあえて維持する必然性がなくなり、養老令で整理・改訂の対象となったのだろう。

(39) 現存する天平勝宝元年（七四九）の選文の断簡（『大日本古文書』二五―六八～九・八七～八・一一四～六。選文の復元については、野村忠夫「慶雲三年格制の考叙法」前掲註(1)野村氏書、初出は一九五七年参照）をみると、各人の各年の考課について、才伎長上などが考第・上日に続けて「恪勤匪懈善」「職修事理最」などの評価文言を付すのと同様、分番でも考第・上日に続けて「小心謹卓執当幹了」という評価文言を付す。

(40) 考課令52兵衛条・53衛門条。

(41) 既出の天暦五年の考文（前掲註(23)史料）の記載を参照。ただし、そこでの「不考」とされる七人は規定上日の不足による。

(42) 『日本書紀』天智十年（六七一）正月是月条。

(43) 『続日本紀』養老五年（七二一）正月甲戌条。

(44) ここでは「政」と表記するが、これが「行事」を指すことは、『西宮記』恒例第三、八月、考定（定考）の「弁読二行事増減一」からも明らかである。

(45) 前掲註(4)山田氏論文。

(46) 等第禄の支給基準については、『侍中群要』巻六、『朝野群載』巻第五所収の永承二年（一〇四七）十一月五日内侍所月奏の付記参照。等第勘文の実例については、『朝野群載』巻第五所収の永承二年十二月一日蔵人所等第勘文参照。

(47) 古瀬奈津子「昇殿制の成立」（『日本古代王権と儀式』吉川弘文館、一九九八年、初出は一九八七年）。

(48) 五位以上上日が天皇にも奏上されていたことについては、古瀬奈津子氏による否定的な見方もあるが（「宮の構造と政務運営法―内裏・朝堂院分離に関する一考察―」（前掲註(47)古瀬氏書、初出は一九八四年）、それに対する吉川氏の批判（前掲註(3)吉川氏論文）に従うべきであろう。
(49)『続日本紀』大宝元年（七〇一）五月癸酉条。
(50)『続日本紀』慶雲四年（七〇七）五月己亥条。
(51) 前掲註(37)野村氏論文。なお、今のところ対応する唐令にこの部分は確認されていない。
(52) 虎尾達哉「律令官人社会における二つの秩序」（『律令官人社会の研究』塙書房、二〇〇六年、初出は一九八四年）。

第二章　考状の成立

はじめに

これまでの律令官人制研究において、位階を獲得するための仕組みである考選制度は、律令官人制システムの中心に位置づけられており、また令でも詳細に規定されていることもあって、早い段階から考察が積み重ねられ今日に至っている。そうした中で考課関係文書である「考状」について言及されることがある。[1] しかし考状そのものについては関連史料が少なく、その形態が具体的にわかる実例がまったく残されていない。そのため専論もなく、考状に対する従来の理解に疑問が生じる余地がある。そこで本章では考状について、その成立の問題を中心に考察を試みることにする。

第一節　諸史料にみえる考状

まず、内長上の官人の本司における考課の基本的な流れを養老令文から確認しておく。

【考課令1内外官条】（『唐令拾遺補』により、大宝令文にもあったと推定される字句には○印を、なかったと推定される字句には×印を、大宝令文と異なると推定される場合は〔　〕で大宝令の字句を右傍に記す。以下同じ）

凡内外文武官初位以上、毎レ年当司長官、考二其属官一。応レ考者、皆具録二一年功過行能一、並集対読。〔嶋司一人集。〕議二其優劣一、定二九等第一。八月卅日以前校定。京官畿内、十月一日、考文申二送太政官一。外国、十一月一日、〔考文〕附二朝集使一申送。〔太政官。〕考後功過、並入二来年一。若本司考訖以後、〔太政官〕省 未レ校以前、犯レ罪断訖、准レ状合二解及貶降一者、仍即附校。有レ功応レ進者、亦准レ此。無二長官一次官考。

考課に際しては、官人個別の勤務状況、すなわち「功過行能」が評価の対象となる。その点は分番・郡司を含めた官人全体において基本的に同じであった[2]。本条からはその一年間の「功過行能」をことごとく記した文書の存在が想定できる。そしてそれをもとに考第が判定されるが、その結果を式部・兵部省[3]に報告するための文書が「考文」である。一方、令においては考文のほかに、補助的役割をもついくつかの考課関係文書の存在がうかがえ、それらもまた式部省に集められた[4]。こうした補助的文書は実際どの程度の機能を果たしていたか不明であるが、後述するように考状については確実に申送されていたことが確認できる。

その考状について、養老令では次の二条が直接触れている[5]。

【戸令33国守巡行条】

凡国守、毎レ年一巡二行属郡一、観二風俗一、問二百年一、録二囚徒一、理二冤枉一、詳察二政刑得失一、知三百姓所二患苦一、敦喩二五教一、勧二務農功一。部内有下好学、篤道、孝悌、忠信、清白、異行、発二聞於郷閭一者上、挙而進之。有下不孝悌、悖レ礼、乱レ常、不レ率二法令一者上、糺而縄之。其郡境内、田疇闢、産業脩、礼教設、禁令行者、為二郡領之能一。入二其境一、人窮遺、農事荒、奸盗起、獄訟繁者、為二郡領之不一。若郡司在レ官公廉、不レ及二私計一、正レ色直レ節、不レ飾二名誉一者、必謹而察之。其情在二貪穢一、諂諛求レ名、公節無レ聞、而私門日益者、亦謹而察之。其政績能不、及還迹善悪、皆録入二考状一、以為二褒貶一。即事有二侵害一、不レ可レ待レ至レ考者、随レ事糺推。

【考課令63応考之官条】

凡応レ考之官、犯レ罪案成者、〔毎年〕考日即附二考状一。若他司人、有二功過一者、録二牒本司一附レ考。其在京断罪之司、所断之罪、九月卅日以前、並録送レ省。

ここから考状は、少なくとも官人の考課にあたり、当人の犯罪、郡司の場合は職務に関わる「能不」「善悪」を記す文書であることがわかるが、この二条だけからその全体像をうかがうことは難しい。一方、『続日本紀』和銅五年（七一二）五月乙酉条の詔（以下、和銅五年詔とする）にも考状がみえる。

詔二諸司主典以上幷諸国朝集使等一曰、制レ法以来、年月淹久、未レ熟二律令一、多有二過失一。自レ今以後、若有二違レ令者一、即准二其犯一、依レ律科断。其弾正者、月別三度、巡二察諸司一、糺二正非違一。若有二廃闕一者、仍具二事状一、移二送式部一、考日勘問。又国司因二公事一入レ京者、宜乙差下堪レ知二其事一者上充甲レ使。々人亦宜下問二知事状一、幷惣中知在レ任以来年別状迹上。随レ問弁答、不レ得二礙滞一。若有二不レ尽者一、所由官人及使人、並准レ上科断。自レ今以後、毎年遣二巡察使一、検二校国内豊倹得失一。宜下使者至日、意存二公平一、直告莫上レ隠。若有二経レ問発覚一者、科断如レ前。凡国司、毎年実二録官人等功過行能幷景迹一、皆附二考状一、申二送式部省一。々宜レ勘二会巡察所見一。

ここでは国司の「功過行能幷景迹」を記し、それを式部省に報告するための文書であることが注意される。また、集解諸説でも考状に関する記述が散見するが、それによればやはり「功過行能」等を記載すべきものとされる[6]。こうしたことから考状は、考文に記された官人の評価について、そのもとになる功過などの具体的情報を式部省などの中央人事官司に報告するための文書であると考えられる。

考状の実際の申送が明確に確認できる史料は、次の天平六年（七三四）「出雲国計会帳」の天平五年十月分の記載[7]である。

一廿一日進上公文壱拾玖巻弐紙〈考文三巻、考状一巻、選文一巻《下略》〉
一同日進上公文弐拾陸巻肆紙〈考文一巻、考状一巻、兵士蒲〔簿〕目録一巻《下略》〉

ここから考状は考文と対になる文書として、文・武官に分けて出雲国から送付されていたことがわかり、その適用範囲は軍毅などにまで及んでいたことも推測できる[8]。また、平城宮式部省跡付近出土の考課関係木簡にも、天平宝字四年（七六〇）の年紀とともに「考状」と記されたもの、あるいは「状」と記されたものなどがみられる[9]。そして正倉院文書の天平二十年（七四八）八月二十四日皇后宮職牒[10]の「考状料」の記載から、考状は外官ばかりでなく京官でも使用されていたと考えられる。そしてこの考状は、考文・その他の資料とともに式部省で監査を受けていたと思われる。

以上のような点がすでに指摘されているが、こうしたことから、使用時期の問題は別として、考状は、基本的に考課対象となる官人全般に対して作成されていた、考文を補助する一般的な考課関係文書と考えてよいであろう。

第二節　考課（考仕）令と考状

しかしながら、一方で、「凡人有二文武所能及負犯一、皆注二附考文一。補レ官之日、太政官令三式部省挙二可レ用人一、則式部検二考案一悉抄出」とする考課令13条集解古記の記述があることが注意される。つまり官人の「能」や、令文で考状につけると明記されている犯罪などの情報は、ここでは「考文」につけるとされているのである。前節でみたように、古記の成立時とされる天平十年ころには確実に考状が存在していたと考えられるから、このような考状の存在を否定するような解釈は、ある時点での制度ないしは実態などを反映している可能性がある。そして実際、賦役令9水旱条集解が引く次の慶雲元年（七〇四）六月十九日格からは、こうした特記情報の考文への記載の事実がうかがえる。

慶雲元年六月十九日格云、国有水旱蟲霜、不熟之処、自五十戸以上、預申官。以下少者国司検実処分、具録申官。及実事附考文。五十戸以上太政官処分。三百戸以上奏聞。

ここで水旱蟲霜による被災について、太政官に報告するだけでなく、考文にもそれをつけるのは、

【考課令65殊功異行条】
凡毎年諸司、得国郡司政、有殊功異行、及祥瑞・災蝗、戸口・調役増減、当界豊倹、盗賊多少、並録送省。

にもとづくものである。つまり同条集解穴記に「問、依有災蝗降郡司国司考何。答、依治体善悪致祥災。故依祥進、依災降耳」とあるように、それが国司そして郡司の考課の対象になる事項として、式部省に具体的に報告されるべきものだからである。この場合、郡司については、さきの戸令33国守巡行条をふまえれば、功過に関わる具体的な記載は、本司考課の結果を記すための考文よりは考状につける方がふさわしいし、和銅五年詔からすれば、国司についてもやはり同様であろう。つまり慶雲元年格当時、考状が使用された形跡がないのである。また、次節で触れるように、令制当初の考文の実例によれば、官人の「能」や「過」（負犯）は考文の方に記載されているのであり、それはまたさきの考課令13条集解古記の解釈と一致することになる。これらのことを勘案すれば、考状は必ずしも大宝令施行直後から使用されていたわけではなさそうである。

従来、考状の使用開始時期についてはとくに問題とされていないが、右のような点を考えると、考課制度上に

おける考状のあり方について再検討する必要があるのではないか。復元される唐令に「考状」がみえないことから、考状は日本独自の公文である可能性が指摘されている(11)。そうであるなら、こうした考状の活用に対しての消極的な姿勢はどのように考えるべきなのだろうか。一方、大隅清陽氏は、唐代において考状と呼ばれるものが考課に際して本司で作成されていることを指摘している(12)。しかし復元される唐令には「考状」はみえないのであるから、継受のあり方をふまえた上で関係条文と使用の実態についてさらに考える必要がある。

そこでまず考課令63応考之官条についてだが、ここでは犯罪は考日に考状につけるとするが、これに直接対応する唐令条文は復元されていない。しかし、この点について、『唐律疏議』職制律貢挙非其人条には、

依レ令、私坐毎二一斤一為二一負一、公罪二斤為二一負一。各十負為二一殿一。校考之日、負殿皆悉附レ状。

とみえる。唐令文としては確認できないものの(13)、日本の「考状」がこの「状」の性質に関わることは間違いないであろう。そしてこの「状」に関して注意したいのは、日本の考課（考仕）令、

【考課令2官人景迹条】

凡官人景迹功過、応レ附レ考者、皆須二実録一。其前任〔未任官前〕有レ犯二私罪一、断在二今任一者、亦同二見任法一。即改レ任、応下計二前任日一為上レ考者、功過並附。注考官人、唯得レ述二其実事一。不レ得三妄加二臧不一。若注状乖舛、褒貶不レ当、謂、邉迹功状高、而考第下、或考第優、而景迹劣之類。及隠二其功過一、以致二昇降一者、各准二所レ失軽重一、降二所由官人考一。即朝集使褒貶、進退失レ実者、亦如レ之。

に対応する唐考課令である。『唐令拾遺』考課令復旧第二条〔開元二十五年令〕を次に掲げる。

諸官人景迹功過、応レ附レ考者、皆須二実録一。其前任有レ犯二私罪一、断在二今任一者、同二見任法一。即改レ任、応下計二前任日一為上レ考者、功過並附。其状不レ得レ過二両紙一。州・県長官、須レ言二戸口・田地一者、不レ得レ過二三紙一、注二

考正之最㆒。

ここから「状」は「景迹功過」が記されるものであることがわかる。そして本条の「状」について、『唐会要』巻八十二考下に、

准㆓考課令㆒、凡官人申㆓考状㆒、不㆑得㆑過㆓両紙三紙㆒。

とみえるのが注意される。唐令そのものに「考状」の字句は明確にはみえないものの、考状の作成とは、本条を根拠法令の一つとしていることは間違いないであろう。そして日本でも本条の基本的な部分を考課令でそのまま継承していることを考えれば、日本における考状も唐のそれを念頭に置いていた可能性をおさえておく必要があるだろう。

さて、令制当初は考状が使用されていなかったとすると、「考状」を令条に積極的に組み込んだものの、実際には運用が進まなかったという状況がまず考えられよう。しかし、さきの養老令文二箇条における「考状」の字句部分が大宝令で復元できないことをふまえると、そもそも大宝令には考状の記載はなく、当初は報告すべき功過については考文の方に記載することが予定されていた、という見方もできる。その二つの可能性に留意しつつ、令制当初の考課の実態について検討を続けたい。

第三節　令制当初における考課

現在確認できる考文の記載実例は、幸いにも令制当初のものがあり、また他に平安時代の天暦五年（九五一）のものが知られている。[14] 前者の慶雲・和銅年間ごろの考文の断簡とされる「官人考試帳」については、諸氏によっ

てしばしば提示されるが、あらためて冒頭と末尾の二人分の項目について掲げる。

正七位下行陰陽師高金蔵〈年五十八 右京〉
　能〈太一 遁甲 天文 六壬式 算術 相地〉日参佰玖
　　恪勤匪懈善　　占卜効験多者最

《中略》

大初位下守少属大宅岡田臣末足〈年五十一 右京〉
　　　　日弐佰玖拾捌
　恪勤匪懈善　　勤於記事稽失无隠取〔最〕
　過従駕人数誤記漏失[15]

この考文で注目したいのは、陰陽寮七人の官人のうち五人（右では高金蔵）について、「功過行能」によって決定された評価文言（＝「善」「最」）の他に、具体的な「能」そのものの内容が考文に記され、さらに一人（右では大宅岡田臣末足）について「過」に相当する文言が具体的に記されていることである。

それに対して、天暦五年の考文について一名分を例示すると、

右少史正六位上山直文宗　　上日三百卅二
　並恪勤匪懈善　勤於記事稽失無隠最

のようにみえ、上日・評価文言などの記載事項はまったく同じであるが、評価の要素ともなるようなこうした「功過行能」に関する具体的記述だけは一切ない。令制当初において、もし考状に「能」「過」などの具体的な情報のすべてが記されていたとすれば、わざわざ考文にも重複して記載する必要はないだろう。やはり、当初は考状が

送付されず、考文がのちの考状の役割を果たしていたと考えられる。

そして次に注意されるのが、七人のうちたった一人の官人にだけ「過」が記されている点である。ここから当時の考課についていえることは、式部省に報告しておく特記すべき「功過」のあった場合に限ってのみ、本司はその情報を簡潔に考文に記して報告していたということである。考状作成の根拠となるさきの唐考課令第二条およびそれを継受した考課令2官人景迹条の報告規定も、特記事項について述べたものと解されるから、[16]その意味ではこうした特記事項のみの簡潔な記載自体は、考状使用の実態の問題はともかくとして、令意に沿ったものといえる。

式部省ではその特記された具体的事実を確認したと思われるが、なお付言すればこの考文にみえる「過」の特記事項については、確認以上の意味があった可能性もある。「過」について「過、謂職務廃闕、《中略》負殿従レ過生レ之」[17]とされるように、官人考課の実際上で負殿、すなわち律にもとづくマイナス点が問題となるのは、職務上での「過」であったと考えられる。官人の職務上の過失は、公罪として職制律で体系的にとらえられている。実際にさきの和銅五年詔で「依レ律科断」すべき問題点は「未レ熟二律令一、多有二過失一」であり、そこであげる例も官人の職務「廃闕」や考課に関する過失などである。そして、

【考課令50一最以上条】

一最以上有二四善一、為二上上一。一最以上有二三善一、或無レ最而有二四善一、為二上中一。一最以上有二二善一、或無レ最而有二三善一、為二上下一。一最以上有二一善一、或無レ最而有二二善一、為二中上一。一最以上、或無レ最而有二一善一、為二中中一。職事粗理、善最弗レ聞、為二中下一。愛憎任レ情、処断乖レ理、為二下上一。背レ公向レ私、職務廃闕、為二下中一。居レ官諂詐、及貪濁有レ状、為二下下一。若於二善最之外一、別有レ可二嘉尚一、及罪雖レ成レ殿、情状可レ矜、或雖レ不レ成

㆑殿、而情状可㆑責者、省校〔之〕日、皆聴㆓臨時量定㆒。

によれば、負殿に関わる問題については、式部省自身が事実確認以上に積極的に再評定（＝「臨時量定」）することが認められているのである[18]。

この考文にみえる過失（「過従駕人数誤記漏失」）は職制律26上書奏事誤条に抵触するものといえるが[19]、もちろんこれだけで「殿」に至るものではないし、また「不㆑足㆑除㆑最過者、得㆑最」[20]るという扱いで、結局は「最」をも獲得することができたのであろう。しかし、たとえわずかでも過失の具体的内容は再評定される可能性があったため、それが考文に記されたと考えられる。しかし、逆にいえば、令制では式部省がたんなる確認を超えて「臨時量定」できる事項とは、右の一最以上条によれば、この殿に関わる部分と「別有㆑可㆓嘉尚㆒」というケースだけであったという点にも注意したい。

大宝令に「考状」の記載があったかどうかは措くとして、このように、令制当初の考課の実態として考状は使用されておらず、褒貶する要素としての具体的事実や負犯等は必要に応じて考文に記されたのである。そして法規上でも、式部省はその程度の限られた具体的事実しか本司から報告を受けることになっていなかったことに留意する必要がある。

第四節　和銅五年詔と考状の成立

前節までに、令制当初、考状は使用されていなかったことを指摘したが、そうであるとすれば、考状はいつから、何を契機に使用され始めたのだろうか。そこで考状の初見史料であるさきの和銅五年詔に注意したい。このときに諸国において考状が作成され始めたことがまず想定されるが、実際このとき、独立した考課文書としての考状を生み出す必然性があったと考えられる。そこであらためて同詔について検討したいが、その前に同詔が出される前年の和銅四年（七一一）七月、それと同内容の詔[21]が出されていることに着目したい。

詔曰、張二設律令一、年月已久矣。然纔行二一二一、不レ能二悉行一。良由下諸司怠慢不上レ存二恪勤一、遂使下名充二員数一空廃中政事上。若有二違犯一、而相二隠考第一者、以レ重罪之、无レ有レ所レ原。

この四年詔は、五年詔と同様に律令にもとづいた行政の不徹底と官人の怠慢を糾弾するとともに、本司がその過失などを隠して考第に反映させていないことを問題にしている。これが七月に発令されているのは、本司における考課が始まる直前だからであろう。しかし、翌五年に再び同趣旨の詔を出していることから、結局四年度分もやはり実態を反映した考課が本司において行われなかったと考えられる。そして前年の抽象的な訓告に対して、具体的な施策を和銅五年詔では示したのである。

その和銅五年詔の施策とは、「本司」という場における考課の限界という認識をふまえての抜本的な見直しといえよう。諸司に対しては弾正台が、月三度に及ぶ日常的な直接監察を行い、必要に応じて式部省に報告し、それが不可能な諸国に関しては、本司（諸国）の内部資料を式部省自身が把握し、さらに巡察使の所見と勘会して校定を強化する、という画期的な方法で問題に対処したのである。本詔の発令によって、国司が「毎年実録」することになった「官人等功過行能幷景迹」とは、考課令1内外官条が「応レ考者、皆具録二一年功過行能一」と規定する、本司内の詳細な記録そのものと考えられる。考課の監査を強化するため、特記すべき「功過」だけではなく、考第の根拠となった内部資料と同じものを式部省が考状を介して把握することになったのである。つまり本司の考課に対して、中央人事官司における監査重視の姿勢が、考状始用の契機になったと思われるのである。

ではその報告された内部資料とは、具体的にはどのような内容だったのだろうか。平安時代の諸儀式書には、太政官の考課である「定考」の儀式が掲載されているが、そこで読み上げられるのは「上日」、そして業務実績である「行事」である。また本司における勤務評定者たる本司長官・次官がともにいない場合について、考課令1内外官条の集解諸説は、考課関係資料をそのまま管司（省など）あるいは太政官に送るなどとするが、その資料については「上日功過」（跡記）、「上日行事」（義解・令釈・穴記・讃記）などと記す。つまり考課を行うにあたって、上日以外の必要最低限の基礎的な評定要素とは「行事」であり、これを基礎にした多様な要素が「功過」として報告されることになったのであろう[22]。

少なくとも「行事」が式部省へ報告され、考問などの監査の場で確認されるようになっていたことは、さきの考課令2官人景迹条の「注考官人、唯得レ述二其実事一。不レ得三妄加二臧不一。若注状乖舛、褒貶不レ当、（中略）及隠二其功過一、以致二昇降一者、各准二所レ失軽重一、降二所由官人考一。即朝集使褒貶、進退失レ実者、亦如レ之」に関する集解古記にうかがうことができる。すなわち、朝集使の弁答における責任所在について、次のような問答がみられる。

> 問、降二使考一時者、国所由考若為。答、文不レ及レ国。故朝集使独降耳。一云、仮有、国史生三人、各写二紙三百張一。并有二別当所一、一人写二二百紙一、并遣二使他所一。式部省考問日、写二二百紙一者劣、三百紙写此優、何合二同階一也。即朝集使挟レ私答云、国考定日、雖レ思二不当一、不レ得二述懐一。今被レ問、諾レ不レ合二同等一。如レ此類中降。所以降二朝集使考一耳。不レ然者、降二国長官考一。

ここで例示されている史生の「各写二紙三百張一」などの行事は、まさに史生の職掌の中心である「繕二写公文一」（職員令2太政官条）ということになるが、そのような行事を実際に記した実例が、正倉院文書のいわゆる「考中行事」の一つにみることができる[23]。

无位坂本朝臣人上
　行事弐伯玖拾肆条
　　繕写公文二百七十八張
　　催令作大仏殿大柱五十根　一条
　　奉鋳大仏像供奉二度
　　供奉礼仏三度
　　遣使十度検山作物遣幡〔播〕磨国之類

こうした「考中行事」そのものを考状と考えるむきもあるが、(24)現存するものの送付形態から、式部省に送られるものではなく、内部文書と考えるべきであろう。しかし、おそらくはこうした業務実績としての「功」を含む「功過行能」全体が本司内でまとめられ、考状が作成されたと考えられる。とくに史生などの分番では、その行事の部分こそが重要であったと考えられる(25)。

そしてこれだけの情報量を、各個人について毎年確実に伝達する場合、公文の処理上からも、評価文言を記す考文とは別の文書を作成する方が合理的といえよう。こうして、唐制をふまえながらも、それとは異なるまったく新しい文書としての考状が成立し、使用されることになったと考えられるのである(26)。

和銅五年詔ではまず国司所管の考課に対してのみ、考状の作成が規定されたと思われるが、既述のようにのちには京官でも使用されており、同詔の内容からみても、諸司にもそれが適用されるようになったとみるのが妥当であろう。保坂佳男氏は、『続日本紀』和銅六年（七一三）十一月丙子条の太政官処分(27)「凡諸司功過者、皆申㆓送弁官㆒、乃官下㆓式部㆒」について、これを考文送付方法の整備とする通説を批判し、ここでの「功過」を考状のこととしている。もしそうであるとすれば、このときすでに国司だけでなく「諸司」一般でも考状が使用されていたともみられる。しかしこの「功過」が考状そのものであるかどうかは判断が難しい(28)。ここでは考状は、その使用範囲が順次拡大されていったと考えておきたい。

和銅五年詔の完全実施の前提には巡察使の毎年の派遣があるが、実際の派遣状況からすれば、予定されていた監査の効果が十分にあがったとはいえないかもしれない。しかし、限定された情報のみからなる従来の考文での報告内容を考えれば、本司での内部資料とほぼ同じものを毎年の考課ごとに式部省が入手できるようになったことは、やはり画期的なことだったのである。これによって式部省自身による幅広い再評定、「校定」を超えた「量定(29)」、すなわち考課そのものにまで踏み込めるようになったと思われるからである(30)。官人考課における式部省監査、とくに考問の位置づけが飛躍的に高まったと推測されよう。こうした式部省の監査重視の姿勢は、翌和銅六年（七一三）四月に「制、銓二衡人物一、黜二陟優劣一、式部之任。務重二他省一。宜下論二勲績一之日、无二式部長官一者、其事勿上レ論焉(31)」とするのと同じものであろう。そしてこれらは長屋王の式部卿在任時における一連の制度改正の中の主要な施策として位置づけられるのである(32)。

では最後に、大宝令文における「考状」の有無の問題に触れておきたい。実際に使用されていた考状が日本で独自に展開した文書であるとすると、養老戸令33国守巡行条の「皆録入二考状一、以為二褒貶一」に相当する唐令が、たんに「皆附二于考課一、以為二褒貶一(33)」であった点、つまり唐令では確認できない「考状」の字句が、日本令ではむしろ積極的に付加されている点があらためて注目される。この積極性と令制当初に考状が使用されていない実態とのギャップが大きいからである。とするならば、やはり大宝令に「考状」の字句はなかったのではないだろうか。

つまり大宝令では、唐考課令復旧第二条の特記事項の報告に関する規定を継受したが、唐の考課で使用されることのあった考状を意識はしていたものの、唐令でも位置づけが明確でない考状の使用までは念頭になく、その程度の記載は当初から考文で報告するつもりだったのではないか。しかし考課制度を実際に運営してゆく中でいくつかの課題が生じ、その対処法の一つとして、唐制の考状をふまえつつ、日本独自の考状が創出された。その状況のもとで養老令において初めて「考状」の字句が戸令33国守巡行条と考課令63応考之官条に挿入されたのではないだろうか。さきの考課令13条集解古記が、当時の考状使用の実態とあえて異にする解釈をとるようにみえるのも、古記が大宝令文およびその令意に拠っているからであろう。この大宝令文の「考状」の有無の問題については、現段階ではまだ十分な論拠があるとはいえないが、このように考えておきたい。

おわりに

以上のように、和銅五年における考課制度の改正によって、初めて考状が登場したことを指摘した。そしてそれは唐制における考状に由来しながらも、それとは異なる日本独自の文書、すなわち「考中行事」そのものの内容を含む「功過行能」全体を記載した新しい文書であったと考えられる。寺崎保広氏は、和銅五年詔における考課に対する姿勢や奈良時代前期の出土木簡にみえる考課の考第などから、奈良時代後期以降の形式的な考課に対する前期における厳しい評価の実態を指摘している。それもこうした意味での考状がこの時点で成立したことによるところが大きいと考えられるのである。

こうして律令官人社会において重要な役割を果たしたと思われる考状も、寺崎氏が述べるように、奈良時代後期以降になるとその姿が確認できなくなる。考課の形式化によってその役割は失われたということになるのであろうか。その点については次章の課題としたい。

註

(1) その多くは断片的に触れるだけだが、日本の考状そのものに積極的に言及したものとしては、寺崎保広「考課木簡の再検討」(『古代日本の都城と木簡』吉川弘文館、二〇〇六年、初出は一九八九年)、保坂佳男「考課関係文書の申送について」(『史聚』二四、一九八九年)がある。以下、とくに断らない限り両氏の論考はすべてこれによる。

(2) 考課令51分番条・67考郡司条・69考帳内条。

(3) 令制上は式部・兵部省の人事面に関する機能はほぼ同一だが、奈良時代初期における実態として、兵部省には武官考文の審査権はないなど、その権限が著しく低かった(渡辺晃宏「兵部省の武官人事権の確立と考選制度—平城宮東区朝堂院南方官衙の発掘調査の成果をめぐって—」奈良国立文化財研究所創立四〇周年記念論文集刊行会編『文化財論叢』Ⅱ、同朋舎出版、一九九五年)。本章では主に奈良時代初期の考課について検討することもあり、繁雑になるのを避けるため、以下では兵部省の併記を省略する。

(4) これらの補助的文書全般については、保坂氏が詳細に検討している。

(5) 復元される大宝令はいずれもほぼ同文であるといえるが、「考状」の字句部分の存否については確証がない。その点に関しては後述する。

(6) 選叙令4応選条集解令釈に「皆審二状迹一、以二考状一可レ為二審案一。考課令云、官人景迹功過、応レ附レ考者、皆須二実録一故」、穴記に「為レ任レ官選レ人条也。状迹、謂考状具注二行能功過一。以二此考文一知二其状迹一耳。非三更見二其人身一也」とある。ただし、寺崎氏はこれらの説のころには考状の存在は疑わしいとしている。この平安時代の考状の問題に関して本書では、次章および終章であらためて取り上げたい。

(7)『大日本古文書』一―五九八。

(8)野村忠夫「令制考叙法の基本的問題」(『律令官人制の研究』増訂版、吉川弘文館、一九七〇年、初出は一九六一年)参照。なお、この軍毅などの考課について、出雲国と節度使との関係が注目される。すなわち、同計会帳にみられる節度使符の一つに天平五年(七三三)十月十五日発送「擬軍毅并軍毅等定考第及応徴差加兵士庸状」があり、当時、軍毅の考課は諸国による考文・考状の発送直前までに、節度使が考第を定めて所管諸国に通知していたことがわかる。そしてそれに関して出雲国はその前の八月二十一日に「軍毅等復任并擬少毅无位出雲臣福麻呂等合八人状」を節度使に送付している。これらはその日付からみて、個々の軍毅の考第を判定するのに必要な資料であろう。すなわち十月二十一日に中央に発送された考状と同内容のものと考えられる。

(9)『平城宮木簡』六―九八八六・八八、七―一一九四八。とくに「状」については、「多褹嶋考六巻状六巻」(六―九八八六)のように、考文と対になっていることが興味深い。

(10)『大日本古文書』三―一一一。

(11)前掲註(1)寺崎氏論文。

(12)大隅清陽「律令官人制と君臣関係―王権の論理・官人の論理―」(『律令官制と礼秩序の研究』吉川弘文館、二〇一一年、初出は一九九六年)。

(13)『唐令拾遺』では、この「校考之日、負殿皆悉附レ状」の部分も含めて、日本の考課令57犯罪附殿条に対応する考課令復旧第三八条として収載しているが、『唐令拾遺補』では、その部分は令文ではないとして削除している。

(14)『大日本古文書』二四―五五二～四。『政事要略』巻二十五、天暦五年(九五一)十月一日太政官符。

(15)この部分の判読はかなり困難だが、寺崎氏の読みに従って『大日本古文書』の表記を訂正した。

(16)考課令2官人景迹条の「官人景迹功過、応レ附レ考者、皆須ニ実録一」について、同条義解は、前条(考課令1内外官条)の「皆具録ニ一年功過行能一」と同じ行為ととらえている。しかしその内外官条では、一年のすべての記録を詳細に記すとしているにもかかわらず、官人景迹条に相当する唐令復旧第二条には「其状不レ得レ過ニ両紙一」のように紙数制限が加わっているのであり、官人景迹条集解古記もまた「唯无二功過一者不レ注耳」とするのである。本条については、「景迹」や「功過」で考をプラスマイナスするようなことがある場合は、それらの事実をとくに明記しなければならない、ということに主眼があり、一年の記録をことごとく記すような本司内部文書の作成作業を想定したものではないだろう。義解のような解釈は、次節で検討するように、日常的な業務実績＝「行事」をも記した考状が成立して以降のものと思われる。したがって、考文の実例などのように、特記事項があった場合にのみ具体的事実が報告されるということ自体は、官人景迹条（および唐令）の本旨に沿うものであったと思われる。

(17) 考課令1内外官条集解古記。
(18) 後掲註(29)参照。
(19) 同条によれば、「凡上書若奏事而誤、笞五十。《中略》上二太政官一而誤、笞卅。余文書誤、笞廿」となる。
(20) 考課令50一最以上条集解古記。
(21) 『続日本紀』和銅四年（七一一）七月甲戌条。
(22) なお平安時代の考課において、上日・行事のみで考第判定が行われていたようにみえるのは、考課が形式化してゆく過程で結果的にその基礎的な要素だけが残ったためと考えられる（本書第Ⅰ部第一章）。
(23) 『大日本古文書』二五―七六～七。なお文字配置等を若干変更している。
(24) 新日本古典文学大系『続日本紀』一（岩波書店、一九八九年）四一九頁。
(25) 本書第Ⅰ部第一章。
(26) すでに大隅氏は、日本の考状については唐のそれと異なり「考中行事」に類似したものではないか、と指摘している（前掲註(12)大隅氏論文）。
(27) この太政官処分は考課令63応考之官条集解に和銅六年官宣として引用されている。
(28) 保坂氏が、太政官処分の「諸司功過」は「考文」と記されていないこと、そして考文とは無関係な考課令63応考之官条集解に引用されていること、などを指摘している点は注意される。しかし、この太政官処分が「考状」とも明記していない以上、のちの引用者が「諸司功過」をどうとらえていたかという問題は依然として残る。

(29) 太政官は五位以上の官人を「量定」し考第を判定していたが、省は六位以下の考文を「校定」するだけであった（考課令59内外初位条）。既述のように規定上、省が自ら「量定」できたのは、「嘉尚」と負殿に関わる問題がある場合についてのみであった（考課令50一最以上条）。

(30) 翌和銅六年（七一三）三月には、和同開珎鋳造による銭貨流通政策の一つが実施されるが、それに伴う国郡司の考課について、「郡司不レ加二検校一、違十事以上、即解二其任一、九事以下、量降二考第一。国司者式部監察、計レ違附レ考」（『続日本紀』和銅六年三月壬午条）とされた。ここではすでに、式部省自身が国司の考課を直接「量定」できる素地ができていることが看取される。

(31) 『続日本紀』和銅六年（七一三）四月丁巳条。

(32) 茨木一成「式部卿の研究—律令官制における藤氏勢力の一考察—」（『続日本紀研究』一〇—一〇・一一、一九六三年）、寺崎保広『長屋王』（吉川弘文館、一九九九年）。

(33) 『唐令拾遺』戸令復旧第三八条〔開元七年令〕。

第三章　考帳について

はじめに

平安時代の法制史料等の中に、「考帳」と呼ばれる文書がみられる。実例が残されていない上に、関連史料が少ないため、その実態は明らかでない。また、その時期もほぼ平安時代前期に限られるため、今までほとんど言及されることがなかった。わずかに官人の勤務評定に関する帳簿、考課の状況を記した文書、といった指摘があるが[1]、もしそうならば、奈良時代後期にはすでに形式化しつつあったとみられる官人考課[2]において、そのような文書がむしろ平安時代に入ってから登場するのはなぜだろうか。こうした点をふまえ、考課制度上における考帳の位置づけを明らかにすることは、律令官人制の実態を考える上で必要な課題と思われる。

そこで本章では、考帳の果たした機能について検討し、それが使用されたことの意義について考えることにする。

第一節　諸史料における考帳

1　『延喜式』の中の考帳

まず同一史料の中で、考帳がどのように位置づけられているかをみるため、『延喜式』で規定される関係史料を提示する。

【史料1】『延喜式』式部省上・兵部省

a凡諸司番上把笏者、不レ与二公験一。其舎人・使部・伴部之類、皆与二公験一。其式如レ左。

式部省

位姓名〈年若干、某国某郡人。〉

右人、元某色。今補二某司某色一。任為二公験一。

年　月　日　録位姓名

輔位姓名

右、印署訖告二知本司一、令レ附二考帳一。仍即給与、随レ身為レ験。（式部省上111公験条）

b凡郡司補任之後、二年頻不レ附二考帳一者解任。（式部省上126不附考帳条）

c凡新補二諸国史生一、皆先身自向レ省申二本色位姓名一。然後比二校考帳一、知レ実申レ官。（式部省上140諸国史生条）

d凡中宮・春宮舎人、及三色資人等、待二考帳一放出。（式部省上150三色資人条）

e凡外位任二内職事一者、即改入二内位一。若内位任二外職事一者、亦改二外位一。若内番上附二外考帳一者、雖レ帯二八位以上一、不レ聴レ貢二位子一。（式部省上235外位内位条）

f凡左右馬寮騎士毎レ寮十人、兵庫寮工部廿人、鼓吹生卅四人、隼人司作手隼人廿人、省随二其解移一申レ官、勘籍補之。其考帳者毎年送レ省。（兵部省30騎士勘籍条）

考帳が何らかの形で考課に関わることは、「考」の呼称から推測できるが、『延喜式』の中でこの文書が式部式および兵部式にしかみえないこと、そしてfのように毎年作成されること、などはそれを裏づけよう。

次に、この文書の所在および移動について確認してみる。まずd・fから、この文書は諸司から式部・兵部省に送付されるものであることが想定できる。諸司から二省に対し、考課に関する情報を報告することになっていたのだろう。しかしその一方で、cのように二省に常備される官人台帳としての機能もあったようである。eからもそのようなことがうかがわれよう。これらを整合的に考えれば、二省への報告書だけでなく、報告された情報をストックした二省内の官人台帳もまた考帳と呼ばれたとみるべきだろう。またaでは、雑任（分番）の任用手続きについて、式部省での印署が終わったあと、「告二知本司一、令レ附二考帳一」とする。この場合の考帳は、諸司における官人台帳のようなものが想定される。そうであれば、二省へ報告すべき情報を日常的にストックしていた諸司の官人台帳もまた、考帳と呼ばれていた可能性がある。eもあるいはそうした台帳を指しているのかもしれない。このように、同一名称の複数の種類の文書が存在することになるが、これらは考課に関わる同質の情報が記されていたために、いずれも「考帳」という名称で呼ばれていたのであろう。

2　考帳使用の実例

次に、考帳が実際に使用されたことがうかがえる史料についてみておきたい。確実な事例としては、次の三つがあげられる。

【史料2】『類聚三代格』巻十八、延暦十六年（七九七）十一月二十九日太政官符

太政官符

応三勲位人差二健児一事〈除二大宰陸奥出羽佐渡等府国一也〉

右得二美濃国解一偁、被二太政官去六月十一日符一偁、外散位者、便令レ直レ国、駆二使雑事一、量二事閑繁一令レ申二其数一。余令三贖労物送二京庫一者。而有二勲位一人、身雖二強壮一、或乏二家資一、無レ由二贖労一。望請、停レ差二白丁一、差二勲位人一、結番上下、以預二考帳一。謹請二　官裁一者。被二大納言従三位神王宣一偁、奉　レ勅、依レ請。諸国亦准レ此行レ之。

延暦十六年十一月廿九日

【史料3】『日本三代実録』元慶六年（八八二）十二月癸亥条

聴下主殿寮殿部十人以二異姓入色一加中補其闕上。先レ是、宮内省言、主殿寮申請、検二職員令一、殿部卌人以二日置・子部・車持・笠取・鴨五姓人一為レ之。今或氏挙レ家絶滅、或氏無レ心二直寮一。因レ茲差二役雑事一、常煩二人乏一。為レ済二公事一、仮補二異姓一、功積労成、移二式部省一。而称レ不レ載二考帳一、常事二勘却一。望請承和六年八月十四日補異姓白丁五人之外、充二補十人一。其遺廿五人、待二五姓人一以補レ之。従レ之。

【史料4】『類聚符宣抄』第七、天慶二年（九三九）五月二十二日坂上高晴・善道維則申文

従八位下刑部宿禰福秀但馬国美含郡人
望下当郡少領刑部福保補任之後経レ年不レ附二考帳一替上
右弁官給主政帳廿一人内、維則任二官史一之時、去承平六七両年給、高晴同七年給三合之代、以二件福秀一所レ請
如レ件。兼被レ免二無レ譜之責一。謹言。
天慶二年五月廿二日　　大外記坂上高晴
大隅守善道朝臣維則

まず【史料2】は、「考帳」の初見史料であり、この場合の考帳は、式部・兵部省ないしは諸司（諸国）などに常備された官人台帳を指すとみられる。ここでは考帳に「預」かるということが、考課の対象になることを意味していることがわかる。【史料3】の考帳についても、式部省において、考課対象者かどうかなどを確認する官人台帳の役割を果たしていた様子がうかがえよう。そして【史料2】、および【史料1e】の「外考帳」から、外位の者についても考帳記載の対象となっていたことがわかる。これらの史料から、台帳としての考帳は、官人全般についての基礎的な台帳であったとみられる。とくに雑任などの下級官人任用時には必須の文書であったといえよう。なお、【史料4】にみえる考帳は、報告書としての考帳を指すと思われるが、この史料についてはのちに触れたい。

さて、【史料2】【史料3】では、個々人に関する情報の中身というよりも、台帳への登載そのものが問題とされている。そのため考帳は、考課対象者の名前や位階が記された、たんなる歴名のような文書を想定することも可能である。しかし、報告書としての考帳について考えた場合、そうした文書は勤務評定書そのものである「考文」と内容的に重複することになってしまう。考文の実例[3]によれば、そこには当年の考課を受けた者とその評価

についての記載はもちろん、上日不足などで当年の考課が受けられない者も含め、その官司に所属する考課対象者はすべてリストアップされていたからである。さらに【史料1d】の「待二考帳一放出」などには、考課対象者の確認ということだけでなく、それ以上の意味があるとみるべきだろう。結果として、たんなる歴名のような文書になってしまった可能性はあるにしても、それが本来的な性格であったとは考えにくい。それでは考帳とは、考課の中において、どのように位置づけられるべき文書として作成されたのであろうか。

第二節　考帳の系譜

史料上に考帳が登場するのが平安時代に入ってからとすれば、考帳とは、あるいは先述の考文が変化した文書ともとれるかもしれない。しかし、『延喜式』には、考帳とは別に考文に関する規定が多くみられるし、その後も考文およびその呼称は残るから、考文と同一のものとは考えにくい。では考帳とは、平安時代に入って突然に作成されるようになった考課関係文書なのであろうか。

1　「功過行能」と考帳

考帳が考文と併存する考課関係文書であるとした場合、まず確認しておきたいのが、考課の基本を規定した考課令1内外官条の「凡内外文武官初位以上、毎レ年当司長官、考二其属官一。応レ考者、皆具録二一年功過行能一、並集対読。議二其優劣一、定二九等第一」である。実質面はともかく、建前上、この一年間の「功過行能」をもとに、考第が決定され、考文が作成されることになる。それに関して同条集解に次のような記事がみえるのが注意される。

【史料5】考課令1内外官条集解讃記

讃云、応レ考者、謂私案、縦不レ応レ考、亦尚可レ録二功過行能一。何者、雖レ処二不考一、必可レ注二考帳一故。又各功過灼然者、別記可レ送故。

この讃記によれば、当年の考課に関して、上日の不足、その他の理由で「不考」の扱いになるような場合でも、本司ではなお「功過行能」を記録する必要があった。なぜならその内容は「考帳」に記載するからだ、と理解されていることがわかる。「不考」の者の情報が、実際に考帳に収載されたかどうかは別として、ここからは、考帳の内容について、考課にあたって必要な個々人の「功過行能」の情報が記録されるべきものであることがうかがえる。とするならば、この「功過行能」を記すという文書とは、戸令・考課令および『続日本紀』に、次のように記される「考状」との関連性が指摘できるのではないだろうか。

【史料6】戸令33国守巡行条

凡国守、毎レ年一巡二行属郡一、《中略》其郡境内、田疇闢、産業脩、礼教設、禁令行者、為二郡領之能一。入二其境一、人窮遺、農事荒、姧盗起、獄訟繁者、為二郡領之不一。若郡司在レ官公廉、不レ及二私計一、正レ色直レ節、不レ飾二名誉一者、必謹而察之。其情在二貪穢一、諂諛求レ名、公節無レ聞、而私門日益者、亦謹而察之。其政績能不、及還迹善悪、皆録入二考状一、以為二褒貶一。即事有二侵害一、不レ可レ待レ至レ考者、随レ事糺推。

【史料7】考課令63応考之官条

凡応レ考之官、犯レ罪案成者、考日即附二考状一。若他司人、有二功過一者、録牒二本司一附レ考。其在京断罪之司、所断之罪、九月卅日以前、並録送レ省。

【史料8】『続日本紀』和銅五年（七一二）五月乙酉条

詔二諸司主典以上幷諸国朝集使等一曰、制レ法以来、年月淹久、未レ熟二律令一、多有二過失一。自レ今以後、若有二違レ令者一、即准二其犯一、依レ律科断。其弾正者、月別三度、巡二察諸司一、糺二正非違一。若有二廃闕一者、仍具二事状一、移二送式部一、考日勘問。又国司因二公事一入レ京者、宜乙差下堪レ知二其事一者上充甲レ使。々人亦宜下問二知事状一、幷惣中知在レ任以来年別状迹上。随レ問弁答、不レ得二礙滞一。若有二不レ尽者一、所由官人及使人、並准レ上科断。自レ今以後、毎年遣二巡察使一、検二校国内豊倹得失一。宜下使者至日、意存二公平一、直告莫上レ隠。若有二経レ問発覚一者、科断如レ前。凡国司、毎年実二録官人等功過行能幷景迹一、皆附二考状一、申二送式部省一。々宜レ勘二会巡察所見一。

前章でも検討したように、この考状についても実例は残っておらず、関連史料も極めて少ないが、考文と一緒に諸司・諸国から送付される文書であったことは間違いない。(4) 考文が特定の評価文言と上日・考第だけが記入されたのに対し、考状は、右の史料によれば、諸司における考課の判断の材料となる多様な人事情報（「政績能不、及遝迹善悪」「犯罪」「功過行能幷景迹」）が記入されるべきものであり、通常は官人の日常的な業務＝「行事」の種類やその量などが必要に応じて記載されたと推測される。(5) そしてその情報は、【史料8】にみられるように式部・兵部省での監査などで利用されたと考えられる。とするならば、考帳は考状と深く関係するのではないだろうか。

2　「考解」と考帳

考帳について、考状との関連を指摘したが、そのことは「考解」の手続きにもうかがえる。考解とは、考課の結果にもとづく解任を指し、法制上、次の二つのケースが規定される。（A）考課令57犯罪附殿条・58犯私罪条などにみえるように、犯罪の軽重によってマイナス点を算出し、それによって考第を降ろした結果、「私罪下中」「公罪下々」と判定された場合、（B）考課令67考郡司条により、郡司の考第が「下々」と判定された場合(6)、である。

そして考解の対象になると諸司・諸国で判断された場合、考課令62内外官人条が「凡内外官人、准レ考応二解官一者、即不レ合レ釐レ事。待二符報一即解」とするように、その段階で「釐レ事」ること、つまり執務することができなくなり、事実上の解任となる。そして式部・兵部省からの上申にもとづいて太政官が符を二省に下すことにより、正式に解任されることになるのである。その諸司から二省へ考解を報告する文書について、選叙令8在官身死条の「凡在レ官身死、及解免者、皆即言上」に関する集解穴記は、次のように「考帳」としている。

【史料9】選叙令8在官身死条集解穴記

穴云、考解自下附二考帳一申上上、又不レ得レ釐レ事。待二符報一解。

解任という重要な案件については、当然ながらその事実だけでなく、その根拠となる詳細な「過」の情報が諸司から二省に報告されなければならない。令で規定する二つの考状（【史料7】【史料6】）は、まさに考解ケース（A）（B）の根拠となる情報を記載すべき文書として、それぞれ対応していたから、考解と直接関わることが想定されていた。この点からみても、考帳は考状の系譜につらなるといえよう。

考状については、考文の内容の固定化に伴って、その存在意義は喪失し、平安時代にはすでにその存在自体が疑わしいと指摘されている[7]。しかし、考課に関して、考第というよりも、解任に関わるような官人の人事情報等の記録に関しては、考状のような文書が残る余地があったのではないだろうか。官人全般についてはともかく、少なくとも郡司において、実際に考解という形での解任が行われていたことは、例えば天暦八年（九五四）の式部省請奏に「大領小田遂津考解之替」[8]とみえるように、十世紀においてもなお、いくつかの実例からうかがうことができる。そして『法曹類林』の引く考解等に関する惟宗公方の勘文では、承平七年（九三七）の備前国児嶋郡の主帳の考解に関して、次のように述べている。

【史料10】『法曹類林』巻百九十七、郡司非二下々考一不レ可二解任一事

児嶋郡主帳実世考解之替、以二有仁一補任。而介粱忠朝臣云、実世承平七年考文雖レ注二下等一、其身勤レ職、国司不レ申二考解之法一。下等之輩非レ可二解官一。況国司不レ申二考解之由一。而以二替人一暗輙補任。論二其行事一甚乖二法意一。然則有仁任符難レ可二奉行一。

ここでいう国司が「申二考解之由一」すにあたって使用する文書とは、考状に相当する文書であろう。そして、当時それは考帳と呼ばれていたと推測したい。

また、令で規定する「考解」以外にも、考課に際して解任が行われる場合があったらしい。大同四年（八〇九）九月二十七日太政官符[9]は、延暦五年（七八六）に出された国・郡司への褒賞・解任の基準に対して、実際の運用上の問題点を指摘した山陰道観察使菅野真道の奏状（「観察使起請」）をもとに、それに若干の修正を加えて公布した形をとっている。その中で、「罪重者事発即解、犯軽者待レ考乃解」「嗜レ酒致二廃務一、則事発便解、廃務縁二他事一、則待レ考始解」など、即時解任に対して「待レ考」っての解任がみえる。即時解任よりも相対的に軽いとみなされる案件については、考課の際に式部省でさまざまな所見を総合的に判断するという意図があるのだろう。個々の基準の実効性はともあれ、こうした解任に直接関わる「過」の報告にも、考帳の利用が想定されていたのではないだろうか。

さて、宝亀十年（七七九）、国司・郡司の懈怠に対して、次のような措置がとられた。

【史料11】『続日本紀』宝亀十年（七七九）八月庚申条[10]

勅、牧宰之輩、就レ使入レ京、或無二返抄一、独帰二任所一、或称二身病一、延二日京下一、而求下預二考例一、兼得中公廨上。又奸民規避、拙吏忘レ催、公用之日、還費二正税一。於レ理商量、甚乖二治道一。若有二此類一、莫レ預二釐務一。国司奪

レ料、附レ帳申送、郡司解任、更用二幹了一。阿容之司、亦同二此例一。

この記事にみえる「附レ帳申送」の「帳」が、考課の際に送られるものであることは、本条をふまえて出された、後述の寛平二年（八九〇）六月十九日太政官符[11]の記載からうかがえる。この場合の「帳」は、朝集使がもたらす公文の総称としての「朝集帳」を略した可能性もあるが、「釐務」をとどめたあと、その事状を記載したと思しき具体的な文書としては、考状と同質のものが想定される。そしてこの当時、それがすでに「考帳」と称されていた可能性もあるのではないか。考状の呼称や性格が、令意もしくは使用当初の実態から変わりつつも、官人の具体的な人事情報を記す文書としての機能を継承してきたのが考帳だったと考える[12]。

3　台帳としての考帳の系譜

ところで、さきの考状については、使用開始時期や使用状況に不明な部分が多く、また令制当初から使用されていたとは考えにくい[13]。八世紀初頭は考選システム自体も安定しておらず[14]、考選制度が整備される中で、考状の使用も徐々に進んでいったと思われる。しかし、台帳としての考帳とは、既述のように、官人全体を把握するための基礎的な帳簿といえるから、考状のような文書が整備されるまで、式部（あるいは兵部）省に考課対象者の台帳が備わっていなかったというのも不自然である。そのため二省において、考課対象者の台帳のようなものは、考状の成立とは無関係に早くから作成されており、記載情報の同質化により、のちに両者が同じ「考帳」という名称になった可能性も考えられよう。その場合、台帳としての考帳に相当する文書は、考状のように令で規定されているのであろうか。

令における官人全体を把握するための台帳について確認すると、公式令84任授官位条に「凡任二授官位一者、所二任授㆓之司、皆具録㆓官位姓名、任授時年月・貫属・年紀㆒、造㆑簿。其任官簿、除㆓貫属・年紀㆒。《中略》其余色、依㆓職掌㆒応㆑造㆑簿者、並准㆑此」が具体的に規定され、[15]叙位・任官の両面からの官人の把握が想定されていたことがわかる。このうち、考帳に近いものとしては授位簿が想定されるが、令文からみる限り、この台帳への記載は、位階の授与が前提となり、出身したばかりの「無位」は対象外となってしまう。しかし一方で令では、蔭子孫・位子の出身にあたって、「年廿一以上」で「見無㆓役任㆒」ければ、トネリ等に配されることが規定されており、[16]そうした雑任の場合も、任授官位条で「其余色、依㆓職掌㆒応㆑造㆑簿」のように官人台帳が作成されることになっている。したがって、授位簿と任官簿（およびそれに準じる簿）のセットにより、全官人を漏れなく把握することが想定されていたといえよう。

ところが、官人出身の実態としては、規定通りの年齢に達していたとしても、必ずしもトネリなどの任に就くとは限らなかった。周知のように、「位子」などの肩書で、散位と同じ扱いで考に預かっていたと考えられる者が史料上に散見するからである。[17]令制の出身システムを前提とした、授位簿・任官簿による把握の考え方では、こうした出身者は想定されないから、彼らは無位の間、帳簿上の把握から漏れることになる。しかし、実際問題として、無位の「位子」等を含めた考課対象者全員に関する官人台帳がなければ、官人把握の面で問題が生じる。したがって比較的早くから「考課対象者」という枠組での官人台帳が作成されていたと思われる。つまり、この〈授位簿＋α〉の内容をもった官人台帳が、台帳としての考帳に相当する文書の原型であり、事実上の授位簿であったと思われる。こうした台帳が、考状などの情報を適宜吸収し、両者は同質化していったと考えられるのである。

第三節　考帳のもう一つの機能

前節において、報告書としての考帳は、考状の系譜を引くと想定した。しかし、もしそうならば、「考帳」と呼ばれる文書が登場するようになる平安時代前期、すなわち、一般官人の勤務評定がすでに固定化したあとの時期において、考状のような文書が存続する必然性は、実際に考解などが適用されていた郡司ぐらいしか想定しにくい。しかし、すでに掲出したように、『延喜式』（【史料1】）の各規定には、（台帳としての考帳も含めてみると）郡司のほかにいくつかの具体的なポスト名が散見する。注意したいのが、それらのポストは、郡司を除くと、すべてトネリなどの雑任ということである。これは、【史料3】などに関して指摘したように、考帳が雑任など下級官人の人事上の問題に関して、重要な役割を果たしていたことが反映されているからではないだろうか。その点を手がかりに、さきに検討した考解などとは別の側面から、考帳のもつ機能について考えたい。

1　中宮舎人・春宮舎人の任用と解任

まず、『延喜式』（【史料1d】）の「凡中宮・春宮舎人、及三色資人等、待二考帳一放出」の規定に関して検討する。ここにみえるポストのうち、資人については、周知のように、基本的に蔭子孫・位子階層の間で再生産されることになっていた律令官人の人事システムの中で、白丁からの採用が令の中に明記されているポストである。[18]一方、中宮・春宮舎人については、本来的には蔭子孫からの採用とされていたが、[19]九世紀に入り、そうした「入色」以外に、「外位」（具体的には「外散位・帳内・職分位分資人[20]」等）や「白丁」からの採用が認可、拡大されている。(21) つまりこれらは、当時、外位や白丁からの採用が認められていた中央官人ポストという点に共通性がある。さて、このうち、中宮・春宮舎人に関して、『延喜式』では、入色・外位・白丁からの採用枠をそれぞれ次のように規定している。

【史料12】『延喜式』式部省上208諸宮舎人条

凡補二諸宮舎人一者、中宮入色一百五十人、外位一百人、白丁一百五十人。東宮入色四百人、外位一百人、白丁一百人。斎宮入色・白丁各十人。其外位随二解闕一補之。但白丁舎人未レ叙之前、無レ故不レ上之替、聴レ補二白丁一。其叙位之後、依レ病不レ上、并遷二他色一之替、以二雑色人一補之。

そして、さらに春宮舎人については、春宮式に次のような詳細な任用規定がみえる。

【史料13】『延喜式』春宮坊49坊舎人条

凡坊舎人六百人、〈帯刀舎人卅人在二此中一。〉取二蔭子孫及位子一。但外散位・帳内・職分位分資人一百人、随レ闕通補。又取二白丁一百人一。一補之後不レ補レ替。〈毎年卅人内、遷二任把笏并諸衛府舎人一之類、並随レ闕補レ替。自余依レ理解却之輩、待レ考解補。但白丁舎人未レ叙之前、無レ故不レ上替、聴レ補二白丁一。其叙位之後、依レ病不レ上并遷二他色一之替、以二雑色人一補之。〉並在二六百人内一。

この【史料13】の「毎年卅人内、遷二任把笏并諸衛府舎人一之類、並随レ闕補レ替。自余依レ理解却之輩、待レ考解補」によれば、「遷任」による欠員はそのつど後任が採用されたが、それ以外の「依レ理解却」のケースについては、「待レ考」ってから補充が行われることになっていた。この記載と「凡中宮・春宮舎人、及三色資人等、待二考帳一放出」とをあわせて考えるなら、式部省は考課の際に考帳を確認してから、当人の解任と後任の採用を認めたということになるのだろう。ではなぜ「遷任」に対して「依レ理解却」の場合、省は考帳を確認する必要があるのだろうか。

そのことを検討する前に、右の「自余依レ理解却之輩、待レ考解補」の解釈について少し補足しておく。【史料13】では「考を待ちて解き、補す」としたが、新訂増補国史大系の訓点のように「考解を待ちて、補す」と読むこともできる。後者の場合、さきの考解のケースの一つと理解することになる。しかし、そもそも「依レ理解却」とは、選叙令9遷代条の義解が「其以レ理解官、惣有二七色一。致仕、考満、廃官、省員、宛レ侍、遭レ喪、患解、是也」と説明するように、文字通り正当な理由による解任であり、本人の重大な過失による考解とは根本的に異なる。両者は選叙令18以理解条でも「凡長上官、以レ理解者、後任日、聴レ通二計前労一。其考解及犯レ罪解者、不レ用二此例一」とするように、対立する概念としてとらえられ、同じ範疇で理解することは難しい。さらに「待レ考」つという表現は、前節二項で触れた大同四年九月二十七日太政官符にもみられるように、当時、一般的に使用されていたようだから、「考解を待つ」ではなく「考を待つ」とするのが妥当である。[22] いずれの場合も、考課を待ってからの解任、ということに変わりはないのだが、考解とは別に「依レ理解却」という、考帳の確認が必要になるもう一つのケースがあったことに留意しておきたい。

2　「依理解却」と考帳

ではあらためて、「依レ理解却」の場合、なぜ式部省は考帳を確認する必要があるのだろうか。その点を明らかにするには、「依レ理解却」とは反対の「無レ故不レ上」による解任とあわせて考える必要があると思われる。『延喜式』の採用規定（【史料12・13】）は、承和三年（八三六）・十年・十四年の制度改正[23]を経て定着したものだが、そのうち最初の承和三年の太政官符では、こうした改定が行われた背景について次のように触れている。

【史料14】『類聚三代格』巻四、承和三年（八三六）正月十五日太政官符

太政官符

応レ補二白丁舎人無レ故不レ上之替一事

右得二春宮坊解一偁、舎人監舎人、惣六百人、就レ中入色四百人、外考一百人、白丁一百人。而或進仕之日、競預二出身一、勘籍之後、還為二逓去一。因責二不上一、放出還レ本。其入色外考、随レ闕補レ代。唯至二白丁一、一定之後、依レ格不レ補。望請、除二拝官幷依レ病不レ上服解死去等一之外、白丁未レ叙、無レ故不レ上者、被レ補二其替一者。右大臣宣、奉レ勅、依レ請。

承和三年正月十五日

つとに指摘されている[24]ことだが、史料にみえる「進仕之日、競預二出身一、勘籍之後、還為二逓去一。因責二不上一、放出還レ本」から、当時、官人身分の獲得だけを目的として出身し、勘籍後は勤務を忌避する者が多かったことがうかがえる。こうした者は解任され代わりが補されるが、そこで問題なのが、白丁からの採用枠についてである。その採用枠は「一定之後、依レ格不レ補」であったため[25]、欠員が補充されずに人員が不足していた。とはいえ、もし「無レ故不レ上」る者についての補充を無条件で認めていったならば、散位つまり勘籍人は増加の一途をたどることになりかねない。そこで「無レ故不レ上」による欠員については、解任者が「未レ叙」の場合に限ってのみ、その補充を許すことにした。その場合、勘籍人の増加につながることがないのは、その前提に天平勝宝四年（七五二）に出された次の格の運用があったためと考えられる。

【史料15】『類聚三代格』巻八、天平勝宝四年（七五二）十一月十六日太政官符

太政官符

応三諸司無レ故不レ上者放二還本貫一事

右奉二今月五日　勅一、無レ故不レ上還二本貫一者、先已処分。如聞、省司失レ旨、例申二散位寮一者。自今以後、不レ得二更然一放二還本貫一。有位為二外散位一、無位還従二本色一。

天平勝宝四年十一月十六日

これにより「無レ故不レ上」る者は散位寮に編入せずに本貫に放還し、そのうち無位（未だ成選に至っていない者）は「従二本色一」う、つまり白丁からの出身者は考に預からせずに白丁に戻す、などの措置がとられ、勘籍人の一方的な増加は防がれていたのである。これをふまえて承和三年官符では、白丁枠の解任者が「未レ叙」の場合（つまり白丁に戻される場合）に限っては、白丁からの補充採用を認めることとし、それが『延喜式』の採用規定に定着したと考えられる。

一方、『延喜式』の採用規定では「其叙位之後、依レ病不レ上幷遷二他色一之替、以二雑色人一補之」として、白丁出身者の叙位後の「依レ病不レ上」による解任、すなわち「依レ理解却」となった場合の補充採用についても規定している。ここでは、雑色人（諸司の使部・伴部など）からの採用に限定していることに注意したい。白丁ではなく、内位の考課対象者を後任の採用条件にしている（つまり新規勘籍人の増加を防いでいる）ことから、「依レ理解却」の者は、解任後も（内）散位として内位の身分を維持できたと想定できる。このように「依レ理解却」の場合、白丁出身者であっても解任後の官人身分が保障されている点で、「無レ故不レ上」による解任と扱いが大きく異なっていた点を確認しておきたい。

さて、以上の検討から当時の状況として想定できるのは、勘籍人（あるいは位子階層）の増加防止という観点から、「依レ理解却」の認定は慎重に行われたということであろう。そこで問題となるのが、遷任などのように事由が明確な異動に対し、「依レ理解却」の正当性に疑義の生じる余地のあるような異動のケースである。とくに「依レ病不レ上」のように、病により出仕できないことを理由とする解任＝「患解」の場合、次項で触れるように、官人が偽って患解を申告する場合があった。しかもトネリのような雑任の「依レ理解却」に関しては、選叙令22職事官患解条に「凡職事官、患経二百廿日一、及縁二親患一、仮満二二百日一、及父母合レ侍者、並解官。《中略》皆具レ状申二太政官一奏聞。其番官者、本司判解」とあるように、本司の判断だけで行われていた点に注意する必要がある。後述の事例によれば、所属官人の患解の虚偽申告に、本司自体が加担する場合もあったからである。

したがって患解などの案件に関しては、式部・兵部省でもその事情を本司の報告によって慎重に再確認しなければならない。「遷任」が「随レ闕補レ替」を認められたのに対し、患解などの「依レ理解却之輩」は「待レ考」ってから正式に解任された理由、すなわち「待二考帳一放出」された理由とは、こうした点にあったと思われる。つまり、考帳には、「依レ理解却」の理由・経緯などを二省に報告するという役割があったと考えられるのである。

こうした二省での監査に、すでに儀式化しつつあった考問[26]の場での本司担当官人への勘問が含まれていたかどうかは別として、その監査と正式な解任の手続きを経て、初めて後任が採用されたのであろう。その監査で「依レ理解却」等が認められず、「無レ故不レ上」と判断されれば、当人の解任後の身分や、後任の採用身分などが変わる場合もあったのである。

このように、考帳は外位・白丁からの採用枠をもつポストにおいてとくに重要な役割を果たしたといえる。「中宮・春宮舎人、及三色資人等」のほか、報告書としての考帳の使用について具体的に触れているポストに、【史料1f】の騎士・工部・鼓吹生・作手隼人が確認できるが、これらも白丁などからの採用のあるポストであったと想定される[27]ことに注意したい。

「依レ理解却」などの報告は、解任の事情の報告という点で、考解の報告と共通する。これらは広い意味での考課に関わる情報の伝達であり、その点でやはり考帳は考状の延長線上にあるといえる。もっとも、これまでの検討からすれば、報告書としての考帳が有効に機能するポストや使用の場は限られていたかもしれない。とはいえ、いずれのポストであれ、「無レ故不レ上」「依レ病不レ上」をはじめとする官人個人の特記すべき人事情報は、勤務評定という視点とは別に、式部・兵部省で詳細に把握し、必要に応じて蓄積する必要があったのではないか。その際に用いられたのが、二省の官人台帳としての考帳であったと思われる。次にその点に関して、式部省内の考帳が実際に利用されたと考えられる事例について検討したい。

3　天長二年閏七月二十六日太政官符にみる「依理解却」と考帳

天長二年（八二五）、畿内郡司に関して、次のような太政官符が出された。

【史料16】『類聚三代格』巻七、天長二年（八二五）閏七月二十六日太政官符

　太政官符
　　応下諸郡司病損之後不レ預二他色一依レ旧復任及還本上事
右得二式部省解一偁、検二案内一、太政官去弘仁八年正月廿四日符偁、今月廿三日下二五畿内諸国一符偁、右大臣奏状偁、依二太政官去延暦十八年四月廿八日符一五国郡司一居二内考一率由。近接二都下一駈策殊甚、准二於外国一不レ可レ同レ日。今件人等未二出身一前相競如レ林。既得レ考後好称二詐病一。非三啻闕二棄郡務一、誠是欺二犯朝章一。伏望、自レ今以後有二斯類一者、国司勘レ実一従二還本一。若有下国司受二彼請託一輙解却上者、准レ状科附、不レ従二寛典一。庶遏二奸源一以励二後進一者。中納言正三位兼行民部卿藤原朝臣葛野麻呂宣、奉
レ勅依レ奏者。然則詐病還レ本、格

意明白、実病得レ痊処置未レ的。又貪濁有レ状無レ故不レ上、省例還レ本事即無レ疑。但或服解後不レ堪二復任一、或雖レ居レ職不レ堪二時務一、如レ此解任、理在レ難レ抑。然而人情詭濫、真偽叵レ信、推二尋事迹一非レ無二疑渉一、概由レ叨二内考之栄一、還足レ致二濫偽之源一。如聞、件郡司等遁レ職之日、巧称二病患一、解却之後仍称二病痊一、規二去本職一求レ入二他選一。仍勘二格出之後解却之人一七十二人。望請、実病之人者、国司研レ実毎レ得二痊瘉一更用復任。不レ堪二釐務一者、省家閲レ帳為レ欺二朝章一、将レ従二還本一。其実病得レ痊待レ闕之間、従二於抑退一不レ預二他考一。然則人皆懲慎奸迹自絶。謹請二官裁一者。左大臣宣、奉レ勅、依レ請。

天長二年閏七月廿六日

この天長二年官符からうかがえる当時の畿内郡司層の動向は、①延暦十八年（七九九）四月二十八日太政官符により、畿内郡司が「内考」の扱いとなったため、競って郡司になろうとしていた、②郡司として出身し、内位の身分を獲得したあとは、病と称して郡務を放棄した、③さらにそのまま患解すなわち「依レ理解却」の適用を待ち、解任が認められると今度は快癒したとして、内位の者が就くことができる中央官人ポスト（「他色」「他選」）を求めていた、ということになるだろう。

本官符によれば、これ以前の弘仁八年（八一七）正月二十四日太政官符で、こうした状況に対し、国司が実をみて、彼らについて「還レ本」するようにし、郡司の「称二詐病一」に協力した国司の処分も厳しくするなどの措置がとられた。しかし、そこでは本当に病気であった者が回復した場合の扱いが明確にされていなかった。また、「無レ故不レ上」は「省例」により「還レ本」してきたが、「服解」の者が復任にたえないと称した場合、あるいは職にあっても「時務」にたえないとして解任した場合については、やはり疑わしいケースが多かったにもかかわらず、彼らを患解などとして扱い、そのまま（内）散位として内考を認めていた。そしてその後、彼らは病が治ったと称して「他選」を求めていた。こうした患解などの扱いになっていた者は、弘仁八年官符が出て以降、七十二人にものぼっていたのである。

　そこで、本官符により、実際に病気の者については快癒するごとに復任させることにし、その間に他のポストに就かせないようにした。そして、病により「釐務」に堪えないとされた者については、式部省が再調査をし、偽りの意図が判明したならば、「還レ本」することにしたのである。これは『延喜式』で「凡畿内郡司患解・服解・侍解等、聴レ復二任本職一」（式部省上120畿内復任条）として定着する。もともと『弘仁式』では、「凡畿内郡司、以レ理解任之後、聴レ直二散位寮一」[28]となっていたが、本格により、散位寮への編入を認めず、復任の原則が明確にされたのである。

　さて、本官符中の、「無レ故不レ上」は「省例」により「還レ本」す、というこの「省例」とは、さきにみた天平勝宝四年官符（【史料15】）にもとづく原則的な処置のことであろう。それに対して郡司が「病患」と称して「以レ理解却」を求めてくる場合もあり、そのつど安易に内位とされた畿内郡司の交替を認めていたら、郡務に支障をきたすだけでなく、位子階層全体が拡大することになるから、その認定は慎重にならざるをえないし、実際、過去の解任に関して申告に疑わしい部分もあった。そもそも、式で「凡郡司有レ闕、国司銓擬、歴名附二朝集使一申上。《中略》其病患・年老及致仕者、国司解却、具レ状申レ官。更不レ責二手実一」（『延喜式』式部省上114郡司有闕条）とされているように、郡司の「以レ理解却」の場合も、さきにみた雑任の場合と同様、本司である国司が解任を行っていた。そのため、弘仁八年官符に「国司受二彼請託一輙解却」とみえるように、国司が郡司と結託する可能性もあったのである。

　本官符で指摘する問題点について、右のように理解した場合、注意したいのが、「釐務」に堪えないとされた者に対して式部省が再調査のために用いた「帳」についてである。省にある「帳」には、「以レ理解却」の理由、あるいは解任の前後の勤務状況などの情報が記載されていたと考えられる。そうした「帳」とは、これまでの検討をふまえれば、省で所管する台帳としての「考帳」とみてよいであろう。台帳としての考帳は、考課対象者の確認台帳にとどまらず、報告書としての考帳（あるいは考状）をはじめとする各方面からの情報の蓄積により、官人の人事情報データベースとしての機能をも果たしていたと考えられるのである。

第四節　考帳が重視された背景

これまでの検討から、考帳とは、官人の勤務状況をはじめとする人事上の問題、とくに考解や「以レ理解却」などの解任の問題に関して、あるいは官人全般の基礎的台帳として、重要な役割を果たしてきた考課関係文書であったと考えられる。では最後に、考帳が平安時代前期の史料に登場する理由、すなわち八世紀末以降に考帳の機能が重視された背景について確認したい。

まず第二節で検討した考解の問題に関してだが、考解の実例については、既述の平安時代における郡司のケースしか確認できない。これらは考課令67考郡司条の、郡司の考第が「下々」となったケースに該当すると考えられる。一般官人の考課が早くから「中上」に固定化する中で、郡司に対しては実質的な勤務評定が行われる場合があった点が注意されよう。もっとも【史料10】の実例のように、国司は「下」の評価でも郡司を解任させようとしていたところをみると、解任の有無に視点を置いた考課というべきかもしれない。さきに郡司の解任に関する宝亀十年勅（【史料11】）を取り上げたが、これを含め宝亀～延暦初年にしばしば打ち出された国・郡司に対する責務強化策は、郡司に関しては基本的に解任の罰則規定を伴っていたからである[29]。そしてその多くは調庸等の貢納に関わるものであった。同時期以降、諸国からの貢納物の麁悪・違期・未進が深刻化する中で[30]、その行政能力が中央財政の問題に直結する郡司に対しては、考解を含む厳しい考課が求められるようになったといえる。

そして九世紀末の寛平二年（八九〇）、それ以前の宝亀十年勅の規定に関し、貢調郡司による返抄の進上に具体的な程限を設けることになったが、そこでも「即解任之由、科罪之法、同附二朝集使一言上[31]」として、考課に伴う解任の報告を再度確認している。国司の受領化により、九世紀を通して郡司への統制が強化される中、郡司の考課に関しては、国司による恣意的な解任を防ぐ意味も含め、考帳の必要性がさらに増したと思われるのである。

なお、『延喜式』の考帳関連史料には、「凡郡司補任之後、二年頻不レ附二考帳一者解任」（【史料1b】）のように、郡司のみを対象とした規定がみられる。前掲の【史料4】の「経レ年不レ附二考帳一替」はその実例とみられ、実際にこうした解任が行われたようである。この考帳がどの種類のものを指すのか不明であるが、『法曹類林』所収の讃岐永直の勘文の中で、同じ内容について「経二二考已上一不レ録二考文一郡司[32]」と記載しているところをみると、報告書としての考帳を指すとみられる。この勘文では、考課の内容というよりも、出仕しないこと自体が問題にされている。九世紀における郡司忌避の要因として、国司の受領化の中で郡司が徴税請負人化する一方、在地有力者による租税負担の拒否によって、彼らがその請負に耐えられない場合があったこと、などが指摘されている[33]。この郡司の解任規定もそうした問題に関わるとするならば、考解の場合と同様に、彼らへの厳しい負荷を背景に形成されたとみられる。

一方、九世紀における財源確保の問題に関して、別の角度からみた場合、第三節でみた勘籍人の増加もまた、課丁数そして貢納物の減少に直接つながる看過できない問題となる。とくに白丁・外位が内位を獲得するということは、位子階層における官人再生産構造の中に入ることを意味するから、その問題が永続化する。畿内に隣接する近江・丹波国の著しい勘籍人（雑色人）の増加に対して、主計寮が「貢賦无レ闕」くするため、「応三毎年立レ限載二蠲符雑色人数一事」を上申し、貞観九年（八六七）にそれが裁可されている。[34] そして三善清行は、延喜十四年（九一四）に、外位である資人がしきりに「内考」に遷任している実態などをあげた上で、貞観九年の近江・丹波国に対する措置を諸国すべてに対して拡大することを進言しており、[35]『延喜式』民部省上94雑色人数条にはその諸国定数が記載されている。

このような九世紀以降の勘籍人（あるいは位子階層）の増加が問題になる中で、「以レ理解却」などを理由とした、外位・白丁出身者の安易な解任を防ぐことは必須の課題であり、そのために考帳が積極的に利用されたと考えられる。官人の任用にあたって考課対象者であることを確認するために、考帳が使用されてきたが（【史料3】）、その考課対象者の数自体を抑制するためにも、考帳は重要な機能を果たしたといえよう。

このようにみると考帳とは、八世紀後半以降の租税収取やそれに関わる在地の動向などを主な背景に、いわゆる「考課」＝叙位のための勤務評定とは別の役割をも期待された考課関係文書であったといえよう。

おわりに

以上、考帳についてその機能を中心に検討した。もう一度まとめると、考帳とは個々の官人の人事上の問題に関する情報を記載した考課関係文書で、考課の際に諸司から式部・兵部省に送られる報告書、およびそれらの情報を蓄積した二省（および諸司・諸国）の官人台帳のことを指していた。報告書としての考帳は考状の系譜を引くとみられるが、考帳で重視されていた主な内容は、考第に関わる情報というよりも、考解や「依レ理解却」など、解任の根拠となる情報であった。台帳としての考帳は、そうした人事情報のデータベースとして機能する一方で、考課対象者、つまり官人を識別するためのリストという基本的な役割もあった。一般の官人において、勤務評定としての考課というものがほとんど意味をなさなくなった中で、こうした考課関係文書が、郡司や雑任に関わるものを中心に、平安時代前期の史料に現れる理由については、八世紀後半以降の租税収取に関する問題や、その背後にある在地の動向、あるいは諸司・諸国の底辺部の動向に対して、それが一定の役割を担っていたこと、などが考えられる。

　さて、考帳は十世紀の間に史料上から姿を消してしまう[36]。その問題についてここでは言及できなかったが、これまで指摘したような考帳の役割からみて、報告書としての考帳の消滅の一因には、十世紀における国郡機構の変化、あるいは課丁数を根拠とする調庸確保の放棄[37]、などの問題も関わると思われる。しかし、そうであったとしても、台帳としての考帳までみえなくなるのはなぜだろうか。周知のように、郡司や雑任を含め、何らかのポストに就いている者については、各種の補任帳や労帳などが作成されている。その一方で考帳のような、散位をも含む[38]官人全体を把握できるような基本台帳は、たんなる歴名のような形のものですら作成されなくなったようである。とするならば、考帳の消滅の問題については、さらに別の側面から考える必要があるだろう。

　くり返すように、考課についてはその形式化が早くから進んでおり、また六位以下の官位相当制も遵守が困難であるなど、平安時代の初めにおいて、令制の考選制度にもとづいた人事評価システムは、必ずしも有効に機能していたとはいえなかったかもしれない。しかし一方で、考課の対象になる（預考・得考・入考）ということ自体が、官人集団に加わることと同義として、平安時代に入っても十分に意味をもっていた。すなわち、『延喜式』に

「凡京国毎年所レ貢位子者、勘二会籍帳一、下二其謁符一、乃聴レ預レ考。雑色出身亦准レ此。但蔭子孫不レ在二此限一」（式部省上246位子条）とみえるように、それは勘籍を受けて「出身」することを意味していたのである。蔭子孫については、右および「凡蔭子孫者、本貫貢送、勿二更勘籍一」（民部省上85蔭子孫条）のように、手続きの省略こそあったが、「蔭子」「蔭孫」として出身することで、はじめて課役が免除（五位の孫は除く）され、「考」に預かることに変わりはない。考課が形式化したあとも、「考」とは官人身分の表象として、長らく一定の意味をもち続けたのである。したがって、「考」に預かる者全体を把握するための二省所管の官人管理台帳が必要とされなくなったということは、官人であることの最低限の指標としての「考」の側面までもが消滅したということ、つまり十世紀の間にそれまでの官人という枠組そのものが大きく変わったことを意味しているのではないだろうか。

平安時代の官人の枠組などの問題に関しては、第Ⅲ部第三章であらためて検討したいが、いずれにしても考帳とは、史料上にわずかしか登場しないような影の薄い文書ではあったが、その消長自体が、九・十世紀における官人社会の変動を反映していたのである。

註

（1）訳注日本史料『延喜式』中（集英社、二〇〇七年）四八二頁、同書下（同、二〇一七年）一三頁。
（2）野村忠夫氏による考課制度の研究（『律令官人制の研究』増訂版、吉川弘文館、一九七〇年など）以来、官人考課の固定・形式性は通説であったが、寺崎保広氏は「考課木簡の再検討」（『古代日本の都城と木簡』吉川弘文館、二〇〇六年、初出は一九八九年）で、奈良時代前期までは実態に即した考課が行われていたことを指摘している。
（3）『政事要略』巻二十五、天暦五年（九五一）十月一日太政官符。
（4）天平六年（七三四）「出雲国計会帳」天平五年十月分（『大日本古文書』一―五九八）。

(5) 大隅清陽「律令官人制と君臣関係—王権の論理・官人の論理—」(『律令官制と礼秩序の研究』吉川弘文館、二〇一一年、初出は一九九六年)、本書第Ⅰ部第二章参照。
(6) この(B)のケースについては、令文上で「考解」の用語が明示されているわけではない。しかし同条義解が、考解を想定していると思われる考課令62内外官人条と同一の解任手続きを述べている点や、後述の郡司の「考解」の実例などから、考解の一つとして理解されていたと考えられる。
(7) 前掲註(2)寺崎氏論文。
(8)『類聚符宣抄』第七、天暦八年(九五四)七月二十三日式部省請奏。
(9)『類聚三代格』巻七、大同四年(八〇九)九月二十七日太政官符。
(10)『貞観交替式』にも宝亀十年(七七九)八月二十五日太政官符として収載。
(11)『類聚三代格』巻七、寛平二年(八九〇)六月十九日太政官符。
(12) 考状が考帳と呼ばれるようになる理由についてはは判然としないが、本章で想定している、重視すべき情報の内容の変化、ということも、一つの契機かもしれない。一方、名称自体の由来を考える上で、職員令13式部省条の「選叙」について、同条集解穴記に「選課随二任用一上レ官。即就二考状帳一銓二衡其人一」とみえるのは興味深い。この穴記の見解の正否はともかく、「考状帳」と呼ばれるものが存在したらしい。平城宮跡出土の木簡の中にも、「出羽国郡司考□〔状〕□〔帳カ〕/神亀五年」(『平城宮木簡』六—九八八三)「天平宝字四年□□史考状□〔帳カ〕」(同七—一一九四八)のように「考状帳」と読みとれそうなものがある。これらの文字はいずれも軸の木口に書かれているから、各人の「考状」を集めたものが「考状帳」と呼ばれたのであろう。とするならば、それが略されて「考帳」になった可能性も考えられよう。
(13) 本書第Ⅰ部第二章。
(14) 渡辺晃宏「兵部省の武官人事権の確立と考選制度—平城宮東区朝堂院南方官衙の発掘調査の成果をめぐって—」(奈良国立文化財研究所創立四〇周年記念論文集刊行会編『文化財論叢』Ⅱ、同朋舎出版、一九九五年)参照。
(15) このほか、職員令13式部省条に「内外文官名帳」などの記述もあり、同条義解が「任授簿外、更有二名帳一」とするが、一方で公式令84任授官位条集解の穴記が「任簿此名帳也」とするように、本来的にどのようなものが想定されていたかは不明である。

(16) 軍防令46五位子孫条・同47内六位条。

(17) 例えば、下級官人の中には「位子无位丸連群麻呂」(『大日本古文書』二―九一)のような肩書をもつ者が散見する。定額散位の員数が定められた際、「以二式部散位四百人、蔭子・位子・留省資人共二百人、兵部散位二百人一、為二定額一与レ考」(『続日本紀』天平宝字二年(七五八)十二月丙寅条)とあるように、彼らは散位と同じ扱いであった。

(18) 軍防令48帳内条。

(19) 軍防令46五位子孫条、および同条義解。

(20) 後掲【史料13】。周知のように、帳内・資人には外位が与えられていた。

(21) 春宮舎人については、平安時代初頭にはすでに白丁からも採用があり、大同元年(八〇六)に正式に認可され(『類聚国史』巻百七、春宮坊)、弘仁三年(八一二)には外位からも認められた(『類聚国史』同)。中宮舎人(「皇后宮職舎人」)については弘仁六年(八一五)に白丁からの採用が認可された(『日本後紀』同年十月甲辰条)。

(22) なお、この式の法源である承和十四年(八四七)二月十四日太政官符(後掲註(23)史料)の当該部分については、新訂増補国史大系『類聚三代格』も「考を待ちて解き、補す」と解している。

(23) 『類聚三代格』巻四、承和三年(八三六)正月十五日・同十年(八四三)四月十九日・同十四年(八四七)二月十四日太政官符。

(24) 野村忠夫「勘籍の本質と機能―官人出身の手続きをめぐって―」(『官人制論』雄山閣出版、一九七五年)など。

(25) この格についての詳細は不明だが、弘仁三年(八一二)十二月二十九日制では、すでに当時の現状として「白丁者唯在二一身一、是以、数年之後、駆使乏レ人」(『類聚国史』巻百七、春宮坊)と述べている。

(26) 寺崎保広「式部曹司庁の成立」(前掲註(2)寺崎氏書、初出は二〇〇〇年)。

(27) 一般的に伴部が「凡諸司伴部者、各以二負名氏入色者一補之。不レ得三輙取二白丁一。若其氏無二入色一者、本司録レ状請二官処

分一」（『延喜式』式部省上211伴部条）とされる中で、これらのポストにおいては白丁などからの採用が行われていたと考えられる。すなわち、騎士については、『延喜式』左右馬寮44騎士条に、「凡騎士十人、随二其才一移二兵部一、勘籍即預二寮考一。若無レ故不レ上者還レ本」とあり、勘籍の手続き、そして春宮舎人と同様の解任問題があったことから白丁からの採用をうかがわせる。兵庫寮の工部は、同式兵庫寮32雑工部条の「雑工部」がこれに相当すると思われ、「凡雑工部廿人、簡二取戸内百姓芸業勝レ衆者一、移二兵部省一勘籍補之」とされている。鼓吹生（鼓吹部）も同式兵庫寮35鼓吹部条で「凡鼓吹部者、簡二取戸内百姓才業秀レ衆者一、移二兵部省一勘籍補之」とされている。作手隼人については不明だが、番上の隼人が『延喜式』隼人司10番上隼人条で「凡番上隼人廿人、有レ闕者取二五畿内及近江・丹波・紀伊等国隼人幹了者一、申レ省補之」とあるので、工部・鼓吹生と同様な状況が想定できるかもしれない。

(28)『本朝月令』四月廿日、奏二郡司擬文一事（『群書類従』第六輯）。

(29)『類聚三代格』巻十四、貞観四年九月二十二日太政官符所引宝亀四年（七七三）閏十一月二十三日太政官符、『続日本紀』延暦四年（七八五）五月戊午条、同七月丁巳条など。

(30)長山泰孝「調庸違反と対国司策」（『律令負担体系の研究』塙書房、一九七六年、初出は一九六九年）。

(31)前掲註(11)史料。

(32)『法曹類林』第百九十七、経二考已上一不レ録二考文一郡司、不レ解二見任一、可レ謂二国司怠一事。

(33)森公章「九世紀の郡司とその動向」（『古代郡司制度の研究』吉川弘文館、二〇〇〇年）。

(34)『類聚三代格』巻十七、貞観九年（八六七）五月八日太政官符。

(35)三善清行「意見十二箇条」。

(36)考帳の終見は『類聚符宣抄』第七、天慶二年（九三九）十二月二十七日宣旨（【史料4】の申文に対する宣旨）。なお、関連する「考解」の終見は、さらにあとの同永延二年（九八八）七月二十三日太政官符。

(37)中込律子「受領請負制の再検討—摂関期における中央税財政システムの再編—」（『平安時代の税財政構造と受領』校倉書房、二〇一三年、初出は一九九三年）。

(38) 考帳の機能からすれば、「預レ考」かる者であれば、当然、散位であっても考帳に載せられる。実際、禄令6初任官条集解に「或釈云、其遭レ喪解官之徒、周期之内復遷任者、不レ在二初任之例一、通二計前任日一給耳。何者、為レ未レ付二散位考帳一故」とみえるように、「散位考帳」と呼ばれるものもあったようである。

第四章　官人制からみた部内居住官人問題

——延喜二年四月十一日太政官符を中心に——

はじめに

平安時代になると、中央官人の身分をもちながら在地に居住する下級官人（以下「部内居住官人」と呼ぶ）の存在が目を引くようになる。彼らについては、九世紀以降に各地で成長する富豪層の動向の中で取り上げられることが多い。そうしたこともあって、彼らの官位等については、主に肩書としての利用といった部分が注意されるにとどまり、官人としての立場から深く言及されることはなかったといえる。しかし、そこに視点を置くことにより、関係史料への理解が見直される場合もあるのではないだろうか。

例えば、部内居住官人に関する著名な史料の一つに、延喜二年（九〇二）四月十一日太政官符[1]がある。そこに、貞観年間以来、諸国では「居二住部内一」する官人を「進レ官留レ国雑役」に使役してきたが、以後これを「恒例」化するとの記載がみえる。このことから本官符については、彼らが保持する課役免除などの特権の否定、あるいはその負担を課す立場にある国司の権限の拡大、などの形で取り上げられることが多い。しかし、その賦課の内容や位置づけについては、必ずしも十分に明らかにされているとはいえない。

課役などの賦課、あるいはその免除の認定については、少なくとも建前上、官人等の令制的な身分編成にもとづいて行われることになっている。したがって、右のような史料については、官人制の視点からも吟味してみる必要があると思われる。そして、こうした史料をはじめ、部内居住官人の地位に関わる諸問題を官人制の視点から検討することにより、在地に関する問題のみならず、官人制自身の課題、とくに十世紀以降の展開という点についても、何らかの展望が開けるのではないかと考える。

九・十世紀における在地の様相や賦課制度の問題など、関連する個別の論点に関しては、先学による数多くの業績がある。本章ではそれらをふまえ、部内居住官人問題について、延喜二年官符の検討を中心に、官人制の問題としてとらえ直すことを試みたい。

第一節　延喜二年官符に関する問題点

最初に延喜二年四月十一日太政官符の全体を掲出する。

太政官符

応レ差下使雑中役不レ従二本職一諸司史生已下諸衛舎人幷諸院諸宮王臣家色々人及散位々子留省等上事

右得二河内・参河・但馬等国解一偁、此国久承二流弊一、民多困窮。就レ中頗有二資産一可レ堪レ従レ事之輩、既帯二諸衛府之舎人一、亦為二王臣家之雑色一。皆仮二本司本主之威権一、不レ遵二国宰県令之差科一。因レ茲輸貢之物無レ人二付預一、纔随二簡得一差二充貧民一。而或未レ出二境外一盗二犯官物一、或雖レ入二都下一不レ弁二其事一、徒送二居諸一多致二欠損一。加之雖レ有二郡司一不二必堪一レ事、徴二納官物一之道差二副堪能之人一。而依レ無二其人一常置二未進一、倉庫之虚、惣是之所レ致也。如今居二住部内一諸司史生已下使部已上不レ直二本司一、六衛府舎人不レ勤二宿衛一不レ関二供節一、諸院諸宮諸王臣家雑色喚継舎人帳内資人不レ従二本主一、及文武散位位子留省諸勘籍人等堪レ事有レ数。窃検二貞観以来諸国例一、以二如レ此輩一可レ差二使進レ官留レ国雑役一之状、無二国不レ言、随即有レ被二聴許一。是則事不レ獲レ已為レ済二官物一。夫普天之下無レ非二王土一、率土之民何拒二公役一。望請、前件色々人等除二見任供節一之外、晏然私居豊殖二産業一、幷帯レ位息レ肩承レ蔭遊レ手之徒、任中一度為レ例差用以済二貢納一。若封家之人在二此中一者、便先差二預本主料物一。立為二恒例一、不レ労二申請一。然則長省二言上之煩一、自得二行用之便一。謹請二　官裁一者。左大臣宣、奉　レ勅、依レ請。諸国准レ此。若拒捍幷致二公損一者、依レ法科レ罪不二曾寛宥一。

延喜二年四月十一日

さきにこの官符に対する従来の理解について触れたが、そのうち部内居住官人の特権の否定という問題について、あらためて考えてみたい。

周知のように、官符にみえる諸司・諸衛の史生やトネリ、あるいは諸家の帳内・資人などの下級官人は、賦役令19舎人史生条等により課役が免除されており[2]、その特権を利用して課役を免れる者がいた。だが九世紀半ばの貞観年間以降、そうした特権を得ていた部内居住官人にも一定の負担が及ぶようになり、この官符によってそれが制度化された、と解されることがある。

しかし、もしそのような展開を想定するならば、九世紀半ば以降、官人身分を獲得しようとする者が減少してよいはずである。だが実際には九世紀後半の間に彼らの勢いが減じる様子はみられない。このように整合的に理解しにくい点は、延喜二年官符の記載自体にもみられる。すなわち本官符の後半は、彼らへの「差用」の制度化の前提として、部内居住の下級官人を「進レ官留レ国雑役」に差使することが貞観以来の「諸国例」であったことを強調する。それに対して前半ではそれを実施してきた理由を述べているのだが、そこでは、彼らが国郡の「差科」に従わず、国郡務に支障をきたしていたためとしており、彼らが実際にはそうした差用に従っておらず、対捍してきた事実を指摘しているのである。この部内居住官人の動向に関する二つの相反する事実について、これまでそれぞれが別個に言及されることはあったが、あらためて同一史料の中で考えるなら、その相違についてどのように理解すべきなのだろうか。

　そして本官符による差用の制度化という点については、寛平〜延喜年間に行われた諸政策を国制上の大きな転換点とする立場からは、官人としての特権を剥奪する積極的な方策としてとくに評価されている(3)。しかし、右のような問題点をふまえるならば、彼らの特権であるとされるところの課役免除の実態と本官符施行の意味について、あらためて見直す必要があるだろう。次節以下、その点を軸にすえながら考察を進めることにしたい。

第二節　部内居住官人の課役負担と延喜二年官符

　前節では延喜二年官符について、その前半で部内居住官人が差用に従わないとしながら、後半では彼らが差用されるのは国例であった、と主張する点を問題にした。あらためてその行為主体についてみると、前半が「諸衛府之舎人」（および「王臣家之雑色」）と限定的に示す一方で、後半は「諸司史生已下使部已上」「諸院諸宮諸王臣家雑色喚継舎人帳内資人」「文武散位位子留省諸勘籍人等」まで広げて述べるなど、いわば下級官人全般に対して言及している点に着目したい。このことは、同じ部内居住官人の間でも、衛府舎人とそれ以外の諸司下級官人とでは、課役負担の問題や諸国との関わり方について、何らかの差があることをうかがわせる。周知のように、在地における衛府舎人の動向については、「此皆部内強豪、民官凶暴者也。国司依レ法、勘二糺其辜一、則駿奔入レ洛、即納二銭貨一、買為二宿衛一」[4]に代表されるような国司への対捍など、部内居住官人の中でもとくに目立つものがある。そこで右の相違点を手がかりに、まず衛府舎人に関わる問題から検討を始めたい。

1　部内居住の衛府舎人

部内居住官人の対捍に関して、延喜二年官符とともにしばしば言及される史料として、昌泰四年（九〇一）、播磨国解にもとづいて諸国に出された次の太政官符[5]がある。

太政官符

応レ科下罪居二住所部一六衛府舎人等対二捍国司一不上レ進二官物一事

右得二播磨国解一偁、調庸租税、国之大事也。此国百姓過半是六衛府舎人。初府牒出レ国以後、偏称二宿衛一不レ備二課役一、領二作田疇一不レ受二正税一、無道為レ宗、対二捍国郡一。或所レ作田稲苅二収私宅一之後、毎二其倉屋一争懸二牓札一、称二本府之物一、号二勢家之稲一。《中略》左大臣宣、免二除課役一、理待二翳符一、班二収正税一、尤拠二耕田一。如聞、諸衛舎人未レ知二皇憲一、専怙二宿衛一蔑二爾国郡一。既為二所部之民一、何扞二宰吏之政一。宜下加二教喩一令上レ勿二違背一。若下レ制之後、猶有二違犯一者、捕レ身及録レ名言上。随即事重解却、犯軽科レ罪。其未進官物立令二貢納一、曾不二寛宥一。諸国准レ此。

昌泰四年閏六月廿五日

先学が指摘してきたように、この記述からは「不レ備二課役一」をはじめとする衛府舎人の国郡に対するさまざまな対捍の様相がうかがえるが、本章での課題に即し、ここでは以下の点にとくに注意したい。まず、前節で指摘した問題点に直接関わるが、衛府舎人の地位は本来的に課役免除のはずなのに、なぜ彼らに「課役」の負担が求められているのかという点である。その次にあげたいのが、「此国百姓過半是六衛府舎人」という極端なまでに多い衛府舎人の数についてである。

最初に後者の問題点から考える。この点に関して、衛府舎人の補任権が衛府にあったとして、制度上における衛府舎人の特殊性と、それにもとづく「員外舎人」の増加が指摘されている。[6] しかし当時の実態として、こうした雑任に関しては、諸司自身が候補者を選考したあと、その結果を式部・兵部省に通知し、省が官人として把握するということが一般に行われていたとみられるから、[7] 衛府自身の補任権をもって衛府舎人の特殊な部分とすることはできない。とはいえ誇張はあるにしても、この数の多さに関しては、やはり員外舎人の存在ぬきに考えることは難しいと思われる。そこで員外舎人とは何であるかをあらためて問う必要があるだろう。

員外舎人に関する史料は少ないが、その膨大になった員数が問題になり、昌泰四年官符より少し前の寛平三年(八九一)、次のように定数が設けられたことが知られている。[8]

太政官符

応レ定二諸衛府員外舎人数一事

左近衛府二百人 右近衛府准レ此　左衛門府一百人 右衛門府准レ此

左兵衛府二百人 右兵衛府准レ此

右左大臣宣、奉レ勅、件府近衛門部兵衛等数、載二在格条一。而頃年之間、拠二異能供節要籍駆使等事一、毎レ府申請、補任之漸、殆倍二本数一。論二之政途一、理不レ可レ然。自今以後、宜二依レ件定一レ之。

寛平三年十二月十五日

この規制以前は「倍二本数一」まで膨れあがっていたのであり、規制後もただちに超過分を解却した様子はみられないので、播磨国の衛府舎人の数についても、やはり正員のほかに相当数の員外舎人を含んでいたとみるべきだろう。それにしてもこの人数についてだが、通常では衛府の都合だけでこれだけの増員が認められてきたとは考えにくい。いうまでもなく、国家としては、九世紀を通して、トネリなどの勘籍人の増加をおさえる方針がとられてきたからである。(9) さらに、本官符で「員外」に対して定数を決めるというのも不審である。単純に人員を増減するのであれば、一般的に行われているように、正員定数そのものを増減すればよいだけだからである。実際、大同年間の官人全体の人員整理時には、六衛府の舎人も太政官符で「近衛四百人今定二三百一」(10)のように削減している。

つまり、この衛府舎人の場合の「員外」とは、いわゆる「員外官」とは異なり、たんなる定数外ということでなく、正員と本質的に相違する地位であったことが予測される。その点に関して注目すべきは、『延喜式』兵部省38舎人解却条の次の規定である。

凡六衛府舎人被二解却一者、得考載二季帳一、員外直移二送本貫職国一。

すなわち、正員は「得考」であったのに対して、「員外」は考課の対象外であったと考えられるのである。さらに正員については、兵部省が任免情報を「季帳」に載せていたのに対し、員外舎人はそうでなかったことに注意したい。式部省や兵部省による季帳の造進については、『延喜式』に「式部・治部・兵部等入色之徒、応レ徴二免課役一、季帳者、四孟月十六日各申レ官、官、符并帳下レ省。省吏勘弁、毎レ国造レ符」（民部省上93入色課役条）とみえる。つまり、民部省が官人の本貫に、課役免除ないしはその解除を伝えるための「蠲符」発給の前提となる行為である。それに対して右の史料では、員外舎人の場合、「解却」情報は季帳に載せずに、ただちに本貫国に通告するだけであり、民部省における官人身分の特権に関わる手続きが不要であったことをうかがわせる。とすると、任免情報を季帳に載せない員外舎人とは、考に預かることができないばかりか、課役をも負担すべき存在であったと考えられる。

　そもそも下級官人の考課については、『延喜式』に「京国毎年所レ貢位子者、勘二会籍帳一、下二其蠲符一、乃聴レ預レ考。雑色出身亦准レ此」（式部省上246位子条）とあるように、その対象となるには勘籍、そして蠲符の発給が前提になっていた。そして勘籍の手続き自体、式部・兵部省と民部省とで「相共対勘」（民部省上88雑色人勘籍条）することになっていたから、考課と課役免除の手続きは一体のものといえる。したがって制度的には、諸司・諸衛による実質的な採用のあと、この両省に把握されてはじめて正式に官人になったということになるだろう。実際、諸司で採用されても、何らかの理由で両省による把握の手続きが遅れる場合があり、その間、彼らは課役を負担しなければならなかった[11]。つまり員外舎人とは、衛府で採用しただけの状態で正規のポストとして扱われていたものと考えられる。

　ところで、部内居住官人の個別の実例は、土地売券などに散見するが、右で指摘した員外舎人の性格をふまえた場合、延喜十七年（九一七）の丹波国某郷長解[12]の郡判にみられる「近衛」の肩書をもつ人物の位署書が注意される。比較のために、郡判に記載された全員の位署書を次にあげる。

検校　正六位上　物部首「永助」
検校　従七位上　許知
検校　従七位上　丹波直
擬大領　従七位上　物部首「真助」
擬大領　従八位上　丹波□〔直カ〕

擬大領　従八位上　丹波直
擬大領　従八位上　物部□〔首カ〕
擬大領　右近衛　佐伯宿禰
擬大領　右近衛　物部首「惟範」
擬主帳　従七位下　丹波直「常直」
擬主帳　物部首

彼らの「郡司」としての地位に関してはのちに触れるとして、ここには位階記載のない者が三名おり、そのうち二名は「近衛」の肩書を帯びている点に注意したい。後述するように、他の郡判などの例からみて、出身後まだ位階を授与されていない段階でも、考課の対象者であれば「無（无）位」と記し、非得考と明確に区別して表記するのが普通であり(13)、その記載を省略するとは考えにくい。したがって右の二人の場合、トネリでありながら、考課対象者ではない。つまり、彼らは員外舎人の実例とみられ、彼らに対しては蠲符も発給されていなかったと考えられるのである。

さて、員外舎人の官人としての地位が以上のようなものであったとすると、彼らが相当数含まれていたと考えられる播磨国において、昌泰四年官符が衛府舎人の「不レ備二課役一」を問題にしているのも理解しやすい。彼らは雑任の一つとして認められているとはいえ、白丁と同様に「課役」の負担が求められる存在だったのである。同官符の「免二除課役一、理待二蠲符一」との指摘もそれを裏づけよう。もっともその記載から、正員ではあるがまだ蠲符を得ていない状態の者も含まれることも想定されるが、本質的には員外舎人の地位がもたらしている問題と考えてよいだろう。そして、同官符が「諸国准レ此」とするように、人数の多寡こそあれ、そうした状況は諸国でも同じであったと考えられる。部内居住官人の問題で、衛府舎人の対捍行為がとくに際立つようにみえるのは、員外舎人を多く含むゆえ、課役についての対捍問題が表出しやすかったためではないだろうか。

2　十世紀前半における考課と課役免除の実態

さて、前項における私見が成り立つには、令制の身分規定に対応する勘籍や蠲符発給、さらにそれと連動する考選制度などのシステムが、基本的に令・式などの規定通りに機能していたことが前提になる。しかし、十世紀以降、こうしたものはほとんど機能しなくなるというのが一般的な見方といえる。では、延喜二年官符が出された十世紀初めごろの実態もそうだったのであろうか。その点について注目したいのが、承平二年（九三二）ごろの在地における下級官人の実情を示すと考えられる『法曹類林』所収の次の史料[14]である。

讃岐国山田郡目代讃岐惟範問。〈承平二年八月十日、右衛門少尉桜井君弼伝問。〉
甲国目代讃岐惟範、留省之後、満二年季一、受二初・八位両階位記一。爰有二元留省之符一、未レ到二来八位之省符一。因レ之負二調絹一也。雖レ然依二年季次序一受二取従〔内カ〕八位上一。而乙国目代〈本職少領。〉外従八位下讃岐助則論云、凡雖レ満二年季一、既無二八位之省符一。雖レ有二位記一、乍レ負二調絹一、何受二従八位上一。凡座於レ供二□外従八位下之上一者。又甲帯二内八位上一、乙帯二外八位下一、其内外之程、已有二差別一。又同職者依二位階年齢一為レ序之理、流来尚矣。而已乙論二如レ此之由一。望請明判知二理非一。謹問。（下略）

この史料については、これまで「国目代」の地位が注目され、4項で述べる「雑色人郡司」に関する史料の一つとして検討されてきた。しかし、この史料を十世紀における官人制の実態という視点でみるならば、次の二点が注目される。

第一に、この当時でもなお、初位・八位といった、五位よりも下位の位階が、「満二年季一」すなわち成選を経て授与されていたこと。さらに位記も発給され、それが在地にも届くのが原則であったこと。つまり考課自体は形式的・機械的であったにせよ、この時期に令制の考選制度にもとづいた位階昇進システムが機能していたことになる。

第二に、位記とは別に「留省之符」「八位之省符」が発給されていたこと。これについては、蠲符とみなされる場合があるが(15)、そのようにみて間違いはないと考えるので、ここでは具体的内容を確認しておきたい。

令制では、八位であれば戸令5戸主条により、課役全体が免除されることになっていたが、（職事官やトネリ等を除く）初位の場合は、賦役令19舎人史生条により、「免徭役」とされ、調だけは負担しなければならない。それがすなわち、国目代の讃岐惟範は初位から八位に昇進し、その位記を手にしながらも、「八位之省符」がまだ来ていないため「調絹」を負担している、という状況を生み出していたと考えられる。舎人史生条の規定は式にも基本的に継承されており、『延喜式』主計寮下1勘大帳条において、「半輸」すなわち徭役免除とされる項目をみると、やはり「初位」があげられている。

ただこの時点で惟範に適用されているのは、「留省之符」と呼ばれるものである。そこで再び式をみると、半輸の対象として「初位」のほかに「位子」があげられていることがわかる。本史料で問題となっている一方の国目代の讃岐助則が外位なのに対して、惟範は内位であることから、彼は位子として出身していた可能性が高い。そして出身後の扱いとしては位子も留省と同じであるから(16)、実際には「留省之符」という形で蠲符が作成されていたのであろう。つまり本史料の「留省之符」「八位之省符」とは、令・式の規定通りに発給された各種の蠲符を表しているといえる。

以上のことから、この当時、成選叙位とそれに対応した令・式制の蠲免のシステムが、かなりの程度機能していたことがわかる。(17) また蠲符そのものに実際の効力があったことは、さきの昌泰四年官符の「免二除課役一、理待二蠲符一」の記載からもうかがえよう。少なくとも十世紀の初めまで、令制の身分編成・考選制度にもとづいた課役の賦課・免除システムが、まだ十分に機能していたという事実を確認した上で検討を続けたい。

3　「諸司」官人の対捍

本来、衛府舎人は課役負担がないのだが、員外舎人については考課の対象にならないばかりか蠲符も発給されず、その点で白丁と同一の立場であり、そのため衛府舎人の対捍問題が表出しやすかった、ということを指摘した。員外舎人にしてみれば、たとえ課役の免除がなかったとしても、衛府の肩書をもつことで、貢納すべき正税などを「本府之物」（昌泰四年官符）と称して国郡に対捍し、「資産」（延喜二年官符）を蓄えることができるなどのメリットは十分にあったであろう。

では衛府舎人以外の「諸司」の下級官人の対捍問題については、どのようにみるべきだろうか。これまで先学が指摘してきたように、彼らの間でも国司等への対捍があったことに変わりはないからである。そこで注意したいのが、その対捍の内容である。九世紀から延喜年間までにおける、部内居住の「諸司」および「諸衛」の官人による国郡の対捍に関わる史料を【表】にあげる。(18)

この【表】によれば、彼らへの賦課のうち、「課役」（差用）に限ってみるならば、その対捍が問題とされているケースは、基本的に衛府舎人の場合だけであることがわかる。すなわち、さきの昌泰四年官符および延喜二年官符前半部分にみられるケースである（№６・７）。それに対して、「諸司」官人の対捍の内容とは、そのほとんど

【表】　諸司・諸衛の部内居住官人による国郡への対捍とその対策

№.	年代	内　　容	出　典	備　考
1	天長2（825）	「王臣家幷諸司人等」は雑田を耕営するにもかかわらず「租」を納めず、それが郡司の罪となっている。そこで納期を守らせ、なお未進があればその名前を言上させる。	『類聚三代格』天長2.10.20太政官符	前年の山城国の解による官符にもとづく
2	寛平5（893）	擬任郡司が「諸国之吏」「親王家司」と称し、「差充」てられるべき調庸綱領・租税専当などの「公事」を勤めない。そこで「内外官」「家令已下職」に就くことを禁止し、隠れて就くことがあれば国司の申請にしたがって解却する。	『類聚三代格』寛平5.11.21太政官符	近江国の解による
3	寛平6（894）	「諸司官人・雑任」「良家子弟」「内外散位以下」「諸院・諸宮・王臣勢家人等」は田地を領作するにもかかわらず、国司に対捍し「正税」を受けない。そこで土浪貴賤を問わず耕田数に準じて班挙する。また悛改しない「京戸子弟」「浪人」は、寛平3年9月11日格により本郷に還すか遠所に移して留住させず、当国人は「有官無職及院宮勢家人」を論ぜず名前を言上させて重科に処する。	『類聚三代格』寛平6.2.23太政官符	紀伊国の解による
4	寛平6（894）	郡司が「宿衛」（「左右近衛門部兵衛等」）と称して「公事」を妨げることがあるので、これらの兼官を解却する。擬任郡司の場合は国司の申請にしたがってただちに解却する。	『類聚三代格』寛平6.11.11太政官符	
5	寛平7（895）	「諸司雑任以上・王臣僕従」のうち、部内に居住し編戸と業を同じくする輩が、本司・本主の威を借りて「正税」を受けず「田租」を納めない。その場合、土浪を論ぜず勘責し、もし国郡の教喩に従わなければ、その本司・本主の名前を言上させ処罰する。	『類聚三代格』寛平7.9.27太政官符	美濃国の解による
6	昌泰4（901）	播磨国は百姓の過半が「六衛府舎人」であり、彼らは府牒が出ると「宿衛」と称し、「課役」を出さず「正税」を受けずに国郡に対捍し、私宅に運んだ稲を「本府之物」「勢家之稲」と称している。また収納使を凌轢し、群党を作り悪事を働いている。そこで教喩を加え、なお違犯すれば捕らえて名前を言上させ、罪が重ければ解却し、軽ければ未進官物を貢納させる。	『類聚三代格』昌泰4.閏6.25太政官符	播磨国の解による ＊本文参照
7	延喜2（902）	資産ある有力者が「諸衛府之舎人」「王臣家之雑色」となって国郡司の「差科」に従わないため、国郡務に支障をきたしている。一方、部内居住の「諸司史生已下使部已上」「六衛府舎人」「諸院諸宮諸王臣家雑色喚継舎人帳内資人」「文武散位位子留省諸勘籍人等」を「進官留国雑役」に「差使」するのは貞観以来の諸国例である。そこで国司の任中一度の彼らの「差用」を「恒例」とすることを許す。	『類聚三代格』延喜2.4.11太政官符	河内国・三河国・但馬国等の解による ＊本文参照
8	延喜3（903）	山城国のうち四郡は京に接しており、「諸司雑任以上・王臣僕従之輩」が、その地の戸・京戸の田を「強いて買い作」り、「正税」を受けず「田租」も納めない。そこで官物を納官前に京内の家に運び込むことを禁止する。	『政事要略』延喜3.9.4宣旨	山城国の解による
9	延喜14（914）	諸国に散在する「六衛府舎人」は、部内の強豪で民間の凶暴な者であり、国司がその罪を糺そうとすると、京に走り銭貨を納めて「宿衛」となり、あるいは徒党を率いて国府を囲み、あるいは官長を凌辱する。そこで衛府舎人は補任ののち本国に居住させないようにすべきである。	三善清行「意見十二箇条」	

が「田租」を貢納しない、「正税」を受けない（＝利稲を納めない）、とする行為である（№1・3・5・8）。これらは課役などと異なり、官人身分による免除特権の対象となるわけではないから、その未進は糾弾されて当然のものといえる。

つまりこのことは、「諸司」（および正員の衛府舎人）の場合、前項でみたように、基本的に令制の規定通り課役免除が適用されていたため、課役（差用）についての対捍問題自体が、そもそも生じなかったことを表しているのではないか。「諸司」と一体的に扱われている散位についても、八位以上なら課役免除となるし、初位でも徭役免除であったから、基本的に差用などの負担が求められなかったことに注意したい。それに対して衛府舎人の場合、員外舎人が含まれることが多く、彼らは課役を負担しなければならない立場にあった。そのため、課役について対捍するケースがおのずと表面化しやすかったと思われるのである[19]。

もっとも【表】の№2について、「諸国之吏」「親王家司」を諸司とみなした場合、「諸司」の下級官人に対しても、課役（差用）負担が求められていたようにもみえる。しかし、ここでは、当該ポストへの就任禁止や解却を指示しており、裏を返せば、そのポストに就いている限り、負担が求められないことを意味している点に注意する必要がある。№4の事例もそれに準じて考えることができるだろう[20]。

令制の課役負担・免除のシステムが一定程度機能していたことと、右の対捍の様相をあわせて考えるなら、少なくとも十世紀初めまでの実態としては、部内居住の如何にかかわらず、令制の身分にもとづいた免除規定から大きく逸脱した課役を負担させることは、ほとんどなかったといえよう。

とすると、あらためて問題になるのが、延喜二年官符の後半で述べる、下級官人一般に対して行われてきたという差用についてである。彼らは基本的に課役（あるいは徭役）の免除対象者であるにもかかわらず、貞観年間以来、差用されてきたという事実は、どのように理解すべきなのだろうか。

4　九世紀後半における部内居住官人の差用

延喜二年官符後半にみえる貞観年間以来の差用については、国郡機構の再編という側面からも早くから問題にされてきた。すなわち、差用の内容を具体的に示す「進レ官留レ国雑役」について、郡司の職務との共通性が指摘され、また、そこでの差用の対象者と、当時の土地売券などに登場する「郡老」「検校」「国司代」「国目代」などの肩書をもつ郡関係者との対応が注目されてきた。そして彼らの地位は、郡司ないしはそれに相当するものとして、「雑色人郡司」などの呼称で検討されてきたのである[21]。ただその場合でも、その差用が賦課制度の中でどのように位置づけられてきたのか、必ずしも十分に示されてきたわけではない。しかしそうした研究の中には、その差用について、負担という面ばかりでなく、むしろそこに在地有勢者側の国郡務に関わろうとする意図を汲みとる見方があることに注意したい。

すなわち、国司あるいは諸司・諸家等の中央諸勢力の権威は、在地の彼らにとって相対的な意味しかもたないとの視点から、彼らは国司の公的収取ともつながりをもつことで、自己の利権を確保し拡大しようとする場合があったこと[22]、また差用が負担になったとしても、他の在地豪族の上に立つために、郡司としての地位を確保することは望ましかったこと[23]、などが指摘されている。

前項までに明らかにした当時の課役負担の実態と、右の視点を重ねて、あらためて延喜二年官符をみるならば、前半の衛府舎人（主に員外舎人）が対捍してきた差用と、後半の下級官人一般が従事してきた差用とでは、ともに負担の事実を述べているにしても、その制度的位置づけは大きく異なっていたといえるのではないか。つまり前半は、いわゆる「課役」としての差用に対する衛府舎人の対捍の事実一般を述べているのに対し、後半は、蠲符によって課役等が免除されている下級官人全体の中に、あえて国司の非制度的な差用に応じて国郡の中に一定の地位を確保しようとする者がおり、国司は衛府舎人の対捍等によって生じた国郡務上での人材不足を補うため、(雑色人郡司などの地位を与えて）彼らを利用してきたことを述べたものと考える。

さて、そのように想定した場合、従来から差用に応じてきた「諸司史生已下諸衛舎人幷諸院諸宮王臣家色々人及散位々子留省等」については、その肩書の取得に、課役負担回避の側面のみをみるわけにはゆかないことになる。とするならば、それらの地位はどのような経緯で取得されてきたのであろうか。

延喜二年官符の後半で具体的に指摘される人々の階層性に関しては、その「諸司史生已下」の肩書が、さきの【表】の各史料（№1・3・5・8）などにみえる、畿内とその周辺で活発に対捍を行う人々のそれとほぼ対応すること、そして在地優勢者である刀禰の実例をみると、畿内とその周辺の刀禰にそうした肩書をもつ者が多くみられることなどから、中央官人の供給地である畿内の地域性との関連が指摘されている[24]。

しかし、延喜二年官符の後半で述べる差用に従ってきた諸司官人と、【表】の各史料で指摘する畿内とその周辺の諸司官人たちとを同じ集団とみなすと、彼らは田租・正税などの貢納については対捍する傾向にあるが、国司の差用には従う場合があった、ということになってしまう。しかもその差用が、本来的には負担する必要のないものであるとすれば、その動向はなお不自然なものとなる。そもそも、延喜二年官符の発令は、河内・三河・但馬等の国々からの申請にもとづいていた点に注意したい。畿内である河内国は別として、三河・但馬国は、奈良時代における官人の本貫国として突出しているとはいいがたく[25]、彼らの官位を、畿内官人層が伝統的に再生産してきたものと必ずしも同じにとらえるわけにはゆかないからである。つまり、同じ部内居住官人とはいっても、口分田・墾田を基盤として、対捍行為を含む活発な営田活動を行ってきた畿内とその周辺の旧来の諸司官人層(26)と、延喜二年官符の後半で述べる（差用に従ってきた）諸司官人とでは、一部で重なる部分はあるにしても、基本的に一線を画して考えるべきだろう。

そこで延喜二年官符で述べる差用の内容に「進官」（中央への貢納業務）が含まれること、そして官符が指摘する官人層が畿内の中央官人層とは限らず、より広範な地域・階層にまたがることが想定される点に留意するなら、彼らが官位を取得する契機の一つを、綱領郡司などとしての活動の中に見出すことが可能となってくる。すなわち先学が指摘しているように、寛平三年（八九一）の「応レ禁三断諸国綱領奸二犯所レ領官物一事」とする太政官符(27)の「比年諸国綱領各為二奸犯一、或贖労出身、空帰二国郡一、或買レ宅定レ居、便留二京都一。其所二充用一、皆是官物」や、寛平八年（八九六）の「応レ令下先進二門文一検中納調庸幷例進雑官物上事」とする太政官符(28)の「頃年綱丁等不レ出二門文一、私作二自解一、折二留物数一進二納所司一。々々不レ知二其奸一、随レ進偏放二日収一。其所二折留一皆充二私用一。或自望二官職一充二贖労之料一、或傜二買雑物一求二貿易之利一。綱丁之奸触レ類多端」にみられる彼らの収納行為を介しての贖労などにそれがうかがえるからである(29)。さらに諸司・諸衛による貢納物の直接収取の展開過程の中にも(30)、いくつかの契機が想定されよう(31)。いずれにしても、延喜二年官符後半で念頭に置いている下級官人に限ってみるならば、彼らの官位は、畿内を中心とする旧来の官人再生産構造に由来するとみるよりも、九世紀以降における在地と諸司・諸衛との間の収取関係の中で獲得してきたものを中心に考えるべきではないだろうか。

ただし、そのような両者の密接な関係を重視した場合、延喜二年官符が、諸司・諸家に対する部内居住官人の姿勢について、「不レ直二本司一」「不レ従二本主一」と批判的に表現している点が問題になるかもしれない。実際、その記載をもとに、彼らは国司のみならず、その本司・本主などの中央権力に対しても抵抗していたといわれる場合がある。しかしこの記述は、それまでの部分的差用を拡大・恒例化するための論拠として、本来的には諸司や諸家のもとで直接奉仕すべき彼らが、その場にいないことを国司の側が強調しただけと思われる。というのも、もし彼らが諸司と根本から対立すれば、諸司はその不仕を理由に官職を剥奪することが可能であり、実際、諸司のトネリについては、「進仕之日、競預㆓出身㆒、勘籍之後、還為㆓遁去㆒。因責㆓不上㆒、放出還㆑本」[32]のように、身分の取得のみを目的として出仕しない者について、本司の意思で解任してきたからである。

とはいえ、在地と諸司・諸家との間の関係の程度と、国司の差用に応じる条件が備わっているかどうかとは、当然ながら別の問題である。すなわち、【表】の№2・4でみるように、諸司・諸家官人等の肩書を背景に郡司としての「公事」などを忌避する者がいたことも事実である。しかし一方で、本意かどうかは別として、雑色人郡司などとして差用に従ってきた者が少なからずいたことも事実なのである。実際、在地における郡司ないしはそれに相当する地位は、他の在地優勢者への対抗としてだけでなく、諸司・諸家に関わる職務遂行を通して利益を得る上でも有利にはたらく場合が多かったであろう。

それぞれの「国例」や在地側の多様な事情から、国司官長による国郡機構の拡充に対する部内居住官人たちの対応は、地域ごとにさまざまであったと思われるが、その中には差用を通じて、雑色人郡司などの形で国郡行政に関わる（関わろうとする）者が実際にいた、という点を延喜二年官符の後半部分から読みとることが重要であると考える。そのケースは限られたものかもしれないが、後述するように、この官符ではそのケースの多寡にかかわらず、九世紀後半の諸国における既成事実の一端を提示することに意味があったのである。そしてその負担とは、いわゆる「課役」の一部として位置づけられたものではなかったと考えられることをあらためて確認しておきたい。

第三節　延喜二年官符と官人制

延喜二年官符で指摘する貞観年間以来の部内居住官人の差用について、彼らのもつ「課役」免除特権の否定とみなすことが困難であるとするなら、同官符の施行とはいったいどのような意味をもつのであろうか。一般に指摘されるように、この官符により、それまで行われてきた差用に関して、何らかの制度化や強制が及んだことは間違いないと思われるが、一方で、前節2項でみたように、同官符施行以後も、部内居住の有位・有官者に対して、令・式にもとづく課役の免除認定が行われていたことも事実である。十世紀の初めでも、課役免除システムが、官人を中心に置く令制の身分規定に立脚して機能していたとするなら、この官符の賦課の論理、そしてその背景についても、官人制の視点から考えてみる必要があると思われる。同官符ではその賦課を「公役」と表示しているので、本節ではこれをキーワードとして検討することにしたい。

1　官人の職務と白丁の公役

延喜二年官符が目指すところの賦課＝「公役」についてみると、とくに注目されるのは、同官符が賦課の根拠として「夫普天之下無レ非二王土一、率土之民何拒二公役一」と主張していることである。これについては、しばしば国制上における王土王民思想の展開が問題にされてきた。ここではイデオロギーとしての側面はひとまず措き、その文言から見出せる本官符の認識についてあらためて考えてみたい。

まず「率土之民」についてだが、その表現の中心に位置するのは百姓一般であり、したがってこの場合の公役とは、通常は「課役」などの賦課を指すことになる。しかしここでは、すべての民＝「王民」は課役を負担するのが当然、と述べているわけではない。いうまでもなく、貴族層を含む上級官人にまでいわゆる課役を負担させると解する余地があってはならないからである。そもそも官符の後半で問題の出発点に位置づけられているのは、部内居住官人の中央官人としての「不直」である。つまりここでは、官人としての職務と白丁としての課役は、そのいずれかは負担しなければならないという点で、まったく同じレベルでとらえられていることがわかる。九世紀まで、公役は課役等を指すことがほとんどだが、[33] この当時はすでに官人、少なくとも下級官人（雑任）の職務もまた公役と呼ばれることもあったようなので、[34] ここでは「率土之民何拒二公役一」という主張のもとで、両者が同質・同価値の「公役」とみなされている点に注意しておきたい。

次に、本官符で実際に部内居住官人に課そうとしている「公役」の内容・位置づけについてだが、くり返すように、本官符が彼らの中央での官人としての不仕をあげていること、そして差用の具体的内容が郡司の職務と共通し、かつ本官符の施行が雑色人郡司の形成など国郡機構の再編と密接に関わるとの指摘などをふまえるなら、建前上はあくまで（国郡の）官人としての職務であったと考えられる。そしてその職務遂行が一方で、白丁への賦課と同質とみなされているという二面性を考えた場合、想起されるのは、一世紀ほどさかのぼった次の弘仁二年（八一一）の勅である。[35]

勅、河内国《中略》彼国課丁少レ数、無レ人二差役一。其散位々子留省之徒、不レ直二本司一、常在二郷里一者、宜下限二三年一、補二国中雑任一、計二其上日行事一与レ考言上上。

ここでいう散位・位子・留省は、本来、散位寮に出仕して「考」を得るべき者である。しかし河内国を本貫とする者は、そうせずに部内に居住する者が多かった。そこで彼らを一時的に「国中雑任」とし、国司の考課を受けさせることにしたのである。そして彼らに従事させようとする官人としての職務とは、「彼国課丁少レ数、無レ人二差役一」とあるように、本来的には白丁が「課役」の一部として負担すべきものであったことに注意したい。

また、弘仁十三年（八二二）七月の雑徭全免にあたり、やむをえずそれに従う者については食料を支給することとした同年閏九月二十日の太政官符(36)にも注意したい。この官符から、国郡などにおいて、白丁が「進官雑物綱丁」のような力役だけでなく、「大帳税帳所書手」「郡書生」「税長」をはじめとするさまざまな雑任の職務に就いて、国郡務の一端を担っていたことなどが指摘されてきた。ここでとくに注意したいのは、白丁による国郡務の遂行ということだけでなく、その国・郡雑任の職務自体が雑徭であり、「徭丁」の「公役」とされていたことである。さきの河内国の場合、このような白丁が公役として従事してきた雑任ポストの人員不足を補うため、部内居住の（内）散位・位子・留省が活用されたといえよう。郡雑任の実例の中には、実際に位階をもつ者が確認できるが(37)、彼らの場合も正式な官人身分としては散位等ではあるが、実際には河内国の「国中雑任」と同様に、郡雑任としての職務遂行が国司による考課の対象となっていた可能性が高いだろう(38)。

そして、国郡の雑任というわけではないが、こうした二面性が史料の上で直接うかがえるポストとして、奈良時代末期、坂東八国で採用された次の「軍士」がある(39)。

宜下仰二坂東八国一、簡中取所レ有散位子、郡司子弟、及浮宕等類、身堪二軍士一者、随二国大小一、一千已下五百已上上。専習二用レ兵之道一、並備二身装一。即入色之人、便考二当国一、白丁免レ徭。

この軍士は、その採用対象などからみても、職務的には軍団の軍毅などに近いと思われるが、選叙令15叙郡司軍団条・考課令67考郡司条で、郡司と同じ考選に預かることが規定される軍毅と異なり、それに就くだけで無条件に考課の対象になるわけではない。例えば位子のような官人身分の者（右でいう「入色之人」）が就いた場合に限って、その職務遂行が考課の対象となるのである。それに対して白丁が就いた場合、ここでは「免㆑徭」とする。これについては、軍士としての職務以外の実役負担が課せられないということであって、その職務自体が事実上の雑徭というべきであろう。類似のポストで延暦十一年（七九二）に全国に設置された健児の職務もまた、入色にとっては考課の対象となる一方で、白丁にとっては雑徭であるという性格をもっていた[40]。なお、健児の場合、国衙の雑任の一つとしての側面も強い[41]。

こうした在地における国郡務遂行のあり方を通して、官人としての職務と白丁としての公役の同質化が進行したのではないか。とくに九世紀半ば以降に国司官長による国郡機構の再編が進み、このように令制とは異なる、中央で管理されることのない固有職員的な位置づけのポストが拡充されたとするならば、その傾向は一段と強まったであろう。そしてこのことは雑任レベルにとどまらない。すなわち、令制の正員郡司と異なり、国司の裁量だけで任用される擬任郡司の職務の中にも、そうした「公役」の二面性がうかがえる。

土地売券の位署書などにおける擬任郡司の位階表示をみると、有位・無位の者と位階表示のまったくない者とが混在していることがある。先述のように、位階表示のないものが「無（无）位」とも異なることは、例えば承和十四年（八四七）の売券[42]の郡判の実例で、

副擬大領　正八位上　依知秦「氏吉」
転擬大領　従八位上　依知秦公
擬少領　　无位　　　依知秦公「内守」
擬主帳　　　　　　　依知秦「億義麿」

のように区別されていることから明らかである。つまり擬任郡司は、式部省に官人として把握される正員郡司と

異なり、ポストに就くだけで考課対象者になるわけでなく、あくまで、それまでの身分編成が適用されてきたことになる。右の実例の場合、考課対象者はいずれも内位であるため、もともとは内位郡司などの子、つまり「位子」として出身し、考に預かっていた可能性が高い。そして彼らは正員郡司と同様に、郡司としての職責を果たすことにより、考を得ていたと思われる。

それに対して、同じ郡司階層の出自でも、白丁身分の者が擬任郡司に就いた場合、その職務は、事実上の白丁としての公役とみなされていたと考えられる。「応レ免レ差二他役一熱田神社祝荒田井高神戸尾張広宗幷神戸百姓等事」とする昌泰三年（九〇〇）の太政官符[43]によれば、国司が弘仁二年（八一一）・三年の「永停二止公役一」とする官符[44]の旨に背いて、神戸の神職や百姓に対して「或令レ兼二擬郡司職一、或差二仰厨家綱丁一」すことを問題にしている。この場合の擬任郡司の職務は、あくまで綱丁などと同質の「公役」だったのである。

九世紀の国郡における以上の状況をふまえれば、延喜二年官符が、国郡における官人としての職務遂行と白丁における負担とに、同質・同価値の「公役」をみていることは、必ずしも唐突なことではなかったといえよう。

2　延喜二年官符の施行と「公役」

前項で検討してきたところの「公役」とは、白丁が負担する課役としてみた場合、弘仁十三年官符の対象が「徭丁」であること、昌泰三年官符が引く弘仁二年官符にみられる負担の内容[45]などからみて、具体的には雑徭を指す[46]。延喜二年官符で示される「公役」についても、その賦課のあり方は、国司の裁量が尊重される雑徭の性格[47]を示しているといえる。つまり、延喜二年官符施行後も、蠲符によって部内居住官人の調・庸、そして形式上、雑徭などの免除が認められることに変わりはなかったものの、一方で彼らは官人としての職務遂行という建前のもと、雑色人郡司などとして、国司の「任中一度」とはいえ白丁の雑徭に相当する負担が課せられることになったといえる。それまでは、国郡等での差用に応じた一部の部内居住官人への負担であったが、本官符により、部内居住官人全体に対してそれを課すことが制度化されたのである。

　このように、部内居住官人全体に一律に負担を課すことができた根拠について、既述のようにイデオロギーとしての王土王民思想の役割が重視される場合があるが、そのイデオロギー自体はより早くから形成されていた(48)。ここでは、むしろそれを用いることを可能にした前提として、九世紀を通して進んだ〈官人の職務＝白丁の公役(49)〉の論理、つまり同質化した負担としての「公役」の意識形成があったことを重視したい。

　前項でみたように、八・九世紀の国郡機構において、官人の考＝白丁の雑徭、という位置づけのさまざまな役務が展開していった。そして貞観年間以降は、国司官長の主導による諸国ごとの国郡機構の再編成、そしてその「国例」としての定着により、いっそうの拡充が図られた。それらの既成事実の積み重ねを通して、同質化した負担としての「公役」の意識が形成されていった。その上ですべての人民をカバーできる王民思想を利用し、「公役」はすべての者が負担しなければならないという建前のもと、中央の官人身分をもつ者に対しても、あくまで官人としての職務遂行という理由で、事実上の雑徭に相当する負担を強制することができたといえる。

　この部内居住官人の雑色人郡司等としての職務遂行に対しては、さきの弘仁二年勅などからみて、国司が「与レ考」えてきたと考えられる。ただ律令官人制からすれば、中央官人ポストに就いている者を、諸国が本司のように考課を行うのは特殊であり、弘仁二年勅の段階では（内）散位等までが限界であった。延喜二年官符以前における雑色人郡司等としての差用も、同官符の「不レ労ニ申請一。然則長省ニ言上之煩一、自得ニ行用之便一」からうかがえるように、個別申請が必要であったと思われる。しかし、同質化した負担としての「公役」の意識形成を背景に、王民思想および「言上之煩」を省くことを理由に、その恒例化・法制化が可能になったといえよう。

とはいえ、それまで差用に応じてこなかった者、とくに課役等を逃れるためだけに官位を獲得してきたような者にとっては、ただの負担の増加にほかならず、それらは対捍行為の対象となりうるものである。にもかかわらず、こうした差用についての対捍が新たに生じた様子はみられない[50]のはなぜか。国郡務に従事することのメリットという先学の指摘からすれば、それぞれの「国例」の形成の中で、彼らの多くが受け入れることが可能な負担の範疇が模索されてきた[51]という背景がその理由の一つともみられる。「任中一度」もそうしたものの一つだろう。しかし、さきにみた畿内周辺、あるいは諸国において、活発な営田活動などを行う部内居住官人等については、それまでの田租・正税などへの対捍の様相をみる限り、そのまま新たな負担を受け入れたとは考えにくい。それにもかかわらず新たな差用への対捍が確認できないとすれば、官符の実効性の面が問題になるかもしれない。しかしその点については、むしろ次のように別の理由を想定することが妥当ではないかと考える。

これまでみた「公役」の中心をなす雑徭系統の負担については、その賦課内容の類似性と制度としての系譜の区別に留意する必要はあるものの[52]、基本的に臨時雑役に継承されたと考えられている。そして周知のように、史料上での臨時雑役は、荘園の荘司・寄人などに対して、その負担免除を申請する形で登場することが多い。その性格については、賦課対象の問題などをはじめ多くの議論があるが、ここではその免除申請が十世紀に入ってから登場すること[53]、その免除認定が「代々長官相労[54]」のように国司の代替わりごとに行われたこと、その手続きに寺社や院宮王臣家が介在している点を重視したい。

その免除申請の一つ、天慶三年（九四〇）の観世音寺領筑前国高田荘での十人の「預作人等」の免除要求のケース[55]をみると、そのうちの一人として名をつらねる美作真生は、当時の別の治田売券案[56]から、「従八位上右近衛」であったことが注意される。そして実は、真生らの免除申請は、彼の治田の沽却のすぐあとに行われたものであり、治田は「蔭孫正六位上源朝臣敏」を経由して観世音寺の高田荘として立券されていたのである。真生による沽却から観世音寺への施入、そして預作人としての臨時雑役の免除申請がなされるにあたって、その期間がわずか一カ月あまりという早さであったことが注目されている。(57)

この免除申請について、真生が課役免除である官人身分をもっていたため、臨時雑役の免除申請を行うことができたとの見方もあるが、(58)ここでは官人ポストに就いていながらもなお免除申請をしているという部分に着目したい。つまりここからは、まずこの当時、官人身分にあっても、（公役として）臨時雑役が課せられていたことがわかる。おそらく延喜二年官符によって部内居住官人に一律に課せられることになった負担は、在地における個別人身的賦課の再編成の際に、実質的に雑徭に相当する負担として、臨時雑役という形で継承されていたのであろう。しかし一方でこの史料からは、活発な営田活動を広げるような者が、こうした個別人身的な賦課に対して、何らかの形でそれを逃れる方途も確立していたことがうかがえよう。

このように延喜二年官符の施行以後も、在地有勢者においては、自らが国郡に編成されることにメリットを見出すか、合法的にその負担を回避するか、などの選択肢があり、制度化された新たな負担に対捍する要素は少なかったといえる。そしてこの官符が出されても、官人に対しての調庸（および建前上の雑徭）の負担は、従来通り蠲符にて免除されるシステムが生きていた点にあらためて注意しておきたい。その意味で令制の「課役」の賦課という点に関して、延喜二年官符の施行は、制度としても在地社会の実態においても、その時点での負担の現状を大きく変えるものではなかったと思われるのである。

おわりに

部内居住官人について、延喜二年官符にみる問題点を手がかりに、官人制の視点から検討した。ここではまず、彼らの内部にいくつかの類型や、それによる対捍などの動向の相違を見出すことができたと思う。とくに衛府における員外舎人の問題、あるいは旧来の官人階層の出自によって官位を得た者と、そうした要素がない者との相違、などが注意される。部内居住官人をはじめとする在地有勢者と、国司あるいは中央諸権力との関係をトータルでみた場合、それが臨時的・両属的な性格である点[59]に留意すべきではあるが、一方で、部内居住官人の間でのこうした基本的な立場の違いも考慮に入れて、個々のケースをみてゆく必要もあるだろう。

そして彼らの律令官人としての身分を再検討することによって、九・十世紀における考選制度と、それに連動する課役免除システムの実態について明らかにした。そのことを通して、部内居住官人の負担の実態、すなわち、延喜二年官符が出されて以降も含め、少なくとも十世紀の初めまでは、その令制的身分編成にもとづく令制の諸システムが機能しており、そこから大きく逸脱した「課役」を負担することは基本的にはなかったことを確認した。この官符で述べる貞観年間以来行われてきたという部内居住官人の差用についても、国司が「課役」として広く賦課してきたということではない。九世紀における諸司・諸家と在地との直接的関係の深化を背景に、中央官人身分をもつ一方で、国郡に一定の地位を得ることを志向する在地有勢者がおり、諸国が彼らを国郡機構の中に編成してきた事実の一端を述べたものであると考えられる。

延喜二年官符は、そうした意味での差用を一律に制度化しようとして、それまでの実績＝「国例」を利用したということになるが、国例の創出とその法制化を可能にした背景には、九世紀を通して国郡務上のさまざまな役務を通じて積み重ねられてきた、〈官人の職務＝白丁の公役〉の論理があったのである。官符から読みとれる王土王民思想についても、それ自体が法制化の原動力なのではなく、そうした同質化した負担としての「公役」の意識形成を前提にしてはじめて、それを建前として利用することが可能になったとすべきだろう。フラットになった「公役」を媒介とすることにより、中央官人の身分をもつ者に対しても、在地にあっては白丁と同じ負担を「王民」の義務として賦課することができたのである。

延喜二年官符で法制化された部内居住官人への負担は、白丁にとっての雑徭に相当することになるが、彼らについては、本官符以後も、蠲符の発給により、調庸とともに雑徭の負担も形式上は免除されており、ここで課役免除特権を剥奪されたわけではない。その負担は、同質化した負担としての「公役」の形成を背景に、あくまで官人としての職務遂行と位置づけられていたのである。したがって建前としては、部内居住官人に「課役」などの負担を、その身分に反して新たに強制したわけではないことになる。また実態としても、彼らを取り巻く負担関係が急激に変化したことはなかったと思われる。

以上をふまえ、あらためて本章の視点から延喜二年官符をみるならば、その施行の意義とは、この時点での「課役」制度の改変ということではなく、同質化した負担としての「公役」が、ここで制度的に公認されたこと、そしてそれが令制的身分編成にもとづいて一体的に機能する諸システム全体の変化の契機になったこと、にあると思われる。本官符により諸国が部内居住官人の事実上の本司になったとみられるが、彼らが中央官人のポストに就いたまま、そのような形で諸国に把握されたということは、彼らの果たすべき「公役」をどこで、どのような形で収取するかについて、諸国そして所属諸司の判断が大きくなったことを意味すると考えられる。

したがって令制的身分編成にもとづき式部・兵部省が機械的に作成する季帳によって鐍符が発給されるというシステムは、建前上、従来通り維持されていたものの、実質面はしだいに空洞化し、諸国や諸司（諸衛）に対して、官人把握官司としての二省の位置づけは相対的に低下したことが予測されるのである。そして実際、そのことは延長四年（九二六）に「式部省、去延長四年以来不レ造二進季帳一」[60]として、式部省による季帳の作成自体の停止として帰結することになる。この措置は、令制の個別人身的な賦課制度だけでなく、令制の官人編成にも直接大きな影響を与えたと考えられる。[61]

また、これらの制度的改変は、在地有勢者と中央諸権力との結びつきのあり方にも変化を及ぼしたとみられる。例えば部内居住官人自体、十世紀以降、減少してゆくようにもみえるが、当該期においても彼らと諸司・諸家との結合は維持されていたとすれば[62]、それは一面で、十世紀前半における右のような身分編成・官人制の改変を通じて、両者のつながりが必ずしも令制的官位の媒介を必要とするものでなくなったことを示しているのだろう。

十世紀以降の身分編成・官人制に関わる諸問題については、以降の検討に譲るとして、部内居住官人問題について、官人制の視点から見直すこと、そしてその必要性をあらためて提示することができたと考えるので、本章はここで終えることにしたい。

註

（1）『類聚三代格』巻二十、延喜二年（九〇二）四月十一日太政官符。

（2）この舎人史生条による課役免除に関して、本章では第三節でとくに「雑徭」に言及している。雑徭については、唐令に対して日本令、少なくとも養老令においては、課役に含まれるとするのが通説だが、鎌田元一「律令課役制二題」（『律令公民制の研究』塙書房、二〇〇一年、初出は一九九九年）による、大宝令・養老令ともに課役には含まれないとの批判もある。ただ本条のように、「免課役」と記して雑徭まで免除する場合があったとする点について異論はない。本章全体で問題としている課役とは、本条および戸令5戸主条の適用による負担免除の対象としてのそれを指している。そのため本章で記述する「課役」については、すべて雑徭を含むものとする。

（3）木村茂光a「王朝国家の成立と人民」（『日本初期中世社会の研究』校倉書房、二〇〇六年、初出は一九七五年）、同b「一〇世紀の転換と王朝国家」（『日本史講座』三、東京大学出版会、二〇〇四年）。

（4）三善清行「意見十二箇条」。

（5）『類聚三代格』巻二十、昌泰四年（九〇一）閏六月二十五日太政官符。

（6）下向井龍彦「部内居住衛府舎人問題と承平南海賊―王朝国家への転換と天慶二年純友の乱を媒介するもの―」（『内海文化研究紀要』一八・一九合併号、一九九〇年）。

（7）本書第Ⅱ部第二章。

（8）『類聚三代格』巻四、寛平三年（八九一）十二月十五日太政官符。

（9）『類聚三代格』巻十七、貞観九年（八六七）五月八日太政官符など。なお本書第Ⅰ部第三章参照。

（10）『類聚三代格』巻四、大同三年（八〇八）七月二十日太政官符。

（11）『類聚三代格』巻四、元慶五年（八八一）十一月二十七日太政官符。なお本書第Ⅱ部第二章参照。

（12）延喜十七年（九一七）四月二十七日丹波国某郷長解（『平安遺文』一―二一五）。なお、引用史料中における個々の位署書の官位等の記載は、比較を容易にするため、刊本の文字配置を若干変更している。

（13）なお、吉村武彦「官位相当制と無位」（『日本古代の政事と社会』塙書房、二〇二一年、初出は一九七九年）も参照。

（14）『法曹類林』巻第二百（引用は『大日本史料』第一編之六、承平二年雑載条による）。

（15）勝山清次「公田官物率法の成立とその諸前提」（『中世年貢制成立史の研究』塙書房、一九九五年、初出は一九八七年）。

（16）史料上で「位子」と「留省」を区別して表記する場合があるが、両者は広い意味での散位として同質である。

(17)『政事要略』巻五十九所収の承平五年（九三五）六月十三日太政官符からも、そのことがうかがえる。なお、本書第Ⅲ部第三章で述べるように、この承平五年官符からは、同時に課役免除システムに関する延長四年（九二六）以降の制度改正が看取され、それが本史料にみえる讃岐惟範の蠲符発給の遅延に何らかの影響を与えていた可能性が高い。

(18)下級官人（層）による国郡等への対捍行為の検討に際しては、「諸家」に属する者の史料も含めて網羅すべきであるが、本書の行論上に大きな影響はないと思われるので、【表】では諸家に関わる者のみを取り上げた史料は割愛した。なお彼らの問題については、諸司・諸衛の場合と同じであり、本章の論旨に沿って結論的にいえば、令制にもとづいた官人身分（例えば帳内・資人）をもつか否かで、彼らと国郡との関係のあり方は大きく異なったと考えられる。

(19)このように衛府とそれ以外の諸司とでは、員外舎人の問題など在地との関わりについて差がある。それについては、多くのトネリを擁する衛府が必要とする大粮米は膨大であること、軍防令38兵衛条などにみられるように衛府は早くから在地との関係が深かったこと、などの理由が想定される。そもそも員外舎人の出現自体、後掲註(31)でも述べるように、在地での収納を効率化したい衛府の要請のもと、課役免除の特権をはずすことを前提に、国家の側も官人としての地位を公認したことを示しているのではないか。さきの寛平三年官符では、員外舎人増加の理由を「異能供節要籍駆使等」として、儀式等での必要性を第一に強調しているようにもみえるが、宮廷儀礼が整備される一方で、大規模な衛府舎人の隊列が必要とされなくなっていた当時（前掲註(6)下向井氏論文）、それが主要な理由であったとは考えにくい。むしろ「駆使」に包摂されるような機能の一つにこそ、出現の要因が含まれているのではないか。

(20)なお、№4の場合、課役が免除されている正員郡司に対して、その負担が求められているようにもみえる。しかしこの場合の「公事」とは第三節で詳述する「公役」と同じであり、課役としての性格をもちながらも、実際の内容としては、№2の事例からもうかがえるように、郡司としての職務の一部を指すと考えられる。したがってその対捍は当然糾弾されるべきものであった。

(21)彼らについて、郡司ないしは郡司と同等の職務を担う者とする点ではおおむね一致するものの、国郡との関わり方の問題を中心に見解の相違もある。それに応じて国衙官人郡司・非令制職名郡司・雑色人郡司などの呼称が用いられてきたが、ここでは延喜二年官符の「色々人」の記載に即して、雑色人郡司を用いることとする。関係する主要な研究は以下の通り。高田實「中世初期の国衙機構と郡司層」（『東京教育大学文学部紀要』六六、一九六八年）、森田悌「地方行政機構についての考察」（『平安時代政治史研究』吉川弘文館、一九七八年、初出は一九七三年）、山口英男「十世紀の国郡行政機構―在庁官人制成立の歴史的前提―」（『日本古代の地域社会と行政機構』吉川弘文館、二〇一九年、初出は一九九一年）、森公章「雑色人郡司と十世紀以降の郡司制度」（『古代郡司制度の研究』吉川弘文館、二〇〇〇年、初出は一九九八・九九年）。

(22) 前掲註(21)山口氏論文。

(23) 前掲註(21)森氏論文。

(24) 西山良平「平安京と周辺農村」（『新版古代の日本』六、角川書店、一九九一年）。

(25) 市川理恵「京貫記事の基礎的考察」（『古代日本の京職と京戸』吉川弘文館、二〇〇九年、初出は一九九八年）の平城宮出土式部省関係考選木簡にみる下級官人出身地のデータによる。

(26) 前掲註(24)西山氏論文参照。

(27) 『類聚三代格』巻十九、寛平三年（八九一）九月十一日太政官符。

(28) 『類聚三代格』巻八、寛平八年（八九六）閏正月一日太政官符。

(29) 北條秀樹「平安前期徴税機構の一考察」（『日本古代国家の地方支配』吉川弘文館、二〇〇〇年、初出は一九七八年）では、「受納の諸司諸家にとり調庸物を運搬してくる綱丁等は、時としていわば身内となり得る存在であったろう」と指摘しており、前掲註(21)山口氏論文も彼らの中央下級官人への転身の可能性を指摘している。ただ両氏は、弁済使の先駆的形態を想定しているため、彼らの京内での活動を重視しているが、反対にそこで得た官職を国郡務の遂行にいかし、在地での地位の向上を図る場合もあったのではないか。

(30) 笹山晴生「六衛府制の成立と左右近衛府」（『日本古代衛府制度の研究』東京大学出版会、一九八五年、初出は一九六二年）、佐藤信「民部省廩院について」（『日本古代の宮都と木簡』吉川弘文館、一九九七年、初出は一九八四年）参照。

(31) 例えば、諸司・諸衛が雑任任用を媒介にして出先拠点を築いていたことは、京内の市での例になるが、すでに九世紀前半に衛府で「市廛百姓」を衛府舎人に任じていたこと（『類聚三代格』巻二十、承和元年（八三四）十二月二十二日太政官符）、貞観年間には同様に「市籍人仕二諸司諸家一」が問題となっていたこと（『類聚三代格』巻十九、貞観六年（八六四）九月四日太政官符）から想定される。こうしたことが諸国における貢納物の確保でも行われる場合があったのではないか。衛府の員外舎人の極端な増加は、それが最も顕在化したものであろう。

(32)『類聚三代格』巻四、承和三年（八三六）正月十五日太政官符。

(33)六国史および『類聚三代格』にみる八・九世紀の実際の「公役」の用例は、ほとんどの場合、白丁の課役（とくに雑徭）としての「公役」とみなしてよいと思われる。

(34)前掲註(11)史料参照。

(35)『日本後紀』弘仁二年（八一一）四月甲戌条。

(36)『類聚三代格』巻六、弘仁十三年（八二二）閏九月二十日太政官符。

(37)貞観三年（八六一）十月十九日近江国大国郷墾田売券（『平安遺文』一―一三一）にみえる「徴部正八位下依知秦公千門」「税領大初位下依知秦公（名欠）」。この近江国愛智郡において、九世紀を通して確認できるさまざまな郡雑任と、弘仁十三年官符にみえる郡雑任との対応関係については、西山良平「「律令制収奪」機構の性格とその基盤」（『日本史研究』一八七、一九七八年）をはじめとする諸論考を参照。ただし、新井重行「郡雑任の再検討―その起源を中心に―」（『史学雑誌』一一二―二、二〇〇三年）では、名称の類似性のみから両者を直接結びつけることに注意を促している。

(38)前掲註(37)史料などにみえる位階をもつ郡雑任については、中村順昭「郡雑任の諸様相」（『律令官人制と地域社会』吉川弘文館、二〇〇八年、初出は一九九〇・九九年）による、彼らは正式な官人身分としては散位であること、そして郡司とともに「散位」の「上日状」が各郡から国に報告されていたこと（「伊勢国計会帳」『大日本古文書』二四―五四七～九）などの指摘をふまえれば、その任にある間は、実質的に郡雑任としての職務そのものが国司による考課の対象になっていたと考えられる。

(39)『続日本紀』延暦二年（七八三）六月辛亥条。

(40)当該期の健児は一つのポストでありながら、その職務自体が一方で雑徭に相当することは、延暦十六年（七九七）八月十六日太政官符（『類聚三代格』巻十七）および『日本後紀』同二十三年（八〇四）九月癸巳条からうかがえる。そしてその採用に関しても、白丁から勲位人に変えて彼らを考に預からせたり（『類聚三代格』巻十八、延暦十六年（七九七）十一月二十九日太政官符）、その反対に変更したり（『日本後紀』延暦二十三年（八〇四）九月癸巳条）、あるいは勲位人の欠を白丁で補う（『日本後紀』弘仁元年（八一〇）九月甲辰条）などの措置がたびたびとられている。

(41)この健児の非軍事的側面については、数多くの論考で言及されているが、とくに国衙の下級官人として触れたものに、井上満郎「健児制の成立と展開」（『平安時代軍事制度の研究』吉川弘文館、一九八〇年、初出は一九七一年）、永井肇「健児制についての再検討―平安期健児制を中心として―」（『史学研究集録』八、一九八三年）、中村順昭「律令制下の国府とその職員」（前掲註(38)中村氏書、初出は一九九〇・九五年）などがある。

(42)承和十四年（八四七）九月三日近江国八木郷墾田売券案（『平安遺文』一―八七）。なお、前掲註(12)史料と同様、文字配置を一部変更している。

(43)昌泰三年（九〇〇）四月二十七日太政官符（『平安遺文』一―一八四）。

(44)『類聚三代格』巻一、弘仁二年（八一一）九月二十三日太政官符参照。

(45)昌泰三年官符で問題にされた弘仁二年官符は、職員令1神祇官条集解の讃記でも触れられている。それによれば、この弘仁二年官符によって神戸の「雑徭」は、専ら神社のために充てられるようになったとされている。

(46)なお、「諸国における公事・公役は雑徭を当てた」とする佐藤泰弘「平安時代における国家・社会編成の転回」（『日本中世の黎明』京都大学学術出版会、二〇〇一年、初出は一九九五年）の理解を参照。

(47)吉野秋二「雑徭制の構造と展開」（『日本古代社会編成の研究』塙書房、二〇一〇年、初出は二〇〇三年）。

(48)村井章介「王土王民思想と九世紀の転換」（『日本中世境界史論』岩波書店、二〇一三年、初出は一九九五年）によれば、すでにそれは弘仁十三年（八二二）ごろの成立とされる『日本霊異記』の下巻第三十九話にみられるとする。

(49)旧稿では〈官人の「公役」＝白丁の「公役」〉としたが、公役の性格の段階差を明確にするため、このように変更した。

(50) 史料残存上の制約を考慮する必要があるが、延喜二年官符以降の「諸司」官人による国郡への対捍例も、【表】(No.8)にみえるように、基本的にはこれまでと同じ田租・正税などに対してのものである。なお【表】以降の対捍について、『村上天皇御記』応和三年(九六三)五月二十九日条(『西宮記』臨時一(甲)、申請解文奏報遣使(裏書)所引)の記事が指摘されることがあるが、これも田租・正税の系譜を引く「官物」についての対捍である。
(51) 例えば前掲註(21)森氏論文では、雑色人郡司成立の意義は在地有勢者を郡務に結集させることを可能にした点にあるとの視点から、延喜二年官符にはその負担が国司の「任中一度」とされていること、雑色人郡司は擬任郡司と比較して人数が多いことなどをあげ、彼らへの負担がそれまでよりも軽減されていることを指摘している。
(52) 森田悌「臨時雑役について」(『日本古代の耕地と農民』第一書房、一九八六年、初出は一九八五年)参照。
(53) ただし「臨時雑役」の語そのものの初見は、寛平元年(八八九)十二月二十六日の宇佐八幡宮行事例定文(『平安遺文』九―四五四九)。
(54) 延長二年(九二四)八月七日東寺伝法供家牒案(『平安遺文』一―二二九)。
(55) 天慶三年(九四〇)五月六日筑前国観世音寺牒案(『平安遺文』一―二五〇)。
(56) 天慶三年(九四〇)三月二十三日美作真生等治田売券案(『平安遺文』一―二四七)。
(57) 前掲註(3)木村氏a論文。
(58) 中野栄夫「王朝国家期における収取体系―臨時雑役をめぐって―」(『律令制社会解体過程の研究』塙書房、一九七九年、初出は一九七五年)。
(59) 前掲註(21)山口氏論文。
(60) 前掲註(17)史料。
(61) この点については、本書第Ⅱ部第二章・第Ⅲ部第三章であらためて論じたい。
(62) 市大樹「九世紀畿内地域の富豪層と院宮王臣家・諸司」(『ヒストリア』一六三、一九九九年)、吉川真司「院宮王臣家」(『律令体制史研究』岩波書店、二〇二二年、初出は二〇〇二年)。

第Ⅱ部　律令官人組織の変容

第一章　令制トネリの変質

はじめに

律令官人階層に属する者がその官人制機構に初めて参加する方法、すなわち出身については、周知のように大学寮に学び課試を受けての出身と、トネリを通しての出身の主に二つのコースが存在する。そして前者の大学寮のコースについては、得第が容易でなかった課試制度[1]のことを考慮すると、仮に大学寮で学んだとしても、トネリを経由して出身するのが一般的であったと考えられる[2]。トネリは、一般の官人にとって、その階層の上下にかかわらず基本的にまず最初に通らなければならない関門であり、その意味で令制下では他とは異なる特殊な位置づけをもつポストであった。

ところが平安中期以降のトネリにはそのような性質はない。例えば、内舎人はもともと上級貴族層の出身のためのポストとして、トネリの中でも最上位に位置するトネリであったが、十二世紀末の『官職秘抄』では「往代、以二大臣子息一任レ之。延喜以降此儀絶畢。近代以二臨時内給・成功・院宮二分代・大臣別給等一諸家侍任レ之。殆及二凡卑[3]一」とされている。ここでは貴族の子弟が最初に就くポストという意味はまったくない。内舎人も含めてこのころのトネリは、官人の一般的な最初の通過点という位置になく、数多くの官人ポストの一つにすぎないのであり、しかもそれは下級官人のポストとして固定化しているのである。このように、トネリという官職やそれを中心とした律令官人出身制度のあり方は、平安時代に入ると大きく変化していったといえよう。それではこうした性質の変化はいつごろから、具体的にはどのような形でおこったのであろうか。

九世紀以降の律令官人制に関する研究は深められてきたが、その中で令制トネリやそれを中心とした出身制度の問題ついては、その後のトネリの性質が明らかに変化しているにもかかわらず、ほとんど触れられてこなかった[4]。本章では従来等閑視されてきたこの点について、中下級官人層（位子階層）の出身の問題に対象を絞って検討し、律令官人制の基礎をなすこの官人組織の変質の意義について考えたいと思う。

第一節　令制下のトネリ出身制度

最初に令制のトネリ出身および官人昇進コースについて概観しておく。軍防令において、官人としての基本的な出身は次のように規定されている。

【史料1】軍防令46五位子孫条

凡五位以上子孫、年廿一以上、見無二役任一者、毎レ年京国官司、勘検知レ実。限二十二月一日一、并身送二式部一、申二太政官一。検二簡性識聡敏、儀容可レ取、充二内舎人一。三位以上子、不レ在二簡限一。以外式部随レ状充二大舎人及東宮舎人一。

【史料2】軍防令47内六位条

凡内六位以下、八位以上嫡子、年廿一以上、見無二役任一者、毎レ年京国官司、勘検知レ実。責レ状簡試、分為二三等一。儀容端正、工二於書算一、為二上等一。身材強幹、便二於弓馬一、為二中等一。身材劣弱、不レ識二文算一、為二下等一。

十二月卅日以前、上等下等、送二式部一簡試。上等為二大舎人一。下等為二使部一。中等送二兵部一、試練為二兵衛一。如不レ足者、通取二庶子一。

つまり、蔭子孫は内舎人・大舎人・東宮舎人、そして位子は京国・式部省で行われる「簡試」（および兵部省の「試練」）を通して才用が測られた上で大舎人・兵衛・使部などに配されることになっていた。ただし、ここでは東宮舎人は蔭子孫からの任用とされているが、大同元年（八〇六）六月一日の勅は、次のように位子・白丁からの採用についても言及している。

【史料3】『日本後紀』大同元年（八〇六）六月癸巳条

勅、《中略》東宮舎人者、依レ令、取下蔭子孫及位子、儀容端正、工二於書算一者上補之。而頃年乖レ令、兼取二白丁一。宜下改二此例一、一依中令条上。

実際、正倉院文書などには位子階層と思われる東宮舎人が散見する。(5) つまり実態としては、東宮舎人は蔭子孫のみならず位子からも簡試を通して採用が行われ、かつ白丁からも採られていたことがわかる。また、令には中宮舎人の採用規定はないが、東宮舎人と同様に位子階層からの任用と思われる皇后宮舎人がみられるし、(6) 後述するように、東宮舎人・中宮舎人（皇后宮舎人）は同じ時期に白丁からの採用が正式に認められるなど、以後も扱いが共通する場面が多い。したがって、八世紀において、位子は簡試を通してトネリになる場合、実際には大舎人(7)と東宮舎人、そしておそらくは中宮舎人（皇后宮舎人）に配されていたと考えられる。

このように基本的に官人の子弟は、まず内舎人・東宮舎人・中宮舎人・大舎人・兵衛など各種のトネリに振り分けられ、そしてそれぞれの場において天皇・皇太子などに近侍しつつ宿直・遣使などを勤め、あるいは諸司のもとで勤仕するなど、律令官人としての見習いを積んだ後に初めて諸官司に配された。トネリは、いわば官人養成機関として機能していたのである。[8]この制度の淵源は、天武天皇が壬申の乱後、新政権の樹立にあたり「詔二公卿大夫及諸臣連并伴造等一曰、夫初出身者、先令レ仕二大舎人一。然後、選二簡其才能一、以充二当職一[9]」として、天皇や皇子の身辺で近侍・奉仕していたトネリを官人制の基底にすえて出身制度を整備したところにあると考えられている。[10]

そしてこの出身制度のもと、蔭子孫の昇進過程は、基本的に〈トネリ→判官級〉であったのに対し、位子・白丁は〈トネリ→史生級→主典級→（まれに判官級）〉であったことが指摘されている。[11]すなわち、蔭子孫はトネリからただちに諸司四等官（以下、これら狭義の官人を「官人」と表記する）のうちの判官クラスへ進めることができたのに比べ、位子・白丁が「官人」になるためには、史生という、トネリと同じ分番クラスのポストを経なければならず、「官人」まで進めたとしても、最底辺の主典クラスからスタートしなければならなかった。まれに判官クラス以上のポストにまで進むこともあったが、そこに至るまでの下級官人としてのハードルは極めて多かったのである。

この主典・史生の職掌は、職員令によれば、それぞれ「受レ事上抄、勘二署文案一、検二出稽失一、読二申公文一」（1神祇官条）、「繕二写公文一、行二署文案一」（2太政官条）などであり、彼らは各官司の底辺部で一般行政事務を支えていた。そのために位子階層の出身に際しては、「書算」などその実務官人としての能力を問う簡試が事前に実施され、のちの史生・主典となるにふさわしい者があらかじめトネリとして選抜、プールされていたのである。その意味でもトネリは初任のポストとして位置づけられていたといえよう。

第二節　『延喜式』におけるトネリ

ところが『延喜式』の諸規定をみると、トネリやそれに関わる出身・昇進制度は、八世紀の実態とはだいぶ様子が異なる。例えば、史生の任用については次のように規定する。

【史料4】『延喜式』式部省上142把笏条

凡内外諸司史生・官掌・省掌・台掌・職掌・坊掌・寮掌・使掌・司掌《中略》以二雑色人一補之。並把笏。

【史料5】『延喜式』式部省上92雑色条

凡雑色輩、頗有下耐二書算一者上、省課試補二任諸司史生一。

つまり史生は、「雑色（人）」の中の「書算」の能力にたえる者が昇進すべき地位であるとされているのである。ここでの「雑色」については、坂本太郎氏は狭義の用法として使部・伴部を指すものとしている。[12] 式ではほかに「雑色人」と「諸宮舎人」を明確に区別する規定（後掲【史料6】）があることからみて、少なくともここではトネリが「雑色」の中核をなすとは考えられない。[13] したがって平安時代に入ると、同じ分番クラスのポストの中でも、トネリではなく諸司の使部・伴部などから史生への昇進が一般的であったと考えられる。このことは、初任のポストというトネリの基本的な性格が希薄になっていることをうかがわせる。そして実際、式にはトネリ自身について次のような規定を載せる。

【史料6】『延喜式』式部省上208諸宮舎人条

凡補二諸宮舎人一者、中宮入色一百五十人、外位一百人、白丁一百五十人。東宮入色四百人、外位一百人、白丁一百人。斎宮入色・白丁各十人。其外位随二解闕一補之。但白丁舎人未レ叙之前、無レ故不レ上之替、聴レ補二白丁一。其叙位之後、依レ病不レ上幷遷二他色一之替、以二雑色人一補之。

【史料7】『延喜式』式部省上105諸外考一選条

凡諸外考者、経二一遷一然後聴レ遷二中宮職舎人・春宮坊舎人一。《下略》

【史料8】『延喜式』春宮坊49坊舎人条

凡坊舎人六百人、〈帯刀舎人卅人在二此中一。〉取二蔭子孫及位子一。但外散位・帳内・職分位分資人一百人、随レ闕通補。又取二白丁一百人一補之後不レ補レ替。〈毎年卅人内、遷二任把笏幷諸衛府舎人一之類、並随レ闕補レ替。自余依レ理解却之輩、待レ考解補。但白丁舎人未レ叙之前、無レ故不レ上替、聴レ補二白丁一。其叙位之後、依レ病不レ上幷遷二他色一之替、以二雑色人一補之。〉並在二六百人内一。

これをみる限り、トネリの任用に際しては、「雑色人」「帳内・資人」「外位」「外考」(14)など他ポストからの異動は一般的であり、必ずしも初任のポストという位置づけでないことがあらためて確認できる。以上のように、『延喜式』においては、八世紀にみられたようなトネリを中心とした出身法・昇進コースは想定しにくい。このような八世紀と異なる様相は、以下の史料により、実態としてもうかがうことができる。

まず、白丁から東宮舎人を採用することを禁じた前掲の大同元年六月一日勅（【史料3】）に関して、その翌七月になると、

【史料9】『日本後紀』大同元年（八〇六）七月壬寅条

聴下以二白丁百人一補中東宮舎人上。永以為レ例。

として一転、その採用が正式に許されている。令制で五位以上の子・孫からなる東宮舎人において、このように

白丁からの任用を制度として認めること自体、すでに東宮舎人から「官人」への昇進ルートの縮小化が予測される。そして六年後の弘仁三年（八一二）には、その採用枠は次のように「外位」にまで拡大し、【史料6・8】でみた式制の枠組がほぼ成立する。

【史料10】『日本後紀』弘仁三年（八一二）十二月癸丑条

制、春宮坊舎人六百人、就レ中入色五百人、白丁一百人也。而入色者無レ心ニ仕官一、白丁者唯在ニ一身一。是以数年之後、駆使乏レ人。宜下五百内、取ニ外位一百人一、随レ闕補上之。

そしてここで注意されるのは、本来的な「入色」（蔭子孫・位子）以外からの任用の拡大の背景には、「入色者無レ心ニ仕官一」として彼らが仕官しない状態があったということである。そのことはやはり、トネリに在籍することが、もはや直接には「官人」への任用に結びつかなくなっている現状を示していると考えられる。そして弘仁六年（八一五）、皇后宮（職）舎人についても、

【史料11】『日本後紀』弘仁六年（八一五）十月甲辰条

制、皇后宮職舎人者、一百五十人以ニ白丁一補之。除レ此之外以ニ入色一補之。

とされており、ここからも同様な状況が想定できよう。なお、大舎人に関しては大同元年に「除ニ蔭子孫一以外、一切停レ補」[15]として位子からの採用が全面的に禁止されたが[16]、弘仁十一年（八二〇）には定員そのものが八百人から四百人へと半減され[17]、その後大舎人出身の上中級官人の実例は確認できない。

式にみられるようなトネリの変化は、こうした九世紀初めに相次いで出された施策の中にすでにうかがうことができよう。一方、トネリに代わって史生の候補者集団とみなされるようになった雑色については、何らかの制度上の変化が確認できるのだろうか。それを直接示す史料を見出すことはできないが、ここで官掌・省掌・寮掌

などの諸掌について触れておきたい。諸掌は【史料4】でみたように、史生と同じく雑色から採用されているからである。この諸掌は史生と同様に、それまで設置されていなかった諸司において九世紀の初頭から次々に新設されていったが、その中で承和十年（八四三）の主計・主税寮における寮掌の設置にあたっては、「准二勘解由使及京職一、以二雑出身人堪レ事者一補レ之」[18]とされている。この「雑出身人」は、さきにみた式の「雑色（人）」とほぼ同義とみて差し支えないので、このころすでに諸司の雑色枠が下級官人の供給母体となっていた可能性が高いだろう。なおここで前例としてあげられている京職の職掌の設置は弘仁十年（八一九）だから[19]、その出身方式がトネリの変化の時期と重なってくることに注意したい。

そして、「応下諸勘籍人経二一選一補中他色上事」とする承和十年（八四三）四月の太政官符[20]には「以二諸勘籍人一、補二諸司番上諸衛府舎人一。事是承前之例、人為二出身之府一」とみえる。すでにこの九世紀半ば当時、「出身之府」とはトネリのみを指すよりも、もっと広く使部・伴部などの「諸司番上」や兵衛・近衛などの「衛府舎人」を指すことの方が一般的だったといえよう。

第三節　位子階層の出身制度の変化

前節までに九世紀初め以降のトネリの位置づけの変化をみてきたが、この変化とは、たんにトネリが初任のポストからはずれたということだけを意味するわけではないだろう。そのことは律令官人制においてどのような意義をもつのであろうか。

式では、史生へ昇進できるポストの範囲として、トネリではなく使部などの雑色をあげていることに注意してきたが、もう一つ着目したいのが、その史生への昇進の際に彼らの書算の能力を確認している点である（【史料5】）。すなわち令制においては、位子階層の者が出身するにあたって、軍防令47内六位条（【史料2】）にもとづいて最初に「簡試」が行われることになっており、すでに書算の能力は確認済みのはずだからである。しかもその内六位条において使部とは、書算などの事務的能力もなく、弓・馬などに関する武芸をもたず、身体も丈夫でないなど、「下等」と判定された者が配されるポストとされているのである。

以上からまず想定されることは、位子階層の者が出身する際、最初に書算などの能力を試みられることなく、ただちに諸司の分番ポストに勤務するように変化していた、ということである。その場合、出身にあたってまず行われてきた内六位条の簡試は、式制のもとでどのようになっていたのであろうか。この簡試に関連して、傳田伊史氏は弘仁格式等の官人任用に関する注目すべき二つの史料を掲げそれについて見解を述べているので[21]、以下にその史料の必要部分を掲出し、氏の見解を手短にまとめた上で私見を加えたい。

一つは、史生以上の官人任用に関する天平宝字三年（七五九）六月の勅で、のちに『弘仁格』に収載されたと考えられるもの[22]である。

【史料12】『類聚三代格』巻十七。天平宝字三年（七五九）六月二十七日勅

勅、如レ聞、治国之要不レ如レ簡レ人。々レ々任レ能、民安国富。窃見二内外官人景迹一、曾無二廉恥一、《中略》其維城典訓者、叙二為レ政之規模一、著二修レ身之検括一。律令格式者、録二当今之要務一、具二庶官之綱紀一。《中略》若有下修二習仁義礼智信之善一、戒二慎貪嗔癡婬盗之悪一、兼読中前二色書上者、挙而察レ之、随レ品昇進。自今已後、除二此色一外、不レ得レ任二用史生已上一。庶令下懲レ悪勧レ善重レ名軽上レ物、普告二天下一、知二朕意一焉。

天平宝字三年六月廿七日

そしてもう一つは、『弘仁式』にみられる次の史生採用規定である。『延喜式』もほぼ同文で、さきの【史料5】の内容・儀式次第をより具体的に記したものである。

【史料13】『弘仁式』式部

試㆓補諸司史生㆒

諸司番上有㆘読㆓律令格式・維城典訓㆒幷工㆓書算㆒者㆖、省召㆓其身㆒試㆑之。《中略》訖監試之官、具録㆓其状㆒、連署為㆑記。随㆑才擢㆓用諸司史生㆒。〈試㆓図書寮雑色生㆒亦准㆑此。〉

式（【史料13】）の方は、およそ半世紀以上前に出された天平宝字三年の勅（【史料12】）の指針に沿って史生の任用次第を記したものと考えられるが、よくみると式では「律令格式」「維城典訓」の習得以外に、勅にみられない「書算」の能力もまた、史生採用の要件としてあげている。しかし内六位条によれば、史生になる前の段階ですでに書算の能力は試されているはずである。

その点について傳田氏は、『弘仁式』の時点の簡試の内容がわからないため「舎人をへて史生に昇進する場合、養老軍防令47内六位条に規定される式部省の簡試と弘仁式部式試補史生条に規定される試との制度上の関係もまた明確にしがたい」としながらも、大同期以降のトネリの任用規定から、外位・白丁を含む位子以下の者に対しては、両者のうちの「いずれかの規定、もしくは両規定により、舎人をへて史生に昇進する過程において、制度上、少なくとも一度は、一定の要件について式部省の試を課すことが規定されていたと考えるべきであろう」としている。

しかし、この一見すると二度手間にもみえるような記述も、弘仁式制と内六位条の併存を想定しなければ理解しやすくなるのではないだろうか。すなわち、式の段階では、内六位条の規定がそのまま生きているわけではなく、内六位条における簡試、それにもとづくトネリ・使部等への振り分けは、九世紀前半の『弘仁式』の奏進されたころ(23)までには、すでに行われなくなっていたと考えられるのである。(24) つまり位子階層に属する者は、内六位条の書算に関する簡試を経ずにただちに使部などの「諸司番上」に任用され、史生への昇進の段階に至ってはじめて、軍防令で規定されていた「書算」に関する能力が、「律令格式」「維城典訓」の習得度とともにみられることとなったのである。

つまり下級官人の出身・昇進コースについて、あらかじめ将来の官人にふさわしい者をトネリとして選抜し、そこで官人としての見習いを積ませたあとで諸司の史生に配する、という方式ではなく、出身者をただちに諸司の使部などの分番（番上）に就かせ、その中から事務的能力のある者については、試を課して史生以上に昇進させる、という方式に変更したことになるだろう。ちなみに選叙令24散位身才条は「凡散位、身才劣弱、不レ堪二理務一者、式部判補二諸司使部一」と規定しており、使部は場合によっては散位を吸収するなど、もともと官人の供給について弾力的な性格をもっていたと考えられる。(25)

ところで式には、出身にあたって行われる勘籍に関して次のように規定する。

【史料14】『延喜式』式部省上246位子条

凡京国毎年所レ貢位子者、勘二会籍帳一、下二其蠲符一、乃聴レ預レ考。雑色出身亦准レ此。但蔭子孫不レ在二此限一。

この史料での「位子」は、散位と同様、ポストに就かない状態で考に預かる地位を指すと考えられ、トネリ出身と同じく、八世紀からみられる出身制度上の地位の一つである。それに対して、ポストに就く場合の出身をここでは「雑色出身」とする。このようにただちに諸司の使部・伴部等の雑色（分番）からスタートする出身法は「雑色出身」と呼ばれるようになり、位子階層の出身・昇進コースの主流となっていったのである。

第四節　トネリ・使部等の職掌の変化

それでは最後に、雑色出身を主軸とした出身・昇進コースの形成によって、それぞれの分番ポストの性格・職掌がどのように変化したのかを確認しておきたい。

まずトネリのうち、大舎人についてみると、既述のように、大舎人は弘仁十年（八一九）に大幅に定員を縮小されている。しかしその前に、大同二年（八〇七）に大舎人に編入された内豎[26]が弘仁二年（八一一）に再置される[27]など、この時期、大舎人に関わる制度は紆余曲折を経ている。そのことは、これまで述べてきたような九世紀の早い段階での出身制度の改変と連動するものであることが考えられるとともに、その職掌などの役割についても変化があったことを予測させる。

『延喜式』をみると、大舎人をはじめとする諸トネリは、諸儀式での奉仕、とくに舞踏など芸能面での役割が注目されよう。例えば時服に預かる大舎人百人のうち十人は「大歌生」（中務省74諸司時服条）であった。一方、遣使などは、以前からの職務に直接由来するものと考えられる。そして同様に注意されるのが、官人が内裏の諸門から入る際、大舎人が中にいる闈司に呼びかけ、用件と官人名を伝えるという所定の作法が、諸儀式の規定の中で散見することである。これについては吉川真司氏が、かつての大王の王宮におけるトネリや宮人の奉仕形態の遺制であることを明らかにしている[28]。律令官人制に組み込まれる以前からのトネリの機能が、内裏での諸儀式の拡充・整備に伴って、クローズアップされることになったともいえよう。

以上からうかがえる平安時代の大舎人の性格には、トネリが官人制の基盤的役割から解放されることによって、トネリ固有の機能を拡張させやすくなったという部分もあるのではないだろうか。式部省上94大舎人年労条は「凡大舎人労廿年為レ限、毎年一人任二諸国史生一」とするが、この規定については、彼らの昇進や官人給与としての問題以前に、二十年間の奉仕を前提とする専従職員としての側面を重視すべきだろう[29]。

次に東宮舎人の場合はどうであろうか。九世紀以降の東宮舎人の実例は、管見の限りでは承和の変に関する『続日本後紀』承和九年（八四二）七月辛亥条の記事における伴氏永しかなく、彼はこの件により右衛門府に身柄を預けられている。ところで、この事件の首謀者の一人とされる伴健岑は、氏永とは従兄弟であり帯刀舎人の任にあった。この帯刀舎人の任用については、『日本文徳天皇実録』天安元年（八五七）六月壬申条の「令レ試二春宮坊擬帯刀舎人歩騎両射一」を初見とする帯刀試によって技能を確認されたあと、立坊のつど帯刀舎人が選考されていた。そして実際に武芸に秀でた者を重んじたということは、六国史の薨卒伝の記事や、また実際に帯刀舎人であった者に健岑を含め武門の家の出身者が多い[30]ことからもうかがうことができ、事実上、東宮の軍事力であった[31]。

そして東宮舎人と帯刀舎人との関係で注意したいのは、『延喜式』にみえる定員枠である。既出の【史料8】では「凡坊舎人六百人、〈帯刀舎人卅人在二此中一。〉」とあって、帯刀舎人の定員は東宮舎人の総数のうちに含まれているのである。このことから帯刀舎人は、基本的には東宮舎人の中から帯刀試によって選ばれた可能性が高かったのではないか。宝亀七年（七七六）に帯刀舎人が新たに創設されたことによって、東宮舎人は軍事面での役割をおさえられ、むしろ雑役について奉仕するようになったとの見方もできるであろうが、しかし一方では帯刀舎人のもつ武力の潜在的な供給母体という面もあわせもつようになったとも考えられそうである。

実際、東宮舎人さらには中宮舎人も、衛府舎人の供給源になっていたことが知られる。すなわち承和六年（八三九）の、「左近衛府言、補二近衛一事、春宮坊・皇后宮・中宮舎人、内匠・木工・雅楽寮考人等、並是内考、至レ有二才能一、府自試補。《中略》太政官処分、便二弓馬一者、因二循旧例一、本府試二補之一」とした太政官処分[32]や、東宮舎人に関する承和十四年（八四七）の「応下外考舎人卌人内遷任把笏幷補二諸衛府舎人一之類准二旧例一随レ闕逓補替上事」とする太政官符[33]などにそれがうかがえるのである。大舎人において、令制以前からもつ機能が重視されたのと同じように、東宮舎人・中宮舎人の場合も、簡試の廃止に伴う主流出身コースとしての性格の消失を契機に、警衛などの武力方面での役割を拡大させることになったと思われる。

一方、トネリ出身の衰退によって、逆に出身コースの中心となったと思われる諸司の使部・伴部は、どのように変化したのであろうか。史料が少ないため不明な部分が多いが、主流のコースになったことにより、彼らは諸司内部での史生の見習いとしての立場を強化していったと推測される。それについて例えば次のような点が指摘できる。職員令1神祇官条集解は、神祇官などのように史生を設置していない官司について、史生の職掌である「行署」をどうするかということを問題にしている。それについて古記では「凡无二史生一司者、主典行署耳也」としているのに対し、「伴」では「无二史生一司、使部直丁等行署」としている。時代の大きく異なる二つの解釈の相違は、使部のある部分が九世紀半ばごろまでには[34]、史生の職掌と共通するようになり、その見習いとしての立場に近づいていったことによる相違であるとも考えられるのである。

伴部については、本来的に専門性が高いため、その職掌に大きな変化があったとは思えない。しかし以前と比較するなら、やはり一般的な出身ポストの一つになりつつあったのかもしれない。というのも、従来は負名氏から任用していたいくつかの伴部が、周知のように特定の氏以外からも任用されるようになってきたからである[35]。八世紀においては伴部を経由して史生以上の官人に進むコースが存在したと考えられるから[36]、そうしたコースが継続しているとすれば、伴部もまた下級官人層の出身の際の一般的な選択肢の一つとなったであろう。なお、伴部については九世紀後半の実例で、諸司自身の採用のあと、その通知を受けて式部省が正式に官人登録をしていたことが知られており[37]、雑色出身の場合、実質的に諸司の裁量で採用が行われることが基本になったと思われる。
またここでは取り上げなかったが、雑色出身の拡大の一方で、大学寮を通しての出身についても平安初期以降、整備されつつあった。絶対数としては少なかったであろうが、中下級官人にとって有力な出身コースの一つとして拡充していったといえる[38]。いずれにせよ、九世紀の早い段階で、それまで一律に適用されていた簡試を通じてのトネリ出身が廃されることにより、官人候補者をまず一律にトネリへ送り、見習いを積ませるという天武朝以来の律令官人制の基本的な発想は、最終的には消滅したということになるだろう[39]。

おわりに

本章の検討において明らかにしたのは、①『延喜式』においては、令制下の官人制の基盤にあったトネリを中心とした出身・昇進制度のあり方はすでにみられず、その変化の端緒は、九世紀の初めにまでさかのぼること。②そうした変化の最大の制度的転機として、軍防令内六位条における「簡試」の廃止が考えられること。③その廃止以降、トネリのもつ官人供給母体としての性格は大きく失われ、下級官人層については諸司ごとに官人を採用する「雑色出身」が主体となったこと。④その結果、トネリはそれが本来的にもつ固有の機能が拡大され、専従的な性格の強い下級官人ポストの一つになったこと、などである。

制度としてみた場合、天武朝以来のトネリ像の転換という意味において、九世紀前半の内六位条の簡試の廃止は重要な施策であると考える。ではなぜ九世紀に入ってから、このように諸司の裁量を重視するような形での制度の変更が行われたのであろうか。そのことは、同時期以降に顕著になる律令官人制の改変に関する政策全体の中で考えてゆく必要があるだろう。

註

（1）選叙令集解30秀才出身条所引延暦二十一年（八〇二）六月八日太政官奏、『類聚三代格』巻五、弘仁四年（八一三）三月二十六日太政官符参照。

（2）とくに蔭子孫については、大学寮に在学中でも二十一歳以上になると自動的にトネリなどに配されることが令に規定されている（学令21被解退条）。

（3）『官職秘鈔』下（『群書類従』第五輯）。

（4）わずかに古谷紋子「律令官人の出身としてのトネリ―内舎人と内豎―」（『日本社会史研究』四二、一九九七年）が内舎人について言及している。

（5）例えば、天平十九年（七四七）に少初位上の「春宮舎人」（『大日本古文書』九―四四八）としてみえる阿刀酒主は、その後、造東大寺司の史生（同一〇―六〇八）・主典（同四―三九四）というコースをたどり、位階も従六位上（同五―三八二）にとどまったとみられることなどを勘案すると、蔭子孫とは考えにくい。

（6）例えば、天平二十年（七四八）に無位の「皇后宮職舎人」（『大日本古文書』一〇―三三八）としてみえる下道主の官歴は、天平宝字六年（七六二）の散位従八位上の時点で「労劇廿三歳（紫微中台舎人十八年、散位寮五年）」（同五―二七四）であり、蔭子孫の官歴と考えにくく、また最終的に確認できる位階も正六位上である（延暦六年（七八七）六月二十六日珍財帳（『平安遺文』八―四二八五））。

（7）ただし後述するように、『類聚三代格』巻四、大同元年（八〇六）十二月四日太政官符によれば、同年以降、大舎人は蔭子孫のみからの任用となる。

（8）井上薫「トネリ制度の一考察―大舎人・坊舎人・宮舎人・職舎人―」（『日本古代の政治と宗教』吉川弘文館、一九六一年、初出は一九六〇年）。

（9）『日本書紀』天武二年（六七三）五月乙酉条。

（10）荒木敏夫『日本古代の皇太子』（吉川弘文館、一九八五年）は、大化前代のトネリと天皇・皇子との臣従関係は強く、壬申の乱の経験を通じてそのことを重視した天武が、その臣従関係を官人としての必須の要件とするため、天武朝の初期の段階で大舎人制を創案したとする。

（11）土田直鎮「奈良時代に於ける舎人の任用と昇進」「奈良時代に於ける律令官制の衰頽に関する一研究」（『奈良平安時代史研究』吉川弘文館、一九九二年、前者の初出は一九五〇年、後者は未発表）、野村忠夫「官人諸階層の基本構成―その実態的な分析―」（『律令官人制の研究』増訂版、吉川弘文館、一九七〇年、初出は一九六〇年）。

（12）坂本太郎「古代における雑色人の意義について」（『坂本太郎著作集』七、吉川弘文館、一九八九年、初出は一九五二年）。

（13）式における狭義の用法以外にも、『類聚三代格』巻十二・十七所収の延暦十六年（七九七）四月二十三日太政官符に、「其殯宮御膳誄人長、及年終奉幣諸陵使者、普択二所司及左右大舎人雑色人等一充レ之」とあるように、トネリと「雑色（人）」を区別する例がみられる。

（14）【史料6・7】にみえる「外位」「外考」は、対応する【史料8】からみて帳内・資人が中心であったと思われる。三善清行「意見十二箇条」には「近古諸家、一得二資人一、無二復改補一。而比年補二資人一後、即遷二転三宮及諸司内考一、重復改請」（「三宮」は前後の文意から三宮舎人と解せられる）とあり、当時こうした異動は一般的に行われていた。もっとも八世紀にも、〈位分資人→中宮舎人〉という例もみえ（『大日本古文書』三―一五〇）、以前に〈他の官職→トネリ〉という例はなかったとはいえないが、式では多数の定員枠を設けるほど一般化していることを重視したい。

（15）前掲註（7）史料。

（16）こうした蔭子孫に限る任用がいつまで続いたかはわからないが、後掲の『延喜式』式部省上94大舎人年労条には「凡大舎人労廿年為レ限、毎年一人任二諸国史生一」とあって、すでに蔭子孫のためのポストという様子はうかがえない。後述する九世紀の初めの大舎人に関する制度改正を経て、早くから位子階層を中心とするポストへと戻っていたのであろう。

(17)『類聚三代格』巻四、弘仁十一年（八二〇）四月二十一日太政官符。

(18)『続日本後紀』承和十年（八四三）六月甲子条。ただし承和八年十二月辛卯条にも、二寮掌の設置記事を載せる。

(19)『類聚三代格』巻四、弘仁十年（八一九）十一月五日太政官符。なお同官符では「雑出身人」ではなく「入色人」と表記している。

(20)『類聚三代格』巻四、承和十年（八四三）四月十九日太政官符。『続日本後紀』同日条にもほぼ同様の記事を載せる。

(21) 傳田伊史「弘仁格式における官人任用制について」（『延喜式研究』四、一九九〇年）。

(22)『弘仁格抄』巻第二、式部上、勅（天平宝字三年六月廿七日）。

(23)『弘仁式』が撰進されたのは弘仁十一年（八二〇）だが、その後も改訂され続け、最終的に施行されたのは承和七年（八四〇）であった。

(24) すでにみた大同元年（八〇六）六月一日勅（【史料3】）の段階では、令に規定する「簡試」がまだ行われていたと考えられるから、簡試の廃止はそれ以降、承和年間までの間と推定される。

(25) なお、同条集解の穴記は「補二伴部一亦聴也」とも述べ、伴部もまたそうした性格があったことを示唆する。

(26)『日本後紀』大同二年（八〇七）十月己巳条。

(27)『類聚符宣抄』第十、弘仁二年（八一一）正月五日宣旨、『日本後紀』弘仁二年（八一一）正月庚子条。

(28) 吉川真司「律令国家の女官」（『律令官僚制の研究』塙書房、一九九八年、初出は一九九〇年）。

(29) この大舎人労に関する後継文書は、「四所籍」の文書として『大間成文抄』第三などに院政期の実例が掲載されている。時代が大幅に下るので参考程度にしかならないが、それによれば、実際に任用（ここでは諸国主典）の対象となる一労は、三十年以上の勤務が普通である。

(30) 承和の変において七月十七日に兵杖を解かれた伴甲雄・伴武守も氏永・健岑と同族と思われるが、この甲雄もやはり帯刀舎人であった（武守は右近衛将曹）。

(31) 笹山晴生「春宮坊帯刀舎人の研究」（『日本古代衛府制度の研究』東京大学出版会、一九八五年、初出は一九七二年）。

(32)『続日本後紀』承和六年（八三九）八月庚戌条。

(33)『類聚三代格』巻四、承和十四年（八四七）二月十四日太政官符。

(34)「伴」は伴宗に比定されるが、彼は嘉祥元年（八四八）に大判事に任じられ、翌二年には明法博士を兼ね、斉衡二年（八五五）正月に卒している。布施弥平治『明法道の研究』（新生社、一九六六年）参照。

(35)『延喜式』式部省上211伴部条・兵部省35門部条、あるいは『日本三代実録』元慶六年（八八二）十二月癸亥条に「異姓」「他氏」からの任用を認めるようになった様子がうかがえる。

(36) 天平十年（七三八）官人歴名の「蔵部无位土師宿禰吉人」（『大日本古文書』二四―八六）は、天平二十年（七四八）以降、皇后宮少属とみえる（『大日本古文書』三―一一一など）。また負名氏が中心を占める伴部の場合、通常は所属する官司内で昇進したものと思われる（阿部武彦「負名氏と律令官人制」『日本古代の氏族と祭祀』吉川弘文館、一九八四年、初出は一九六三年参照）。

(37)『日本三代実録』元慶六年（八八二）十二月癸亥条、『延喜式』式部省上218修理職条。なおこの点については、本書第Ⅱ部第二章参照。

(38) すでに延暦年間から、秀才・明経試における得第の範囲が引き下げられる（選叙令集解30秀才出身条所引延暦二十一年（八〇二）六月八日太政官奏）など、課試制度の整備も当時から進められていた。そして弘仁四年（八一三）には、明法生に関して、課試に及第しなくても一定の条件で国博士に任用する措置がとられ（『類聚三代格』巻五、弘仁四年三月二十六日太政官符）、国博士の任用年齢制限も天長元年（八二四）には撤廃された（同天長元年八月十六日太政官符）。そして同七年には一部の国博士・医師の任用について「大学典薬生等、年卅一以上不レ耐レ遂レ業者、自今以後、課二試白読一補二上件十一箇国博士医師一」（同天長七年十一月十五日太政官符）という措置までとられている。

(39) 位子階層とは時期がずれるものの、蔭子孫階層におけるトネリの位置づけについても事情は同じであった。すなわち、本章冒頭で触れたように大臣子弟の内舎人任用は「延喜以降此儀絶畢」なのであり、実際に『公卿補任』では、寛平四年（八九二）に内舎人となった藤原定方（延喜九年条）を最後に、公卿の官歴記載から内舎人は姿を消す。なお、衛府のトネリについては、本府判官以下の下級官職の供給母体としての性格について、大きな変化はなかったようである。例えば、『日本後紀』延暦二十四年（八〇五）二月庚戌条の住吉綱主の卒伝によれば、綱主は近衛（舎人）から始まって近衛将曹、近衛将監、そして近衛少将まで歴任しているが、のちの『寛平御遺誡』にも、近年の近衛将監の叙爵に関して「始レ自二舎人一至二判官一者、積二四五十年一、殆難レ待二其運一」とあり、上級官人へ進む道こそ狭くなりつつも、底辺部分での出身・昇進コースに変化はない様子がうかがえる。実際、古記録等をみても、舎人から番長、府生、そして将曹へと進むコースは一般的である。しかし他方で、『延喜式』兵部省34近衛兵衛条では「凡近衛・兵衛者、本府簡試。省幷式部位子・留省・勲位等便習二弓馬一者、奏聞補之」として、任用の試は兵部省ではなく衛府自身が行うように変化していたこと、つまり雑色出身の一つを構成していたことに注意したい。

第二章　官人代の成立

はじめに

平安時代になると、「――代」と称するポストが史料上に頻出するようになる。[1]その中で、令制ないしはそれに相当する諸司の底辺部に置かれたのが諸司官人代であった。[2]官人代は、文字通り、四等官などの「官人」（以下、これら狭義の官人を「官人」と表記する）に準じる地位にあったと考えられる。これらは幅広い官司にわたって設置が確認できるのだが、その登場は十世紀に入ってからである。そして一世紀ほどの間に、急速にその地位を確立していったとみられる。なぜこの時期に、広く諸司の底辺部に官人代というポストが成立したのであろうか。

ところで、平安時代以降、六位以下の下級官人が、諸司と諸家（あるいは両者）へ帰属してゆくことが指摘されている。[3]諸家への帰属については、年給制度などを基盤に展開してゆくと考えられ、その方面の研究の蓄積があるが、それに対して諸司への帰属のあり方に関しては具体的な指摘が少ない。十世紀に入ってから登場し、遅くとも十世紀末には、自らが所属する官司の主典に「悉以転任」[4]できる地位となっていた官人代の成立について考えることは、当該期の諸司における官人帰属のあり方、ひいては官司・官人制そのもののあり方の問題について、一つの視角を与えることになると思われる。そこで本章では、その点に留意しながら、官人代の成立という問題について考察を加えたい。

第一節　諸史料にみえる官人代とその性格

諸司ポストの欠員について、諸司自身が任用候補者を申請する請奏（諸司奏）には、その官司の官人代を主典として昇進させることを請うものがしばしばみられる。そこには「為二諸司官人代一之者、依二年労恪勤一、転二任属一者、古今之恒典也[5]」などの語句が慣用的に用いられるように、官人代は、年労等の実績によって官司内部で「官人」に昇進できるなど、比較的安定した地位にあった。そしてこうした地位は、平安時代を通して基本的に変わりはない。平安時代において官人代のポストが確認できる官司を【表1】にあげておく。

そこにみえるように、判明する限りにおいても、設置官司の幅は極めて広いといえよう。それでは、官人代の職掌とはどのようなものであったのだろうか。幅広い官司に共通して置かれていたという点、主典へ昇進する可能性のある点、そして後述するように、本来的には諸司の雑任に近い身分であるという点などからみると、類似のポストとして史生があげられる。

史生には、諸司共通の職掌として「繕二写公文一[6]」という文書事務的な職務がある。それを念頭に置いた場合、大蔵省の官人代から同少録への昇進を申請する永久二年（一一一四）正月二十日大蔵省請奏[7]の「謹検二案内一、任二当省底一、有二年労一之者、転二任少録一者、古今之例也」の記載が注意される。ここにみえる「底」とは、諸司における文書案の書写・保管などを行う実務部門と考えられ[8]、十世紀初頭段階における式部省の「省底」の実例においては、史生や書生が構成員であったことが知られている[9]。したがって官人代と史生とでは、文書事務的な方面で共通する職掌があったとみられる[10]。

ところで、大炊寮の管轄する供御院に関して、『西宮記』には「以二史生一為レ預」[11]とみえ、大炊寮の史生が「預」になるとされている。しかし、この供御院預について、十一世紀初頭以降の実例によれば、それは官人代をもって充てていた[12]。つまりここでは、職掌面での共通性から、官人代が史生に代わりうる立場でもあったことがうかがえよう[13]。

しかし一方で、史生に対して官人代には、諸司固有の職掌に密着した部分がより強いようにみえる。例えば、主殿寮の官人代について、「朝擁レ箒趨レ霜、暮秉レ燭載レ星」[14]ということが請奏の中で主張されているのはその一例である。また、諸道出身者が官人代のポストに就いていたとみられる例も散見する。例えば、主計寮の官人代からは、主計少属ばかりでなく主計算師への昇進も知られるが[15]、これは明らかに算道出身の官人代といえる。また大治四年（一一二九）の「遠江国質侶荘立券文案」[16]に「御使」としてみえる「公文主計官人代」も、算道出身の官人代であろう。医道についても、十二世紀前半に成立したとされる『秋玉秘抄』に「医道挙。〈当所官人代、以二其労一転上者如レ此注歟。可レ尋。〉」[17]とみえるが、このケースも同様に考えてよいであろう。また、木工寮においても、官人代が実際の作事等に携わっていたようである[18]。基本的に官人代は、諸司からの請奏により、諸司内部で昇進するのであり、本来的には諸司固有の（文書事務を含む）実務を担う者として位置づけられていたと思われる。

そして、官人代から主典への昇進までの時間も、極端な場合は「居二当職一者、不レ歴二幾年一皆載二朝恩一、雖レ至二晩者一不レ過二三四年一[19]」なのであり、こうなると「官

【表1】　平安時代において官人代の設置がみられる官司

区　分	官　司　名
官	神祇
省	宮内・中務・大蔵・民部
職	大膳・左京・右京・修理
寮	図書・内蔵・大学・諸陵・主計・主税・木工・大炊・主殿・掃部・左馬
司	織部・正親・造酒・主水・東市・西市
衛府	右衛門
その他	大宰府

人」たる主典とほとんど一体化しているようにもみえる。このような昇進ルートは、冒頭で触れたように、十世紀末にはすでに確立していた。すなわち、永延三年（九八九）五月十七日宣旨[20]には、官人代について「称二諸司官人代一者、依二本司請奏一、悉以転任」とみえるからである。以上のことをあわせてみるなら、官人代とは、まさに主典クラスの「官人」に「代」わることができる地位といえよう。彼らは、必要とされる官司ごとに弾力的に設置され、主典クラスの実務官人を補佐しつつ、それぞれの官司の実情に応じた職務に従事していたのであろう。

しかし、このような諸司の官人代の位置づけが、官人制システムの中で明確になるのは、十世紀も半ばを過ぎてからとみられる。というのも、内豎所内の組織名改称に関わる著名な承平六年（九三六）四月三日内豎所請奏[21]には、次のようにみえるからである。

内豎所

請下重蒙二処分一因二准進物所・校書殿等例一改二官人代号一為中執事職上状

右謹検二案内一、件所頭官人代各六員也。其号雖レ異、勤公是同。供二奉節会一、勤二仕殿上役一。又臨時奉二蔵人所仰一、趁二陣頭官中之召一。如レ此之勤、曾無二差別一。而諸司往々以二雑色人等一、私号二官人代一。彼此雖レ異、名号一同。仍不レ案二事情一之輩、以為二卑賤之職一。於レ是競進之輩漸稀、繁劇之勤殆闕。方今所在官人代内蔵遠兼・村主実茂、頃月依レ有二身病一、不レ勤二見仕一。遠兼独兼二仕厨家幷日給事一。一身之勤、已在二両端一。雑役繁多之間、公事可レ怠。是依二人々不レ進レ職之不満一也。因レ茲注二具由一、言上先了。重望特蒙二鴻恩一、因二准進物所・校書殿等例一、改二官人代号一為二執事職一。然則出仕之人励二勤王之節一、拝官之輩知二奉公之貴一。仍勒二事状一、謹請二　処分一。

承平六年四月三日　　官人代村主

内蔵遠兼
頭　上毛野公房
内蔵
橘忠胤
嶋田公忠
惟原保尚
別当大蔵大丞吉野滋春

この請奏は裁可され、以後、内豎所の官人代は、他の所と同様に「執事」と改称されることになったが、ここでは、当時すでに諸司の間で官人代という地位が広く成立していたこととともに、「諸司往々以二雑色人等一私号二官人代一」していたとする点に注意したい。つまり十世紀前半のこの時点で、諸司の「官人代」とは、諸司が雑色人等の一部に対して「私」につけていた名称でもあり、内豎所としては、そうした諸司雑色と紛らわしいので避けたい名称なのである。

それに対して、すでにみてきた十世紀末以降の官人代のあり方などは、私的な名称・地位としてとらえることはできないだろう。任用手続きに関しても、永延二年（九八八）には、大膳職の官人代任用に関する次のような上宣の宣旨[22]も確認できる。

左中弁藤原朝臣在国伝宣、左大臣宣、正六位上穴太村主道忠宜レ為二大膳職官人代一者。
永延二年四月十三日　　左大史多米宿禰国平奉

『西宮記』には官人代の任用について、「宣旨官人代。〈蔵人以二内侍宣一仰。或有二官宣一。〉[23]」との記載がみえるが、この「官宣」の実例が右の宣旨とみてよいであろう[24]。このように、十世紀終わりごろの段階における任用のあり方も、承平六年の内豎所請奏で指摘されるような私的な性格は見出しがたい。既述のように、永延三年にはすでに諸司において〈官人代→主典〉という昇進コースが確立しており、しかもその昇進を「転任」と称していたから、官人制の人事システムの上でも、十世紀末までに官人代は確固たる位置を占めていたといえよう。なお、諸司個別の官人代の初見は、天暦八年（九五四）「秦阿禰子家地売券[25]」の中の保証刀禰の署名の「神祇官人代正六位上賀茂県主貞則」であり、それが私称でないとすれば、官人代は、十世紀半ばにはすでに官人組織全体の中で一定の地位を確立していた可能性もある。

ところで、諸司官人代の呼称は、九世紀段階ではまったくみられない。そもそも承平六年（九三六）になってから内豎所が「官人代」の呼称を問題にするのだから、諸司官人代の登場の時期も、承平年間をそれほどさかのぼるものではないだろう[26]。しかし、承平六年段階ではすでに広く諸司に置かれており、さらに十世紀後半の間に急速にその地位を確立していったのである。その点を確認した上で、次節以下、官人代成立の背景について検討してゆきたい。

第二節　才伎長上任用にみる十世紀の諸司と雑任層

まず、さきの承平六年の内豎所請奏において、当時、官人代とは、諸司が「雑色人等」に対して、「私」に与えていた名称である点にあらためて着目したい。この史料でいう「雑色人等」の中には、諸司の史生・使部・伴部など既存の令制的な雑任（分番）ポストにすでに就いている者がいて、当初はそれらを含めて官司内で私的に「官人代」と呼んでいた可能性もある。しかし、のちの史料にみえる官人代が、令制的なポストを帯びた上で任じられる「別当」「預」のような地位でないことは明らかである。そこで、官人代の成立事情を考えるため、十世紀段階において、雑任層が令制的ポストをまったく帯びないまま、諸司所属の人員として一定の役割を与えられ、さらに「官人」身分に昇進するようなこともありえたのか、ということを検討しておく必要があると思われる。

その点に関し、才伎長上のポストと、その下部に位置すると思われる雑任層が、検討の素材になりうると考える。というのも、才伎長上は技術系官人ではあるが、諸司四等官と同じ狭義の「官人」の範疇にあり、十世紀における才伎長上任用に関する史料が『類聚符宣抄』第七にまとまって存在し、かつ「――代」と呼ばれる実例がのちに登場するなど、官人代と共通する部分があるからである。

この「――代」の付く実例とは、いわゆる「七条令解」の一部に保証刀禰の肩書としてみられるものである。すなわち、十世紀の終わりごろの天元二年（九七九）十月二日、および正暦四年（九九三）六月二十日の解にみえる「内匠長上代」がそれである。[27]実例が少ないのであるが、その名称から、彼らが官人代と同様に長上（＝「官人」）につぐ地位にあり、かつ長上へと昇進してゆくのが一般的であった可能性が高いと思われる。というのも、このような四等官・才伎長上と同じ狭義の「官人」である品官に関しても、「――代」とするポストが確認できるが、それも「――代」から品官に昇進するのが一般的だったとみられるからである。[28]

そこで、『類聚符宣抄』第七にみえる史料群の検討に移りたい。ここには、太政官から式部省へ、才伎長上の任命を伝達する太政官符が複数収載されている。それらは、基本的に諸司からの申請（解）を受けて太政官がその任用を式部省に命じたものであり、官符にはその申請が引用されていることが多い。そこでその内容を子細にみると、才伎長上としてあげられた候補者の中には、「近衛」「工長」などの令制、あるいはそれに準じる肩書をも

【表2】　位階以外の身分表示をもたない才伎長上任用候補者

№.	年　代	申請宮司	身分表示	任じられたポスト
1	延喜13（913）	（記載ナシ）	従七位下大宅臣安直	権挑文師
2	天暦4（950）	修理職	従八位下清宗宿禰忠孝	焼石灰長上
3	天暦5（951）	図書寮（美濃国）	従七位上阿曇兼遠	造色紙長上
4	康保4（967）	修理職	従七位上公連氏吉 従七位上清世吉世 従七位上新連近助	長上 轆轤長上 長上

つ者がいる一方で、位階以外の身分表示などをまったくもたない者が[29]、四つの史料に計六名ほどみられるのである。太政官符、とくに人事に関する官符という史料の性質上、身分表示をここだけ略していたとは考えにくい。それらを一覧にしたのが【表2】である。

これらの史料の中には、諸司所属の身分表示がないにもかかわらず、任用事由について「才能頗長、年労又積」と主張するものもある（№.4）。つまり諸司が被任用者の「才能」とともに、従前からのその官司への勤続による「年労」をもって昇進を申請していることをうかがわせるケースもあるのである。同様に「箕裘継レ業、職掌可レ堪」として、父祖の「業」を継承し、すでに長上と同一の職務に従事していると想定されるケース（№.2）もある。こうした場合、彼らは官符に記載できるような公的な所属表示をもたないまま、諸司において奉仕していたことになる。

ところで、これらの実例の中で、例えば織部司の挑文師の任用の場合（№.1）を考えると、令制では本来、挑文師の下に分番（番上）の「挑文生」がいたことに注意したい。もっとも「挑文生」は『延喜式』のころまでには、「織手」（『延喜式』中務省74諸司時服条）と称されるようになっており、以後は「織手」の名称として史料上に散見する。したがって、【表2】にみえる候補者は、「織手」以外の、正式な肩書をもたない技術者ということになる。通常、長上の「――師」は番上の「――生」から昇進するのが一般的である[30]。つまりこの史料から、官司内に既存の令制的なポストが設置されていたとしても、それとは別に、公的な所属表示をもたない者を才伎長上に任用する場合もあったことがうかがえよう。

また、修理職の実例（No.4）からも同じことが考えられる。実は『類聚符宣抄』第七には、職掌・組織上、修理職に近い木工寮の才伎長上の任用に関しても、長保元年（九九九）の太政官符を収載している。[31]そこでは、木工寮が「工長」の肩書をもつ者を「木工長上」に申請し裁可されている。木工寮「工長」の実例は、ほかに美濃国分寺損色使派遣を美濃国に通達する寛弘元年（一〇〇四）の官宣旨にみられ、[32]そこでは「木工少属」「算師」「長上」の下位に「工長」が置かれている。木工寮には番上工に近い「工部」（『延喜式』中務省74諸司時服条）がおり、「工長」は長上工と番上工の中間に位置していたとみられるから、[33]番上工・伴部の最上位者である「工長」から長上工が選ばれたことになり、『類聚符宣抄』の木工寮の実例の場合は一般的な工人の昇進形態を示している。一方、ここで問題としている修理職でも、才伎長上の下にやはり「工部」（『延喜式』中務省74諸司時服条）がある。しかし【表2】の実例によれば、「工長」「工部」などのような肩書をまったくもたない者も、長上への昇進を可能にしていたのである。

このように、才伎長上のもとに令制的な雑任（分番）ポストがあるにもかかわらず、各官司ではそれとは別に独自に組織化したとみられる者を才伎長上＝「官人」のすぐ下に位置づける場合があったのである。そしてそのような立場における「年労」と、それに見合う「官人」への昇進が、官人制の中で認められていたのである。もちろん、十世紀以前に、公的な所属表示をもたないまま諸司に属していた者がいなかったというわけではない。しかし、令制的ポストを差し置き、直接「官人」身分につながる地位としては想定しにくいであろう。

このように十世紀には、令制的ポストを帯びていなくとも、所属官司において実質的な奉仕を遂行すること自体が「官人」への昇進につながるという条件が、少なくとも技術系官人に関しては整っていた。そして彼らは、正式には位階以外の身分表示をもたなかったものの、官司内では一定の呼称があった可能性もあるだろう。おそらく、こうしたことを背景に、さきの「内匠長上代」などのような地位が成立し、十世紀後半までにそれが公称化されてゆくのではないだろうか。

以上、十世紀の才伎長上の任用実例から、当該期においては、「官人」のポストに就くために、令制的な地位が必ずしも必要でないことをみてきた。令制的な身分表示・勤務体系に関係なく、諸司にとって必要な実質的な奉仕こそが、「官人」任用にあたって重視され、それが制度の中に組み込まれていたと考えられる。とするならば、各官司の底辺部において、初期の官人代のような私的な枠組が登場し、さらにそれが十世紀を通して官人制システムの中にポストとして定着してゆくことの前提として、こうした環境がすでに形成されていたことに留意すべきではないだろうか。しかしそれに対して、九世紀段階における諸司雑任層の帰属に関する状況は、だいぶ異なっていたようにもみえる。そこで次に、九世紀における諸司と、そこに所属する雑任層との関係について考えてみたい。

第三節　九世紀における諸司と雑任層

九世紀における諸司と、そこに所属する雑任層との関係、とくにそこで生じている問題点について考えた場合、勘解由使内の職員構成を変更した元慶五年（八八一）十一月二十七日の太政官符[34]が注目される。

太政官符

応㆘省㆓除書生二人㆒加㆗置史生二人㆖事

右得二勘解由使解一偁、書生十三人依レ式勘籍、役二使其身一。而所司曾不二勘籍一、弥二歴数年一。因レ茲前補者愁二課役一而帰二本郷一、新補者懲二前人一而無二進仕一。局中之事自致二擁滞一。伏検二事意一、書生永損二課役之数一、同預二百度之例一。史生雖レ有二把笏之名一、而有レ無二勘籍之煩一。至レ充二公役一、彼此一般。望請、省二除書生四人一、加二置史生四人一。謹請二　官裁一者。従二位行大納言兼左近衛大将源朝臣多宣、奉　レ勅、宜二二人依レ請。

元慶五年十一月廿七日

この官符から、ある者が勘解由使の書生として採用されたとしても、「所司」が勘籍しないことにより、なかなか課役免除の対象とならない当時の状況が知られる。ここでいう「所司」とは、『延喜式』民部省上88雑色人勘籍条に「凡雑色人等応二勘籍一者、式部・治部・兵部具注二夾名一申レ官。官下レ省訖、三省先遣二史生一告下可二勘籍一之状上。即丞録各一人相共対勘、訖更造二解文一、同署申レ官」とあるように、式部省と民部省とみてよい。ではなぜこのような状態が生じているのだろうか。

九世紀に設置された諸司の書生は、その任用選考について、式部省が関与しない方向性にあった。[35]『延喜式』には、雑任クラスのポストへの任用が、諸司から式部・兵部省への通知にもとづいて行われることを示す記事が散見し、後述するように実際にそれは行われていた。天長五年（八二八）に設置された勘解由使書生も、任用にあたって「不レ歴二省試一」[36]とされていたから、被任用者は勘解由使自身の裁量で決定され、式部省はその結果のみを受け入れていたと考えてよい。したがって、式部省がその任用通知を受けたとしても、もし省が勘籍の手続きを進めようとしなければ、被任用者は諸司で事実上任用されているにもかかわらず、課役を免除されることはない。そして、『延喜式』に「凡京国毎年所レ貢位子者、勘二会籍帳一、下二其鐲符一、乃聴レ預レ考。雑色出身亦准レ此。但蔭子孫不レ在二此限一」（式部省上246位子条）とみえるように、勘籍が進まない限り考課の対象にもならないのである。

さて、「所司」が勘籍手続きをしない理由に関しては、三善清行「意見十二箇条」の資人任用に関する記事が参考になる。すなわち、「於レ是三省史生書生等、因レ縁為レ奸、或不レ触二本主一、不レ依二国解一、偽称二勘籍一、猥載二季符一[37]」とあるように、式部省等の実務官人による作為がまず想定される。しかし、そうした式部省自身の恣意的な動きのほかに、例えば貞観九年（八六七）に、それまで官人を多く輩出してきた近江・丹波国について、課役免除の対象となる「蠲符雑色人数」を、国ごとに一定の人員枠に収めたこと[38]なども関係しそうである。

周知のように、『延喜式』民部省上94雑色人数条においては、国のランクごとに、式部・兵部・治部省が管轄する勘籍人の定数が決められている。したがって、諸司で欠員が出るごとに、諸司自身が補充採用したとしても、必ずしもその身分表示に対応する課役免除や考課が、ただちに受けられるとは限らないという状況は、この貞観九年以降もさらに進行していたことが予測されるのである。そしてこうしたことが常態化すれば、その不一致自体が公認化されかねない。実際、賦役令19舎人史生条で「免課役」とされる伴部の一つである膳部について、『延喜式』には「凡膳部労十年已上者、隔二三年一一人預二勘籍例一」（内膳司55膳部労条）とみえる。つまり、膳部の地位に就いたとしても、十年以上の勤続を経てようやく勘籍の例に預かる「資格」が得られるだけで、ポストそのものに確実な身分保障が伴わないのである。また同式にみえる「勘解由使勘籍書生」（式部省上207遷他色条）の呼称からは、まさに未だ勘籍を経ていない勘解由使書生の存在も推測できよう。

九世紀以降、諸司の雑任ポストにおいては、本来的には式部判補のものであっても、既述のように式部省が関与しない任用の拡大が進んでいる[39]。しかし、官人としての勘籍・考課については、式部省と民部省による把握・管理を必要とする令制システムが存在することに変わりはない。こうした中で、九世紀以降の勘籍人増加に対する方策を、国ごとで把握する勘籍人数の制限という方向で進めたことなどにより、身分表示とそれに対応する処遇との不一致は、いっそう拡大したと考えられる。そして、既述の『延喜式』の記載は、すでにそうした不一致自体を是認しているのである。元慶五年官符にみられる勘解由使書生の問題は、勘解由使だけの問題でなく、当時の律令官人制システムの構造的な問題ということができるだろう。

また、元慶五年の官符が出されたのとほぼ同じころ、主殿寮においては、次のような問題が生じていた(40)。

聴㆘主殿寮殿部十人以㆓異姓入色㆒加㆗補其闕㆖。先㆑是、宮内省言、主殿寮申請、検㆓職員令㆒、殿部卌人以㆓日置・子部・車持・笠取・鴨五姓人㆒為㆑之。今或氏挙㆑家絶滅、或氏無㆑心㆓直寮㆒。因㆑茲差㆓役雑事㆒、常煩㆓人乏㆒。為㆑済㆓公事㆒、仮補㆓異姓㆒、功積労成、移㆓式部省㆒。而称㆑不㆑載㆓考帳㆒、常事㆓勘却㆒。望請承和六年八月十四日補異姓白丁五人之外、充㆓補十人㆒、其遺廿五人、待㆓五姓人㆒以補㆑之。従㆑之。

この史料は、平安時代における負名氏の実態を示すものとして知られているが、ここでは、さきの史料と同じように、諸司自身が実質的に官人を任用し、式部省に「移」するが、省はこれを認めていない点を確認しておきたい。もっとも、ここで式部省が任用を拒否したのは、彼らが「入色」ではないという正当な理由によるのだろう。しかし、注意したいのは、式部省で正式に任用が認められる以前に、彼らは正式な殿部と同様に「公事」を果たしており、その奉仕もやはり本司内では「功」「労」として位置づけられていたことである。

このように、九世紀後半もまた、諸司底辺部の運営は、令制的な地位をもたない者の奉仕によって支えられる部分があったことがうかがえよう。しかし、その身分保障などに関しては、必ずしも制度的な裏づけを伴うものではなく、彼らにとってそれは不安定な立場であった。また諸司自身においても、官司運営上の必要人員の確保については、すでにみてきたように、個別に対応策をとらざるをえなかった。そうした点で、九世紀の諸司底辺部の実情は、前節でみたような十世紀の諸司のそれとはやや異なっていたと推測されるのである。

第四節　諸司雑任層の再編と官人代の成立

では、十世紀にみられたような雑任層の諸司への帰属のあり方は、なぜ形成されたのであろうか。そのことを考える上で、次の承平五年（九三五）六月十三日の太政官符(41)は、見逃すことのできない内容を含むと思われる。

太政官符民部省
応レ免二除弾正少疏大初位下阿蘇公広遠輸一レ調事
右得二彼台承平二年七月廿三日解状一偁、広遠牒状偁、広遠讃岐国大内郡白鳥郷戸主阿蘇豊茂戸口也。出レ自二法曹一、任二於見職一。而身帯二初位一、未レ免二課調一。謹検二令条一、初位長上免二課役一者。今検二案内一、式部省、去延長四年以来不レ造二進季帳一。若依二先例一、待二季帳一者、蠲符到レ国、将期二何年一。謹検二去延長四年五月廿七日官符一偁、阿波讃岐等国勘籍人、暫以停止。但諸司雑色人、若有二不レ獲レ止輩一、随二本司申一将レ為二処分一者。依二件官符一、諸司所レ申雑色人等、不レ拠二季帳一、特下二官符一蠲二免課役一。是則令下二勤レ公之輩一無中貢賦之煩上也。今職事雑色共従レ事。而長上番上労逸差異。望請、被二早言上一免二除課調一者。広遠所レ陳非レ無二其理一者。中納言従三位藤原朝臣扶幹宣、奉レ勅、依レ請者。省宜二承知依レ宣行一レ之、符到奉行。
右少弁源朝臣　　左少史善道朝臣
承平五年六月十三日

『延喜式』民部上93入色課役条によれば、式部省等が作成する季帳にもとづいて、課役免除の蠲符が民部省で作成されるまでの過程は、「季帳者、四孟月十六日各申レ官、官、符幷帳下レ省。省吏勘弁、毎レ国造レ符。至二後孟月一、申レ官行下」となる。しかし、右の承平五年官符に引く延長四年（九二六）五月二十七日太政官符によれば、阿波・讃岐国などの勘籍人の停止により、当国本貫の諸司雑色人等については、式部省の作成する季帳からでなく、必要に応じて諸司からの直接の上申にもとづいて蠲符が作成されるようになったのである。

ここでは、その勘籍人停止の直接的要因になっているのが「式部省、去延長四年以来不レ造二進季帳一」であること、つまり延長四年の式部省による季帳の造進停止であることに注意したい(42)。このときに式部省の報告（季帳）に依拠する課役免除システムは放棄されることになったのである。そしてここでは、当事者の本貫が讃岐国ゆえに、同国を対象とする官符が示されただけで、「依二件官符一、諸司所レ申雑色人等、不レ拠二季帳一、特下二官符一蠲二免課役一」とは、延長四年の式部省による季帳造進停止を契機に、諸国すべての雑色人等の課役免除の扱いが本司の申請にもとづくものとなっていった、と解すべきであろう。

この延長四年の措置等については、従来、勘籍制の崩壊の一過程としてしか位置づけられていない(43)。しかし、すでに述べたような、諸司での奉仕とそれに対応する処遇（課役免除・考課等）との関係がアンバランスな当時の状態を考えるなら、勘籍すべき下級官人を諸司自身が決定できることによって、少なくともこの負担の問題に関しては、ある程度克服されたと評価されよう。そして第二節で明らかにした、十世紀の諸司において、実質的な奉仕を重ねる者が、本司の申請によって「官人」身分に昇進することができた環境とは、こうした本司の裁量を重視する施策と無関係とはいえないのではないか。

さて、このようにみるならば、第一節でみた承平六年の内豎所請奏の「官人代」呼称問題が、諸司雑色人等の勘籍に関する延長四年の措置からまもなくしておこっていることは示唆的である。この時期になってはじめて内豎所が「官人代」の呼称を拒否したということは、その直前までに、諸司において急速に官人代が形成されてきたことを意味し、諸司内部で何らかの身分的な再編が活発に行われていたことを予測させる。

つまり、諸司が雑任層の内部に「私」に官人代という枠組を新たに設けるようになってゆく直接的な契機とは、まさに延長四年の施策にあるのではないだろうか。延長四年以降、実質的奉仕者に対応する処遇の扱いが本司の手にゆだねられることになったが、その結果、諸司底辺部において、課役免除とすべき実質的奉仕者の枠組など、いくつかの枠組を諸司自身がそれぞれの実情に応じて設ける必要が生じていたと思われる。おそらくその枠組のうち、「官人」（主典クラス）を直接補佐する職務に従事していた一部の者が、「官人代」という呼称で、諸司内部で積極的に位置づけられていったのではないか。

ところで、承平六年の「官人代」呼称問題とほぼ同じころの天慶二年（九三九）、六月の大祓の際に「主殿寮庭燎、須㆓官人等奉仕㆒、而殿部三人捧㆓庭燎㆒也」(44)という事態がみられた。ここにみえる殿部＝伴部などの雑任による、「官人」の代替としての奉仕は、「官人」らの懈怠に起因するのだが、この史料からは、日常的な「官人」不仕への対応として、主殿寮ではすでに一部の雑任が奉仕できる体制が整っていた、ということが推測できそうである。この伴部の場合は令制的な雑任身分ではあるが、こうした実質的に「官人」としての奉仕をするような下級官人たちが、その公的な身分表示とは無関係に、諸司内部で独自に「官人代」などと呼ばれつつある人々であった可能性が高いと思われる。(45)

おわりに

以上、十世紀半ばまでに広く諸司において登場し、十世紀後半の間に急速にその地位を確立した諸司官人代について、成立とその背景について検討をしてきた。すなわち官人代とは、十世紀半ばにおける官人制システムの抜本的な転換の過程において、新たに形成された枠組の一つとして登場したと考えられるのである。最後に、制度的に確立したあとの官人代について、そのポストとしての性格を確認して本章の結びとしたい。

第一節において、十世紀末までには、官人代が官人制のシステムの中に明確に位置づけられている状況を指摘した。しかし、そのことを明瞭に示す永延三年五月十七日宣旨が、官人代から「官人」への昇進を「転任」と称して、官人代がすでに狭義の「官人」の枠組につらなる地位であることを示す一方で、官人代そのものに対しては「称二諸司官人代一者」という呼び方をしており、官人代がポストとして未だ十分になじんでいない様子がうかがえる。このことは、官人代というポストの本質が、諸司の内部から形成されてきたところにあり、太政官符等によって新設されてきた令制的なポストと根本的に異なることを反映しているのだろう。

その相違について、さらに任用面でみるなら、第一節で任用手続きの実例として取り上げた永延二年四月十三日宣旨において、弁官が官人代の任用を把握していることが注意される。なぜなら、令制およびそれに準じるポストは、「官人」も雑任（分番）も、最終的には式部・兵部省が、上卿からの（文書としての）除目や宣旨、あるいは太政官からの官符、あるいは諸司からの移、などを受けて官人として把握する形態をとっているからである。弁官による上宣の宣旨の作成という任用形態からみるならば、官人代はむしろ、諸司の周辺部に位置するさまざまな機関の「別当」「預」などに近い。しかし官人代の場合、そうした別当・預的なポストでなく、諸司自身の内部において、四等官に直接並び、そこに「転任」してゆくポストであるという点で、まったく新しい地位といえる。

これらのことは、官人代が令制の枠組に直結しながらも、令制とはまったく別の論理から確立していった、諸司固有職員的な「官人」ポストであることを示していよう。十世紀の間に官人代が登場し、さらに制度的に定着してゆくことは、この時期に令制的な官人制システムが大きく変わってゆく一側面を象徴的に表しているのかもしれない。

註

（1）平安時代における「――代」の付くポスト全般については、富井修「官職名に付く「代」――「――代」について――」（十世紀研究会編『中世成立期の政治文化』東京堂出版、一九九九年）参照。

（2）官人代には、「諸司」の官人代のほかに、内豎所などに設置された「諸所（所々）」の官人代もあったが、後述するように、それらは十世紀前半までにその名称がすべて廃され、「執事」と改称されている。ここではとくに断らない限り、官人代とは「諸司」のそれを指すこととする。なお、女官についても「官人代」と称するポストが確認できる（『台記別記』婚記、久安六年（一一五〇）正月十九日条）が、史料が極めて少ないため、考察の対象とすることはできなかった。

（3）吉川真司「律令官人制の再編過程」（『律令官僚制の研究』塙書房、一九九八年、初出は一九八九年）。

（4）『類聚符宣抄』第七、永延三年（九八九）五月十七日宣旨。

（5）『朝野群載』巻第八、康和二年（一一〇〇）正月二十六日主殿寮請奏。

（6）職員令2太政官条。

（7）『朝野群載』巻第八、永久二年（一一一四）正月二十日大蔵省請奏。

（8）下向井龍彦「官底」（網野善彦・笠松宏至・勝俣鎮夫・佐藤進一編『ことばの文化史』中世四、平凡社、一九八九年）。

（9）三善清行「意見十二箇条」。

（10）『朝野群載抄』（高田義人「『朝野群載抄』について」『栃木史学』一八、二〇〇四年に収載の翻刻による、以下同じ）の康和六年（一一〇四）二月二日掃部寮請奏に、「為二諸司官人代一之者、依二恪勤労一、被レ挙二補左右弁官史生一古今之例也」とあるように、諸司官人代から左右弁官史生に進むコースも確立していた。官人代の史生的な側面がうかがえよう。

(11)『西宮記』臨時五、諸院。

(12)『朝野群載』巻第八、長保四年（一〇〇二）五月一日宣旨など。

(13)ただし、官人代と史生が併置されていることが確認できる例もある（『帥記』永保元年（一〇八一）五月十一日条、『朝野群載』巻第八、寛治八年（一〇九四）五月二十日民部省位田充文）ことからみて、必ずしも両者は代替という関係ではない。なお、それらの記載からみて、官司内で官人代は史生より上位にあったとみられる。

(14)『大間成文抄』第七、長和三年（一〇一四）十月十四日主殿寮請奏。

(15)『大間成文抄』第七に「雖㆓官人代㆒不㆑注㆓其由㆒例」として仁平元年（一一五一）の主計算師任用の例をあげる。

(16)大治四年（一一二九）三月二十八日遠江国質侶荘立券文案（『平安遺文』五―二一二九）。

(17)『秋玉秘抄』第三（『続群書類従』第十輯下）。

(18)『春記』長久元年（一〇四〇）十月十九日条。

(19)前掲註(14)史料。ただし、二十五年たってようやく主典に昇進したという実例もあり（『大間成文抄』第七、永久四年（一一一六）正月織部司請奏）、当然のことながら欠員の有無などにも左右されよう。

(20)前掲註(4)史料。

(21)『類聚符宣抄』第七、承平六年（九三六）四月三日内豎所請奏。

(22)『類聚符宣抄』第七、永延二年（九八八）四月十三日宣旨。

(23)『西宮記』臨時一（乙）、臨時雑宣旨。

(24)「蔵人以㆓内侍宣㆒仰」部分については、内豎所などの諸所官人代の任用法が残存したものと思われる。なお、『侍中群要』巻十も「諸司官人代事」の項目を立てて内侍宣に触れるが、その伝宣ルートや伝本の状況からみて、「諸司」は「諸所」の誤写の可能性がある。

(25)天暦八年（九五四）五月八日秦阿禰子家地売券（『平安遺文』一―二六八）。

(26) もっとも内豎官人代自体の初見も延長三年（九二五）であり（『貞信公記抄』同年三月二十九日条）、承平年間をさほどさかのぼらない。したがって内豎官人代の方が後から設置され、そのため「官人代」呼称の問題が生じた、という可能性がまったくないでもない。しかしさきの内豎所請奏を読む限り、内豎所および進物所・校書殿が、「卑賤之職」と誤解されやすい既存の名称を後からわざわざ採用することはないであろう。

(27) 天元二年（九七九）十月二十日・正暦四年（九九三）六月二十日七条令解（『平安遺文』二―三一四・三五六）。

(28) 例えば、馬寮の大属と同じ官位相当（従八位上）をもつ品官である馬医に関して、「馬医代」というポストが存在し、『朝野群載抄』長治元年（一一〇四）十二月二十日左馬寮請奏に「為馬医代之者、依年労恪勤転任馬医古今之例也」とみえる。

(29) 位階についても、実態のないものが含まれている可能性がある。この点に関しては本書第Ⅲ部第三章参照。

(30) 櫛木謙周「律令制下の技術労働力編成―技術官人を中心に―」（『日本古代労働力編成の研究』塙書房、一九九六年、初出は一九八九年）。

(31)『類聚符宣抄』第七、長保元年（九九九）閏三月二十一日太政官符。

(32)『類聚符宣抄』第八、寛弘元年（一〇〇四）閏九月十三日官宣旨。

(33) 浅香年木「官営工房の解体と私営工房の構造」（『日本古代手工業史の研究』法政大学出版局、一九七一年、初出は一九六四年）。

(34)『類聚三代格』巻四、元慶五年（八八一）十一月二十七日太政官符。

(35)『類聚三代格』巻四、「加減諸司官員并廃置事」所収の諸官符参照。なお、本書第Ⅲ部第一章参照。

(36)『類聚三代格』巻四、天長五年（八二八）十一月二十五日太政官符。

(37) 前掲註(9)史料。

(38)『類聚三代格』巻十七、貞観九年（八六七）五月八日太政官符。

(39) 本書第Ⅲ部第一章。

(40)『日本三代実録』元慶六年（八八二）十二月癸亥条。
(41)『政事要略』巻五十九、承平五年（九三五）六月十三日太政官符。
(42)ただし、いくつかの儀式書では、年中行事として、三省による季帳造進の項目を載せている。しかしいずれの場合も項目だけを立てたもので、儀式次第についての記載はなく、また『西宮記』恒例第二、四月、十六日、進春季帳では「近代、不レ進」と注記する。
(43)野村忠夫「勘籍の本質と機能―官人出身の手続きをめぐって―」（『官人制論』雄山閣出版、一九七五年）。
(44)『九条殿記』大祓事、天慶二年（九三九）六月二十九日条。
(45)さきの長和三年十月十四日主殿寮請奏（前掲註(14)史料）の主殿寮官人代の職掌もあわせてみるなら、主殿寮などの場合、令制雑任である殿部の一部が官人代として再編されていったと思われる。

第三章　春宮坊・中宮職内の「庁」について

はじめに

平安時代の史料における「庁」の用例としては、「太政官曹司庁」「外記（候）庁」などにみられるように、官司が入る建物、あるいはそれらの建ち並ぶ一区画を指すことが多い。また、そうした空間を占有する官司そのものを指す場合もあり、「検非違使庁」などはその代表であろう。これらの略称としての「庁」も、またしばしば用いられる。

一方、官司の内部にある一組織をも庁という場合がある。別当以下の院司から構成される上皇や女院の院庁の下層部には、さらに狭い意味での「院庁」が存在するが[1]、本章で問題にする庁とは、このような下部組織としての庁である。「院庁」については知られているが、春宮坊・中宮職においても[2]、坊・職そのものとほぼ同義の庁がみられる一方で、より狭い範囲を指す下部組織としての庁が確認できる（以下、これを「庁」と表記する）。

従来、春宮坊・中宮職の「庁」の存在については、中宮職に関して言及したものが若干みられるが[3]、組織の問題として十分に明らかにされているとはいいがたい。そして官司という側面からみたとき、坊・職の「庁」は、令制官司の内部に形成された点が注目されよう。いうまでもなく、こうした「庁」は令制にみられるわけではなく、実例としても平安時代中期以降にならないと確認できない。そこで本章では、春宮坊・中宮職における「庁」

という組織と、その構成員である「庁官」の具体的様相を明らかにするとともに、平安時代における官司・官人制の展開という視点に留意しながら、その形成の問題について考えることとしたい。

第一節　春宮坊・中宮職における「庁」の実態

春宮坊・中宮職の「庁」が登場する史料は必ずしも多くはない。本節では、その内部構成に関わる史料を中心に検討することによって、「庁」の実態について明確にしたい。

1　「庁」の構成員

まず、『山槐記』治承三年（一一七九）十一月二十九日条の記事から確認したい。この日、東宮言仁親王（安徳天皇）の春宮大夫に任ぜられてまもない藤原忠親のもとに、東宮蔵人である藤原時経が十月分の「月啓」六通を持参してきた。月啓は、「内」では月奏に相当するものであろう。記事中の書様には、ポスト名と職員数しかみえないが、実際には個人ごとの上日数などが記されていたとみられる。これらは「蔵人所一通」「御厨子所一通」などのように、組織ごとに一通ずつ作成されていたが、その中に「庁一通」とされる分があり、その内訳は次のようなものであった。

勘公文、、
庁直、、
史生八人

蔵人八人
坊掌一人

これが当時の春宮坊における「庁」の構成員（少なくともその一部）を表していることは間違いないであろう。さかのぼって、『為房卿記』康和五年（一一〇三）八月二十七日条の(4)、宗仁親王（鳥羽天皇）立太子に伴う庁始関係の記事には、次のようにみえる。

史生以下今夜注二交名一、亮仰二下之一。先以レ簿〔名脱カ〕付二頭弁一被二奏覧一者。前々大夫以二名簿一下二大進一、々々書二令旨一下レ庁。今度只以二交名一亮下レ局〔属〕云々。

庁始の内容に関しては、次節以下で取り上げるので、ここでは詳述しないが、このとき、亮から属に下された「交名」には、勘公文一人・庁直一人・史生五人・蔵人七人・坊掌二人の名前がみえる。さきのポストと構成が同じであることから、これらが春宮坊における「庁」の職員であり、右の記事はその任用の様子を具体的に表していると考えられる。

中宮職においても、「庁」の職員はほぼ同様な構成をとっていた。藤原聖子（崇徳天皇中宮）の中宮職に関して、『兵範記』長承元年（一一三二）七月十五日条には、「節料四十七石四升」を相折した際の「庁料」「所々料」それぞれの内訳を載せている。そのうち前者の「庁料」分について、やはり「勘公文」「史生十二人」「蔵人四人」「職掌三人」の記載がみられるのである(5)。そして、これらの職員についても、春宮坊の場合と同様、庁始のときに任じられたとみられ、例えば寛仁二年（一〇一八）十月二十七日の藤原威子（後一条天皇中宮）の立后に伴う庁始のときに、史生・蔵人・職掌が任用されていることが確認できる(6)。

ところで、大治五年（一一三〇）二月二十六日の聖子立后の際の庁始について、『中右記』の同日条をみると、中宮大夫になったばかりの藤原宗忠が、亮に対して「庁官廿三人交名」を下している様子がうかがえる。さきにみた東宮の庁始における勘公文以下の任用手続きとの共通性から考えて、勘公文などの「庁」の構成員は、「庁官」と呼ばれていたことがわかる。庁官といえば、院庁のそれが著名であり、その内部構成について、『拾芥抄』は「庁官〈公文・院掌等在ㇾ之〉」とする。[7] ここに蔵人はあげられていないが、実際には院の庁官としての蔵人は早くから置かれていたから、[8] 両者の構成員は酷似するといえよう。なお、坊・職の庁官のうち、勘公文・庁直に関しては、設置されない場合もあったようである。

さて、こうした庁官としてみえるポストのうち、史生と諸掌（坊掌・職掌）については、令制官司に幅広く置かれている令制ポストでもあり、[9] 庁における役割はおおよそ推察できよう。一方、注意したいのは蔵人である。周知のように、東宮等の周辺には、早くから蔵人所とそこに所属する蔵人がみられるが、この「殿上」にて東宮等に近侍する蔵人と、庁官としての蔵人とは別のものである。殿上の蔵人は、「内」と同じように、殿上人の指名とあわせて任用が行われていたし、さきの東宮月啓においても、殿上人とともに「殿上一通」の枠に入れられ、庁の蔵人とは明確に区別されている。そもそも殿上の蔵人は、東宮が即位した際、そのまま六位蔵人に移行できるような高い地位であるのに対し、後述するように、「庁」の蔵人は史生よりも地位が低い。奈良時代に、官司内部で物品の出納・保管にあたっていたとみられる「蔵人」の存在を考えれば、[10]「庁」の蔵人も、語義通りの役割を果たしていた可能性が高い。なお、「庁」の蔵人はとくに「庁蔵人」と表記されることもあった。

このほか「庁」には、いくつかの職員がおり、[11] その時々によって構成が異なる場合もあったようだが、勘公文・史生・蔵人・坊（職）掌などからなる庁官が、つねにその中心メンバーであったと考えられる。

2　庁官の地位

次に庁官の官人としての地位について検討したい。彼らは併記される際、通常は勘公文・史生・蔵人・坊（職）掌の順となっており、これが庁官内部での序列と考えられる。実際、蔵人から史生への「転任[12]」、史生から勘公文への異動[13]の事例からもそれはうかがえる。また、序列の最後にある坊（職）掌が、服装や座において蔵人以上と差をつけられていた点[14]も注意されよう。とくにこの坊掌に関しては、例えば帯刀試の場で、「舎人」とともに的を懸けたり、「庁」に下された帯刀の交名について「以㆓坊掌㆒告廻[15]」とみえるなど、庁官の中での役割の低さもうかがえる。坊（職）掌と蔵人以上とでは、その地位に断絶があった可能性が高い。

庁官の昇進ルートについては、坊（職）掌に関しては確認できないものの、右の任用の実例から類推すれば、〈蔵人→史生→勘公文〉のように「庁」の内部で昇進してゆくケースが多かったと考えられる。その一方で「居㆓院宮蔵人・史生㆒者、不㆑経㆓幾年㆒、遷㆓拝諸司主典[16]㆒」のように、蔵人・史生から他司の主典クラスに任じられたり[17]、勘公文から本司の主典（すなわち属）へと昇進したりする場合がある[18]など、諸司四等官などの「官人」（以下、これら狭義の官人を「官人」と表記する）へ進む道も開かれていた。したがって雑任等の中では、比較的優遇された地位にあったといえよう。もっとも庁官は、その属する本主の立場の変化によって、自らの地位がただちに影響を受ける可能性があった。例えば、東宮の即位等によって春宮坊が解体された際、庁官についてはどうなるのであろうか。

『大間成文抄』第八には、「前坊」の項目があり、それに続けて「帯刀長」「帯刀」「史生」「蔵人」「喚継」の項目が列記されている。内容からみて、すべて前坊所属の下級官人の処遇についての項目と考えられる。このうち

「史生」には、長和三年（一〇一四）に「前春宮坊史生」の若湯坐忠親が掃部少属になった際の申文が掲載されている。そこには「方今経二前坊史生一、拝二諸司二分一之輩、其例已多、不レ遑二毛挙一」とみえることから、〈前坊史生→諸司主典〉が、一つのルートとして確立していたことがうかがえる。

また「蔵人」についても、その項目内にあげられる三事例が、いずれも寮クラスの下級ポスト（少属）に任じられていること、うち一人の尻付に「前坊庁蔵人」とあることから、この項目の蔵人とは、殿上の蔵人でなく、庁官としての蔵人であると考えられる。したがって、史生と同様に、〈前坊蔵人→諸司主典〉のルートもまた存在していたとみられる。本主の地位に変動があっても、庁官から「官人」などへ進む可能性は残されていたといえよう。

また彼らの任用については、摂関家の下家司が春宮坊の史生に任用されたり[19]、中宮職の勘公文を兼ねたりする[20]ケースや、中宮職の庁官が中宮所生の東宮のもとで史生等になった[21]ケースなどからもうかがえるように、院宮や摂関家等の関わりの中で行われることが多かったようである。したがって、本主の地位の変化に伴う辞任があった場合、その方面のつながりで庁官クラスに再任用されることもあったであろう。

ところで、〈史生→諸司主典〉という点に着目すると、この当時、同じようなコースをたどる場合のあった三局（外記局・左右弁官局）史生を想起させる[22]。実際、前項で触れた、宗仁親王の東宮庁始の際の庁官の交名にみえる者のうち、約半数が三局史生を兼ねており、両者が階層的に近いことをうかがわせる。三局史生クラスの下級官人は、院の庁官や諸家の下家司などとして活躍していたことが知られているが[23]、このように彼らは一つの階層として、官人組織全体の実務の中枢部分を支えていたのである。

3　庁官と属（主典）

本節冒頭で「庁」の構成員について述べたが、そこで触れた史料のうち、『兵範記』長承元年（一一三二）七月十五日条の「庁料」分の記載には、実のところ筆頭に「属三人」があげられている。「勘公文」以下の庁官はその次に続いているのである。「庁」の構成員の中に、庁官以外に四等官の最末端にある属（主典）が含まれていた可能性が考えられる。庁官の具体的な動きがわかる史料は少ないが、その中で属もあわせて登場する場面を確認してみたい。

先述の東宮・中宮の庁始では、儀式の中核である請印儀に先だち、職員が太政官外記局にて官司印を受け取る儀式が執り行われた。次節2項で詳しく述べるが、その際、それに参加したのは、属に率いられた庁官であった。このほか中宮では、皇子女誕生の際の御湯殿の儀において、庁官が「御湯」のことに奉仕していたが、彼らもまた中宮属とともに行動している様子がしばしばみられる。[24]「中宮庁」は「中宮属の指揮下」にあったという指摘[25]は、こうした点をふまえてのものと思われるが、もし属自身が庁の構成員に含まれるなら、属の指揮とは、「庁」の外側からの指揮ではなく、「庁」の代表者としての、内側における指揮であったといえるだろう。つまり下部組織としての「庁」とは、属などの四等官と別個に存在するのではなく、属を通じてそこに直属する組織であったと考えられる。その点をさらに確認してみたい。

春宮坊・中宮職の内部における令旨の下達の様子をみると、令旨を記した文書が亮などから「庁」に下される場面に出会うことがある。この「庁に下す」とは、具体的に誰に下すことになるのであろうか。その際に参考になるのが、寿永元年（一一八二）の亮子内親王立后に関する『吉記』の記事[26]である。

八月十六日条によれば、この日、通例のように立后に伴う八社奉幣定・行啓定が行われた。その定文に関して、藤原（吉田）経房が「亮書二定文一。書了覧二大夫一、次啓レ将〔宮〕、次被レ下二侍所一。次有二行啓定一。其儀如レ初。但定文被レ下レ庁」と書き記しているように、八社奉幣定の定文は皇后宮亮の高階泰経から「侍所」へ、行啓定の定文は泰経から「庁」へとそれぞれ下されたことが知られる。

実は事前の七月二十七日条をみると、経房は、正式に亮になる前の泰経から、この作法について問われていたことがわかる。そして経房は、二つの定文について、それぞれ「侍所司」「属」に下すとして、具体的なポスト名で答えている。つまり、この場合の「庁」とは、下達命令を実際に奉じる者の地位でみれば属だったのである。属は「庁」という組織の責任者として令旨を奉じたとみなすことができよう。

もう一つ、「見参」の奉呈の場面から確認してみたい。ある官司の長官等が就任した際、その新任者は所属の官人から「見参」を受けることがある。治安元年（一〇二一）九月三日、東宮敦良親王（後朱雀天皇）の東宮傅に就任してまもない藤原実資のもとに、属が八人分の見参を持参してきた。その見参の内訳は、「東宮史生・蔵人・坊掌等見参、属史忠信持来。〈史生二人・蔵人三人・坊掌三人。〉」[27]のように、史生・蔵人・坊掌であった。つまり、この組み合わせからみて、見参は庁官のものとみることができ[28]、属がそれを取りまとめて持参しているのは、属が「庁」の責任者であったからであろう。

同様に、承暦元年（一〇七七）閏十二月九日、その四日前に藤原寛子（後冷泉天皇中宮）の太皇太后宮大夫になったばかりの源俊房のもとに、大属が「属以下」の「官人」「庁官」を引き連れてきた。これは「太皇太后宮大属師範、率二属以下官人・庁官等一来。今日雖二宜日一、依レ為二彼宮御衰日一不レ覧二官人等見参一。仰下明日可二持来一之由上了」[29]とみえるように、見参を奉じるためであった。見参には「官人」（すなわち属）のものも含まれているから、これは「庁」という枠組としての見参奉呈の場面とみてよいであろう。

このように、「官人」である属が責任者となって、庁官を中心とする下級官人を統括する組織[30]、それが春宮坊・中宮職における下部組織としての「庁」であったと考えられる。この「庁」のように、「官人」の肩書をもつ者が責任者として雑任等を統括する形は、いわゆる「所」と共通する。実際、坊・職内で両者は並列的に扱われる場合がある。もっとも「別当」「預」などのように、責任者の出向的形態が明示される所に対して、「庁」の責任者はとくに肩書をもたない。このことから、四等官に直属する組織としての性格はより強かったと思われる。

4　家政機関としての庁と「庁」

本章冒頭で、下部組織としての「庁」について、院庁の例をあげた。実のところ庁や庁官と呼ばれる組織は、史料は少ないものの、このほか女院[31]や親王に付属する機関などにも存在する。つまり、春宮坊・中宮職の「庁」を考えるにあたっては、その家政機関としての側面に留意する必要がある。そのことをふまえた場合、「庁」そして庁官は、どのように位置づけられるのだろうか。ここではまず親王家の庁の例から、その点について考えてみることにする。

大治四年（一一二九）十月二十二日、鳥羽上皇の皇子である本仁親王の親王宣下が行われ、それに伴って親王家の家政機関が設置されることになった。『中右記』の同日条によれば、勅別当藤原実能の「仰せ」によって、まず「庁別当」「御監」が任命され、ついで「侍所別当」「侍者」「蔵人」が任命されたことがわかる。この二グループに分けての別々の「仰せ」による任命は、通常の次第通りであり[32]、古くは寛弘五年（一〇〇八）十月十七日の敦成親王（後一条天皇）の家政機関設置に関して、『御堂関白記』同日条に「別当」「御監」「蔵人所別当」「侍者」「蔵人」の順に職員が記載されているところにも、それがうかがえる。もっとも侍所別当に相当するものが、ここでは蔵人所別当となっているが、これは摂政・関白の就任時に、摂関家の侍所が蔵人所へと改称される場合があるのと同じように、両者が同質のものであることを示している。[34][33]

ここでは庁別当と侍所別当（蔵人所別当）という二つの別当が対になっているが、そこから、親王家における庁の責任者とは、諸家における政所の責任者に相当することが想定される。実際、本仁親王のときより十年ほど前、元永二年（一一一九）の顕仁親王（崇徳天皇）の家政機関設置の際には、まず「政所別当」「御監」、ついで「蔵人所別当」「蔵人」「侍者」が任じられている。[35]つまり、親王家の庁別当とは、諸家における政所別当のことなのである。なお、諸家において、政所別当は家司とも呼ばれるが、さきの本仁親王の庁別当についても、他の史料では「家司」[36]とも記されている。

また、『中右記』によれば、本仁親王の庁別当・侍所別当などの任用が行われた翌二十三日、親王家の侍所始が行われているが、さらに「又政所始歟」と続けているので、政所始も行われていたようである。そして同日条の末尾には、この日に任じられたとみられる下級職員の名簿を載せているが、そこには「侍所」の職員十人のほかに「庁官」十人の名前があげられている。つまり、ここでの庁官とは、諸家における政所の職員なのである。これらの点から、親王家の庁とは、諸家の政所に相当するものと考えられる。

一方、平安時代の春宮坊・中宮職の周辺にも、さまざまな「所」が存在する。しかし、その中に蔵人所（東宮）や侍所（中宮等）は含まれるものの、政所はみられない。それは、坊・職は「官司」ではあるが、家政機関としてみるならば、諸家における政所の性格をあわせもつからであろう。

さまざまな所のうち、所宛の対象となる多くの所については、坊・職の官人および庁官が所の職員を兼ねており、所はその配下にあることがわかる。例えば『山槐記』治承三年（一一七九）正月七日条にみえる東宮言仁親王（安徳天皇）の東宮所宛では、坊・職の亮以下の「官人」が各所の勾当、「史生以下」（つまり庁官）が預に任じられており、彼らが実質的な所の職員となっていた。それに対して、蔵人所・侍所などの職員については、坊・職の「官人」が兼ねることは極めて少ない。このように、坊・職と蔵人所・侍所とが相対的に独立しているのも、両者が諸家における政所と侍所との関係に相当するからであろう。

さて、本章冒頭でも触れたように、春宮坊・中宮職では、下部組織としての「庁」とは別に、坊・職そのものとほぼ同義の庁の用例も散見する（「春宮（東宮）庁」「中宮庁」と書かれることも多い）。その場合は、庁屋あるいは「今夕庁始也。以二車宿西妻三間一為レ庁[37]」などのように、「マツリコトトノ[38]」の語義により近い、空間としての用法が想定されるものが多い。しかし、明らかに大夫以下の四等官を包括する組織体を指す場合がある。

例えば、さきに触れた治承三年の東宮所宛は、大夫以下によって儀が進められたが、そこで作成された「所宛文」の書様は、『山槐記』によれば、次のようなものである。

庁
　定二所所勾当官人一事
大饗所
　大進藤原朝臣光長　大属中原成挙
贄殿
　少進平時兼　少属安倍資成
（中略）

右官人所々勾当所レ定如レ件

治承三年正月七日

大夫平朝臣　大進藤原朝臣光長
権大夫藤原朝臣兼雅　権大進高階朝臣経仲
亮平朝臣　少進平朝臣
権亮平朝臣

このように書出を「庁」とし、奥に大夫以下の加署をもっており、四等官からなる組織としての庁が作成主体となっていることがわかる。坊・職そのものが一面で諸家の政所の性格をあわせもつとすれば、この場合の庁は、坊・職の家政機関としての側面が強く表れたものである可能性があるのではないだろうか。

また、康和五年（一一〇三）の篤子内親王（堀河天皇中宮）の中宮家における荘官任用の下文[39]は、大夫宣にもとづいて作成された文書に亮以下が加署しているが、その冒頭は、

庁下　味岡御庄司
可レ令三平時範朝臣執二行御庄雑務一事

〈下略〉

とされ、やはり職そのものとほぼ同義の組織としての庁から発給された形をとっている。とくにこの場合、諸家における荘官任用の下文が、政所から発給されていた[40]こととの対応に注目したい。より家政に密着した執務に際して、坊・職の中の庁という側面が浮上するのではないか。

そのようにみてゆくと、例えば産養・五十日儀などの東宮・中宮等家内の行事において、饗饌を受ける対象が、

基本的に「殿上」「女房」「蔵人所（侍所）」「庁」の表記で区分されることが多い[41]のが注意される。これらは伺候という部分も含め、官人組織という枠組を超えて、東宮・中宮等に奉仕する人々の総体の中での区分とみられる。つまり坊・職が、「官司」というよりも、東宮・中宮などの本主個人を支える集団全体の中の政務担当部門（すなわち家政機関）という側面が前面に出た際に、坊・職ではなく庁と表記されることがあったといえよう。なお、空間を表す場合の坊・職の庁の用例にも、そうした面が少なからずあったと思われる[42]。

検非違使庁をはじめ、官司そのものを指す庁の用法は、いずれも庁屋などから転化したものと思われる。その契機や過程は一様ではないだろうが、坊・職の場合、十世紀以降、本主に奉仕する集団内部において、「殿上」をはじめとする諸要素がクローズアップされるようになった結果、相対的に政務担当の領域が庁という形で浮上したのではないだろうか[43]。そして庁官についても、諸家の政所における下家司の一部と重なる地位として、本来的にはこうした広い意味での庁に属するものであったと思われる。

本章で課題とする下部組織としての「庁」は、この広義の庁（＝坊・職）の下層部に形成された実務部門と考えられる。中宮職の「庁」について、年中行事の差配やその用途調達にあたった機関であることが指摘されているが[44]、これまで述べたような意味での広義の庁の中で、とりわけ実務を直接担っていた部分が集約・組織化され、それがとくに「庁」と呼ばれるようになったのであろう。

第二節　春宮坊の組織再編からみた「庁」の形成

前節にて春宮坊・中宮職における「庁」と、その形成の前提となる広義の庁、そしてそれらに所属していた庁官の具体的様相についてみてきた。「官人」である属が庁官等の下級職員を統括するという「庁」は、広義の庁の下層部に生まれた、ある種の「所」と考えられる。では、そうした下部組織はいつ成立したのであろうか。

平安時代前・中期の少ない史料の中で、直接その時期を明示するものはない。したがって、まず坊・職とその周辺における組織の動向からそれを探ってゆく必要がある。そこで一つ注意したいのが、もともと春宮坊は、小規模だが数多くの監および署といった令制官司を所管していたことである。後述するように、ある時期まで、実際にそれらの監署が機能してそれぞれ東宮家の家政の一端を担っていた。その一方で、坊周辺では数多くの「所」が形成されてゆく。院政期においては、既述のように坊の官人・庁官が所の一部に配置され、彼らが所を通じて東宮家の家政の主要部分を分掌していたと考えられる。それに対して、監署の動きは、平安時代中期までにほとんどみられなくなっている。したがって、監署の動向が、「庁」の成立を考える上で、一つのカギになるだろう。

一方、この「庁」の組織上の特色として、属が庁官を統括したということのほかに、それぞれ別個の来歴をもつと思われる勘公文・史生・蔵人・坊（職）掌といったポストが、庁官という形で一つにまとまったことがあげられる。とすれば、それらの枠組が成立した時期をみることもまた内部的「庁」の成立を考える上で大きなポイントとなるのではないだろうか。そこで本節では、まず監署の動向、ついで庁官の枠組の形成について検討することにより、組織再編の面から「庁」の成立の問題に近づいてみたい。

1　監署の機能低下と「庁」・庁官

春宮坊の管隷下にある監および署は、東宮職員令によれば、舎人監以下の九司からなる。周知のように、これらは令制の中央諸司の中で最も規模が小さく、監は長官・判官・主典、署は長官・主典だけで構成されていた。

九世紀初頭、大同年間の大規模な官司整理の際に、これらも統廃合が行われ[45]、舎人監・主膳監・主蔵監・主殿署・主工署・主馬署の六官司と計十七のポストに整理されている。

平安時代における春宮坊の官人は、通常、立太子の日に「坊官除目」という形で任じられたが、坊官除目の実態がある程度明確になる十一世紀以降の除目関係記事によれば、このとき、坊の四等官とあわせて監署の官人も任じられていた。ただし、当時の監署に関しては、主膳正・主殿首・主馬首という、三つの官司の長官だけ任じられるのが例となっており、『官職秘抄』でも、春宮坊の「被官監署[46]」として、右の三つの長官ポストしかあげていない。官司としての監署の形骸化がうかがえよう。

しかしながら監署は、平安時代の早い時期から三官司・三ポストだけになってしまったわけではない。『延喜式』からは六官司・十七ポストの存在が読みとれるし[47]、実態面でみても、少なくとも九世紀段階では、六官司のほとんどが存在していた可能性が高い。例えば、承和の変に関する『続日本後紀』承和九年（八四二）七月戊午条の記事をみると、そこには六監署の長官全員の名前が、左遷処分の対象者としてあげられている。下僚については不明だが、少なくとも当時、六官司の長官だけはすべて任命されていたことがわかる。そして主殿署に関しては、九世紀末期に史生の実在も確認できる[48]。もともと令には、監署の史生の規定がなく、承和十四年（八四七）になって、各監署に新たに設置されたものである[49]。したがってその設置は、監署の運営の内実を反映したものとみられ、この時期に官司としての形骸化はうかがえない。そして、後述するように、十世紀半ばにおいても一部で判官・主典などが任じられていたことからすれば、定員すべてではないにせよ、九世紀段階において、監署には三つの長官ポスト以外にもかなりの在任者がいたと考えられる。

では、あらためて十世紀の実態についてはどうだったのであろうか。監署に関する史料が少ない中で注目されるのが、『御産部類記』三にまとまって残された、天暦四年（九五〇）の憲平親王（冷泉天皇）立太子に関する『九暦』の一連の記事である。それによれば、同年の七月、右大臣藤原師輔の勢威を背景に、生後二カ月に満たない外孫憲平親王の立太子の準備が着々と進められていた。そして、立太子儀は七月二十三日に行われ、その三日後の二十六日の除目では監署の官人も任命された。このとき、主膳監の正・佑・令史、主殿署の首・令史、および主馬署の首が任じられている。ここではすでに三官司しかみられなくなっているが、長官だけでなく、その下僚も任じられている点に注意したい。さらに、彼らが任じられた官司が名目的官司でないことは、この前後の記事からも明らかである。

例えば、主膳監について、除目前の七月二十二日条をみると、翌日に行われる立太子儀の「皇太子御飯」に関して、「天慶七年例、皇太子御飯自二中宮一度二料米一、於二内膳司一令二炊進一。准二彼例一、主膳監未レ定之間、度二本家米於彼司一、可レ令二炊進一之由、仰二史維宗・典膳仲舒等一了」とみえる。除目によって組織が成立すれば、主膳監が実際に機能し始めることがうかがえよう。また主殿署についてみると、二十六日になって、主殿署の官人全員（首・令史）が除目で任命された際、実務を担う「雑人」などがまだ揃っていなかった。そこで御湯殿のことに関して、「御湯殿事須レ付二主殿署一。而雖レ任二官人一未レ有二雑人及其所等一。仍如レ例以二本家男等一令レ供二奉之一」ということになり、代わりに本家（師輔家）の者が奉仕している。

このように、十世紀半ばの段階でも、少なくとも主膳監と主殿署については、長官一人だけの名目的官司というわけではなかった。この憲平親王関係記事以降、監署官人について具体的にわかるのは、やや時間の下った敦良親王（後朱雀天皇）立太子時の寛仁元年（一〇一七）の坊官除目となるが、この段階ではすでに主膳正・主殿首・主馬首の三長官しか任じられていない[50]。以後、監署は基本的に三長官のみの官司となり[51]、のちには「代々主膳監不レ被レ定」[52]といわれるように、実在する官司としての認識も希薄になる。以上のことから、十世紀後半、遅くとも十一世紀初頭までの間に、監署の形骸化が進んだとみるべきだろう。

そして天暦四年の立太子儀に関して、別の側面からもう一つ注目したいのは、七月二十六日の監署官人が任じられた除目についてである。実はこの除目は「監署除目」という形をとっており、その三日前の立太子儀当日に行われた、春宮坊の官人を任じる「坊官除目」とは区別して行われている。平安時代中期以降のように、坊官除目の中で、監署の三長官が同時に任じられるのとは大きく異なるのである。反対に時間をさかのぼると、延長三年（九二五）の寛明親王（朱雀天皇）立太子のときにも、監署除目の存在が確認できる[53]。

監署の場合、長官といえども官位相当は従六位上・従六位下であり、五位よりも低い。実際、承和の変の際の六人の長官の位階をみると、六位もしくは七位である。また、六国史の薨卒伝にも監署の長官を経由した者が数人確認できるが、すべて各人が叙爵以前に任じられたものである。とすれば、国史に監署の官人の任用記事が現れないだけで、もともと監署官人を任じる除目は「監署除目」として、坊官除目とは独立して行われていたと考えられる。それに対して、寛仁元年以降にみえる実例では、監署官人は三長官だけが坊官除目の中で春宮坊の官人と同時に任命されていた。ここからも、十世紀後半から十一世紀初頭までの間に、坊に関して組織改編が大きく進み、監署の機能が縮小・消滅していったことが看取されよう。

では、こうした監署の動向が、「庁」の形成と具体的にどのように関わるのだろうか。そこで、さきの天暦四年の憲平親王立太子関係記事のうち、主殿署御湯殿始に関する八月十日条の「依レ未レ任二彼署下部等一、以二庁案主・蔵人各二人一、令レ舁二中取一」の記事に着目したい。ここでは、主殿署の雑任等がまだ任命されていないため、坊の案主・蔵人が代理で儀式に奉仕している様子がうかがえる。注意したいのは、この主殿署が行うべき中取を舁くなどの「御湯」に関する奉仕は、前節3項でも触れたように、のちに庁官の役割として固定されることである。つまり、この時期はまだ、のちのような「庁」・庁官の機能は確立していないことがうかがえるとともに、その確立とは、令制官司である監署の機能の一部を吸収しながら進められていったことが想定されるのである。

2　庁始にみる庁官の枠組の形成

次に、庁官の枠組の形成について検討したい。前節3項でみたように、治安元年（一〇二一）の見参奉呈の記事から、このころすでに春宮坊では、史生・蔵人・坊掌からなる一つの枠組が形成され、属の統括下にあったことが予測される。また前節1項でも触れたが、中宮職でも、寛仁二年（一〇一八）の藤原威子立后の際、「此日中宮庁初。下二史《〔生脱カ〕》・蔵人・職掌等名簿於大夫一[54]」とされ、同じころ庁始の場で史生・蔵人・職掌が同時に任用されているのが確認できる。十一世紀前半の段階で、すでに春宮坊・中宮職において、後世にみえるような、庁官の基本的枠組が成立していたことがうかがえる。これ以前になると、記録等の史料が少なくなるため、坊・職の下部組織についてうかがうことは難しい。しかし、既述のように、天暦四年（九五〇）の憲平親王立太子に関わる『九暦』の記事が、幸いにもまとまった形で残されている。そのうち、八月三日の東宮庁始に関する史料を次に掲げる。

> 此日始二庁事一。以二本家政所一為二其処一。辰剋以前庁官作《(ママ)》二印請文一〈大夫以下皆書二其署所一。大進遠規・少属豊範加署。〉大属維宗率二案主一人・蔵人一人一、辰剋就二外記一受レ之、令レ持二鎰取一、即来二於庁一。〈件印可二請取一之由、外記予問二其旨一。剋限以前触二申上卿一、令レ出レ之云々。〉巳剋坊官亮以下蔵人以上始二着庁事一。其座亮以下少進以上北面東上。《中略》史生座可レ在二西小板敷一。而今日依二史生未レ任之上、無二案主・蔵人之座処一。縦レ召二着於件座一。

【表】　春宮坊・中宮職の庁始に関わる下級官人

坊・職	立太子・立后年月日	記事月日	記事内容	任用ポスト	受印儀の奉仕者*1	令旨等の伝達経路	出典
春宮坊（憲平親王）	天暦4.7.23（950）	7.28	任用	案主・蔵人		東宮→大夫	『九暦』
		8.3	受印・請印		大属・案主・蔵人		『九暦』
春宮坊（敦良親王）	寛仁元.8.9（1017）	8.15	任用	「出納・史生・蔵人等雑任」			『御堂関白記』
		8.23	受印		大属・史生・蔵人・坊掌		『立坊部類記』
中宮職（藤原威子）	寛仁2.10.16（1018）	10.27	任用*2	史生カ・蔵人・職掌		中宮カ→大夫	『御堂関白記』
中宮職（藤原嫄子）	長元10.3.1（1037）	6.23	受印・請印		属・史生・蔵人・職掌		『行親記』
春宮坊（宗仁親王）	康和5.8.17（1103）	8.27	任用・受印・請印	勘公文・庁直・史生・蔵人・坊掌	大属以下	（奏覧ののち）亮→属（前々は、大夫→大進→庁）	『為房卿記』『本朝世紀』
中宮職（藤原聖子）	大治5.2.21（1130）	2.26	任用*3	「庁官」		中宮→大夫→亮	『中右記』
		3.4	受印・請印		属・史生・蔵人・職掌		『中右記』
皇后宮職（亮子内親王）	寿永元.8.14（1182）	8.29	受印・請印		少属・史生以下		『吉記』

*1　坊・職印の運搬者を除く
*2・3　出典史料には、この日に任用記事だけでなく「庁始（初）」の語もみえる

ここではまず庁始が師輔の家の「政所」で行われたことが目をひく。そしてさきに触れたように、庁始を行うにあたっては、儀式の中核である請印儀（請印始）で使用する坊・職の官司印を外記局から受け取る儀式があり（以下、便宜上、これを「受印儀」とする）、属に率いられた庁官がその儀式に奉仕したが、右の史料の前半もその様子を表している。このように受印儀は、下級官人だけで執行される儀式にもかかわらず、以後の史料でも比較的詳しく書き留められていることが多いため、庁始関連儀式の中で大きなウエイトを占めていたようである。そこで、平安時代の坊・職の庁始に関係する史料のうち、これら庁始（受印儀）に奉仕する下級官人について、彼らの任用記事も含め、具体的に述べた記事がみられるものを取り上げ、【表】にまとめた。

天暦四年の受印儀について、【表】の「受印儀の奉仕者」の中であらためて確認すると、十一世紀以降の事例のように、史生・蔵人・坊掌という庁官の基本メン

バーによる奉仕が、ここではみられない。印を受け取る使者は、大属に率いられた案主・蔵人であり、史生・坊掌などの姿はない[55]。史生はこの段階で「未任」であり、またこの前後において、史生・蔵人・坊掌というグループが一括して任じられた様子もみられない。庁始の際にまず史生・蔵人・坊（職）掌が一括して任じられ、彼らが一連の庁始関連儀式に奉仕する、という十一世紀以降のスタイルとはかけ離れているのである。史料が少ないため不明瞭な点もあるが、以上からみれば、史生や坊掌などの令制ポストが庁官に組み込まれるようになったのは、おおよそ十世紀後半の間、遅くとも十一世紀初頭までの間と推測される。『九暦』天暦四年七月二十八日・八月三日条によれば、この段階において、広義の庁に属するという意味での「庁官」の呼称はすでに成立していたようだが、このときはまだ、のちのような庁官の枠組は成立していなかったとみられよう。

前項において、ほぼ同じ時期に監署の機能が低下したこと、そしてその機能の一部は庁官へ移行したことについて指摘した。とするならば、庁官の新たな枠組の形成も、こうした動きの一環としてとらえるべきであろう。この時期こそが、下部組織としての「庁」成立の一つの画期であったと考えられるのである。

第三節　官司・官人制からみた「庁」の形成

春宮坊・中宮職における庁（「庁」）と院庁など他の庁との違いの一つに、庁官の中に史生および諸掌（坊掌・職掌）という令制のポストを含むという点があげられる。前節でみたように、これらは十世紀後半から十一世紀初頭までのいずれかの時点で、庁官の枠の中に組み込まれたと考えられる。広義の庁が、坊・職における家政機関としての側面が前面に出たものであるとするなら、令制官司の一般的な雑任であった史生や諸掌が、庁官としてその下部組織である庁に組み込まれたということは、たんなるポストの所管替えのようなものではないだろう。官司・官人制の展開という本章の視点からあらためてみた場合、この時期における庁官の拡充はどのようにとらえられるのであろうか。

庁官としての史生の任用方式に注意すると、第一節1項の宗仁親王立太子に伴う庁始の史料でみたように、史生をはじめとする庁官の任用の令旨を大夫（長官）が奉じ、それを本司の内部で下達してゆくような処理がとられていることがわかる。その点がうかがえるものをさきの【表】の「令旨等の伝達経路」に明記した。こうしたあり方は、雑任を含む一般的な令制官人の任用と大きく異なる。そこであらためて史生・坊（職）掌の任用方式について確認してゆきたい。

令制における官人の任用方式は、周知のように、選叙令3任官条で「勅任」「奏任」「判任」「式部判補」の大きく四つに分かれ、雑任である史生の任用方式は、舎人・使部・伴部などとともに式部判補とされている。しかし、実情に応じて諸司ごとにいくつかの任用パターンが形成されてゆき、『延喜式』式部省上90諸司史生条では、春宮坊・中宮職などの史生について、

　太政官・左右弁官・内記・中宮・内蔵・織部・木工・主殿・掃部・修理・春宮等官職坊寮司史生、待二宣旨一補任。

としている。ここにみえる「宣旨」とは、例えば「大納言藤原師輔卿参入、着二宜陽殿座一。即召二式部省一、給下補二三局史生一宣旨上」[56]のように、上卿が式部省に宣旨（具体的には奏上され、決裁を受けた諸司奏などの文書）を下す手続きを指す。馬寮等の史生に関しては兵部省に下すことになっていた。つまり、一部の主要な史生は奏任となっていたと考えられる。しかしいずれにしても、これらはみな令制のポストとして、式部・兵部の二省により把握さ

れるという点で、四等官などの狭義の「官人」と差異はない。

そして十世紀後半ごろの様子を反映しているとみられる『西宮記』でも、三局（外記局・左右弁官局）の史生について、式部省に下す宣旨による任用方式を載せ、それ以外の「諸司史生」についても同様に、

修理職・木工・馬寮・内蔵・主殿・掃部寮・斎院幷馬寮馬医等之類、以二奏状幷申文等一下二給上卿一下二給式兵省等一。自余式部補レ之。但、民部本省補レ之。[57]

とする。ここでも基本的には、式部・兵部省が上卿からの宣旨を受けるか、あるいは省自身による選任（判補）ということが規定されている（残りの「民部本省補レ之」については後述）。もっともこの史料では、「――等之類」とするだけで、具体的に坊・職のことまで明記されているわけではない。しかし【表】にもみえるように、史生の任用については、後々まで天皇・宮などの関わりがうかがえるから、やはり式部判補ではなく、上卿による式部省への勅旨の宣下方式であったと思われる。

こうした点からみると、坊・職の内部で「令旨」を「大夫」以下に下達してゆくという、庁官としての史生の任用手続きはかなり異質である。つまり、諸家の案主等の任用が、本主の「仰せ」によって、家政機関内部で処理されたように、[58]東宮・中宮等の「令旨」によって、坊・職の官司内部で処理されているのである。【表】によれば、その初見は十一世紀に入ってからの寛仁二年（一〇一八）となる。史生に対して（庁）蔵人といったポストに関しては、【表】にも記載したように、十世紀の天暦四年（九五〇）の段階ですでに「依二天慶七年例一大夫奉二件令旨一」[59]という手続きがとられていたことが確認できる。庁官としての史生とは、この家政機関的な任用方式、つまり庁としての任用方式の中に組み込まれたものといえよう。[60]

なお、天元五年（九八二）三月十一日に立后した藤原遵子（円融天皇中宮）の中宮職史生を経て勘公文となって

いた秦至平の中文[61]には、それぞれの年労関係情報について、

六年　史生労　同（天元）五年三月補任

十七年　当職労　永延二年十二月令旨

と記載する。ここで史生と勘公文の任用表記を「補任」「令旨」のように区別するのは、天元五年の段階では、史生がまだ令旨による内部的な任用方式に組み込まれていなかったことを示していよう。したがって、少なくとも職の史生に関しては、その任用の変化を十世紀末期から十一世紀初頭までの時期に絞り込むことができるだろう。

また、史生と同じ令制的雑任である諸掌（坊掌・職掌）の任用についても、同様の変化を指摘することができる。『延喜式』式部省上141官掌省掌等条によれば、職掌は「待二本司移一」って式部省が任用し、坊掌は式部省自身が選考して任用するという形をとる。しかし十一世紀以降、彼らの場合も、令旨を坊・職の内部で下してゆくという手続きをとることになるのである。

このように、坊・職の史生・諸掌が、令旨によって蔵人などとともに一括して任用されるようになったということは、たんに庁官の基本メンバーが揃ったということだけではない。そのポストが、奏任・判補などに区分される任用の枠組や、式部省による登録など、令制的な官人制運用の建前から解放され、庁の固有職員となったことを意味しているのである。ここで、さきの『西宮記』の史生一般の任用記事をあらためてみると、そこには従来通りの式部省関与の任用法を基本とする一方で、「民部本省補レ之」という形態も登場している[62]のがわかる。一部の史生においては、すでに式部・兵部省の所轄外となっているのである。坊・職の史生についても、十一世紀に入るころには同様の扱いになっていたといえよう。一方、弁官などの史生については、十一世紀はもちろん、院政期においても、依然として上卿からの宣旨を式部省が奉じる手続きを必要としていた[63]ことに注意したい。

このようにみると、十一世紀以降の坊・職の史生・諸掌は、名称こそ「史生」「坊掌」「職掌」ではあるが、右に述べたような意味で、もはや令制ポストとしてのそれと同質ではない。「庁官」という新しい地位としての「史生」「坊掌」「職掌」なのである。組織形成の面だけでなく、官人制の面からみた場合も、やはり十世紀末期前後の時期に、「庁」成立に関わる一つの画期が見出せるのである。

おわりに

以上、春宮坊・中宮職における下部組織としての「庁」の実態と形成の問題について検討してきた。最後に、形成の問題についてもう一度整理し、あらためて本章の視点からみた「庁」成立の意義について確認しておきたい。

春宮坊の周辺では、十世紀後半から十一世紀初頭までの間に、何らかの組織再編が行われた。そこでは、令制官司である被官監署の解体が進められる一方で、その機能の一部が庁官に移されていった。また、令制の雑任である坊・職の史生などが、十世紀末期ごろに新たに庁官として直接庁の管下に置かれ、庁官の枠組も再編された。広義の庁（＝坊・職）の下層部において、属（主典）のもとに庁官らを編成するという、下部組織としての「庁」の成立は、坊・職が庁（家政機関）としての側面を拡充・強化させた、この時期の組織再編の中に位置づけるべきであろう。東宮・中宮等における家政の実務部分を集約させる形で、新たな内部組織が誕生したものと評価したい。

ところで、この「庁」の成立が、家政機関としての組織拡充という側面が強いとするならば、摂関家家政機関の種類の変遷は十一世紀前半の道長期を画期としている、などの指摘[64]は注目される。もし坊・職周辺の組織再編と、こうした諸家の動向とが連動するものであるならば、この組織再編の直接的な契機そのものについては、例えば、十世紀末期における封物支払・輸納方式の変化[65]など、諸家や諸寺社等の財政運営等を維持するための諸システムの問題の中で考える必要があるかもしれない。本章では、官司・官人制の展開という視点に留意しながら、「庁」の組織と形成について検討してきたが、右のような点を考慮するならば、その成立をただちに官司・官人制一般の問題として論じることはできない。

ただし、この諸家の動向の中には、『西宮記』ではまだ「以二名簿一送二式部省一[66]」のような任用形態をみせる令制家令が、十一世紀の初期には、本主の御教書などで任用されるようになる[67]という変化もまた含まれると考えられる。そして令に規定された雑任が、十世紀後半までに式部省の管理のもとにある令制的な官人の枠組から離脱する事例は、さきの史生・諸掌以外にもみられる[68]。とするならば、坊・職において、こうした「庁」・庁官が成立したということ、言い換えるなら、成立が可能になったということは、律令官司・官人制度というもの自体が、国家機構を支えるシステムとしての「諸家」の変化に対して、このころまでにより柔軟に対応できるものに再編されていたことを示しているといえるのではないか。令制官司である春宮坊・中宮職の中に成立した下部組織としての「庁」、そして庁官について、官司・官人制の問題としてみてゆくことの意義はその点にあると考える。

註

（1）橋本義彦「院政論」（『平安貴族社会の研究』吉川弘文館、一九七六年、初出は一九七五年）。
（2）皇后宮職および皇太后宮職・太皇太后宮職内においても「庁」がみられるが、これらはいずれも后位に関わる官司の

「庁」として、同じ扱いをして差し支えないと思われるので、以下の「中宮職」の「庁」とは、これらも含むものとする。

(3) 橋本義彦「中宮庁」(『平安時代史事典』角川書店、一九九四年)、佐藤健治「摂関家の相折と下文」(『中世権門の成立と家政』吉川弘文館、二〇〇〇年)。ただし橋本氏は、この下部組織としての「庁」を「中宮庁」と表記しているが、のちに触れるように、平安時代の記録等にみられる「春宮(東宮)庁」「中宮庁」は、いずれも坊・職そのものとほぼ同義の広義の庁の用法に近いと思われ、下部組織としての「庁」であることを示す明確な用例はみられない。そのため、本章ではこの「庁」について、「中宮庁」などの表記は用いていない。

(4)『大日本史料』第三編之七。

(5) ただし、「庁直」について、ここでは「所々料」の方にみえる。

(6)『御堂関白記』寛仁二年(一〇一八)十月二十七日条。

(7)『拾芥抄』中、院司部第八(『新訂増補故実叢書』)。

(8) 例えば、『太上法皇御受戒記』寛和二年(九八六)三月二十二日条(『群書類従』第二十四輯)には、すでに庁官としての「蔵人」(後述のように殿上のそれとは別)と思われるものが確認できる。

(9) 坊・職の場合、令に規定はないが、坊の史生は『続日本後紀』承和十四年(八四七)七月丙寅条、坊掌は『日本後紀』弘仁六年(八一五)三月丁酉条に設置記事がみられる。職の史生・職掌の設置時期については不明。これらはいずれも『延喜式』式部上90諸司史生条・141官掌省掌等条に定員が規定されている。以下、本章ではこれらを令制ポストとして扱う。

(10) 直木孝次郎「奈良時代の蔵人」(『奈良時代史の諸問題』塙書房、一九六八年、初出は一九五八年)参照。直木氏は、造東大寺司において、史生・案主などの下に蔵人がいて、物品の出納・保管にあたっていたことを明らかにしている。

(11) 例えば、庁始に従事する職員の中に「召使」の姿も散見し、これも「庁」の構成員であったと思われる。ただ史生などと比較して位置づけが低く、「庁官・召使等」(『山槐記』治承二年(一一七八)十一月十二日条)のように、庁官と区別される場合があるので、「庁」の職員であっても、庁官のメンバーには入っていなかったとみられる。

(12)『大間成文抄』第八、長和三年(一〇一四)十月十一日若湯坐忠親申文。

（13）『北山抄』紙背文書、長保五年（一〇〇三）正月二十一日秦至平申文（『大日本史料』第二編之四）。

（14）『行親記』長暦元年（一〇三七）六月二十三日条（『続々群書類従』第五）、『中右記』大治五年（一一三〇）三月四日条。

（15）『為房卿記』康和五年（一一〇三）十月二十一日条（『大日本史料』第三編之七）。

（16）『大間成文抄』第八、長徳四年（九九八）十月二十二日酒部方光申文。

（17）この場合、庁官と兼任の形をとることが少なからずあったようである。

（18）『兵範記』紙背文書の中の久安六年（一一五〇）十二月十九日惟宗忠行申文（吉田早苗「京都大学附属図書館所蔵「兵範記」紙背文書にみられる申文」『東京大学史料編纂所報』一四、一九八〇年、の翻刻による）に「居二当職一（勘公文のこと：筆者註）之輩転二少属一者、古今之例也」とみえる。

（19）『九暦』天暦四年（九五〇）八月三日条。

（20）前掲註(18)史料の惟宗忠行は、藤原呈子（近衛天皇中宮）の中宮職の勘公文だが、彼は同時期、呈子の父摂政忠通の下家司（知家事）でもあった（久安五年（一一四九）五月六日東大寺僧覚仁・伊賀国目代中原利宗問注記案（『平安遺文』六―二六六四）、『兵範記』久寿二年（一一五五）十月十八日条）。

（21）『山槐記』治承二年（一一七八）六月二十八日条にみられる平徳子（高倉天皇中宮）の中宮職の「庁官」上野資時は、翌三年正月七日条では、東宮に立てられたばかりの徳子所生の言仁親王（安徳天皇）の坊の「史生以下」の中にみられる。

（22）『除目抄』筥文積様（『群書類従』第七輯）。

（23）中原俊章『中世公家と地下官人』（吉川弘文館、一九八七年）。

（24）『左経記』万寿三年（一〇二六）十二月十日条、『御産部類記』四、後一条院、「不知記」寛弘五年（一〇〇八）九月十一日条など。

（25）前掲註(3)橋本氏執筆項目。

（26）以下、本文引用は高橋秀樹編『新訂吉記』本文編二（和泉書院、二〇〇四年）による。

(27)『小右記』治安元年（一〇二一）九月三日条。
(28)なお、『小記目録』第十八は同日条について、「東宮庁官見参持参事。〈去除目任ㇾ傅。〉」とする。
(29)『水左記』承暦元年（一〇七七）閏十二月九日条。
(30)その点で、坊・職の「庁」における属は、院庁における主典代と共通する性格がみられる。本郷恵子「院庁務の成立と商工業統制――中世前期における下級官人の動向について――」（『中世公家政権の研究』東京大学出版会、一九九八年、初出は一九八八年）参照。
(31)女院の庁官は、主典代などと同様に、職の職員がそのまま移行するケースが多かったようである（『顕時卿記』久安五年（一一四九）十月二日条（『歴代残闕日記』巻二十四）参照）。
(32)『臨時簡要抄』親王宣下（『続群書類従』第十一輯下）。
(33)元木泰雄「摂関家家政機関の拡充」（『院政期政治史研究』思文閣出版、一九九六年、初出は一九八一・八四年）。
(34)なお、この敦成親王の政所・蔵人所開設について、『小右記』寛弘五年（一〇〇八）十一月十日条は、「今日新皇子政所・侍所等始」とする。
(35)『中右記』元永二年（一一一九）六月十九日条。
(36)『長秋記』大治四年（一一二九）十月（二十二日）条。『江家次第』巻第十七、当代親王宣旨事における任用次第でも、庁別当に相当するものを「家司」としている。
(37)『顕隆卿記』康和五年（一一〇三）八月二十七日条（『大日本史料』第三編之七）。
(38)元和古活字本『倭名類聚抄』巻第十、観智院本『類聚名義抄』法下。
(39)『朝野群載』巻四、康和三年（一一〇一）九月二十五日中宮職庁下文。
(40)長寛二年（一一六四）六月権中納言家政所下文（『平安遺文』七―三二八五）など。
(41)『山槐記』治承三年（一一七九）正月六日条など。
(42)平安時代中期における空間としての「中宮庁」の用例は、内裏外の中宮職（職御曹司）に対して、内裏の貞観殿内に置かれた機関を指すことが多かったとみられる（山中裕編『御堂関白記全註釈』長和元年二月九日条（高科書店、一九八八年）註釈参照）。中宮の近くで奉仕する空間であるため、相対的に家政機関としての側面が強く出ているのであろう。行啓に際して、御所となった場所に、「大（台）盤所」「進物所」「侍所」とともに、（「職」ではなく）「庁」のスペースが設けられている（『兵範記』保元三年（一一五八）十月十六日条など）のは、そうしたことを端的に表していよう。

(43) なお、院庁・女院庁の場合、坊・職と異なり、恒常的に庁を称しているが、それらは当初から令制的な官司体系に組み込まれていない「官司」だからであろう。延長二年（九二四）に「院庁雑色」（『西宮記』臨時八、天皇御賀）が確認でき、また後院（後院庁）に関しても、『新儀式』第四、後院事（『群書類従』第六輯）に「庁蔵人三人。〈用二一分品者一〉」とみえるように、「院」では早くから官司的組織としての庁の呼称が生じていたようである。一方、親王家の庁は、諸院宮に比べ、諸家の政所に極めて近い位置にあったと思われる。そのため、坊・職とは反対に、組織の官司的側面が強く出た場において、（政所でなく）庁が使用されたのではないだろうか。文書上では「二品親王庁」（『兵範記』久安五年（一一四九）十月二十五日条）のような表記をとっていたらしい。

(44) 前掲註(3)佐藤氏論文。

(45)『類聚三代格』巻四、大同二年（八〇七）八月十二日太政官符。

(46)『官職秘鈔』下（『群書類従』第五輯）。

(47) 式の篇目の立て方に問題はあるが、諸式から六官司の存在がうかがえ、春宮坊39帖茵条の「折薦茵廿三枚。〈進・属各三人、監署官十七人料。〉」では十七ポストが確認できる。なお、監署に関する式については、早川万年「古代官制表の〝陥穽〟」（『日本歴史』七五五、二〇一一年）も参照。

(48)『紀家集』紙背文書、延喜十七年（九一七）正月七日山河美岳申文。

(49)『続日本後紀』承和十四年（八四七）七月丙寅条。

(50)『立坊部類記』所引「外記日記」寛仁元年（一〇一七）八月九日条（『群書類従』第七輯）。

(51) 以後も、東宮に関する諸行事の場において、三監署による奉仕が残る場合があるが、「官人」としての奉仕は、長官のみによって行われたと考えられる。また、平安時代末期成立の『東宮年中行事』七月七日「きつかうてん（乞巧奠）の事」（『群書類従』第六輯）にみえる、「には（庭）にひろむしろ（広筵）三枚をしきて、しゆでんのかみ（主殿首）のしもべ（下部）これをしく」のようなことも、必要に応じて行われていたであろう。なお、主馬署に関しては、行事の場だけでなく、日常的な馬の管理も必要となるため、令制の馬部に相当すると思われる「舎人」（『御堂関白記』寛弘八年（一〇一一）四月十日条など）が置かれていた。

(52)『為房卿記』康和五年（一一〇三）八月十七日条（『大日本史料』第三編之七）。

(53)『醍醐天皇御記』延長三年（九二五）十月二十八日条（『西宮記』恒例第一、正月、大臣召（裏書）所引）によれば、天皇は左大臣に仰せて「令レ行二春宮坊監署除目事一」めている。この立坊のときの東宮傅・大夫などは、立太子の日である二十一日に任じられている（同二十一日条、『公卿補任』延長三年条）から、やはり監署除目は坊官除目のあと、別に行われていたことがわかる。

(54)前掲註(6)史料。

(55)ただし、このときの庁始では、案主が「史生代」として奉仕している。この点については、後掲註(60)で触れる。

(56)『本朝世紀』天慶五年（九四二）閏三月二十九日条。

(57)『西宮記』第二巻（臨時二）、諸宣旨例。

(58)『小右記』長和二年（一〇一三）八月五日条など。

(59)『九暦』天暦四年（九五〇）七月二十八日条。

(60)ここで『九暦』天暦四年八月三日条の庁始記事における史生の位置づけについて、あらためて確認しておく。このとき、史生自体は「未任」であるものの、「今日史生未レ補。仍以二案主秦保問一為二史生代一、令二請印一。件男兼二大炊史生一、頗知二事儀一云々」「納印之後、聊儲二饗饌一。〈庁以二本家案主矢田部実連一令レ設レ饗。件実連可レ任二史生一之由、儀定了。仍内定所レ令レ設云々。〉」など、史生の代理で奉仕する者が複数いた。このうち秦保問に関しては、数日前に出された既述の令旨（前掲註(59)史料）で、庁始の準備のため案主に任命されていた。本主の立后に伴って女御「案主」が中宮職「史生」へと移行している事例（前掲註(13)史料）を参照するならば、彼についても、取り急ぎ案主という形で採用して庁始の準備にあたらせていただけで、のちに史生という「官職」へ移行させることを前提としての採用であった可能性が高い。また、矢田部実連についても「内定」とみえる。つまり、彼らは史生になることが東宮家内で決定していた。にもかかわらず、彼らが庁始の場で正式な史生の立場で奉仕できなかったのは、当時、史生については、まだ式部省が関わる任用手続きが必要であり、何らかの事情により省側でその手続きが遅れていたからであろう。例えば、除目のような最重要人事でさえ、任官儀（下名）における式部・兵部省官人の不参により、任用結果の受理が遅れることがままあった（『西宮記』恒例第一、正月、直物の裏書所引の『九暦』天暦七年（九五三）正月十四・十七・十九日条など）。また、当時の実際の実施状況は不明であるが、『延喜式』式部省下35試補史生条において詳細に記される「試補諸司史生」の省内儀礼が、まだ行われていなかったことも想定できる。すなわち、「庁官」となる以前の史生の任用に際しては、令制官職としてのさまざまな形式的制約があったと思われる。

(61) 前掲註(13)史料。

(62) この実例に関して、『行親記』長暦元年（一〇三七）十月二十七・三十日条（『続々群書類従』第五）の記事が参考になる。それによれば、傷害事件の犯人を射止めた中臣有武への賞として、本人の申請により、その父吉重の民部史生任用がとくに許されることになったのだが、その勅許は蔵人を通して直接「民部卿」に伝えられていたのである。ときの民部卿は権中納言源道方だが、『西宮記』の記載をふまえれば、彼は上卿として宣旨を奉じた（さらにそれを式部省に宣下した）わけではなく、卿として本省内部での任用処理（具体的には卿宣の下達）を命ぜられたと解すべきであろう。

(63) 『長秋記』長承元年（一一三二）六月三日条など。

(64) 佐藤健治「摂関家における「公的家」の基本構造」（前掲註(3)佐藤氏書）。

(65) 佐藤泰弘「徴税制度の再編」（『日本中世の黎明』京都大学学術出版会、二〇〇一年、初出は一九九〇年）。

(66) 『西宮記』臨時一（乙）、臨時雑宣旨。

(67) 前掲註(33)元木氏論文。さらに『小右記』治安元年（一〇二一）八月二十一日条にみられるように、やはり本来的には令制ポストである従・書吏が、知家事・案主とともに一括して任じられるようになったことは、坊・職の史生・坊（職）掌が、勘公文・蔵人などと一緒に任用されるようになったことと重なる点で注意される。

(68) 例えば、弁官の文殿では、既述のような式部省における手続きを経て史生となった者に対し、さらに内部的な大弁宣によって預が任じられていたが、文殿使部については、そうした出向形態をとらず、大弁宣のみで直接使部が採用されていた（『類聚符宣抄』第七、永観三年（九八五）四月一日宣旨、寛和二年（九八六）九月二十九日宣旨参照）。

第Ⅲ部　律令官人制の再編

第一章　「除目」以外の官人任用手続きの変化と式部省

はじめに

律令官人の人事を担当する官司は、式部省をはじめとする三省である。その主要な機能とは、式部省について令で「選叙」（職員令13式部省条）、「銓二衡人物一、擢二尽才能一」（考課令13条）と規定される、叙位と任用に関する機能といえる。

しかしながら任用の機能に関しては、周知のように令制施行直後の大宝元年（七〇一）七月二十八日太政官処分で「凡選任之人、奏任以上者、以二名籍一送二太政官一、判任者、式部銓擬而送之」[1]「夫選任者、奏任以上者、注二可レ用人名一、申二送太政官一。但官判任者、銓擬而申二太政官[2]一」となり、奏任以上のポストについては、郡領を除いて式部省の銓擬権が事実上失われたとされる[3]。

実際、その奏任以上の官人を決定する「除目」について、平安時代の儀式書をみても、式部省は任用確定後の任官儀（下名）の場面を除いてまったく姿をみせない。こうしたこともあって、式部省の任用に関する機能については、ほとんど問題にされてこなかったといえよう。とはいえ、官人ポスト全体を俯瞰した場合、大宝元年太政官処分は一面で、判任以下のポストに関しては、式部省の銓擬権をあらためて保証している点に注意したい。

ところで、『延喜式』式部省上79選任条には、「凡選任者、奏任以上者、省注二可レ用人名一、申二送太政官一。但官判任者、銓擬而申二太政官一」という規定がみえ、大宝元年の制度的枠組がここでも一応は提示されており、その手続き形態が一貫して維持されているようにもみえる。しかし一方で九・十世紀の官人任用の実態を示す史料をみると、式部省の銓擬権が認められているはずの判任以下において、省の役割は大きく変化しつつある様子がうかがえる。そこで本章では、「除目」とは関わりをもたない判任以下の下級ポストを対象に、式部省[4]との関係を軸にその任用手続きについて検討し、そうした変化の意味について考えてみたい。

第一節　式部判補と式部省①——「一分召」の場合——

選叙令3任官条によれば、「判任」のポストは「主政・主帳、及家令等」であり、「式部判補」は「舎人・史生・使部・伴部・帳内・資人等」とされている。しかし十世紀までを通して個々のポストに目を向けると、決裁権者の変更をはじめ、任用手続きが改変されている場合が少なからずみられる。そこでまず本節では、式部判補とされる諸国の史生について、十世紀段階での任用手続きを確認する。

当時、諸国史生の任用は「一分召」によって行われていた。そして同じ一分のポストである諸国の品官、すなわち国博士・国医師などもその場で任用が決定されていた。この一分召は除目の一つとしてみなされ、一分召除目とも呼ばれているが、十一世紀の早い時期までに廃絶したらしく、関連史料が少ない。そのため通常の「除目」とは異なり不明な部分が多い。『西宮記』では次のように説明する。

【史料1】『西宮記』恒例第二、二月、一分召

一、一分召〈卿参レ省行レ之。丞一（二）人乗下結二唐尾一馬上奉レ引。卿乗二廂指糸毛車一。或於二里亭一行レ之。〉

省卿以二殿上丞一、令レ奏下可レ行二一分召一由上。頭奏レ勅仰二諸司所々一、令レ進二申文一、撰定奏聞。〈以二内給案文一下二内給所一〉当日、召二上卿一給二宣旨一。上卿召二省輔於陣一下レ之。〈留二目録一〉内給廿人、先国、次書二品官一、次国、次書二一分一。不レ満二廿人一者、注二未レ補員一。人給在二此中一者、無二尻付一。〈乳母女房、申二正員品官一、不レ入二内給一。以二諸道挙一補レ之。〉所小舎人・御書所小舎人・穀倉院雑色・内御書所小舎人・作物所小舎人・御厨子所小舎人・内蔵寮舎人・御院舎人・近江国日次所預・交野長御鷹飼官人・織手等、以二内給一給レ之。旧名替別紙、三宮御給一束、〈三人。〉公卿給一束、〈太政大臣三人、大臣二人、納言・参議一人、女御一人。〉内侍給一束、〈上下皆一人。〉省官給一束、〈卿二人、輔・丞一人、録幷造省二人、厨家二人。〉諸司兼国一束、諸司年料一束、〈大舎人（一人）、近衛一（二）人、兵衛一人、右衛門隔年。〉指宣旨一束、〈申文載二一両国一也。要国字傍以レ墨点。謂二之指宣旨一。〉諸道儒後挙一束、〈不レ入二指宣旨一也。〉諸司労奏一束、〈不レ入二指宣旨一。在レ式、仍不レ入。〉已上毎レ束、作二短尺一也。正員中文皆出レ省、権任奏。内給正権通補。〈除目畢、一通進二蔵人所一。〉大宰品官経博士明経挙、陸奥博士紀伝挙。〈已上二所品官入二大除目一、不レ入二一分召一。〉

ここでの基本的な流れは、蔵人頭のもとに集められた申文の中から頭が適当なものを選び、天皇の裁可を経て上卿に下し、上卿はこれをそのまま式部省の輔に下す、ということになる。またこれとは別に『西宮記』は次のような記事を載せる。

【史料2】『西宮記』第二巻（臨時二）、一分召時宣旨事

式部省定レ日奏下聞可レ行二一分召一由上。先一日、諸司所々奏・公卿請文等、従二御所一下給。伝仰云、択定可レ下者。上卿選定之間、所レ用之文書、一分之闕国補任帳並年々宣旨抄等也。即選定訖〈若有二違失之文一、相加奏聞。〉返奏。勅許之後、〈上卿予写二留其目録一。〉召二式部省輔於陣膝突一給レ之。或於二御前一被二一定一之後、各点二

定申請之傍一、而下給矣。〈公卿之給者、以レ出被レ点二其上一。〉仍上卿予写二留目録一、即召レ輔下給更無二何煩一。但、件事触レ色有二其例一。公卿之給者、以二品官之権任一分等一申請、至二于品官正員一、道々受業練道之者所レ給也。省任二道理一補二定之一。〈一分正員亦同。〉又諸司之間、或有二毎事年給之司一、或有二隔年給之司一。〈諸道又有レ給二隔年一。〉如レ此之事甚以繁多、善々可レ尋二先例一。

これは、蔵人を通して奏上された申文が事前に天皇から上卿に下され、その中から上卿が任用者の申文を選定する方式で、選定が終わると上卿は勅裁を得た上で省の輔に申文を下すことになる。ここでは御前儀の場合も併記されており、九世紀末には御前儀の実例が知られるので[5]、これらは【史料1】よりもより古い任用法かもしれない。いずれにしても、いわゆる「除目」における任官儀と同様に、最終的には勅裁を経た任用文書（ここでは申文そのもの）を上卿が式部省の官人に直接下す、という形式をとっていた。決裁レベルでみれば奏任ということになるだろう。

八世紀において、諸国史生は実際に「式部判補」の形が守られていたので[6]、『西宮記』のころには、少なくとも決裁面で式部省の権限が後退していることは間違いないであろう。そこで問題になるのは、『西宮記』の二つの史料は、式部輔が上卿から宣旨を受ける以外に、省の具体的な役割を本文で触れないにもかかわらず、一方で式部省や式部卿が儀式の主体であることをそれぞれ冒頭で示唆（「卿参レ省行レ之。〈中略〉或於二里亭一行レ之」「式部省定レ日奏下聞可レ行二一分召一由上」）していることである。『小野宮年中行事』も「式部省行二一分除目一事」[7]との項目を立てながら、蔵人・上卿を中心とした作法を記すのみである。儀式書の性質上、それ以外は触れる必要はなかったともいえるのだが、こうした記載から、諸司の有労者に対する任用なども、蔵人や上卿によって決定されたように理解されている[8]。実例からも、実際に一分召で大臣等が人員選考を行っていたことは間違いないが[9]、しかしすべての部分がそのようにして決定されていたとみるべきなのだろうか。

『本朝世紀』天慶元年（九三八）九月八日条に、この年に行われた一分召について、「於㆓式部省㆒有㆓一分除目之事㆒。其儀於㆓卿宮㆒行㆑之。於㆑省召立。但卿不㆑参」とみえる。ここでは一分召の名称の通り、通常の除目の任官儀と同様、任用された官人を「召」す儀式が行われたことがわかる。そしてこのときのことは、『貞信公記抄』同日条にも、「一分召、卿親王申㆓病由㆒、不㆑参㆑省」とみえる。これらからわかることは、この日、少なくとも「卿宮」と「省」の二つの場所で任用に関する儀式が行われたことである。『本朝世紀』にみえる式部卿（敦実親王）の「不㆑参」とは、おそらく省での任官儀（「召立」）のみの不参であり、式部卿の参加を前提とする儀式が別に行われていたことに注意したい。

一方、『貞信公記抄』にはその前日の七日条に「一分宣旨給㆓元方朝臣㆒」とみえる。この当時、藤原元方は式部大輔であったから、『西宮記』などの儀式書が「一分召」として説明する儀式は、式部卿が中心に行う儀式の前日にすでに行われていたことがわかる。そして、このような形式は特殊ではなく、式部輔への「一分宣旨」下給があった日の翌日（あるいは翌々日）の「一分召」「一分召除目」の記事は、ほかにもいくつか確認できる。つまりこの当時、〈上卿から式部省官人への宣旨下給→式部省（あるいは式部卿の里亭）内の儀式→式部省における任官儀〉の基本的な流れが想定され、宣旨の下給と任官儀との間に、儀式書でも示唆する式部省（あるいは式部卿の里亭）で行われるべき儀式が原則として存在したと考えられるのである。

『本朝世紀』が「一分除目」の行われた場所のことを、厳密には「於㆓卿宮㆒」としているように、そこで行われる式部省が主体となる儀式こそが、本来的な意味での一分の「除目」だったのではないだろうか。式部省が上卿から宣旨（決裁済みの申文）を受けたのち、はじめて正式な「除目」が、省（卿）の主導のもとで開催されたと考えられるのである。通常の除目のように、清書された任用文書＝召名でなく、個々の勅裁を経た中文（＝宣旨）そのものが式部省に下されるのも、その宣旨によって決定されたポスト以外について、省が選考を行ってからはじめて、両者をあわせた正式な召名が省内で作成されたためと思われる。

したがって『西宮記』が【史料1】で「正員申文皆出レ省、権任奏」、【史料2】で「公卿之給者、以二品官之権任一分等一申請、至二于品官正員一、道々受業練道之者所レ給也。省任二道理一補二定之一。〈一分正員亦同。〉」とするのも、こうした任用決定の場の分化を表しているといえよう。つまり形態上、二系統の任用決定の場が並列的に存在していたと考えられるのである。そして「権任奏」に対して、正員を任じる式部省（本省あるいは卿の里亭）側における儀式こそが、「一分」として本来的なものであったことが推測できよう。

「一分召」という呼称は仁和三年（八八七）には確認できる。[10] その段階の一分召が十世紀後半の『西宮記』と同じ構造をとっていたかどうかはわからないが、右のような任用形式の二元化は、すでに『延喜式』にもうかがえる。例えば諸国品官に関して式部式に、

【史料3】『延喜式』式部省上

a凡大学諸博士、六位已下兼二任諸国権博士一。但先奏後補。典薬医針博士、准レ之兼二任権医師一。（180博士兼任条）

b凡勘解由使主典一人、輪転令レ兼二国博士得業一。待二使局所レ送名簿一乃補。（183兼国条）

c凡薬生等、雖レ不レ奉レ試、而習二合薬療治一者、侍医等共挙申レ省、任二国医師一。（192薬生条）

などがみられる。すなわち、権任を任じるaは「奏」によって、b・cは式部省の決裁のみによって、任用が決定されたとみられるのである。式部式にはまた、諸国史生の任用に関して、次のような規定を載せる。

【史料4】『延喜式』式部省上

a凡主計・主税・勘解由等寮使史生、労十年為レ限、自外諸司史生、廿年為レ限、並補二諸国史生一。（93年労任官条）

b凡大舎人労廿年為レ限、毎年一人任二諸国史生一。（94大舎人年労条）

c凡左右近衛、長上十五年、番上廿年為レ限、毎年各二人、左右兵衛各一人、左右衛門隔年各一人、任二諸国史生一。《下略》（149諸衛任官条）

このうちb・cについては、『西宮記』【史料1】後半で「諸司年料一束、〈大舎人（一人）、近衛一（二）人、兵衛一人、右衛門隔年。〉」とするものを指すといえるが、これらが式部式に載せられ、かつ【史料3a】のようにとくに「奏」などのことわりもないことから、こうした諸司の有労者の諸国史生任用枠についての決定権は式部省にあったことがうかがえるのである。[11]

なお、『延喜式』にはみられないが、『西宮記』【史料1】に記載する一般の年給分（「内給」「三宮御給」など）に関しては、九世紀末までにはすでに「一分」を含む年給制度が確立しているため、[12]これらはその性質上、当初から「奏」を通して任用が決定されていたとみられる。また、同様に【史料1】の「省官給」、つまり式部省に対しての年給に関しても、「造省」「厨家」分について、その「一分代」としての十世紀中・後期の請奏とそれに対する奉勅宣旨の実例が残っている。[13]したがってそれについても、蔵人を通しての「奏」にもとづく任用が、十世紀半ばには行われていたとみられよう。このように『西宮記』にみえる一分召の基本的な枠組は、十世紀前半にはほぼ成立していたと考えてよいだろう。

通常の「除目」における任用の多くは、天皇などによるいわゆる「恩寵」にもとづく任用と、所属機関における「年労」による任用とに分けられることが指摘されているが、[14]一分召も全体をみた場合は、おおよそそれに対応していたといえよう。ただ一分召の場合は、両者が同じ場で決定されたわけでなく、「恩寵」などによる官人任用が「奏」にもとづく宣旨によって先に決定されたのである。『西宮記』【史料1】に掲出されている「内給」以下の項目には、両方のケースが混在しているといえよう。

「恩寵」部分の主体となる年給制度は九世紀前半に発生し[15]、既述のように九世紀末までに整備されていったと考えられている。一分召においても、本来的な式部省における銓擬の上を徐々に覆ってゆく形で、そのような「恩寵」などに関わる制度が、九世紀の間に展開していったのではないだろうか。その点で九世紀半ばの次の史料もまた留意しておく必要がある。

【史料5】『続日本後紀』承和七年（八四〇）六月甲子条

　択㆓諸司史生高年者七人㆒、其歴名賜㆓式部省㆒、令㆑除㆓近江・播磨・備前等国権史生㆒。恤㆑耄也。

【史料6】『続日本後紀』承和八年（八四一）閏九月乙巳条

　択㆓諸司史生及長上年七十已上者四人㆒、補㆓外国権史生㆒。矜㆓耆老㆒也。

ここでは任用事由が「恤㆑耄」「矜㆓耆老㆒」とされ、そして任用手続きも「其歴名賜㆓式部省㆒」となっている。さらに任用されるポストが権任である点からも、この措置は「奏」による任用の初期の系譜につらなるものと考えられよう。九世紀前半から十世紀前半ごろにかけて、諸国史生の任用については、このような二元化が徐々に展開していったのである。

第二節　式部判補と式部省②——「一分召」以外の場合——

前節において、本来的には式部判補であった諸国史生の「奏」による任用手続きの展開が確認できた。それに関して、決裁レベルのランクアップと同じくらい注意されるのは、式部省の事前の関与についてである。すなわち「奏」による任用法の場合、蔵人のもとに申文が集められたことなどにみられるように、決裁以前の段階において任用候補者に対する式部省の事前の関与がうかがえないのである。本章の冒頭で触れた、大宝元年太政官処分および式の任用規定からすると、奏任の場合でも、少なくとも何らかの人名リスト・資料等が省の責任で太政官に上申されることになっていた。そうした形式によって、任用選考における式部省の関与、という令制上の建前が維持されていたともいえよう。そこで本節では、この決裁以前における式部省の関与という点にとくに留意して、他の式部判補ポストの任用法についても確認することにする。

最初に「諸司」の史生の任用法について。『西宮記』によれば、諸司史生の任用は次のようになっている。

【史料7】『西宮記』第二巻（臨時二）、諸宣旨例[16]

一、三局史生事。

以二奏状一〈先下二給式部省一、勘二申闕否一之後、可レ被レ下云々。〉従二御所一下二給上卿一給二式部一。〈勘解由史生隔年補。自余諸司皆有二常例一。〉

一、諸司史生幷諸衛府生事。〈織部文師奉レ勅給二官符一、可レ□(仰カ)二上宣一。〉

修理職・木工・馬寮・内蔵・主殿・掃部寮・斎院幷馬寮馬医等之類、以二奏状幷申文等一下二給上卿一下二給式兵省等一。自余式部補レ之。但、民部本省補レ之。

ここでは、諸国史生の場合と同様、式部判補の史生がみえる一方で、一部の主要な史生に関しては、天皇の決裁済みの「奏状幷申文」が式部省に下されることによって任用が完了したことがわかる。この奏状などに関しては、のちの例になるが、治暦四年（一〇六八）の「外記史生請奏」の実例が残っており[17]、その「請奏」の形態から考えて、諸司（実例の場合は外記局）から蔵人などを通じて直接、奏状が天皇のもとにもたらされたとみられる。実際、諸司史生と併記され同じ任用法をとる諸衛府生についても、衛府から「府生請奏」が直接蔵人に付され、天皇の決裁を経たのち、「府生宣旨」として決定通知が上卿に下されていたことが確認できる。(18) また後述するように、勘解由使史生については、承和五年（八三八）には任用に際して式部省の関与がすでに失われていることが明らかである。したがって十世紀後半においては、勅裁を必要とする諸司史生の任用に関しても、やはり式部省は事前に関与していなかったと考えられる。

しかしながら、『延喜式』の段階では、状況はやや異なっていたようである。式には諸司史生の任用について、

【史料8】『延喜式』式部省上92雑色条

凡雑色輩、頗有下耐二書算一者上、省課試補二任諸司史生一。

とみえ、式部省が「課試」することがまず基本とされている。その「課試」の儀式次第も詳しく規定されている。

【史料9】『延喜式』式部省下35試補史生条

試二補諸司史生一

諸司番上有下読二律令格式・維城典訓一、弁工二書算一者上、省召二其身一試之。《中略》訖監試之官、具録二其状一、連署為レ記。随レ才擢二用諸司史生一。〈試二図書寮雑色生一亦准レ此。〉

そして、右の規定とともに、諸司・諸衛の事情に応じた、詳細な規定も併記されている。

【史料10】『延喜式』式部上90諸司史生条

凡諸司史生者、《中略》其式部・民部・兵部三省史生者、試二練景迹一、然後取用。亦不レ得三輙補二畿外人一。但太政官・左右弁官・内記・中宮・内蔵・織部・木工・主殿・掃部・修理・春宮等官職坊寮司史生、待二宣旨一補

任。勘解由・斎院・施薬院等使司史生、待㆔従㆑官下㆓名簿㆒、不㆑試直補之。兵部省・春宮坊監署等史生、待㆓本司移㆒補之。大学寮権史生、待㆔寮進㆓名簿㆒、不㆑試直補。

【史料11】『延喜式』兵部25武官補任条

凡隼人司史生五人、〈権三人。但二人以㆓扶省掌㆒補之。〉左右近衛府府生各六人、左右衛門府・左右兵衛府各四人、左右馬寮馬医各二人、史生各四人、兵庫寮長上三人、史生四人。但六衛府府生幷馬寮馬医・史生待㆓宣旨㆒補任。自余省補之。

ここで右の『延喜式』【史料10】の規定と、さきの『西宮記』【史料7】の規定とを対照させたとき、決裁レベルごとの諸司区分に関して共通する部分がある一方で、式部省の関与に関して相違があることがうかがえる。そこで式の規定を詳しくみておきたい。

まずここでは、勘解由使史生以下と大学寮権史生以下をとくに「不㆑試直補」と区別するところなどからみて、「待㆓宣旨㆒」つことも要件となる太政官[19]（外記）史生以下も含め、主要な史生は式部省により「試㆓練景迹㆒」されることになっていたと考えられる。一方、勘解由使史生の「不㆑試」の由来については、『続日本後紀』承和五年（八三八）六月壬子条「勘解由使言、使局史□下㆓名簿㆒、不㆑給㆓監試㆒、便被㆓補任㆒。許㆑之」と考えられる。そしてこの中の「監試」の用法が、【史料9】の「監試之官」と共通するので、この試は、【史料8】の「課試」を指すとみてよい。したがって「試㆓練景迹㆒」とは、やはりこの史生一般に対しての課試と考えてよいだろう。いずれにしても、実態はともかく、『延喜式』においては、宣旨を必要とする三局（外記局・左右弁官局）史生などのポストを含め、まだ多くの史生が式部省による課試あるいは何らかの審査を経由したとみられる方式を収載していることに注意したい。このように、『延喜式』と『西宮記』を対比させると、諸司史生の任用についても、式部省による事前審査・上申手続き等を経ずに、諸司が天皇や太政官に直接決裁を申請するようになってゆく傾向がうかがえるのである。

こうした式部省の事前の非関与の傾向は、九世紀以降、史生に準じて複数の諸司に新たに設置されていった書生の任用の様子からもうかがえる。『類聚三代格』巻四にまとまって収載されている諸司書生設置の太政官符[20]には、例えば天長五年（八二八）の勘解由使書生設置の際に「民部・左右京職等例」に準じて「不レ歴二省試一」とあり、承和二年（八三五）の治部省での設置の際も「不レ歴二省試一」とみえる。つまり、九世紀以降の新設にあたって、式部省の非関与は原則だったといえよう。ちなみに貞観十四年（八七二）の勘解由使書生の増員の際の官符には、「不レ経二監試一」とあり、書生任用の式部省の試験も史生と同様に「監試」と呼ばれていたことがわかる。

この史生以外の式部判補のポストとしては、令制上では「舎人・使部・伴部」があげられる。これらの任用手続きの変化については、トネリ出身制度の変質として、すでに本書第Ⅱ部第一章で検討した。そこでの結論を示せば、令制上、位子階層の出身の際に一律に課せられていた式部省などの「簡試」（軍防令47内六位条）は、九世紀前半に廃止され、以後は諸司ごとに使部などの採用を行う出身方式（雑色出身）が中心となっていった。つまり決裁レベルこそ変わらないものの、選任の際に式部省の関与はほとんどなくなり、省は諸司の選考の結果を受けそれを登録するだけの役割になっていたのである。

もっとも一部の伴部については、決裁レベルも変わっている例がみられる。『類聚符宣抄』第一所収の「補二卜部一事」に関する康保二年（九六五）五月十七日太政官符によれば、伴部である「卜部」は、その当時、神祇官の申請にもとづいて太政官が決裁する方式、すなわち判任になっていることが知られる。そして次節で述べるように、やはりこの場合も式部省は上申過程において関与がなく、省は官人把握機関として、その任用結果を太政官から官符で受けるだけだったのである。

本章冒頭でみたように、式では制度上、奏任の任用手続きでも、式部省によって候補者（有資格者）が上申されることが建前であった。諸司史生の場合、決裁レベルが式部判補から奏任へ移行したとしても、当初は式部省による何らかの試を経ていたと考えられる。たとえそれが形式的なものになったにせよ、律令官人任用の建前上、事前に一定の関与が必要だった。しかし、奏任となった雑任（分番）クラスのポストは、十世紀の間に式部省の事前関与はなくなった。そして式部省の決裁権が維持されるケースでも、省自身に選任の裁量の余地はなく、基本的に省は諸司などの選考の結果を受け入れるだけになっていたと考えられる。[21]つまり九世紀以降、令制の式部選任の建前が一部で崩れ始め、十世紀後半以降は急速にそれが失われていったのである。[22]もしそうならば、式部省による任用候補者の「銓擬」と太政官への上申（すなわち三省申政）が、大宝元年太政官処分や式などで明確に規定されていた判任の任用において、式部省の位置づけはどのようになったのであろうか。そこで最後に、十世紀以降における判任の任用法について検討したい。

第三節　判任と式部省——三省申政の衰退——

くり返すように、令制における判任のポストは「主政・主帳、及家令等」であり、その任用手続きは大宝元年太政官処分や式によれば「官判任者、銓擬而申㆓太政官㆒」であった。右のポストのうち、主政・主帳については、『延喜式』式部省下38主政帳条（『弘仁式』もほぼ同じ）で「三月卅日以前、比校対試、亦同㆓上例㆒。訖聚㆓其状書㆒判㆓其等第㆒、造㆑簿申㆑卿」とあるように、式部省内での選考、卿の決裁だけで任用が決定されており、式の段階ではすでに判任から除外される。一方、官人身分上、諸国史生に近い傔仗は、[23]『延喜式』で「凡大宰帥・大弐幷陸奥出羽按察使及守等傔仗者、申二太政官一補之」（式部式上138傔仗条）と規定されるように、式制では判任とされていた。したがって『延喜式』で「直申型」[24]の三省申政を規定する、

【史料12】『延喜式』太政官2庶務申官条

凡庶務申二太政官一、（中略）其考選目録及請二印六位以下位記一者、中務・式部・兵部三省、不レ経二弁官一、直申二太政官一。中務申二夏冬時服一、及式部補二文学・家令以下、傔仗一、簡下遣二諸国一使人上亦直申。

の後半部分、および関連する、

【史料13】『延喜式』式部省上45与他省申政条

凡省与二他省一共申レ政之日、不レ得レ申レ補二家司及傔仗一。

は、『延喜式』段階における判任ポストの一般的な任用手続きについて触れたものと考えてよいだろう。もちろん、この式文が十世紀前半ごろの実態を表しているとは限らないのだが、しかしここにみえるそれぞれのポスト（家政職員・傔仗・諸国使人）の任用手続きは、遅くとも十世紀末までには式文とは異なるものとなっていたようなので確認したい。

まず傔仗について。『類聚符宣抄』第七は、傔仗の任用を式部省に命じる長保三年（一〇〇一）五月二十九日・長和四年（一〇一五）四月七日の奉勅上宣官符を収載しており、この段階では勅裁が必要なポストとなっていることがわかる。その内容をみても、大宰帥個人による「奏状」にもとづくものであり、[25]三省申政によるものでないことをうかがわせる。『西宮記』には、

【史料14】『西宮記』臨時一（乙）、臨時雑宣旨

大宰・陸奥傔仗。〈上卿奉レ勅、給二官符式部一、式部申二補任府〔符〕一、給二任符一之。〉

とあり、すでにそのような官符形式がとられていたようなので、遅くとも十世紀後半には、式部省による中政を経由しない形に変わっていった可能性が高いだろう。

一方、「文学・家令以下」「家司」などの家政職員については、『西宮記』には、

【史料15】『西宮記』臨時一（乙）、臨時雑宣旨

補二王臣家令・員外司一事。〈以二名簿一送二式部省一。〉

とみえ、逆に決裁レベルが下がっている。しかし、この記載からうかがえる式部省の役割は、諸家から名簿を受け取ること、つまり官人登録の手続きだけであり、省に審査等の余地はなかったとみるべきだろう。したがって、当時の多くの式部判補クラスの任用手続きと変わらない。

最後に諸国使人について。さきの【史料12】のほかに式には、

【史料16】『延喜式』太政官45差使条

凡応三差レ使遣二諸国一者、太政官先以レ状奏聞。大事臨時奉レ勅定レ名。中事大臣簡奏。少事令下弁官仰二式部一簡点上、省即録レ名直申二大臣一。訖即其文入二太政官一、更写二一通一入二弁官一発遣。（下略）

【史料17】『延喜式』式部省上82擬使条

凡擬レ使者、丞申二大臣一之後、其名簿令下録進二太政官一、史生進中弁官上。

を載せ、（「少事」の）使人の任用にも、式部省による銓擬・申政が行われていたことが知られる。[26]しかし、『西宮記』には「定二交替使一事」の中でそれらの任用について、

【史料18】『西宮記』臨時一（甲）、定二遣検交替使一事

式部宣旨例云、擬レ使事、《中略》交替幷損不堪佃田及弁定二臨時雑事等使主典等一也。件使主典等、上古省簡二定其人一、進二官名簿一。而令下官被レ定二下省一召中立之上云々。

という式部宣旨例を引用する。ここからかつては使人の選定に式部省は深く関わっていたが、それもおそらくは十世紀後半の間に衰退したことがうかがえるのである。

　このように【史料12・13】の三省申政で具体的に示される判任ポストは、いずれも十世紀の終わりまでには任用形態を変化させ、しかもそれは選任についての式部省の非関与の傾向を示しているといえるだろう。そしてこの当時、太政官の決裁を必要とするという意味での判任ポストはほかにもあったが、それらもすでに式部省の事前関与はなかったものと思われる。そのことを比較的史料が残る才伎長上から検討してみたい。

　『類聚符宣抄』第七には、太政官から式部省に官人任用を伝達する太政官符等が散見するが、そのうち才伎長上などに関しては、「諸長上等」の項目を立てて実例を多数収載している。それらの官符等の内容から、諸長上は一般的に太政官の決裁を必要とするポストであったことが知られ、選叙令3任官条義解が「依二軍防令一、内舎人亦為二判任一。其文学・才伎長上亦同」ともするように、少なくとも九世紀以降、その点は基本的には同じであったと思われる[27]。そこで『類聚符宣抄』にみえる官符の一つを取り上げ、あわせて他の事例を年代順に【表】にまとめておく。

【史料19】『類聚符宣抄』第七、康保四年（九六七）十月十四日太政官符

太政官符式部省

応レ補二長上三人一事

従七位上公連氏吉

長上額田吉村転二任権少工一替

従七位上清世吉世

轆轤長上品治豊連死闕替

従七位上新連近助

長上紀助吉死闕替

右得二修理職去七月廿七日解一偁、件氏吉等、才能頗長、年労又積。仍可レ被レ補二長上一如レ件。望請官裁、被レ補二件闕一、将レ励二後進一者。正三位行中納言兼春宮大夫左衛門督藤原朝臣師氏宣、依レ請者。省宜二承知依レ宣行一レ之。符到奉行。

権右少弁　　　左大史

康保四年十月十四日

これらの官符等で注目されるのは、本文に申請官司の「解」が引かれていることである。もし式部省を経由して申政が行われたとするなら、諸司は「解」をつくらなかったと考えられるからである。(28) さらに、【史料19】（【表】№5）の修理職による長上任用申請の実例に関して、ほぼ同じ時期の別の実例（【表】№7）では、それが南所申文に入れられ、史が決裁を記録していることが確認できる。したがって、これらは三省申政でなく、弁官申政にもとづく任用が行われていたと考えられる。

また、同書所収の勘解由史生任用の宣旨の実例(29)も、最終的に史によって式部官人へ任用結果の伝達が行われていることから、やはり弁官申政によっていたと考えられる。そしてこれら才伎長上・勘解由史生の任用は、いずれも『九条年中行事』『北山抄(30)』巻七において「申二大中納言一雑事」の上宣事項の一つとしてあげられているので

【表】『類聚符宣抄』における諸長上の任用事例

No.	年　代	西暦	官　職	申請官司	備　　考
1	延喜13.11.10	913	権挑文師	（記載ナシ）	
2	天暦4.9.23	950	焼石灰長上	修理職	
3	天暦5.9.10	951	造色紙長上	図書寮（美濃国）	奉勅上宣官符
4	応和2.9.8	962	簫師	治部省（雅楽寮）	
5	康保4.10.14	967	長上、轆轤長上	修理職	【史料19】
6	安和2.9.2	969	亀卜長上	神祇官	巻第一に所収
7	正暦2.10.8	991	長上	修理職	「南申文」目録
8	長保元.閏3.21	999	木工長上	宮内省（木工寮）	

ある。同様に、前節でも触れた卜部の任用実例（【表】No.6）に関しても、その官符内にみえる申請が「神祇官解」であることから、やはり式部省は事前に関与していなかったと考えられる。このように判任ポスト自体は十世紀以降も存在するが、その任用方法に関しては、十世紀後半には、通常の行政システムである弁官申政に移行し、式部省は官人把握官司として、任用結果のみを受け入れるようになったとみられるのである。

　このように、十世紀を通して、任用に関する三省申政そのものも衰退していったことを確認した。「家司」に関する三省申政が、天慶五年（九四二）までは確認できること[31]などを含めて以上全体を勘案すれば、十世紀半ばごろに、省による任用関係の申政は最終的に行われなくなり、判任の任用は弁官申政に移行したとみてよいだろう。ところで、【表】によれば、諸長上に関する官符の実例でも、最も古い十世紀前半に属する事例（No.1）に関してのみは、本文中に申請官司の「解」を明示しない形式をとる。その一例だけでは心許ないが、これは三省申政が行われていたころの一つの形を示しているのかもしれない。

おわりに

以上、いわゆる「除目」とは関わらない下級ポストの官人任用手続きの変化について、式部省との関係を中心に検討してきた。その中で、式部省の事前関与を前提とする令制の建前そのものが、九世紀に入るとゆらぎ始め、十世紀に入るとそれはさらに進んだこと、そして十世紀半ばごろには判任ポストに関する三省申政も最終的に行われなくなったこと、などを明らかにした。

そうした、形式的にすら式部省が事前に関与しなくなる方向性に対してあらためて注意したいのが、八世紀段階においては、式部判補ポストにおける省の銓擬権の建前がまだ強く意識されていたことである。すなわち、職員令32囚獄司条集解古記所引の養老四年（七二〇）三月十日刑部省解および官判[32]によれば、この年に囚獄司物部の任用について、実質的に刑部省だけで候補者を審査する従来の慣行が問題となった。ポストの性質上、それで不都合はないのだが、ここでは「依〻令判任補」であるべしとして、文字通りの「式部判補」という令制の遵守が求められたのである。

それと比較するならば、九世紀以降の下級官人の任用においては、諸司など実際に官人が奉仕する場での事情を優先させるより合理的な運用が目指されたともいえよう。ただ同時に、任用にあたって勅裁が必要になるといった傾向をあわせてみると、その変化について、さらに別の側面からもみてゆく必要がありそうである。その際、次にあげる史料はそれを考える一つの手がかりになるかもしれない。

さきに『延喜式』において、侍医などが薬生を国医師に推挙して式部省に送る規定（【史料3】c）をみたが、それ以前の寛平七年（八九五）、こうした推挙とは別に次のような措置がとられていたことが知られる。

【史料20】『類聚三代格』巻五、寛平七年（八九五）二月一日太政官符

太政官符

応下大学典薬諸生苦二住学舎一并鴻儒名医子孫依二薦挙一任中諸国博士・医師上事
右大納言正三位源朝臣能有宣、奉レ勅、如レ聞、年来諸国博士・医師従レ事之間、或非二其人一。今須下内薬生年労二人之外、及大学典薬諸生不レ経二課試一者不上レ得二輙任一レ之。唯苦二住学舎一頗堪二採用一者、雖レ非レ得レ試間以挙補。勿レ令三遂作二空帰之恨一。又鴻儒名医子孫去レ親不レ遠、尋レ実無レ疑之輩、仮令不レ得レ伝二習祖業一、特修二挙状一奏補二権任一。然則教授療治之職無レ有二非業一。碩徳名士之後猶頼二余慶一。

寛平七年二月一日

ここでは、令制の官人任用の建前、すなわち「先尽二徳行一。徳行同、取二才用高者一。才用同、取二労効多者一」（選叙令4応選条）とは距離をおいた「苦二住学舎一」「鴻儒名医子孫」という任用事由が、天皇の発意で明確に示され、かつそれが「奏」による「権任」任用という形（第一節参照）で、制度的に認められたことが注目されよう。とくに「鴻儒名医子孫」にもとづく推挙については、一分召において「諸道儒後挙」（【史料1】）として定着し、またその事由は以後も「諸道」における任用論理の柱の一つとなってゆくのである。一方、そうした推挙による「奏」を通してのルートが成立したにもかかわらず、一定の技術習得すなわち「才用」[33]を前提とする薬生の推挙の方は、式にみられるように、その後も依然として式部省に送ることになっていたのである。

第一節でみた諸国史生の任用形態の二元化や右の事例を参照するなら、官人任用手続きにあたり、優恤などを含む「恩寵」や「儒後」など、令制外の論理にもとづく任用については、式部省は事前に関与できず、かつその決裁にあたり勅裁が必要であった、とみることができるのではないだろうか。下級ポストにおける任用手続きの変化とは、諸司の側の事情の重視とともに、官人制というものが、こうした要素を積極的に取り込むためにシステムを変更してゆく姿を示しているのだろう。

いずれにせよ、これまで下級官人の任用手続きの変化について触れられることはほとんどなかったが、[34]こうした「除目」に直接関わらない下級ポストの任用制度から律令官人制の変化をとらえてみることも、また必要となってくるのではないだろうか。そしてそこから逆に、「除目」による任用、すなわち四等官などのいわゆる「官人」の任用について考える上での示唆が得られるようにも思うのである。

註

(1)『続日本紀』大宝元年（七〇一）七月戊戌条。
(2)選叙令4応選条集解令釈所引大宝元年（七〇一）七月二十八日太政官処分。
(3)早川庄八「選任令・選叙令と郡領の「試練」」（『日本古代官僚制の研究』岩波書店、一九八六年、初出は一九八四年）。
(4)本章に関して、兵部省については、ほとんどの部分で式部省と同一問題として扱うことができるため、兵部省を併記すべきところも煩雑を避け、一部を除き併記を省略した。
(5)『西宮記』恒例第二、二月、一分召（【史料1】）の裏書（頭注）にみえる昌泰四年（九〇一）二月二十七日の事例。
(6)『続日本紀』天平元年（七二九）五月庚戌条。
(7)『小野宮年中行事』二月、式部省行㆓一分除目㆒事（『群書類従』第六輯）。
(8)土田直鎮「一分召」（『国史大事典』第一巻、吉川弘文館、一九七九年）。
(9)例えば、『貞信公記抄』天暦二年（九四八）五月十五日条では「左大臣定㆓奏一分宣旨㆒」とする。
(10)『西宮記』恒例第一、正月、除目（勘物）。もちろん式部省での儀式そのものは、それよりもかなり前（おそらく令制当初）から存在していたであろう。
(11)同じ有労者に対する外官任用規定でも、三局・三省・内記史生から諸国「主典」への任用、つまり通常の「除目」の対象となるポストの場合は、式部式ではなく太政官式の方に掲載されていることに注意したい。

(12) 時野谷滋「年給制度の研究」（『律令封禄制度史の研究』吉川弘文館、一九七七年、初出は一九五〇年）。
(13) 『類聚符宣抄』第七、天暦八年（九五四）十二月二十九日宣旨、貞元三年（九七八）九月七日宣旨。
(14) 玉井力「十・十一世紀の日本―摂関政治」（『平安時代の貴族と天皇』岩波書店、二〇〇〇年、初出は一九九五年）。
(15) 前掲註(12)時野谷氏論文。時野谷氏は淳和・仁明朝の交に発生したとする。
(16) 『西宮記』臨時一（乙）、臨時雑宣旨にも同様の項目がある。
(17) 『朝野群載』巻第六、治暦四年（一〇六八）十二月十六日外記史生請奏。
(18) 『小右記』長和四年（一〇一五）九月二日・三日条。
(19) 勘解由使史生などは「官より下る名簿を待つ」とあって、「宣旨を待つ」としていないが、『類聚符宣抄』第七、天禄元年（九七〇）十二月二十一日宣旨の実例からも、その名簿も形式としてみれば官から下される宣旨である。同史生はこの当時、すでに判任であったと考えられるので、おそらく奏任の「宣旨」と区別したのであろう。
(20) 以下、天長五年（八二八）十一月二十五日太政官符・承和二年（八三五）二月十九日太政官符・貞観十四年（八七二）八月八日太政官符。
(21) 本書第Ⅱ部第二章。
(22) いうまでもないが、通常の「除目」の方でも、「省注㆓可㆑用人名㆒」のような文書は、『西宮記』以下の儀式書にはすでにみえない。
(23) 『続日本紀』和銅元年（七〇八）三月乙卯条によれば、考選・事力・公廨田は諸国史生に準じるとある。
(24) 吉川真司「律令官僚制の基本構造」（『律令官僚制の研究』塙書房、一九九八年、初出は一九八九年）参照。
(25) この「奏状」そのものの実例としては、『類聚符宣抄』第七、長元二年（一〇二九）六月十九日源道方奏状等がある。
(26) なお、【史料14・16・17】で、官符発給や大臣決裁のあとに、式部省から（弁官に）報告が行われるのは、任符発給のためと考えられる。
(27) ただし、同条古記では「今行事此亦奏任耳、才伎長上亦同」とあり、『類聚符宣抄』の実例でも勅裁を経て任用が決定されているものが一つだけみられる（【表】№３参照）。

(28)ただし、三省申政の対象となる諸司時服の申請について、『類聚三代格』巻六、大同四年六月二十二日太政官符が、「別勅之賜」だから「移」でなく「作㆓解文㆒」れと命じたように、中務省に諸司の「解」が送られる場合がある。しかしこれは官符自身が述べるように、時服が「別勅之賜」による例外的な扱いであり、逆に三省を経由する場合、「移」をつくるのが本来的であることを示している（前掲註(24)吉川氏論文参照）。また『延喜式』によれば、その中務省による時服文、あるいは式部省による季禄文などは、申政ののち、さらに三省が「解文」をつくって太政官に提出していたことに注意したい（中務省74諸司時服条・式部省下27諸司禄文条）。つまり、もし【表】の諸官符で引かれる諸司の「解」が式部省を経由したものであれば、諸司の「解」を引用した式部省の「解」もまた、官符内に明示されたはずだからである。

(29)前掲註(19)史料。

(30)『九条年中行事』申㆓大中納言㆒雑事（『群書類従』第六輯）、『北山抄』巻第七、申㆓大中納言㆒雑事。

(31)『本朝世紀』天慶五年（九四二）六月二十八日条。

(32)この史料については、早川庄八氏が、前掲註(3)論文で詳述している。

(33)ただし、【史料20】では、式での推挙の要件となる「習㆓合薬療治㆒」を「年労」を経た者ととらえている。おそらく所定習得年限の修了をもって推挙されたためであろう。いずれにしても令制的任用論理の範疇にあったといえる（選叙令4応選条および同条集解古記参照）。

(34)なお近年では、柴崎謙信氏が太政官の上召使について論じている（「「上召使」から見た下級官人の選考・任官制度の変容」『文化史学』七六、二〇二〇年）。

第二章　諸司奏について

はじめに

平安時代の除目を構成する個々の任用枠に関しては、一部の重要官職を除き、その多くは年労による任用と、いわゆる「恩寵」による任用とに分類されることが指摘されている。(1)こうした分類の前提には、年労に関する研究(2)が進んだこと、そして年労制の展開を重視する研究(3)が大きく影響していることはいうまでもない。しかし、年労制そのものに関するこれまでの研究は、除目ではなく叙位の問題を中心に行われてきたといえる。上日よりも官職の年労が評価されるようになった結果、叙位よりも除目が重視されるようになったとされるが、(4)もしそうならば、除目における年労の位置づけについても検討される必要があるだろう。

ところで、その除目の任用枠において、年労の方に分類されているものの一つに、諸司から提出される請奏＝諸司奏による任用枠がある。しかし、これを年労の範疇でとらえることに少なからず疑問を感じるし、そもそもこの諸司奏という文書自体、これまであまり問題にされてこなかったといえる。年労という制度を相対化してみるためにも、その諸司奏の性格について検討することは必要と思われるし、またそうした文書・任用枠の展開には、官人制を考える上でのさまざまな課題が内包されているようにもみえる。そこで本章では、右の点に留意しながら、除目関係文書としての諸司奏(5)について考えることにする。

第一節　労帳と諸司奏・所々奏

叙位儀や除目で使用される文書のうち、年労に関わりがあるとされるものについて見渡すと、主に外記が作成する労帳（勘文）と、諸司・所々等から個別に提出される申請文書などに大別される。このうち前者についてみると、叙位儀の場合、諸司における年労を記載した十年労帳（十年労勘文）と外記勘文があげられる。そして除目の場でも、外記が作成する勘文が複数用意される。しかし現在残る儀式書をみる範囲では、兼国勘文・転任勘文・宿官勘文・文章生散位勘文など、特殊な条件に関わる勘文だけであって、叙位における十年労帳・外記勘文などのように、諸司のポスト全体の有労者を対象にしたような外記作成の文書をみることができない。年労による任用は、主に諸司などの側から提出された個別の申請文書によって行われてきたのである。官職の年労と除目が重視されたことにより、外記の役割が重要になってくるとされるが[6]、もしそうであるならば、除目の場においても、官職の年労に関する基礎資料ともいえる十年労帳・外記勘文などの資料が外記から提出され、利用されるのが自然であると思われるが、なぜそうならないのだろうか。

1　除目の十年労帳

そこで注意したいのは、実はもともと除目の場でも「十年労帳」とも呼ぶべき資料が供されていたことである。その存在については、すでに福井俊彦氏が『除目抄』所引の記事から指摘している[7]。すなわち、『除目抄』では「十年労事。〈近代除目無レ之。〉」と見出しを立てた上で、十一世紀前半の三つの記事を引用しており、最初の長元四年（一〇三一）二月十四日の記事[8]は次のように記す。

長元四二十四。頭弁経任来。問二明日除目事一之中、御硯右方置下納二闕官幷十年労一之覧筥上。是三条大相府御説也。経任云、十年労者叙位之時置レ之。同書歟。余答云、大略同書也。但叙位十年労、是諸司判官已上有二年労一可二叙爵一之者、為レ御二覧其年限一也。除目時十年労、諸司主典或経二十廿年一可二遷官転任一之者、為二御覧一尤可レ備者也。件事見二故殿御記一。叙位除目必可レ候者也云云。

福井氏は、右を含む三つの記事はいずれも藤原資房の『資房抄』の逸文であるとした上で、除目の十年労帳とは、諸司の主典以上が遷官転任する場合に使用したものであること、しかし右の記事のように、頭弁である藤原経任が除目の場合の十年労帳は叙位の場合の十年労帳と同じかと質問したり、また別の記事で頭弁の藤原経長が「叙位時可レ置レ之、除目時不二必候一之」と述べたりしていることから、この当時はあまり利用されていなかったことを指摘している。

除目の十年労帳は、叙位のそれとは若干体裁が異なっていたかもしれないが、諸司一般の主典以上の官人を対象に、十年ないしは二十年を年限に、有労者を「御覧」するための文書であった。そして右の記事が引く「故殿御記」が藤原実頼の『清慎公記』であるとすれば、十世紀半ばの段階ではこの文書は「尤可レ備者」だった。しかし、その後はあまり重視されなくなり、ある時期からは用意されなくなったとみられる（「近代除目無レ之」）。この労帳も外記によって用意されたことは、別の史料[9]からみて間違いないが、ではなぜ中下級官人にとって重要なはずのこのような外記作成の資料は重視されなくなっていったのであろうか。

右のように下級官人の有労者に対して、外記の手元にあるはずの人事情報が活用されていないことについては、史生クラスにおいても同じであった。例えば儀式書等には、除目における定期的な任用枠として、式部・兵部・

民部省という重要官司の史生を外官主典に任じる〔三省史生〕の項目がみられる（以下、こうした除目の任用枠としての呼称はそれぞれ〔　〕を付して表記する）。これについては、『延喜式』にすでに「凡式部・民部・兵部等省史生、毎年一人任二諸国目一」（太政官61三省史生条）とあるように、早くから定期的・機械的な枠として設定され、それが継承されてきたと考えられる。しかし後述するように、この〔三省史生〕でも、外記が勘文・労帳などの資料を用意することなく、除目のつど三省の側からそれぞれ申請文書が提出されていたのである。

もっとも史生の場合、その地位は四等官などの職事官でなかったため、ということが一つ考えられる。例えば除目の冒頭で行われる〔四所籍〕については、所々の職員や大舎人については、やはり所々や大舎人寮が、それぞれ労帳を提出していた。これは対象が所々の職員やトネリであるがゆえに、外記はその任免情報を把握していなかったためと考えられる。では史生の場合も同じことがいえるのだろうか。

だが史生については、トネリなどと異なり、本来的には外記は任免情報を把握していたはずである。すなわち『延喜式』に「凡諸国郡司補任帳、毎年正月一日、与二諸司・諸国史生已上補任帳一共進二太政官一」（式部省上127郡司補任帳条）とあるように、職事官などと同様に式部省が定期的に補任帳を外記に提出することになっていたからである。

実際、さきにあげた兼国勘文など種々の外記作成資料にしても、式部・兵部省が提出する職事官の補任帳（「文官補任帳」「武官補任帳」）をもとに作成されたと考えられる[10]。つまり職事官と同様に、史生など一部の雑任の任用情報に関しても、外記は労帳（勘文）のようなものを作成できるだけの情報を補任帳によって把握できたのである[11]。それにもかかわらず、外記はそれらを用いた資料を作成することなく、除目のつど、諸司の方からそれぞれ文書を提出していたのである。そこであらためて〔三省史生〕で使用された文書の実例を『大間成文抄』第十の

「三省奏」の項目からみておきたい。

兵部省

請レ被下因二准先例一、以二史生従七位上大原真人徳吉一、拝中任因幡国大目闕上状

右謹検二案内一、為二当省史生一之者、依二挙奏一被レ拝二任諸国目一、古今之例也。不レ遑二毛挙一。望請、因二准先例一、以二件徳吉一被レ拝二任彼国大目闕一者、弥令レ知二奉公之貴一矣。仍勒二在状一、謹請二　処分一。

永久四年十二月十九日正六位上行少録惟宗朝臣友宗

正六位上行少丞藤原朝臣友兼

従五位上行少輔伊予介〔平脱〕朝臣知信

この書式は、〔四所籍〕で提出されるような労帳ではなく請奏の形、すなわち諸司奏であることがわかる。有労者に対する定期的・機械的な任用枠については、このほか三局（外記局・左右弁官局）の史生を外官主典に任じる〔三局史生〕があるが、これも同様の形をとる。その内容をみてもわかるように、諸司奏においては、諸司が候補者を任意に推挙できる。したがって十年労帳・外記勘文あるいは諸司労帳における任用の論理、すなわち年労・上日労の多い者を順にリストアップするような年功序列的な論理――ある意味で客観的で明快ともいえる論理――に貫かれているわけではない。もっともその本文の中には「年労恪勤」などの文言を含むものもあるが[12]、それは精勤一般について述べるもので、その者が第一労であることを前面に出しているわけではない。

このように諸司側の基準や都合が優先されるような任用の場合、外記はその推挙に直接関与できなかった（関与する必要がなかった）のではないか。つまり、除目において外記作成の労帳が使用されなくなったということも、有労者に対するこうした論理にもとづく任用が増加し、除目全体の中で、単純な年労による任用が相対的に後退

していったことを推測させるのではないか。

　そこで次に、さきの『延喜式』の規定でみたような、定期的に行われる下級官職の任用枠の規定を分析し、その式の任用枠がその後どのように展開していったのかを確認することにしたい。

2　外記・諸司の労帳（勘文）から諸司奏へ

　『延喜式』における定期的な下級官人の任用枠規定のうち、除目の場で取り扱われたと考えられるものに、次の三つがある。

　a凡太政官并左右弁官史生・召使等、毎年一人除二諸国主典一。〈召使拝二五畿内・志摩・伊豆・飛驒・佐渡・隠岐・淡路等十一国一。〉其労成任官者、並不レ依二年労一、只計二上日一。（太政官60召使任官条）

　b凡式部・民部・兵部等省史生、毎年一人任二諸国目一。（太政官61三省史生条）

　c凡内記史生労満二十年一者、准二太政官史生一、任二諸国目一。（太政官62内記史生条）

　これらは一見、すべて年労にもとづく同じような任用枠のようにみえる。しかし、あえてその方式を大別してみると、a・bそしてcの二つに分類できる。すなわち、前者は諸司に対して毎年一人の推薦枠を保証するもの、後者は一定年限の勤務年数を区切って、それを満たした者に対しての任用の権利を保証するもの、ということになる。したがって、さきの文書形式に関する理解からみれば、前者については諸司奏、後者については労帳・勘文などの形式による任用に対応するものと考えられよう。すなわち、a・bの規定を継承すると考えられる、除目の〔三局史生〕〔三省史生〕で使用される文書の実例は、いずれも諸司奏の形式であった。それに対して、cは十年の労を基準として労帳（勘文）に年労順に載せられ、それが除目において利用されたと考えられる。ここでは仮に前者の任用形式を「諸司奏型」、後者を「労帳型」と呼ぶことにする。

もっともさきに述べたように、諸司奏が年労などの基準を重視しなかったというわけではない。〔三局史生〕〔三省史生〕のような諸司奏は、あくまで本司所属の官人を優遇するものであるから、年労も重視される場合があるのは当然といえる。とはいえ、aの「其労成任官者、並不㆑依㆓年労㆒、只計㆓上日㆒」の記述からみて、逆に年労・上日労といった「労」以外の要素を勘案する場合もあったことは間違いないだろう。要は諸司奏であれば、年労も含め、多様な評価基準を用いて、諸司が主体的に推挙することが可能だったのである。式の各条文が、必ずしも同時期の有効規定を示しているとは限らないが、こうした諸司奏型・労帳型の二つのタイプの推挙方式が併存していたとみてよいだろう。では、これらの制度が十世紀以降、どのように展開してゆくのか確認してゆきたい。

まず諸司奏型であるa、つまり〔三局史生〕について。『西宮記』恒例第一、正月、除目では、「三局史生」の割註に「近代、不㆑申」とみえる。しかしこの枠による任用実例は、十一世紀以降も京官除目で散見する。[13] 近年明らかにされた藤原行成の除目書の伝本ないしはその抄本とされる『叙除拾要』[14]によれば、同枠は「是非㆓毎年事㆒、致時・国平等所㆓申置㆒云々、以前外国目云々」とある。これを参照すれば、『西宮記』の注記は、次節で詳述するように、県召除目における〔三局史生〕の枠が内官主典への任用に切り替えられたことに伴い、京官除目へ移行したことを意味しているのだろう。[15]『叙除拾要』の「非㆓毎年事㆒」とは、外官と異なり内官は任期がないから、欠員が定期的に出なくなったことを示すと考えられる。

次にやはり諸司奏型のbの〔三省史生〕について。『西宮記』恒例第一、正月、除目に「京官召時任㆑目」、『北山抄』巻第三、除目に「京官除目、先任㆓三省史生㆒」とあり、これは早くから銓擬の場が京官除目に移っていたようである。ただし外官に任じられるという点に変化はなかった。そのため毎年の定期的な任用が維持されていたようであり、すでに掲出したように、その諸司奏の実例も知られている。

　では、労帳型であるｃの内記史生についてどうだろうか。その任用実例は、『大間成文抄』で延喜十四年（九一四）の事例が確認できる。[16] そしてこれも、のちには京官除目に移行したらしいことが、やはり『北山抄』巻第三、除目に「京官除目、先任二三省史生一。〈式部・民部・兵部。〉次院宮御給、次二寮・内記・勘解由史生等。〈三省外勘レ例給。〉」とあることからうかがえる。しかしその後、内記史生からの任用実例はみられない。労帳型であるこの任用枠は消滅したということになるのだろう。

　ところで、実は労帳型の任用は内記史生のほかにもあった。右の『北山抄』の記載から、内記とともに「二寮（＝主計・主税寮）」と「勘解由使」の三つの史生からの任用枠が、このころあったことに注意したい。この三官司の史生は、諸司の史生の中でも、これまで述べた三局・三省・内記に次いで優遇されていたらしく、『延喜式』段階では、通常の除目ではないものの、諸国史生等へ任じる一分召除目に関するものとして、次のような規定（式部省上93年労任官条）が存在するのである。

　凡主計・主税・勘解由等寮使史生、労十年為レ限、自外諸司史生、廿年為レ限、並補二諸国史生一。

　この記述からは、この三つの史生はやはり労帳型の任用形式であることが想定されると同時に、その年限が他の史生よりも有利であったことがわかる。そのため、『北山抄』にみられるような内記史生と同格の扱い、つまり通常の除目への格上げが行われたと考えられる。十世紀前半にはすでに外官主典への任用実例がみられるので、[17] 式の編纂時点ではすでに除目での任用も単発的に行われていたのかもしれない。少なくとも『西宮記』の一分召の規定において、すでに二寮史生・勘解由使史生の任用枠はみえないから、[18] 十世紀後半には通常の除目に格上げされ、内記史生とともに労帳型の任用が行われていたと考えてよいだろう。

しかしながら、この三つの史生の任用枠についても、内記史生と同様に『北山抄』以後の実態はほとんどわからない。ただ『魚魯愚抄』所引の『中山抄』が実例をあげて触れているので[19]、何らかの形で残っていたことがうかがえる。しかしそこで注意したいのは、『中山抄』は〔所々奏〕という任用枠の中でそれを取り上げていることである。具体的にいうと、〔所々奏〕枠に関する申請の「尻付書様」を集めた中に、「主計史生」「主税史生」「勘解由史生」の三史生の尻付が実例として取り上げられているのである。

項目の名前は「所々奏」とはあるが、尻付例としてほかに「園池司労」「左馬医労」「右馬長上」などの「諸司」も含まれている。『西宮記』恒例第一、正月、除目が、除目の任用枠において「諸司所々挙奏」と一括して示しているように、ここでも諸司と所々の両方の請奏の尻付事例をまとめたものと理解してよいだろう。つまり、いつの時点かは不明だが、この二寮・勘解由史生は、労帳型ではなく、諸司奏型へと移行していたことがうかがえるのである。なおその実例が「治部録〈勘解由史生労〉」のように内官への任用例をあげているところをみると、これらも内官に移行したとみられる。したがって毎年定期的に行われるものではなくなり、任用枠として目立たないものとなったのだろう。

以上をまとめると、三省史生・三局史生のように、諸司奏型の任用枠は何らかの形で長く存続したが、内記史生のように労帳型のものは消滅しつつあったといえよう。一方、二寮史生・勘解由史生のように、枠として残ったケースの中には、労帳型から諸司奏型による任用へと移行していたものがあったことが注目される。以上のことからも、年労のような単純な勤務実績による評価基準の位置づけの低下、あるいは諸司主体の任用の重視、という傾向が読みとれるのではないだろうか。

そして、そのような推測が成り立つのであれば、諸司だけでなく、もともと外記が直接関与しない所々でも、同様の傾向がみられる可能性がある。もっとも所々の場合、年労よりも上日数の多寡をみることが多い。しかし数値で表される勤務実績という点では二つは共通するから、やはり労帳型の任用から、諸司奏型（文書形式は所々奏）への移行の傾向が看取できるのではないか。次に所々の場合について確認しておきたい。

3　所々労帳から所々奏へ

さきにも触れたが、所々の労帳については、除目儀の冒頭で行われる〔四所籍〕がよく知られている。現存する実例からみると、四所のうち大舎人寮（厳密には「所」でない）を除く、校書殿・内豎所・進物所の三所は、いずれも労帳に上日についての記載があり、うち校書殿・内豎所は年労も併記される。このほか所衆・瀧口についても、労帳の実例が豊富に残されており、蔵人所が上日の多い順に三労までを勘申していたことがわかる。こうした労帳型に対して、所々においても諸司奏型、つまり所々奏による任用もあり、その実例も散見する。むしろ右であげた所以外のほとんどの所は、所々奏を提出していたようである。

しかし注意したいのが、所々奏による推挙が行われていた所々でも、かつては労帳による推挙が行われていたらしいことである。すなわち、『魚魯愚抄』[20]およびそれが引く『資仲抄』の記事に次のようにみえる（〈　〉内は割註、《　》内はさらにその註を表す）。

蔵人頭催取　奏聞所々上日勘文労帳事

殿上・蔵人所・同出納・瀧口・御厨子所・御書所・一本御書所・絵所・造物所、謂所々者是也。蔵人方所レ知不レ可レ過レ此

資仲抄云

殿上〈依レ労任二内官助・允若外国掾一。《是非二毎年事一。》〉
蔵人所〈依レ労任二内官三分一。《正月不レ任、二月任レ之。》〉
同所出納〈依レ労任二外国目一、或任二外記史一。《是非二毎年事一。》〉
御厨子所〈依レ労預任二内官三分一、衆依レ姓任二外国掾・目一。《是非二毎年事一。》〉
御書所預〈依二労幷姓一任二内官二・三分一。《是非二毎年事一。》〉
作物所〈依二労幷姓一任二内官二・三分一。《是非二毎年事一。》〉
画所〈同前。〉
一本御書所〈同前。〉
瀧口〈正月依二労幷姓一任二内官二・三分一。《或二月任レ之。》〉
　已上所々蔵人頭奉レ仰或仰二出納一、或仰二本所一、令レ勘二其労一　奏レ之。
　今案所、衆・瀧口仰二出納一令レ勘、其外仰二本所一令レ勘歟。
　瀧口・所衆労帳兼可レ令二勘儲一。驚召令レ勘時多致二擁怠一。

これらの多くのポストは儀式書等に〈所々奏〉として扱われるものである。しかし佐藤全敏氏は、この枠での請奏・自解の提出ルートの検討に関連して、『資仲抄』の記事から、かつてはこの枠においても労帳を必要とする場合があったこと、そして『資仲抄』自身がそうした労帳の存在を知らなかったらしいことから、そのあり方は同書が成立した一〇八〇年前後よりもさかのぼること、を指摘している[21]。

実際、『叙除拾要』には、「親王已下兼国並遙授等年限事」の中で具体的に、「御書所預任官。〈早二年、久四年。〉」「作物所預任官。〈早三年、久十年、五・六年例多。〉」「画所預任官。〈早三年、七年例多。〉」「一本御書所預

任官。〈早八年、久十一年。〉」のような記載があり、これらはまさに所々の提出する労帳による任用が行われていた時期の慣例を彷彿させる。[22] もしそうであれば、所々における労帳の提出は、十一世紀初頭にはまだ行われていたとみてよいだろう。

以上のことから、所々奏による任用が行われる所でも、十一世紀初頭の段階ではまだ労帳による任用が行われていたが、十一世紀半ばごろまでには労帳の提出は行われなくなり、完全に所々奏による任用へと転換したと考えられる。したがって所々でも諸司と同じ傾向がみられるといってよいだろう。

このように、対象を下級官人にまで広げた上で十一世紀以降まで見通した場合、有労者への任用については、年労や上日の多寡がストレートに反映されるような任用は確実に後退している。その背景には、年労・上日労のような客観性のある明瞭な評価基準に対して、諸司本位の評価基準による任用重視の傾向ということがあると思われる。[23] 除目の場における外記作成の十年労帳の使用の衰退も、そうした流れの中で考える必要があるだろう。

さて、年労以外の要素の重視による、年労制度の相対的な衰退ということについては、叙位に関して、すでに佐古愛己氏による指摘がある。すなわち五位以上の勅授について、十一世紀半ば以降、年爵・勧賞のような、主従関係などの人格的関係を拠り所とする非年労制的な昇進制度が展開したことにより、年労の役割が低下したというものである。[24] では年爵・勧賞などと異なり、下級官人の任用を主な対象とする諸司奏の展開の場合、そこにはどのような意義が見出されるのであろうか。それを考えるにあたっては、諸司奏の中で主張される官人の奉仕の内容などを具体的に分析する必要があるだろう。そこで次節では、諸司奏の個別事例について検討し、諸司奏にみえる官人の奉仕と諸司奏自体の性格について考えたい。

第二節　諸司奏にみる官人の奉仕

諸司が申請する請奏形式の除目文書、という意味での諸司奏には、被推挙者の地位、推挙されるポストの位置づけなどの組み合わせにより多様な形態がみられる。そのうち除目などで「本司奏」と呼ばれるものは、本司が自らの属僚とすべき官人を推挙（本司内部での昇進を含む）するものであり、またその一類型に本司が複数の候補者を一括して申請する「連奏」というものもある。一方、『大間成文抄』などでは、そうした本司奏に対して、現在の属僚を他の官司に推挙するものをとくに「諸司奏」と呼んでいる。いわば狭義の諸司奏といえ、これまで触れた〔三局史生〕〔三省史生〕の諸司奏などはこのタイプになる。[25] そこで本節ではまず三局史生奏、ついで本司奏・連奏の実際の文面上に表れた官人の奉仕のあり方について検討することにする。

1　三局史生の奉仕形態と「三局史生奏」

三局史生奏と同史生の奉仕形態を検討するにあたっては、〔三局史生〕枠の制度改正に関わる『類聚符宣抄』第七収載の永延三年（九八九）五月十七日宣旨、およびその七年後に出された長徳二年（九九六）正月二十三日宣旨に着目する必要がある。まず、永延三年宣旨の前半部分を掲出する。

応下太政官幷左右弁官庁直抄符史生等依二其勤功成績一永改二年官外国一拝中任内官主典上事

右得二太政官去四月十四日奏状一偁、謹検二案内一、当局史生十一人之内、見任九人、其残二人。自二去永延元年一、依レ無二所望之人一、于レ今不レ被二補任一。謹案二職員令一、史生十人、掌下繕二写公文一行中署文案上者。所職之重已異二他所一。就中所レ成之官文、二百張以上、三百張以下、或連日不レ絶、或隔二一両日一。其所二書写一之長案、猥積如レ山。方今件長案日記等、先写二注草案一。預史生等、為レ致二功績一、以二私紙一清書、納二於文殿一、永備二後鑑一。土代清書之役、暫無レ可レ休。爰大外記中原朝臣致時拝任之後、捜二尋局中文書一、以往文簿、或以破損、或以紛失、所レ遺不レ幾。何況寛和二年以後長案日記等、無レ有二其実一。尋二問由緒一、史生等申云、空疲二十余年之勤労一、僅拝二最亡国之二分一。適励二随分之節一、雖レ仰二採擢之仁一、年齢已傾、朝恩難レ及。見任之者弥倦二於前途一、未達之輩無レ進二於当局一。仍年来之間、自所二緩怠一也。(下略)

この宣旨は、三局(外記局・左右弁官局)内で一定の実績のある史生を推挙するポストについて、外官主典から内官主典へ変更した際のものである。その理由は「空疲二十余年之勤労一、僅拝二最亡国之二分一」に明瞭なように、当時、下級国司は実質的な収入のあるポストでなくなっており、それまでのような経済的恩典としての意味が薄れていたからである。この宣旨は太政官(外記局)の奏状にもとづくものだが、その裁可にあたり、「太政官幷左右弁官」つまり三局の史生全体に適用された。

本史料に断片的にうかがえる三局史生の奉仕を考えるためには、その職員構成が明らかにされていなければならない。そこで比較的史料が残る左右弁官史生を中心に検討する。左右弁官局については、「左史生十人、右史生十人」が職員令2太政官条で規定されている。しかしこの永延三年宣旨には「左右弁官庁直抄符史生」という形でみえる。庁直史生・抄符史生とはいったいどのような史生だったのだろうか。

宣旨を収載する『類聚符宣抄』第七には、個別に「庁直史生」「抄符預史生」を任じる十世紀後半の弁官宣の宣旨三点を載せる。(26) それらをみると、そうした史生は、すでに左右弁官の史生に任じられていた者に対して、弁官宣の内部手続きで、「庁直」などを重ねて任命されたものであることがわかる。ではそれぞれの職掌はどのようなものだったか。

まず抄符史生（抄符預史生）について。本史料には、外記局の「文殿」で職務に従事する「預史生」の様子が記されている。三局にはそれぞれ文殿があり、弁官でも抄符史生が文殿を管理していたとみられる。[27]『延喜式』には、左右弁官史生に関して、「凡左右文殿公文者、史一人永勾当。其預、左右史生各二人、毎年二月相替」（太政官144文殿公文条）とあり、早くから左右文殿を「預」かる史生の存在が確認できる。[28]この後身がまさに左右文殿の抄符史生であろう。一方、わかりにくいのは庁直史生である。この場合の「直」すべき「庁」とは、太政官曹司庁か外記庁（太政官候庁）かであることは間違いないだろうが、いずれを指すのであろうか。

彼らの奉仕形態を考える上で留意すべきは、〔三局史生〕の推挙基準である。そこで注意しておきたいのは、このあと出された長徳二年宣旨にみえる、庁直史生でも抄符史生でもない史生の推挙の扱いについてである。この宣旨によれば、すでに永延三年宣旨によって、庁直史生・抄符史生は内官主典に任じられることになっていたが、それ以外の史生は「年労已積」んでいても「給レ官無レ期」く、何の恩典に預かっていないというのが現状であった。そこで「庁直抄符者依二勤功一拝二内官主典一、年労恪勤之輩依二次第一任二外国二分一」のように、庁直史生・抄符史生でない「年労恪勤之輩」に対しては、外官主典への任用だけでも認めることにしたのがこの長徳二年宣旨ということになる。したがってこの記述から逆に、すでに外官主典から内官主典へと変更されていた庁直史生・抄符史生については、その実績を測る基準として年労を用いていなかったことがわかるのである。では宣旨でいう「年労」に対する「勤功」とは何だったのか。どのような評価基準によって庁直史生・抄符史生の推挙が決定されたのであろうか。

そこでまず注意したいのが、第一節2項で取り上げた『延喜式』の任用規定aの「其労成任官者、並不レ依二年労、只計二上日一」の部分、つまり、三局史生が「労」によって任用される場合、年労でなく上日労をみる、とするものである。そもそも十世紀において、三局では弁・史そして少納言・外記の上日は毎月奏上されることになっており、[29]上日数という勤務実績が重視されていた。

もっとも史生の上日は天皇への報告の対象に含まれていないが、それは蔵人所の月奏による上日報告において、小舎人（御蔵小舎人）の月奏文は天皇まで奏上されない[30]のと同じ地位の問題であり、太政官の内部において、史生を含む職員全体の上日の管理が徹底していたことは、すでに天平二年（七三〇）の段階で「太政官処分、自レ今以後、史生已上日数、毎月読二申長官一。如長官不レ参、読二申大納言一[31]」と規定されていたことからも明らかである。『類聚符宣抄』第十の「可レ給二上日一人々」所収の、派遣先での上日賜与を指示する複数の宣旨からは、十世紀においても三局史生などの上日のカウントは厳密に行われていたことがわかる。そして庁直史生については、その呼称からみてとくに上日労が重視されていたと推定されよう。彼らにおいて上日が重視されたのは、「庁」で日々行われる政務に専従していたからではないか。つまり、この庁直史生の「庁」とは、当時、結政を含む日常的な政務が行われていた外記庁と考えられる。

本来的に弁官史生は太政官曹司庁を中心に勤務すべきものだが、平安遷都後の外記政の成立[32]により、九世紀以降は外記庁で勤務することが多くなったと推測される。そこで、曹司庁の文殿に専従する者を抄符史生として任命したのと同様に、外記庁での日常政務に専従する者を、ことさらに「庁」に「直」する者として任命したのだろう。史料上「庁直史生」はそれほど多くみられるものではないが、これらはあくまで内部での呼称であったし、のちには彼らの活動こそが弁官史生を代表するものとなっていたから、一般的にはただの「史生」で通用していたと考えられる。

このような庁直や抄符の任命にあたっては、やはり一定水準の能力が求められたであろうから、場合によっては何年たってもそこでの勤務を命じられない者も生じたと思われる[33]。それが永延三年宣旨段階では評価の対象とならなかった、庁直・抄符に任命されていない史生と考えられる。彼らが出勤する場は、本来的な拠点であった曹司庁と思われるが、あるいはもはや日常的に精勤を求められる存在ではなかったのかもしれない。いずれにしても庁直・抄符に比べれば閑職であり、同列に評価されることはなかったのである。そのため人によっては相当の年労を積んでいても、何の恩典に預かることがなかった。そこで永延三年に庁直・抄符が内官主典への転出を認められたのを機に、もはや経済的にはメリットの少ない外官主典だけでも所望することになり、長徳二年宣旨に至ってそれが認められたのであろう。

それでは庁直史生とともに内官主典へ任用されることとなった抄符史生も、上日が評価基準とされていたのであろうか。ここで再び式における「其労成任官者、並不レ依二年労一只計二上日一」の部分に着目したい。既述のようにこの附則からは、年労あるいは上日労のような「労」によらない任用の存在も読みとれるからである。そしてさきの永延三年宣旨が引く太政官奏状において、外記局の文殿の預史生における煩多な職務として具体的に強調されているのは、「所レ成之官文、二百張以上、三百張以下」とあるように、文殿に納める公文書の書写の分量である。とするならば、三局のそれぞれの抄符史生の評価基準として重視されていたのは、上日数ではなく、その書写の数量、つまり「行事」数などの業務実績だったのではないか。

そもそも官人の奉仕の量は、周知のように、上日とともに行事でも表される[34]。職員令2太政官条で規定する史生の職務は、この奏状でも述べるように「繕二写公文一行二署文案一」であり、奈良時代の史生のものと思われる「考中行事」の実例をみると、「繕写公文二百七十八張[35]」のように記載されている。そしてこの奏状が重い負担として具体的にあげる書写長案の「二百張以上、三百張以下」とは、まさに行事数そのものといえる。文殿に勤務する彼らにおいて重視されていた評価基準とは、こうした行事とその数量が中心であったと考えられるのである。両宣旨に散見する「功」も、具体的にはそれを指すのだろう。

太政官では他司と比較して政務や儀式が煩多であったため、早くから上日が重視されていた。一方で史生一般の中心業務である「繕二写公文一行二署文案一」も、文書行政の浸透、先例重視の政治姿勢の中で、その行政の中心に位置する太政官において、業務量は増加の一途をたどっていた。大同期以降は定員がほとんど変わらず、むしろ他所への職員派遣なども増える中で[36]、各人が政務運営と文書事務の両方に専念することは困難になりつつあり、そのため、式にみられるように当初は年度ごとに交替で「預」を分担していたのだろう。しかしその効率性から、しだいにそれぞれの職務に専従する形態に切り替わり、庁直や抄符などの地位が成立した。そして彼らの評価基準もそれぞれの職掌に適切なものが採用されたのであろう。つまり、その上日および行事による評価基準が、長徳二年宣旨でいうところの「年労」に対する、「勤」「功」の具体的な内容と考えられるのである。

ところで、年労・上日労などの労、あるいは行事数という評価基準自体は、八世紀における実態や法規などから、それぞれ令制下の基本的な評価基準をそのまま継承しているといえる。すなわち、考課に際して上日や行事が評価基準として採用されていたことについては、さきにも触れた「考中行事」などの現存する考課関係文書をはじめ、太政官の定考の儀式などからもうかがえるし[37]、年労については、選叙令4応選条に「凡応レ選者、皆審二状迹一。銓擬之日、先尽二徳行一。徳行同、取二才用高者一。才用同、取二労効多者一」とあり、しばしば指摘されるように、この「労効」について同条集解古記が「大例経二年数多一也」としているのである。

しかし本章の課題からみてとくに注意したいのは、抄符史生における行事を中心とする評価のあり方である。

というのも、永延三年宣旨が引く奏状では、「為レ致二功績一」め、つまりその本来的な業務を遂行し行事を積むために、「以二私紙一清書、納二於文殿一」を強調しているからである。

本来、太政官の長案の料紙は、『延喜式』図書寮28長案紙条によれば、図書寮が打進するものであったが、彼らが「私紙」を用いるのは、その供給機能がすでに停止していたためであろう。彼らの本来業務としての奉仕が君恩の対象となるためには、場合によっては自らが物質的奉仕をも行う必要があったのであり、右のような記述からみて、このような実績が、官司内で優先的に評価されるケースはままあったことを推測させる。諸司の側からみれば、諸司奏を通して、いわば令制外の論理にもとづく奉仕をも吸収することができたといえよう。

このように三局内では、同じ史生でも、異なる奉仕の役割分担・立場等に応じて上日・行事そして年労という評価基準が使い分けられ、三局史生奏による推挙が行われていた。『大間成文抄』第三などの実例をみると、式の「毎年一人」を外官主典に任じるという運用法は、三局それぞれからの毎年一人ずつが原則のようである。その一人について、それぞれの局内で庁直・抄符のいずれを充てるのか、諸司奏ではそうした配分や順番などについて、諸司自身がその時々での内部事情や、必要とされる奉仕に応じて、任意にそれを決定することが可能だった。こうした点に労帳ではなく、諸司奏を用いる一つの理由があるのだろう。諸司奏のそうした性格に留意して次に本司奏についてみておきたい。

2　「本司奏」にみる諸司奏の特質

最初に『大間成文抄』第七の「本司奏」の項目に収められた、治承四年（一一八〇）の主計寮の本司奏の実例をあげる。

主計寮

請下殊蒙二　天恩一、因二准先例一、被上レ拝二任少允闕一状

正六位上藤原行政

正六位上中原行兼

右謹検二案内一、二寮官人者、依二本寮挙　奏一、必被二拝任一者、古今之恒規也。不レ可二勝計一。爰行政等携二文簿之業一、可レ堪二勾勘之節一、見二其器量一、尤足二吹薦一之上、行政者、為レ修二造本寮守公神宝殿一、運二置其材木等於御金一。期二拝任一、為レ寮為二要枢一、為レ朝為二公平一。行兼為レ修二造寮築垣一町一、所二申請一也。加之允有レ闕之間、寮中公事、旁以懈怠。以二件輩一可レ被レ抽二任允二員闕一矣。望請　天恩、因二准先例一、任二挙状一被レ拝二任少允二員闕一者、将致二職掌一。仍勒二事状一、謹請二　処分一。

治承四年正月七日

従五位上行助中原朝臣未到

正五位下行大炊頭兼大外記権助備後介中原朝臣師尚

正四位下行頭兼陰陽頭土佐介賀茂朝臣在憲

この本司奏では、少允の欠員二人に対して、寮自身が藤原行政・中原行兼の二人の候補者を推挙している。ここで彼らが推挙されたのは、「携二文簿之業一、可レ堪二勾勘之節一、見二其器量一、尤足二吹薦一」のように、主計允として必要な技量を当人たちが備えていたためであろう。ただある意味それは当然のことである。ここでの最大の推挙理由は、「為レ修二造本寮守公神宝殿一、運二置其材木等於御金一」「修二造寮築垣一町一」という、造営事業に対する資材の提供や請負など、寮に対して物質的な奉仕を行った（行おうとした）点にあるとすべきだろう。

周知のように、こうした諸司官舎等の造営・修繕の請負と引き換えに任用に預かることは、これまでも成功の研究の中で検討がなされてきた(38)。しかし本史料では、あらかじめ成功宣旨が下されたなどの形跡がみられない。自解申文だけでなく諸司奏の場合でも、成功であればそうした形を示すのが普通である。そもそもこの文書が、『大間成文抄』の分類の中で、「成功」の事例を収載する「功」などの項目でなく、「本司奏」の項目に入れられていることにも注意したい。したがって、厳密にはこれが制度的に確立した成功(39)の範疇にあるとはいいがたい。この点についてはまたのちに触れたい。

いずれにしてもここでは、前項で触れたような令制外の論理にもとづく奉仕が、奏の文面上に具体的に現れているといえよう。一方、主計寮の職務上で必要な技量は、さきの選叙令4応選条における任用基準でいうところの「才用」ということになり、その主張は令制本来の官人任用の論理にもとづくものともいえる。令制の論理の範疇か否かを問わず、こうした多様な要素を考慮し、諸司がその時点で最も必要とする奉仕を取り込むことを可能にすること、それが諸司奏の重要な機能の一側面であったといえる。

さて、現在確認できる最も古い諸司奏は、次にあげる十世紀初めの延喜十七年（九一七）のもので、紙背文書として原本が残されている(40)。大学寮が所属官人（少属讃岐安常）を本司の允、ないしは主計允として申請したものである。

□学寮
　請以少属正六位上讃岐朝臣安常、遷任寮允・主計允闕之状
□得安常款状偁、安常任寮属以後、于今□〔十〕一箇年□
□間、所済雑務、触類多端、修理官舎築垣、殊歇□

□役自外多有公益、（下略）

ここでは、令制の任用の論理の範疇である年労が主張される一方で、自らが所属する官司の修繕に関わる奉仕も主張されているのが注意されよう。制度としての成功が成立するのはこのあとの十世紀後半とされており[41]、実際ここでも成功を示すものがない。また「修理官舎築垣」のような漠然とした主張からみても、のちの成功のようなものとしてとらえることはできない。むしろ、諸司奏におけるこうした所属官人の本司に対する物質的奉仕の主張にもとづく任用が、制度としての成功へと展開していった可能性を示唆する。

ところで、右の二つの史料、あるいは純然たる成功のケースのように、諸司官舎の造営・修繕等について、本司自らが直接関わるのは、この当時、諸司の小規模な修造は本司自身で行っていたためと考えられる[42]。こうしたものは、本来的には中央財源によるもの、すなわち木工寮・修理職による修造が原則だったが、弘仁十一年（八二〇）、諸司に対して官舎修理料が設置[43]されたように、平安時代に入るとそれぞれの官司の財源でまかなわれるようになる。ところがそうした財源もまた十世紀前半には失われていたことが指摘されている[44]。したがって十世紀以降になると、さきの事例のように、その経費相当分を今度は所属の官人の本来的業務の中に組み込んだり、のちには任用と引き換えに、そうした業務負担を外部に請け負わせる形で調達することになったのだろう。その意味でもう一つ、次の院政期の仁安三年（一一六八）八月三日大膳職請奏[45]にも着目したい。

□〔大〕膳職

請下殊蒙二天恩一、因二准先例一、以二正六位上藤原朝臣成弘一、被レ拝二任少進一、修中造職庫上状

□〔右〕謹検二案内一、以二諸司有功之輩一、被レ拝二任官人一者、承前之例也。爰□職去保元年中賜二成功一、所レ造二進職庫一也。而年序漸積□以破損。近日不レ加二修理一者、定及二転倒一歟。兼又見任進雖レ有二人数一、□避二職役一不レ随二

催促一、仍且為レ令レ勤二仕職役一也。雖レ無レ所レ募、依二諸司之挙□〔奏〕一、□拝二其官一者定例也。何況所レ申皆存二公平一哉。裁報之処誰謂二非拠一□。望請　天恩、以二彼成弘一被レ拝二任少進一者、将仰二聖化之貴一矣。仍勒二在状一、謹□〔解〕。

仁安三年八月三日

正六位上守亮藤原朝□〔臣〕未到

この諸司奏自体は、破損した大膳職の職庫の修造をする藤原成弘を職の少進に任じることを請う本司奏であり、これも「雖レ無レ所レ募」とあるなど、厳密には成功のケースといえない（なおこの職庫の最初の築造そのものは「賜二成功一」とあるので、これは制度的な成功によって行われたと考えられる）。しかしこの史料で注意したいのは、その諸司奏による叙任そのものよりも、そこに至るまでの事情である。本文で「兼又見任進雖レ有二人数一□避二職役一不レ随二催促一」と述べられているように、成弘が職庫の修造を請け負う前に、大膳職はそれを現任の進に課そうとしていたことがわかるからである。「（大膳）職役」ともされているように、それは本来的業務の一つとされているのである。

このように諸司が自ら行わなければならない造営・修繕のうち、その一部を所属官人、さらには将来の所属官人ともいうべき者に、本来業務の一環という形で負担を転嫁させることを可能にしたのが本司奏だったともいえよう。そしてこうした経費調達方法は、成功宣旨による完成した制度としての成功が成立すると、もはや諸司とは（将来を含めて）人的なつながりがまったくない第三者に、先にそれを請け負わせることが広く行われるようになり、叙任申請の形式については、自解申文を中心に展開したのではないか。

これまでの成功に関する研究によれば、もともと「成功」「功」といわれたものは造営事業の請負を指し、任料・叙料を進納するいわゆる売官・売位とは、当初は明確に区別されていたことが明らかにされている。[46] それをふまえるならば、成功の初見が、『魚魯愚抄』に「依二成功一任レ史例」として収載された、天元五年（九八二）の事例[47]であるとの指摘[48]が注意される。そこでは同年正月の除目の二例を載せるが、そのうちの一つである兵部録清科以孝を史に任じた事例には尻付があり、その事由として「修二理本省一功」が記されている。これが諸司奏によるものかどうかは判然としないが、初見史料が所属官人による官舎等の修理であることは、制度的な成功が、職務内での物質的奉仕の流れの中で形成されたことを示唆する。成功の起源を、奈良時代の在地有力者層による献物叙位などに求めるのは通例だが、任料の進納による任用の流れは、造営・修繕請負の流れとは別に古くから存在するから[49]、これまでみてきたような諸司奏を媒介にした、職務としての物質的な奉仕の系譜が、造営・修繕を請け負う形の成功、つまり本来的な「成功」に直接つながるものと考えたい。

論点がややそれてしまったが、要するに諸司奏とは、たんなる人事異動のための文書ではなく、諸司が必要とする多様な奉仕を吸収することを可能にする文書、つまり官司の運営に密接に関わる文書でもあった。そして諸司奏のそうした側面を介して、独自に大きく展開した叙任制度が（造営形態の）成功の制度だったと考える。では最後に、本司奏の一類型である連奏について、項をあらため検討したい。

3　「連奏」にみる諸司奏の論理

連奏については、すでに高田義人氏が詳細に論じており[50]、技能関係者以外からの任用を排除し、下級技能官人が自らの昇進ルートの確保に果たした役割について指摘している。その具体的なシステムとは、本司内の上位ポストの官人が叙爵等で欠員となった際、それ以下のポストの者を順繰りに昇進させる形での人事異動を本司が一括申請するものである。次の『大間成文抄』第七の「連奏」所収の実例にみられるように、候補者を個別ではなく、複数一括して申請するということだけで、体裁も含め一般的な本司奏と何ら変わりはない(51)。

陰陽寮

請レ被下殊蒙二天恩一、停三止他非〔人脱カ〕二巡望一、任二道理次第一、転中任官人品官等上状

正六位上行少属中原朝臣相則

右相副〔則〕為二属第一一、年労漸積、転任之理自以相当。仍申二請允闕一。

正六位上行陰陽師大中臣朝臣為兼

右為兼為二陰陽師第一一、勤労共允〔久カ〕。仍申二請少属相則□〔転〕レ允之替一。

前陰陽得業生正六位上惟宗朝臣忠成

右忠成成業之後、年労久積、任二陰陽師一、其運自至。仍申下請陰陽師為兼転二少属一之所上。

以前官人品官等、任二道理次第一、可レ被二転任一之状、挙奏如レ件。望請　天裁、一々被二転任一、将令レ勤二職掌一。

仍勤二事状一、謹請二　処分一。

永久四年正月廿五日従五位下行権助賀茂朝臣

正五位下行兼〔助脱カ〕主計権助賀茂朝臣家栄

従四位下行雅楽頭〔兼頭脱カ〕安倍朝臣泰長

個々の官人の側からみるなら、このシステムが十分に機能した場合、一ランクずつの確実な昇進が約束されることになる。例えば右の陰陽寮に関しては、最下級ポストである陰陽師にいる者は、それを大過なく勤める限り、〈陰陽師→少属→少允(52)〉のように、上部で欠員が出るたびに、それぞれ労の「第一」の者から順に昇進してゆくこ

とになる。この「依二年労恪勤次第一転二任官人等一」[53]という任用システムの基底には、まさに典型的な年功序列の論理があった。連奏は年功序列を象徴する人事システムであり、年労による任用論理の範疇にあるといえよう。そこで比較的史料が豊富な陰陽道の連奏を素材に、除目の場で連奏という本司奏が用いられていることの意義についてさらに考えてみたい。

　諸道で学んだ学生が、連奏の順送り人事の流れにのるためには、まずその最底辺ポストに任じられる必要がある。陰陽寮の場合、陰陽師ということになるが、彼らの任用事由を確認するため、陰陽師の任用を伴う平安時代の連奏の事例を【表】にまとめた。『官職秘抄』は陰陽師について、「以二得業生一申二任之一」[54]とするが、この事例からみると、厳密には前得業生からの採用が多い。そもそも、欠員数に対して、その枠をはるかに超える数の得業生終了者の存在は容易に想像できるし、陰陽得業生ばかりでなく、暦や天文の学生からの任用もあったから、つねに競合関係が生じていたはずである。したがって、得業生の在籍中にただちに陰陽師に任用される可能性は少なく、課程修了後も任用の順番を待つのに、一定の時間が必要であったと考えられる。連奏の中で前得業生が「成業之後、年齢已傾」(№5)くと嘆くのも、そうした実情を物語っていよう。

　ところが、そうした中で、「陰陽得業生」や「暦生」など、学生身分からストレートに陰陽師に任じられるケースもままみられる。ここで注意したいのが、前得業生からの任用の多くが、年労を主張するのに対して、こうした順を超えての任用の場合は、「伝下以二箕裘一於七代習術業上」(№2)「為二譜第一之者」(№3)などを主張する例がみられることである。すなわち、「儒後譜代者自二学生一任二陰陽師一者例也」(№5)のように「儒後」「譜代」の学生から任用される慣例が成立していたのである。つまり、こうした場合、必ずしも年功序列の論理が優先されるとは限らないのである。「儒後」「譜代」も「才用」の一つとみなされていたのかもしれないが、こうした任用は、

【表】　連奏による陰陽師の任用事例

No.	年　代	名　前	身　分	任用事由	出　典
1	治安3.2.8（1023）	中原恒盛	前天文得業生	「得業生労十四个年矣、三道得業生等之中、年労第一也」	『大間成文抄』第十
		大中臣貞吉	陰陽得業生	「次第之運、又当其仁」	
2	承保4.1.27（1077）	惟宗長俊	陰陽得業生	「成業之後、恪勤不懈。加之、為任陰陽師、先年中請寮底、以私物寮曹司町屋一〔宇〕造立已畢。旁有勤〔尤超〕傍輩」	『魚魯愚鈔』巻第二
		賀茂兼栄	暦生	「兼栄者助道栄之男也。伝以箕裘於七代習術業、於五行採沢之間、尤有其謂。又儒後之輩従学生任陰陽師者例也」	
3	承暦1.12.-（1077）	伴実盛	前陰陽得業生	「成業之後年労漸積」	『魚魯愚鈔』巻第二
		大中臣仲清	陰陽得業生	「為譜第之者、専奉公之志」	
		清科実行	前暦得業生	「成業年久、恪勤日新」	
4	康和2.1.21（1100）	伴友仲	前陰陽得業生	「成業之後、寮底之勤、頗超傍輩」	『朝野群載』巻第十五
		惟宗忠盛	前天文得業生	「成業之後、勤労久積」	
5	康和4.1.-（1102）	中原相則	前陰陽得業生	「成業之後、年齢已傾、恪勤不懈」	『魚魯愚鈔』巻第二
		惟宗祐宗	前陰陽得業生	「成業之後、〔労〕効久積」	
		賀茂守栄	暦生	「守栄者助家栄已男也。為数代之〔儒〕胤、《中略》抑儒後譜代者自学生任陰陽師者例也」	
6	永久4.1.25（1116）	惟宗忠成	前陰陽得業生	「成業之後、年労久積」	『大間成文抄』第七
7	元永3.1.23（1120）	伴親忠	前陰陽得業生	「成業之後、年労久積」	『大間成文抄』第七
8	仁安3.1.13（1168）	中原行広	陰陽得業生	「成業之後、寮底之勤無懈怠」	『兵範記』紙背文書＊
		伴重宗	暦得業生	「勤節功新、労績云積」	
9	安元2.12.3（1176）	清科盛季	漏刻博士代	「行幸供奉幷寮役匪懈、謂其労効勝傍輩」	『大間成文抄』第六
		中原貞光	暦得業生	「寮底之勤、殊超傍輩」	

＊吉田早苗「京都大学附属図書館所蔵「兵範記」紙背文書にみられる申文」（『東京大学史料編纂所報』14、1980年）の翻刻による。

一般の官人においては令制外の論理による任用というべきだろう。[55]

さらに、No.2の承保四年の連奏に注意したい。このとき得業生からただちに陰陽師に任じられた惟宗長俊について、寮は「儒後」などの任用論理は主張しておらず、「成業之後、恪勤不レ懈」として、一般的な精勤をあげる。しかし、続けて「加之、為レ任二陰陽師一、先年中請二寮底一、以二私物一寮曹司町屋一由〔宇カ〕造立已畢。旁有レ勤左起〔尤超カ〕二傍輩一」のように、「私物」による官舎修造、すなわち「傍輩」を超える＋αの奉仕を述べているのである。

連奏における昇進とは、年功序列人事の最たるものである。しかし、最底辺のポストに関しては、競合関係が生じるため、誰をどのような理由で候補者にするかがつねに問題になる。諸司はその際、令制的な年労の要素を前提としつつ、「儒後」などの要素、そして物質的な奉仕などを含め、諸司（実質的には長官）がその時点で必要ないしは重要として判断する要素にもとづいて推挙を行ってきた。つまり連奏は、労帳的な性格をもつ文書ではあるが、一方で本司奏の特質を遺憾なく発揮している文書でもあったといえよう。

ところで連奏は、陰陽道のほか算道・医道などでもみることができる。主計寮・主税寮は「二寮者本算道之官也。《中略》二寮者、本連奏之官也[56]」ともいわれるように、本来は算道出身者が連奏によって任じられるポストであった。それに関して高田氏は、『小右記』長元四年（一〇三一）二月十九日条にみえる次のような記事を紹介している。すなわち、右大臣藤原実資の家人の菅野親頼は、造八省行事所に米千石を進上して、主計・主税允に任じられることを申請してきたが、「転任之官」である二寮の側からの、「他人」を任じることへの「愁申」しを配慮して、実資自身が親頼の申請を退けたというものである。

ところが、十二世紀の『官職秘抄』では、陰陽道・医道などに対して算道に関わる連奏の記載はなく、平安時代後期にはその実例もみられなくなる。実際、前項の治承四年（一一八〇）の例でもみたように、主計允の任用は通常の寮の本司奏で任用が行われているのである。また久安三年（一一四七）の主計少允の任用の際にも、少允紀国友の尻付には、「寮奏下名加[57]」という記載がみえ、本司奏による任用であることがわかる。もっとも同時に主計少属が「寮奏」で任用されているので連奏の可能性もあるが、いずれにしても、国友の尻付には続けて「募二中本寮修理一」とあることから、本司奏を用いた（制度的な）成功とみられ、この場合、純粋に寮の財政上の必要により行われた人事とみることができよう。

　このように主計寮では、形を変えながらも広い意味での諸司奏の枠組は維持され、諸司自身による推挙枠が保証されてきたといえるが、その任用事由の中身はさまざまであった。反対にいうならば、諸司奏という形での任用申請枠が認められ続ける限り、諸司側は、自らの官司内部の人事・財政などの状況、運営方法の変化など、多様な問題に対して、その場その場で柔軟に対処することができたともいえよう。

　くり返すように諸司奏とは、たんなる人事関係文書というだけでなく、官司の日常的な運営そのものに密着した文書でもあるのである。

第三節　諸司奏の成立・展開と律令官人制の再編

　第二節で諸司奏は、官司運営に密接に関わる文書であること、第一節では、そうした諸司奏の多用などにより、十一世紀以降、下級官人の任用の場で年労制が衰退した可能性を指摘した。もっとも後述するように、除目関係文書としての諸司奏の成立は九世紀前半であり、むしろ当初、諸司奏と年労制は並列的に展開していったと思われる。そもそも諸司奏は年労の本質を否定するものではなかったことは、すでに述べた通りである。

このようにみると、諸司奏が登場して年労制とともに展開すること、その後、諸司奏がさらに拡張するといった推移は、官司制や官人制システムの変化に関するいくつかの段階を示しているように思われる。そうであるとするなら、諸司奏の官人制度上の意義をさらに明確にするためには、やはり吉川真司氏が示した、九世紀前半の天長年間に始まり、十世紀半ばの天暦年間ごろに完成したとされる、律令官人制の「再編」[58]の視点を念頭に置いて考えてゆく必要があるだろう。そこで本節では、その点を意識しながら、九・十世紀における諸司奏の成立と展開について見通してみたい。

1　弘仁四年二月四日格と諸司奏

諸司奏を含む請奏形式の任用申請文書が叙位・除目関係文書として用いられるようになった経緯について、玉井力氏は、考課・選叙方式が放棄され年労方式が導入される中で、さまざまな人事枠も成立し、それに対応するために請奏が採り入れられた、とする[59]。その後、佐々木恵介氏は、大宝選任令・養老選叙令・大宝元年（七〇一）七月二十八日太政官処分や正倉院文書の中の任用申請に関わる文書を検討した上で、令制当初から任用希望者やその推挙者からの任用申請文書が存在した可能性を指摘した[60]。そして玉井氏が指摘した、弘仁四年（八一三）二月四日格（後述）にみられる自解申文の増加の事実などから、九世紀前半に考課という基準が放棄されつつある中で、旧来の考課を基準とした式部省ルートでなく、直接外記にそうした申請文書を出すようになった、とする[61]。

本書では前章において、本来的には式部省に銓擬権がある判任以下の任用手続きについて、九世紀以降、式部省の事前関与を前提とする令制人事の建前がゆらぎ始め、十世紀にそれがさらに進んだことを指摘した。そして式部省が事前に関与しない（できない）ケースとして、「恩寵」や「儒後」など、令制外の論理にもとづく任用などを指摘した。実は本章の目的の一つは、そうした令制外のものを含む多様な論理にもとづく任用を重視する傾向が、奏任以上の任用手続き、つまり除目でもみられることを、個別の諸司奏の検討を通して具体的に検証することでもある。

つまり、佐々木氏が想定した、九世紀前半における除目に関する申請文書のルート変更とは、そのような傾向と何らかの関わりがあると思われ、その点で弘仁四年格が述べる、弘仁年間までに直接外記に提出する自解申文が増加したという事実は、大きな意味をもつと考えている。しかし、格文そのものが残っていないこと、および後述する理由から、この格について、これまであまり評価されてこなかった。そこで同格について検討することにしたいが、その前にまず、勅任以下すべての任用に際して式部省が関与することを示した大宝元年七月二十八日太政官処分についてあらためて掲出しておく。

【『続日本紀』大宝元年（七〇一）七月戊戌条】

凡選任之人、奏任以上者、以二名籍一送二太政官一、判任者、式部銓擬而送之。

【選叙令4応選条集解令釈所引大宝元年（七〇一）七月二十八日太政官処分】

夫選任者、奏任以上者、注二可レ用人名一、申二送太政官一。但官判任者、銓擬而申二太政官一。

なお、ここで示された大綱は『延喜式』（式部省上79選任条）でも次のように継承されている。

凡選任者、奏任以上者、省注二可レ用人名一、申二送太政官一。但官判任者、銓擬而申二太政官一。

では弘仁四年格の検討に移りたい。同格は『魚魯愚抄』所引の『中山抄』(62)の中で、除目で使用される筥の説明をする記事の中で断片的に触れられている。

一筥
内外文武官五位以上歴名帳一巻。〈式部省進レ之。〉京官諸司主典已上補任帳二巻。〈同。〉
諸国主典以上補任帳二巻。〈同。〉令外諸司主典已上補任帳一巻。〈同。已上皆有レ籤、謂二之七巻文書一。〉
《中略》
二筥〈諸人申文。〉〈諸司・諸衛・諸道・所々挙状、撰定、各付二短冊一。〉
三筥〈諸人申文。〉〈四位以下申文、撰定、各付二短冊一。〉
中文多時加二筥数一云々。但近皆付二職事一。仍不レ過二十余通一歟。
往昔諸人申文加二納補任筥一。而可レ納二別筥一之由見二弘仁四年二月四日格一。其後二三筥出来歟。

この弘仁四年格に関してまず問題になるのが、「諸人申文」すなわち自解の申文が、弘仁四年の段階ですでに別筥を用意するほど増加したと想定されることである。このことについて、既述のように佐々木氏は、考課が放棄されつつある中で、自解申文が増加したとされている。氏の見解の背景には、いうまでもなく吉川氏が示した、天長年間の勅授における成選叙位の放棄、それによる〈位階の上日・成選から官職の年労へ〉という、律令官人制の再編についての理解がある。しかし、弘仁四年格で述べる自解申文の増加の事実は、成選叙位が放棄されたとされる時期よりも前のことである。つまり両者に直接的な因果関係は見出しがたいのであり、考課・成選叙位の問題とは別な契機を考える必要があると思われる。

次に注意したいのが、この格が出て以後の展開についてである。『中山抄』が、この別筥が用意されるようになったあとに「二三筥出来歟」と述べている点に注目したい。つまり申文を入れる筥が、弘仁四年以前に補任帳などを入れる筥（のちの「第一筥」）から独立したあと、その筥がいわゆる「第二筥」「第三筥」へとさらに分化したとみているのである。官人制の再編という視点であらためてみた場合、以上の二つの点はどのような意味をもつのだろうか。

まず最初に、弘仁四年ごろに自解申文を入れる別筥が作られた点について。既述のように、この弘仁年間の初めに生じていた変化については、天長年間における成選叙位の放棄という通説との間に時間的前後関係の問題があるためか、官人制再編に関わるものとして積極的に取り上げられてこなかった。しかし、自解申文も諸司奏と同様、個人が多様な奉仕などを直接主張することが可能な文書であることからすれば、やはり官人制再編の問題として考える必要があると思われる。

平安時代の叙位制度の変遷について考察した佐古氏は、その中で、桓武朝から嵯峨朝にかけては、多様な人材登用が行われ、「「勅授」という原則に由来する無原則性（恣意性）[63]」が最も顕在化した時期として評価している[64]。そうであるとするなら、この弘仁四年の変化とは、考課・成選の放棄の問題とは直接関係はなく、天皇の関与を含め、令制的な論理外の奉仕など多様な事由を積極的に評価するために、事前に式部省のフィルターを通さずに、除目の場に申請文書そのものを持ち込むことが制度的に認められるようになった、ということを示しているのではないだろうか。

次に、この自解申文を入れた別筥が、さらにのちの第二筥・第三筥に分化したことについて。故実書等で説明する除目の第二筥・第三筥は、前者が諸司・諸衛や所々といった組織からの申文、つまり諸司奏などを入れる筥、後者が自解申文を入れる筥として明瞭に分かれている。佐々木氏は、式部省に任用申請文書を提出する令制本来の方法について、任用希望者自身、あるいは推挙者（特定の個人・機関）の介在という、二つのルートを想定している。その二ルートの存在をふまえた場合、諸司奏などを入れる筥が自解申文を入れる筥から分化したということは、弘仁年間に任用希望者自身による自解申文の直接提出が制度化されたあとで、推挙者（つまり諸司等）が介在する文書についても、直接提出が可能になったこと、すなわち、除目文書としての諸司奏の成立、あるいはその増加を物語るのではないか。その時期については不明だが、諸司奏を含む有効な申文の提出先が、九世紀中葉ごろから外記方から蔵人方へ移行し始めた、との指摘[65]を念頭に置けば、九世紀半ばまでの間と考えてよいであろう。

もしそうした流れが想定されるならば、諸司奏の登場は、官職の年労に関わる諸制度を考える上でもとくに注意されるのではないか。すなわち、諸司（ポスト）単位での奉仕に視点を置いた官人評価という性格や、それらが展開し始めた時期など、両者には重なる部分が多いからである。[66]つまり個別官職ごとの奉仕を重視する方向性のもとで、諸司奏型・労帳型の任用システムは、ともに展開したとみるべきだろう。そのことをふまえるならば、九世紀前半の官人制の再編を考えるにあたっては、当該期における官司制の問題にも注視する必要があるだろう。そこで次に、諸司奏の官司運営文書という側面に鑑みて、当該期における官司運営に関する既往の研究を概観し、その上であらためて諸司奏の成立について考えたい。

2　九世紀における官司運営と諸司奏の成立

八世紀の終わりから顕在化する調庸・雑米等の未進増加などによって国家財政が窮乏し、九世紀以降、さまざまな対応がとられてきた。その点について、収取制度の立て直しという側面からの検討が、多くの先学によってなされてきた。一方で、諸司財政という視点も、早くから村井康彦・早川庄八氏が、中央財政全体の特質を明確にした上で、九世紀終わりの元慶官田の設置、およびその諸司田への分割、その前提となる官人給与の問題、などを通して示していた[67]。そして森田悌氏は、九世紀以降における諸司独自の経済活動の展開を多角的に指摘するとともに、個々の官司についても具体的に考察を加えている[68]。また、阿部猛氏は官衙領の形成という視点から、諸司田や各官司の財政などの問題について広く論じている[69]。しかしその後は、承和十三年（八四六）十月五日の太政官符から、承和年間までに大粮が縁海国から諸司に直接納入する方式も行われていた、などの指摘を除いて、九世紀段階の諸司財政についての関心は概して薄かったといえる。[70][71]

ただそうした中で市大樹氏は、富豪層と院宮王臣家・諸司との私的結合問題という観点から、俸禄制の崩壊・再編について言及し、その中でさきの大粮の諸司への直接納入、諸司田の問題などを通して、九世紀における諸司・院宮王臣家の財政独立化について検討した[72]。そして諸司田の設置に関しては、学問・技能奨励を目的に設置されたものを除くと、大同三年（八〇八）からそれが確認されること、天長以降にそれが顕著になることを指摘している。

そして近年において注目されるのが、諸国公廨と比較して、これまでほとんどかえりみられなかった諸司公廨に焦点をあてた吉松大志氏の考察である[73]。それによれば、『延喜式』雑式6諸司公廨条にみえる諸司公廨の設置目的とは、本来、中央財源から支出することになっていた官舎修造に対して、諸司自らが公廨を運用して修理料に充てるためのものであったという。そして、こうした諸司の恒常財源の確立の大きな画期となったのが大同年間であることを指摘している。

この大同年間は、周知のように大規模な官司・人員整理が進められ[74]、そして要劇料・馬料・時服などの官人給与の再編が行われ[75]、さらに諸司の官舎や公廨を監査するために諸司官人への解由制度の適用なども始まった時期である[76]。またこの前後の時期で注意したいのが諸司印の問題である。西別府元日氏は、九世紀前半を中心とする六国史の公印賜与の記事および公式令40天子神璽条義解から、延暦・弘仁年間ごろから諸司への公印賜与が進展したことを指摘し、その動向に国家による諸司への独立的活動の承認を想定している[77]。このように九世紀初頭以降、自律的な官司運営に視点を置いた方向性が顕著になったといえよう。そうだとすれば、そうした展開を背景に諸司奏が登場、制度化されたということが想定されるのではないだろうか。

令制下において、任用希望者自身や推挙者（諸司・諸家など）から何らかの任用に関する申請が出された場合、本来的にそれは式部省で処理されることになっていたとみられる。すなわち、さきの大宝元年太政官処分のように、かつて除目の際には、省への申請案件、省自身の発議案件にかかわらず、省は自らが保有する人事情報にもとづいて、そうした案件を事前に調査・整理した上で候補者名簿・付属文書などを太政官に提出したと考えられる。そしておそらく、その報告は何らかの形で除目の場にも供せられたであろう。

ただ省に提出された申請の内容が、令制外の任用論理にもとづくものであった場合、人事情報のストックの有無や候補者選定という面からみて、それは式部省の取扱い案件としてなじむものではなかったと思われる。仮にそうした申請が省にもたらされたとしても、省としては選考の対象外とみなすのが一応の建前であっただろう。しかし「恩寵」のような王権が直接関わる案件は、当然ながら何らかの形で扱わざるをえない。さらに諸司の自律的な官司運営が重視されるようになれば、物質的奉仕や「儒後」といった令制外の論理を含む多様な奉仕について、それを従来の君恩・奉仕関係の中に積極的に取り込んでゆく必要がある。そのため式部省を通さずに、王権側が直接、その申請の内容を確認できる恒常的な仕組みが求められていたのではないか。

すでに九世紀初めの弘仁年間には、おそらくは嵯峨天皇の強い意向のもとでの人事政策の一環として、任用希望者自身の主張を記した自解申文をそのまま除目の場で供覧できる直接的なルートが確立していた。したがって推挙者（諸司）からの申請についても、のちにそのルートが準用されたのであろう。それが、自解中文の筥の登場のあとに続く第二筥・第三筥の分化、すなわち諸司奏の成立だったと考えるのである。なお、これが「請奏」の形をとっているのは、かつての諸司等から式部省へ提出された申請書は、その性格上、公式様文書にとらわれない簡便な文書である「請」[78]であり、その文書がそのまま天皇の御前に供されるようになったため、と想定できそうである。

諸司の自律的運営を重視する方向性は、こうした諸司奏を生み出す一方で、従来の令制下の「労効」（選叙令4応選条）の系譜を引く年功序列的な評価論理にもとづく任用にも反映された。すなわち官人の奉仕を官司・官職単位でみる「諸司の年労」あるいは「諸司・所々の上日労」を成立させ、外記・諸司・所々の労帳（勘文）による労帳型の人事システムの展開へとつながったと思われる。このように、九世紀以降の諸司の自律的な運営の強化に適合した官人制の仕組みとして、諸司奏型および労帳型の任用システムが、九世紀を通して両者ともに形成、発展していったと考えられるのである。

3　一分召からみた十世紀における諸司奏の展開

ではこうして登場した諸司奏が、さらに拡張・展開する時期（一方で労帳型の任用が相対的に低下する時期）とは、具体的にはいつごろだろうか。第一節での検討によれば、遅くとも十一世紀の早い時期には進んでいたことは間違いないだろうが、その端緒となる時期については史料が少ないため、明確なことはわからない。そこで、その手がかりになりそうなものを諸国史生等の除目である一分召から考えてみたい。

前章でも掲出したが、『西宮記』恒例第一、二月、一分召には、一分召の際の任用申請枠や、その枠で使用される文書の名が列挙されているので、まずはその部分を抜き出しておく。

内給廿人、先国、次書二品官一、次国、次書二一分一。不レ満二廿人一者、注二未レ補員一。人給在二此中一者、無二尻付一。〈乳母女房、申二正員品官一、不レ入二内給一。以二諸道挙一補レ之。〉所小舎人・御書所小舎人・穀倉院雑色・内御書所小舎人・作物所小舎人・御厨子所小舎人・内蔵寮舎人・御院舎人・近江国日次所預・交野長御鷹飼官人・織手等、以二内給一給レ之。
旧名替別紙、三宮御給一束、〈三人。〉公卿給一束、〈太政大臣三人、大臣二人、納言・参議一人、女御一人。〉
内侍給一束、〈上下皆一人。〉省官給一束、〈卿二人、輔・丞一人、録并造省二人、厨家二人。〉諸司兼国一束、
諸司年料一束、〈大舎人（一人）、近衛一（二）人、兵衛一人、右衛門隔年。〉指宣旨一束、〈中文載二一両国一也。要国字傍以レ墨点。謂二之指宣旨一。〉諸道儒後挙一束、〈不レ入二指宣旨一也。〉諸司労奏一束、〈不レ入二指宣旨一。在レ式、仍不レ入。〉

このうち、労帳型の任用に関わるものは、

諸司年料一束、〈大舎人（一人）、近衛一（二）人、兵衛一人、右衛門隔年。〉

と思われる。すなわちこの任用枠は、『延喜式』の次の任用規定を直接継承するものと考えられるからである。

凡大舎人労廿年為レ限、毎年一人任二諸国史生一。（式部省上94大舎人年労条）

凡左右近衛、長上十五年、番上廿年為レ限、毎年各二人、左右兵衛各一人、左右衛門隔年各一人、任二諸国史生一。《下略》（式部省上149諸衛任官条）

ところで、『延喜式』における一分召レベルの労帳型の規定には、このほか第一節2項で掲出したように主計・主税・勘解由等寮使の三史生を労十年、以外の諸司史生を労二十年で諸国史生に任用する規定（式部省上93年労任

官条）があったわけだが、それに関わりそうなものはここでは見当たらない。優遇されていた三史生については、通常の除目への格上げがあったためと推測されるが、問題はそれ以外の史生についてである。つまり、総計でかなりの員数の諸司史生一般に対しての労帳型の任用枠は、もはや失われているのである。『西宮記』の原撰本の成立が十世紀半ばごろであるとすれば[79]、そのころまでに一分召における労帳型任用の衰退は始まっていたとみてよいだろう。

一方の諸司奏型について、『西宮記』の記載で該当しそうな任用枠は、「諸司労奏」の枠であると思われるが、こうした諸司奏型の任用はどのように展開していたのであろうか。この点について興味深いのは、年紀不明の『九暦』逸文にみられる次の記事[80]である。

一分召時、下二式部省一諸司奏文、不レ過二十枚一云々。然而至レ今其数頗過也。

ここでは、「下二式部省一諸司奏文」とあることから、たんに諸司奏の提出件数の増加ということでなく、実際に任用が認められた件数の増加を意味する。この記事が藤原師輔が薨じた天徳四年（九六〇）までのものとすれば、十世紀半ばごろには、すでに諸司奏型任用の増加が始まっていたということになる。これまでのことを総合すれば、諸司奏型の任用枠の展開、それに対する労帳型の任用枠の衰退などの変化は、十世紀半ばごろから十一世紀初めごろにかけて進行したと考えてよいだろう。

おわりに

本章では、除目関係文書の一つである諸司奏を取り上げ、年労や「恩寵」という分類ではとらえられないその性格、およびその成立・展開の意義について検討した。そしてその検討を通して、令制的論理外の多様な官人の奉仕などを積極的に取り込む形で展開した平安時代の官人制の一側面について明らかにした。またそうした文書を必要とした九世紀の官司運営のあり方についても言及した。

ところで時期的にみた場合、諸司奏にはおおよそ、九世紀前半の登場、十世紀後半の展開、という二つの画期があることを指摘したが、その二つの画期を結ぶ期間をみるなら、その動向はやはり吉川氏が指摘する律令官人制の再編と関連づけてとらえてゆく必要があるように思われる。しかし一方で、本章での検討により、従来の再編論に関して、次のような課題も浮かび上がったのではないだろうか。

まず年労制について。十一世紀以降を視野に入れると、すでに指摘されているような上級官人のみならず、中下級官人についても年労の位置づけは低下している。それについては年給制度や勧賞、そして本章で検討した諸司奏の展開などによる相対的な低下が一つの要因と思われるが、それを除いたとしても、再編論のように年労を上日に「代わる」制度としてみることに不安を覚える。たしかに「官職の年労」による叙任法は新しい制度ではあるが、本章で強調したように、そこでポイントとなるのはむしろ官司・官職単位による官人評価という点にあるのであって、年労そのものの本質は、上日と同様に令制の評価基準の範疇にあることがあらためて意識されるのである。

次に外記による官人把握について。従来の再編論では、年労が官人の評価基準となったことで、個々の官人の補任と位階の現状さえ把握すれば叙位が可能になり、それを管掌する外記方と蔵人方が三省に代わる官人把握機構として登場することになったとされる。実際、平安時代に外記の人事機能が拡大し、外記による諸司の管隷化が進んだことは明らかである(81)。しかし下級官人の任用という面から十世紀半ば以降をも見通すならば、除目におけるように十年労帳の消滅にみられるように、外記における個々の官人の把握機能は、むしろ低下しているのではないだろうか。

そして以上の課題をふまえ、諸司奏を通じて提示した再編の二つの画期をあらためて見直すと、従来の再編論やそれに立脚した研究と本稿との間に微妙な認識の違いが確認できる。まず第一の画期に関して。除目における任用申請文書全体の展開を考えた場合、弘仁四年ごろにおける「別筥」の成立——その背景に想定される式部省を経由しない申請ルートの確立——は、官人制からみて一つの大きな転換点として評価されるべきである。しかしそれは、再編の始まりとされる天長年間の勅授における成選叙位の放棄よりも前のことであった。このことは年労制の展開に軸足を置く再編論について、やはり検討すべき問題があることを示しているのではないか。

次に第二の画期について。従来の再編論がその完成時期を十世紀半ばとするのは、主に禄制の検討から導き出されたものである[82]。しかし本章で指摘したこの時期以降の諸司奏の展開という事象は、叙任制度そのものからのさらなる検討の必要性を示唆する。十世紀後半は、本書第Ⅱ部第二・三章でもみたように、諸司内部の官人組織においても新しい動きがあった時期といえる。その直前に位置する十世紀半ばという時期は、再編の末期といえる一方で、再編期の中での最大の転換点である可能性もあり、これまで考えられてきた以上に注視すべき時期ではないかと思われるのである。

律令官人制の「再編」を考えるにあたっては、年労制や外記の位置づけの再検討、そして十世紀半ばを重視した官人制へのアプローチ、という課題があるということを確認して、諸司奏の考察については、ここでひとまず終えることとしたい。

註

(1) 玉井力「十・十一世紀の日本―摂関政治」(『平安時代の貴族と天皇』岩波書店、二〇〇〇年、初出は一九九五年)。

(2) 福井俊彦「労および労帳についての覚書」(『日本歴史』二八三、一九七一年)、玉井力「平安時代における加階と官司の労」(前掲註(1)玉井氏書、初出は一九八八年)、高田淳a「加階と年労―平安時代における位階昇進の方式について―」(『栃木史学』三、一九八九年)、同b「「年労加階制」以前―その成立と平安前期の位階昇進の実態について―」(『国史学』一五〇、一九九三年)。

(3) 吉川真司「律令官人制の再編過程」(『律令官僚制の研究』塙書房、一九九八年、初出は一九八九年)。

(4) 前掲註(3)吉川氏論文。

(5) なお、本章で扱う除目関係文書としての「諸司奏」は、請奏形式をとる簡便な形の文書で(請奏については、玉井力a「請奏の成立」、同b「平安時代の請奏」(前掲註(1)玉井氏書)参照)、公式令77諸司奏事条にみえる令制上の「諸司奏」とは形式や奏上手続き等で異なる。

(6) 前掲註(3)吉川氏論文。

(7) 前掲註(2)福井氏論文。

(8) 『除目抄』筥文積様(『群書類従』第七輯)。

(9) 『魚魯愚別録』巻第一(『史料拾遺』五)所収の『小右記』逸文に「天元四年十月十四日、《中略》其西置㆓闕官幷諸司主典以上十年労帳等㆒、納㆓覧筥㆒、外記所㆑献」とある。

(10) 例えば兼国勘文については、実例がわかる承保二年(一〇七五)の兼国勘文の末尾に「右年々補任帳所㆑注如㆑件、仍勘申」(『魚魯愚鈔』巻第七(『史料拾遺』五))のようにみえる。他の勘文についても、そのように考えるのが妥当であろう。

(11) ただし、本書第Ⅱ部第三章などで述べてきたように、十世紀後半以降、後述の三局史生などを除く史生は式部省の管轄から離れるため、外記に一括的な任免情報が自動的に届かなくなっていた可能性はある。

(12) 例えば、前掲の兵部省請奏と並んで『大間成文抄』に収録された同日付の式部省請奏は「年労恪勤」の語を含む。

(13)『魚魯愚鈔』巻第一（『史料拾遺』八）、『大間成文抄』第七。
(14)以下、本文引用は西本昌弘編『新撰年中行事』（八木書店、二〇一〇年）による。
(15)もっとも内官主典に切り替わっても、後述するように外官への任用はまだ若干行われたと考えられ、『大間成文抄』第三「三局史生」の長徳三年（九九七）の事例はその一つであろう。
(16)『大間成文抄』第三。ただし「三局史生」の項目の中に収載されているので、このケースは〔三局史生〕枠として諸司奏型の任用だった可能性がある。
(17)『大間成文抄』第四の「諸司史生」の項目に、延喜十三年（九一三）の除目で主計・主税寮の史生がそれぞれ河内権大目・出雲少目に任じられた事例がみられる。また『魚魯愚鈔』巻第一（『史料拾遺』八）には、より古い昌泰元年（八九八）の事例も載せる。
(18)後述するように、『延喜式』に二寮と同様な形で諸国史生任用を規定する大舎人・衛府舎人については、『西宮記』に「諸司年料」として継承されているのに対して、二寮史生等についての記載はそこにはない。
(19)『魚魯愚鈔』文書標目（『史料拾遺』四）。
(20)『魚魯愚別録』巻第一（『史料拾遺』五）。
(21)佐藤全敏「所々別当制の展開過程」（『東京大学日本史学研究室紀要』五、二〇〇一年）。
(22)ただし、所なので本来なら上日数が重視されるが、ここでは年労に測り直して記載されているようである。
(23)なお、有労者への任用における諸司奏型への転換の直接的な契機については、すでにみたような、任用対象の外官から内官への切り替え（後述するようにそれは外官の経済的価値の低下による）が背景にあると考えられる。つまり、外官には任期があって毎年一定数の欠員が出るため、年労にもとづいて機械的にポストを割り当てることもできたが、内官は欠員がほとんど生じなく、一つの枠に対してよりシビアな候補者選定が必要となってくるからである。そうした局面にあっては、単純に第一労を優先させるというわけにはいかなくなり、諸司奏などへの転換が進んだと考えられる。
(24)佐古愛己『平安貴族社会の秩序と昇進』思文閣出版、二〇一二年。

(25) このように属僚を他司に推挙するものを「他司奏」と呼ぶ場合もある（『魚魯愚鈔』巻第二（『史料拾遺』八））が、呼称としては一般的でない。また「諸司奏」の中には他司に所属の者をさらに別の他司に申請する場合もある。
(26) 永観三年（九八五）四月一日宣旨、寛和二年（九八六）七月五日宣旨、長保元年（九九九）二月五日宣旨。
(27) 『類聚符宣抄』第六、延喜十八年（九一八）三月十七日石上善恒解・同年五月七日宣旨。
(28) ただし太政官史生についてはこうした式文はみられない。
(29) 『西宮記』恒例第二、二月、（毎月奏）。
(30) 渡辺直彦「蔵人所別当について」（『日本古代官位制度の基礎的研究』増訂版、吉川弘文館、一九七八年、初出は一九七〇年）。
(31) 『続日本紀』天平二年（七三〇）六月甲寅条。
(32) 橋本義則「「外記政」の成立」（『平安宮成立史の研究』塙書房、一九九五年、初出は一九八一年）。
(33) もっとも庁直・抄符任用も臈次は尊重されていたようである。『権記』長保二年（一〇〇〇）二月四日・五年十二月二十一日条参照。
(34) 行事については本書第Ⅰ部第一章参照。
(35) 『大日本古文書』二五―七七。
(36) 既述のように、左右弁官史生の令制の定員は各十人で、和銅五年（七一二）に各六人、大同四年（八〇九）に各四人の増員をみるが、『延喜式』では各十八人（うち権任各二人）と、各二人減員されている。太政官史生に関しては、令制定員十人の状況がしばらく続いたが、天長八年（八三一）になってようやく権任一人増加となり（『類聚符宣抄』第六、天長八年五月五日宣旨）、式制も十一人となっている。しかしその増員の際の宣旨をみると、定員十人のうち冷然院・校書殿・太政官厨家など太政官内外の所などに派遣されている者が五人もおり、さらに長期病欠一人が生じているため「見任」は四人しかいないことが権任一人の人員要求の理由だったことがわかり、官司運営ぎりぎりの人員であった様子がうかがえる。
(37) 定考の儀式については本書第Ⅰ部第一章参照。

(38) 成功に触れた研究は多くあるが、とくに官舎造営に関わるものについては、難波文彦「「成功」の特質とその意義」（『国史談話会雑誌』二七、一九八六年）、上島享「地下官人の成功」（『日本中世社会の形成と王権』名古屋大学出版会、二〇一〇年、初出は一九九二年）、中町美香子「平安宮諸官衙の変容―諸官衙修造から―」（『人文知の新たな総合に向けて　二一世紀COEプログラム「グローバル化時代の多元的人文学の拠点形成」第五回報告書』下、京都大学大学院文学研究科、二〇〇七年）参照。

(39) 制度的に確立した成功による任用形態については、前掲註(38)上島氏論文参照。

(40) 宮内庁書陵部所蔵『紀家集』紙背文書、延喜十七年（九一七）八月大学寮請奏。ここでは書陵部刊行複製本の「解題釈文」により、原体裁のまま掲出する。

(41) 前掲註(38)上島氏論文。初見史料については後述。

(42) 前掲註(38)中町氏論文。

(43) 『貞観交替式』弘仁十一年（八二〇）閏正月二十日太政官符。

(44) 吉松大志「『延喜式』諸司公廨条と官舎修造」（佐藤信編『律令制と古代国家』吉川弘文館、二〇一八年）。

(45) 吉田早苗「「兵範記」紙背文書にみえる官職申文（中）」（『東京大学史料編纂所報』二四、一九九〇年）所収。

(46) 安田晃子「十一世紀中葉における成功制の変質」（『史学研究』一五八、一九八三年）、前掲註(38)難波氏・上島氏論文。

(47) 『魚魯愚鈔』巻第七（『史料拾遺』五）。

(48) 前掲註(38)上島氏論文。

(49) 例えば、『類聚符宣抄』第七には、天慶二年（九三九）五月二十二日付の「弁官給主政帳廿一人」という弁官の官人に対しての年官に関する申請を収める。これは弁官官人が任料を徴収したものと考えられ、その根拠法令は『延喜式』の「凡主政帳廿一人、毎年充二太政官一。待二所レ下名簿一乃補之」（式部省上130主政帳条）にさかのぼるが、こうした任料納入による郡司任用は、貞観年間にすでにみられることが指摘されている（佐藤早樹子「年官制度における郡司の任用」『日本歴史』八四七、二〇一八年）。また『類聚符宣抄』には、郡司のほかに天暦八年（九五四）十二月二十九日の「造省料一分代」による弩師（その後大領に改める）の申任に関する宣旨も収めるが、これは延喜十四年（九一四）の三善清行「意見十二箇条」にみえる「請レ停下以二贖労人一補中任諸国検非違使及弩師上事」と同じものであろう。『類聚三代格』巻八所収の寛平八年（八九六）閏正月一日太政官符に、綱丁が調庸の進納に際して不正蓄財し、それを「自望二官職一充二贖労之料一」としていたのも、こうした地方で競望される地位を任料で得る制度が、それ以前から存在していたことをうかがわせる。こうしたものは、職務上の奉仕とは直接関係なく、また物資の納入先との間にも直接的関係がないという点で、献物叙位のような純粋な叙任料の流れを汲むものであり、本来的な職務としての物質的奉仕の流れとは一貫して区別されるものである。これらはむしろ叙任料進納による成功の成立につながってゆくといえよう。

(50) 高田義人「陰陽道における官職家業化の進展と下級技能官人」（『平安貴族社会と技能官人』同成社、二〇二〇年、初出は一九九六年）。

(51) ちなみに『大間成文抄』第七では、「連奏」の項目を「本司奏」と「府奏」（衛府の本司奏）の項目の間に置いている。

(52) この昇進ルートの中に大属は入っていないが、平安中期に連奏が成立して以降、平安時代末までの間に、連奏の中に任大属はみえない。同時期の諸史料に大属のポスト自体がみえないため、少なくともこの時期における大属の欠員は一般的だったようである。

(53)『大間成文抄』第七、永久四年（一一一六）十二月十四日神祇官連奏。

(54)『官職秘鈔』下（『群書類従』第五輯）。

(55) ただし郡司に限っていえば、選叙令13郡司条の郡司任用基準規定で「其大領少領、才用同者、先取二国造一」とされており、『続日本紀』天平七年（七三五）五月丙子条以下の史料にこうした郡司の「譜第」任用が散見することはいうまでもない。

(56)『朝野群載』巻第八、承暦四年（一〇八〇）十月二十八日二寮頭助等解。

(57)『本朝世紀』久安三年（一一四七）十二月二十一日条。

(58) 前掲註(3)吉川氏論文。

(59) 前掲註(5)玉井氏b論文。

(60)佐々木恵介「任官申請文書の類型とその系譜」(『日本古代の官司と政務』吉川弘文館、二〇一八年、初出は二〇一一年)。
(61)玉井力「平安時代の除目について―蔵人方の成立を中心として―」(前掲註(1)玉井氏書、初出は一九八四年)。
(62)『魚魯愚別録』巻第二(『史料拾遺』六)。
(63)前掲註(2)高田氏b論文。
(64)佐古愛己「平安貴族社会における叙位制度の展開と特質」(前掲註(24)佐古氏書)。
(65)前掲註(61)玉井氏論文。
(66)年労に関わる官人評価制度の初見ともいえる巡爵の制度は、高田淳氏によれば、承和年間にその原形態が設定され、貞観年間初頭までに確立したという(「「巡爵」とその成立―平安時代的叙位制度の成立をめぐって―」『國學院大學紀要』二六、一九八八年)。ただしその性格については本書第Ⅲ部第四章も参照。
(67)村井康彦「平安中期の官衙財政」(『古代国家解体過程の研究』岩波書店、一九六五年)、早川庄八「律令財政の構造とその変質」(『日本古代の財政制度』名著刊行会、二〇〇〇年、初出は一九六五年)。
(68)森田悌「律令官司制度の展開と変質」(『日本古代官司制度史研究序説』現代創造社、一九六七年)、「平安初期の内蔵寮について」(『平安初期国家の研究』Ⅱ、関東図書、一九七二年、初出は一九七一年)、「平安中期左右衛門府の考察」「平安中期の大蔵省」「平安中期の内蔵寮」(『平安時代政治史研究』吉川弘文館、一九七八年、初出は一九七五・七八・七八年)。
(69)阿部猛「官衙領の形成」(『律令国家解体過程の研究』新生社、一九六六年)。
(70)『類聚三代格』巻十六、承和十三年(八四六)十月五日太政官符。
(71)笹山晴生「平安前期の左右近衛府に関する考察」(『日本古代衛府制度の研究』東京大学出版会、一九八五年、初出は一九六二年)、加藤友康「日本古代における輸送に関する一試論―「輸送手段」の分析を中心として―」(『原始古代社会研究』五、校倉書房、一九七九年)、佐藤信「民部省廩院について」(『日本古代の宮都と木簡』吉川弘文館、一九九七年、初出は一九八四年)、山里純一「中央財源用経費」(『律令地方財政史の研究』吉川弘文館、一九九一年、初出は一九八四年)参照。なお、加藤・山里氏はこの「府粮」を月粮(月料・要劇料・番上粮)とみる。

(72) 市大樹「九世紀畿内地域の富豪層と院宮王臣家・諸司」(『ヒストリア』一六三、一九九九年)。
(73) 前掲註(44)吉松氏論文。
(74) 山本明「律令政治の進展における貴族と官人—九世紀における天皇制権力の一考察—」(東京教育大学昭史会編『日本歴史論究』二宮書店、一九六三年)、目崎徳衛「平城朝の政治史的考察」(『平安文化史論』桜楓社、一九六八年、初出は一九六二年)、大塚徳郎「平城朝の政治」(『平安初期政治史研究』吉川弘文館、一九六九年、初出は一九五九年)、春名宏昭『平城天皇』(吉川弘文館、二〇〇九年)。
(75) 前掲註(67)早川氏論文、仁藤智子「諸司時服の再検討—平安初期における国制改革の一側面—」「律令官僚制の再編と禄制改革」(『平安初期の王権と官僚制』吉川弘文館、二〇〇〇年、初出は一九九二・九五年)。
(76) 福井俊彦『交替式の研究』(吉川弘文館、一九七八年)、吉松大志「古代における諸司監察」(『日本歴史』七六三、二〇一一年)。
(77) 西別府元日「律令官制の変質と地域社会」(『律令国家の展開と地域支配』思文閣出版、二〇〇二年、初出は一九八〇年)。
(78) 「請」の性格については、前掲註(5)玉井氏a論文参照。
(79) 所功「神道大系『西宮記』の解題」(『宮廷儀式書成立史の再検討』国書刊行会、二〇〇一年、初出は一九九三年)。
(80) 『西宮記』恒例第二、二月、一分召の本文頭註。
(81) 大隅清陽「延喜式から見た太政官の構成と行事」(『律令官制と礼秩序の研究』吉川弘文館、二〇一一年、初出は一九九〇年)。
(82) もっとも吉川氏もほかに、同時期に『官職秘抄』に記されるような昇進経路のひな型の存在が確認できること、『叙位略例』という書もこのころに撰述されたことから、この時期に叙任制度の面でも新たなシステムが確立されたことを想定している。

第三章　平安時代における官人——「位階制変質」問題を中心に——

はじめに

平安時代における律令官人制の変質については、吉川真司氏によって律令官人制の「再編」としてとらえられ、明快な複数の論点が示されている。その一つが官人把握機構の問題である。氏は、官人制の再編は維持機構の再編でもあったとして、再編により外記方が散位を含む諸司の官人、蔵人方が天皇家を含む諸家の官人を把握するようになったことを指摘する。すなわち、式部・兵部・中務の三省による文武・男女の別にもとづく分掌から、外記方・蔵人方による分掌への組み替えとしてその問題をとらえている。しかし、下級官人の任用面からみると、外記の把握機能の拡大について疑問があることは、前章で指摘した通りである。

そもそも「組み替え」という形での変化を想定する場合、数多くの下級官人を含む広義の官人の枠組総体に変化がないことが前提になければならない。しかし官人制の再編が、官人としての奉仕のあり方の変化を含むものであるとするならば、官人の枠組そのものが形を変えていることも予想されるのではないか。したがって官人把握の問題、ひいては官人制の再編を考える上で、平安時代の官人の枠組自体についての検討は必須の課題といえよう。しかし、そのような問題自体に直接触れた論考はほとんどない。

そこで本章では、律令官人制再編後の官人の枠組の問題、言い換えるなら「平安時代の官人」とは何か、という課題について検討したいと思う。それにあたって二つの先行研究が示した論点を切り口として考えることにする。まず、黒板伸夫氏が「位階制変質」として指摘した、[1]十世紀以降の六位以下の下級位階の消滅、形骸化の問題である。官人を「位階を保持する集団」[2]ととらえるならば、その位階表示のあり方に変化がある場合、それは官人の枠組の問題にただちに関わることが予測されるからである。次に、近年の十川陽一氏による散位などの研究[3]に関説したい。平安時代の広義の官人全体の枠組に関する論考が少ない中で、直接それに関わるものとして注目されよう。

以上の方法、とくに「位階制変質」の問題に留意して、再編以後の平安時代の官人と官人制のあり方、そして律令官人制再編の論点の一つである、官人把握機構の変化の問題について考えてゆきたいと思う。

第一節　律令位階制の変質

周知のように、平安時代になると六位以下の下級位階については、叙爵される直前の「正六位上」、およびごく一部の位階を除いて史料上から姿を消す。その点について黒板氏は、諸史料から「正六位上」よりも下位の位階表示の実例を拾い上げ、その少ない件数の中でも一定の位階に集約化が進む傾向を析出し、とくに集中する「従七位上」の位階については、除目等の場での仮の位階が含まれている可能性などを指摘している。そしてこうした「位階制変質」の問題は、国政のあり方の転換などに関わるのではないかとして、下級位階の考察の必要性を提唱していた。しかし、この下級位階の形骸化の事実について言及されることはあっても、この重要な課題そのものについては、本書序章の冒頭でも触れたように、これまで直接取り組まれることがなかったといえる。ここではその問題提起をふまえ、あらためて「位階制変質」について検討したい。

1　延長四年の季帳造進停止

黒板氏は、十世紀の間に下級位階の消滅、集約化が明らかに進んだという事実を指摘しつつも、その変化の時期を明確にすることはできないとして、このころ位階制に対して制度的改変があったとは考えられないと述べる。限られた史料の中ではあるが、漸進的に集約化が進んでゆくような様子からは、位階制を直接変更させるような制度的改変がこの時期に行われた形跡はたしかに見出しがたい。しかし前章において指摘したように、十世紀、とくにその半ばの時期は律令官人制の再編において留意すべき時期と考える。この位階の変化についても、位階制そのものというよりも、官人制全体に関わる何らかの制度的改変が十世紀の半ば前後に行われ、その結果として下級位階の消滅や集約化が段階的に進んだ、という可能性があるのではないだろうか。

そこで、既出の史料ではあるが、十世紀前半の課役等免除に関する二つの史料についてあらためて着目したい。いうまでもなく、課役免除のシステムは位階制とも密接に関わるからである。最初に『政事要略』巻五十九所収の承平五年（九三五）六月十三日太政官符を取り上げる。

太政官符民部省

応レ免二除弾正少疏大初位下阿蘇公広遠輸一レ調事

右得二彼台承平二年七月廿三日解状一偁、広遠牒状偁、広遠讃岐国大内郡白鳥郷戸主阿蘇豊茂戸口也。出レ自二法曹一、任二於見職一。而身帯二初位一、未レ免二課調一。謹検二令条一、初位長上免二課役一者。今検二案内一、式部省、去延長四年以来不レ造二進季帳一。若依二先例一、待二季帳一者、蠲符到レ国、将期二何年一。謹検二去延長四年五月廿七日官符一偁、阿波讃岐等国勘籍人、暫以停止。但諸司雑色人、若有二不レ獲レ止輩一、随二本司申一将レ為二処分一者。依二件官符一、諸司所レ申雑色人等、不レ拠二季帳一、特下二官符一蠲二免課役一。是則令下二勤レ公之輩一無中貢賦之煩上也。今職事雑色共従レ事。而長上番上労逸差異。望請、被二早言上一免二除課調一者。広遠所レ陳非レ無二其理一者。中納言従三位藤原朝臣扶幹宣、奉レ勅、依レ請者。省宜二承知依レ宣行一レ之、符到奉行。

右少弁源朝臣　　左少史善道朝臣

承平五年六月十三日

この官符については、令制の個別人身賦課の存続の問題に関連して取り上げられることが多いのだが、[4]本書第Ⅱ部第二章では官人制の視点から言及した。本章では、官符所引の承平二年（九三二）七月二十三日弾正台解の中に登場する当事者、阿蘇広遠の側に立ってあらためて検討を加えたい。

令制では、賦役令19舎人史生条において、その官人の地位に応じた課役等の免除が規定されている。そして具体的な手続きについては式で「凡式部・治部・兵部等入色之徒、応レ徴二免課役一、季帳者、四孟月十六日各申レ官、官、符并帳下レ省。省吏勘弁、毎レ国造レ符、至二後孟月一、申レ官行下」（『延喜式』民部省上93入色課役条）とされていた。すなわち式部省をはじめとする三省で造進された、個別の官人の地位が記載されている季帳にもとづき、民部省が蠲符を発給し、それが本貫へ到達することにより、課役の負担免除ないしはその解除[5]が行われたのである。しかし右の官符からは、式部省は延長四年（九二六）以来、季帳を造進しておらず、その結果、「弾正少疏大初位下」の地位をもつ広遠に対しての負担免除手続きが滞っていたことがわかる。

この広遠は「出レ自二法曹一、任二於見職一」とあるので、明法科の課試を経て出身し、弾正少疏の地位に就いたとみられる。明法科の場合、選叙令30秀才出身条によれば、甲第は大初位上、乙第は大初位下の位階が授与されるから、大初位下の広遠は乙第として出身したのであろう。そして広遠自身が主張するように、彼の現在の地位（弾正少疏大初位下）は舎人史生条で規定する「初位長上」の枠として「免課役」が認められ、本来は課役を負担する必要はなかったのである。ここで広遠は「調」の免除だけを要求しているので、徭役分についてはすでに免除されていたとみられる。舎人史生条によれば、「初位」は「免徭役」であるから、それが適用されていたとも考えられるが、それ以外の枠で免徭役の特権を獲得していた可能性が高い。[6] いずれしても、季帳の造進停止により、現在の地位に応じた蠲符が作成されていないという現状が確認できよう。この延長四年の季帳造進停止の措置（以下、これを仮に「延長四年制」とする）は、官人身分の特権という点からみてゆゆしき問題ということになる。

　下級官人が、雑任（分番）を通しての一般的な出身コースをとる場合（以下、これを後掲の『延喜式』式部省上246位子条に拠って「雑色出身」とする、本書第Ⅱ部第一章参照）、無位からスタートしても、舎人史生条により、その就任ポスト（「舎人・史生・伴部・使部・兵衛」）に応じて課役が免除されることになっていた。したがって季帳の造進停止は、彼らにおいてただちに影響を受けることになる。[7] すでに免除を受けていた者については、蠲符の効力がそのまま継続したであろうが、新たに出身する者にとっては課役免除の保証はないことになる。しかしその場合について、本官符によれば、「諸司雑色人、若有二不レ獲レ止輩一、随二本司申一将レ為二処分一」「諸司所レ申雑色人等、不レ拠二季帳一、特下二官符一蠲二免課役一」、つまり季帳によらずとも、彼らが所属する本司の申請に従って蠲符を下すとの措置がとられており、少なくとも広遠の本貫である阿波国においては、それにもとづいて課役免除を認定していたことがわかる。季帳造進そのものが停止されたことから考えて、これは全国的に同じ状況であったと考えてよいだろう。つまりある意味当然ではあるが、季帳造進停止に際して、一般的な雑色出身における対応策はとられていたということになる。それに対して、広遠のように課試及第により出身する者は圧倒的に少なかったと思われるから、法整備が遅れていたのかもしれない。

いずれにしても、広遠が訴えている問題の直接の原因は、延長四年制によるものであることは間違いない。そしてそこから逆にわかることは、少なくとも延長四年の直前までは、下級位階やポストに応じた令制の課役免除システムが基本的に機能していたということである。それに対して、延長四年制は、令制の身分編成にもとづいて機能するシステムの一つを改変したということになり、その意味で、律令官人制の根幹に直接関わる制度変更といえるだろう。そしてその時期が、位階制の変化が看取される十世紀の間であることから、この制度改正が何らかの形で位階制にも影響を及ぼした可能性を考えてみる必要があるのではないだろうか。そこで次項以下で、延長四年制の結果として想定される事態について具体的に検証し、それが実際に「位階制変質」に影響を与えた可能性について考えてみたい。

2　下級位階の意義

前項でみた延長四年の制度変更は、個々の官人にとっては、まず出身の際に影響を受けることになる。そこであらためて律令官人の出身制度を確認する。令制では、官人の再生産構造から、蔭子孫・位子という階層に応じたトネリ等を通しての出身が令に規定されており[8]、実際にそうした出身・昇進ルートが機能していたことは先学が明らかにしてきた通りである[9]。とはいえ、彼らのすべてがトネリ等の雑任ポストに就いて出身するとは限らなかった。周知のように官人の中には、例えば「蔭子従八位上淡海真人安江」[10]「位子少初位上小治田乙成」[11]のように表記される、「蔭子」「蔭孫」「位子」という、散位と同じように位階に対して官職と同等に機能する官人制上の地位があり（階層としてではなくこの意味で使用する場合は、以下「　」を付けて表記する）、ポストに就いていなくとも式部省の管轄下に入り、考を得ることができたのである。こうした出身形態をとる者は相当数いて、散位とともに本司をもたない式部省（散位寮）所管の官人として、一定の枠を占めていたと考えられる。[12]

つまり、ポストを辞した者に対して、散位という形で官人身分が規定されているのと同様に、出身するにあたっても、ポストに就くか否かは、官人身分の取得に関係がないのである。このように本来的に官人階層（蔭子孫・位子階層）にある者は、最低でも「蔭子」「蔭孫」「位子」などとして出身することになったが、その場合もまた、ただちに課役などの負担免除にもつながった。すなわち、『延喜式』主計寮下1勘大帳条によれば、「蔭子」「四位孫」は「不課」、「位子」は「半輪」（免徭役）とされた。そして「位子」も無位として考を積み、成選を重ねて「八位」に至れば、やはり「不課」とされたのである。下級官人とはいえ、雑任ポストにも定員があることをふまえるならば、諸司に属するか否かを問わず官人身分を獲得し、考課対象者となることができたこの仕組みは、トネリ制度と同様に官人階層の再生産を保証する措置でもあった。散位とともに、考選制度に基礎に置く律令官人制の構造的な特質をよく表しているといえよう。

この制度は、とくに蔭位授与のない位子階層にとって、大きな意味をもつことになったと思われる。位子の資格をもつ者、すなわち内六～八位の嫡子は、かなりの数にのぼったと考えられる上、本来蔭子孫・位子からしか採用が認められていないトネリのポストに白丁が就く場合もあったから、[13]ポストの獲得は必ずしも容易ではなかったはずである。また郡司周辺など地方における官人層にとっては、免課役・免徭役のポストは多くはないから、ポストに就けなくとも、「位子」あるいは散位として、無位から積み上げる下級位階は、とくに大きな意味をもったと考えられる。

実際、本書第Ⅰ部第四章で指摘したように、讃岐国の目代同士の座次争論をもとにした『法曹類林』所収の承平二年（九三二）の問答[14]（以下、承平二年問答とする）からも、その一端がうかがえるので、再度掲出する。

讃岐国山田郡目代讃岐惟範問。〈承平二年八月十日、右衛門少尉桜井君弼伝問。〉
甲国目代讃岐惟範、留省之後、満二年季一、受二初・八位両階位記一。爰有二元留省之符一、未レ到二来八位之省符一。因レ之負二調絹一也。雖レ然依二年季次序一受二取従（内カ）八位上一。而乙国目代〈本職少領。〉外従八位下讃岐助則論云、凡雖レ満二年季一、既無二八位之省符一。雖レ有二位記一、乍レ負二調絹一、何受二従八位上一。凡座於レ供二□外従八位下之上一者。又甲帯二内八位上一、乙帯二外八位下一、其内外之程、已有二差別一。又同職者依二位階年齢一為レ序之理、流来尚矣。而已乙論二如レ此之由一。望請明判知二理非一。謹問。≪下略≫

この争論において、一方の当事者である従八位上讃岐惟範は、「留省之後、満二年季一、受二初・八位両階位記一。爰有二元留省之符一、未レ到二来八位之省符一。因レ之負二調絹一也。雖レ然依二年季次序一受二取従（内カ）八位上一」という状態にあった。すなわち彼は、成選を重ねることにより初位を経て八位にまで昇進し位記も受領しており、本来なら戸令5戸主条および『延喜式』主計寮下1勘大帳条により、課役が免除される立場にあった。しかしながらその八位に対応する蠲符（「八位之省符」）が到着していないため、従来の「留省之符」によって徭役免除の適用しか受けておらず、「調絹」を負担せざるをえなかった。そしてそのような中途半端な状況が、もう一方の国目代である外従八位下讃岐助則との座次争いの一因になっていたのである。

彼らの身分である「国目代」については、雑色人郡司の一つとされており[15]、したがって擬任郡司などと同様に、官制上の正式な地位ではなく、そのポスト自体が考課対象となるわけではない。雑色人郡司が考課を受ける場合、惟範が「留省之符」を所持していたことからもわかるように、散位や「位子」「蔭子」など、本司をもたない式部省所管の官人という地位に対して考課を受けることになる（ただし助則の方は「外従八位下」「本職少領」とあるので正員郡司としての考課を受けていたと考えられる)。惟範の場合、その内位の位階からみて、もともとは「位子」として出身したものと思われる。

彼らにとっての下級位階の重みは、例えば古くは養老二年(七一八)四月に出された太政官処分(16)、

凡主政・主帳者、官之判補、出身灼然。而以レ理解レ任、更従二白丁一。前労徒廃、後苦実多。於レ義商量、其違二道理一。宜下依二出身之法一、雖レ解二見任一、猶上二国府一、令上レ続二其労一。内外散位、仍免二雑徭一。

からもうかがえる。すなわち、成選に至る前の無位の主政・主帳が「以レ理解レ任」すなわち服喪などの理由で辞任となった場合、これまで復任が認められず、白丁に戻されていたことについて、以後、外散位などとして国府での続労を許可するというものである。

この措置が、課役等の急な負担増による「後苦実多」い状態からの救済であったことからもわかるように、考課対象のポストに就いていない者にとって、散位や「位子」として考を積み成選を重ね、無位から始まり初位(免徭役)、八位(免課役)という底辺の位階を一つ一つ獲得してゆくことは、官人としての序列の問題などとは別に、重い負担を軽減する上で切実な問題であった。「続労」というと続労銭による位階獲得が問題になりがちだが、八・九世紀を通して、中央・地方を問わずしばしばみられる続労に関する政策は、この側面ぬきには語れないだろう。この承平二年問答は、さきの承平五年太政官符と同様、少なくとも十世紀の初めまでは、令制の考課・成選による叙位が行われ、そしてそれと連動する課役免除システムも有効に機能していたことを示すとともに、八位・初位という底辺部の位階がもたらす実質的なメリットをよく伝えているといえる。

周知の通り、そもそも考課の本質である勤務評定という側面は、奈良時代後期にはすでに形式化しており(17)、六位以下においては、機械的・固定的な形での定期昇進が行われていた。そしてそこでは官位相当制は十分に機能

しておらず、[18]また位階そのものが禄を生み出すものではなかったから、下級官人にとって位階の昇進そのものに実質的なメリットはほとんどない。国家の側としても、考課や成選叙位という手間のかかる昇叙システムを維持する理由は希薄である。

しかし機械的昇進であれ、一定期間の奉仕に対する反対給付としての課役等の免除[19]という側面においては、成選叙位による初位・八位などの位階は有効に機能していたといえる。数字的には意味を成さない「無位」が、出身した考課対象者であることを示すという意味で重要な身分標識となっていたのもそのためである。逆にいえば、実質的な勤務評定の意味がなかったとしても、あえて考課や成選叙位の手続き、それにもとづく底辺部の位階が厳密に維持されてきたのは、位階のもつ序列機能以前に、こうした下級官人の管理、課役免除システムの維持などによるところが大きいのではないだろうか。

3　延長四年制と令制的身分編成・官人制の転換

ところで、承平二年問答にみられる、「位記は手もとにあるが钃符はまだ到着していない」という事態は、たんなる所管・手続き系統の相違による処理の時間差という可能性もある。したがってそのこと自体は、短い時間差であれば日常的におこりえたことである。しかしここでは、時間による解決が期待できない様子がうかがえ、むしろ当該期の特殊な事情が背景にあるように思われる。そしてまさに同じ年に上申されたさきの承平二年弾正台解（承平五年官符所引）における類似の状況をふまえるなら、それは六年前の延長四年の季帳造進の停止という制度変更が与えた影響である可能性が十分に考えられるのではないか。とくに、ここで現在有効となっている钃符が、「初位」に対してのものでなく「元留省之符」となっていることから、その蓋然性は高いと思われる。[20]

つまり、考選制度はまだ機能しているものの、延長四年の措置によって、令制身分にもとづく従来の自動的な課役免除システムが、これまでのように機能しなくなっている状況が浮かび上がるのである。さきの承平五年官符からは、延長四年制による雑色出身への影響とその本司を介しての対応策がうかがえたが、この承平二年問答から想定されるのは、「位子」や留省・散位などとして把握されるだけで、正式には本司をもたない官人[21]が受けた影響である。すなわち彼らの場合、本来的には考選制度によって無位から初位、八位という令制的身分を獲得してゆくことにより、段階的に負担が免除されていたわけだが、季帳の造進停止によって、位階が昇進してもそれに対応する免除手続きが自動的に行われなくなり、その対策も雑色出身のように十分ではなかったのである。最終的に彼らが、個々の諸司・諸国ごとに、従来からの雑任などとともにそれぞれ再編成されるようになるまで[22]、こうした個別の問題は解消されなかったであろう。

さて、さきに述べたように、もし考課・成選叙位そして八位・初位といった底辺部の位階の存続に、下級官人に対する管理、課役免除システムの維持などの側面が強かったとしたら、この延長四年以降に至ってはその意義すらも失われたといってよいであろう。そうであるとすれば、たとえ機械的作業であれ、毎年、すべての位階（無位を含む）を有する者数千人[23]に対して行われる、莫大な事務労力を必要とする考課や、それにもとづく成選叙位の手続きを存続させ、定期昇進を維持する意味は希薄になる。官人身分や序列を示すなどの意味で、何らかの位階表示自体は必要であったにしても、位階の授与形式は、必ずしも成選叙位のような複雑な形をとる必要はないのである。そのため考選制度は実施されなくなっていったのではないだろうか。

つまり、延長四年の季帳の造進停止が、考選制度停止の直接的な契機になったと考えられるのである。そもそも次の『延喜式』式部省上246位子条の規定によれば、官人として出身し、考課対象者として把握されるという手続き自体が、季帳の造進と密接な関係があった。

　凡京国毎年所㆑貢位子者、勘㆓会籍帳㆒、下㆓其鐍符㆒、乃聴㆑預㆑考。雑色出身亦准㆑此。但蔭子孫不㆑在㆓此限㆒。

すなわち、「雑色出身」するにしても「位子」として出身するにしても、まず「勘会」つまり式部・兵部省と民部省とによる勘籍を受け[24]、身分を確定させた上で式部・兵部省に登録される必要があった[25]。そして既述のように、その登録情報にもとづいて季帳が造進され、それによって民部省が鐍符を発給する。そしてそこまでの手続きを経た段階で初めて「預㆑考」、すなわち考課を受ける対象となったのである。

　このように、延長四年の式部省による季帳造進の停止を一つの契機に、考課や成選叙位は行われなくなっていったと考えられる[26]。その結果、考選制度しか昇叙システムをもたない六位以下の位階については、何らかの適当な段階で付与、ないしは必要が生じた段階で一定の規則に従って自ら表示、といった方向へと向かっていったのではないだろうか[27]。叙位儀など、考選制度とは別の昇叙論理のもとで、令制上の厳密な手続きが維持されてきた五位以上の位階と異なり、六位以下は律令位階制としての実質を失ったのである。

　つまり延長四年制は、十世紀の「位階制変質」に深く関わる制度変更であると考えてよいであろう。そしてこれまで述べたことをふまえれば、この措置は、令制的身分編成のもとで一体的に機能する令制の諸システムを改変させるものであった。すなわち、式部・兵部省と民部省などが連携して行う律令官人制システムの基盤部分の変質、ないしは解体であることが、あらためて浮き彫りとなるだろう。したがって、これはたんなる個別的な制度改正とみるべきではない。延長四年の措置は、たまたま史料上にその痕跡を留めたものであるが、実際にはこの前後（とくにその後）で律令官人制の転換に関わる諸法令が段階的に出されていた可能性は高いと考えられる。位階制変質の明確な画期がとらえにくいのもそのためだろう。

このようにみるならば、その一連の措置によって、位階制のみならず、従来の官人そのものの意味や枠組などもまた大きく変わったことが想定されるのである。次にその点を「散位」「無官」などの検討の中で、具体的にみてゆきたい。

第二節　散位と無官

従来の研究において、平安時代の官人制に関わる問題については、四等官などの職事官、いわゆる「官人」（以下、これら狭義の官人を「官人」と表記する）クラスが検討の中心となってきた。しかし、官人全体の枠組自体がもし変化しているとすれば、当然ながらその枠の外側の白丁に接する部分、つまり雑任、あるいはポストに就いていない散位や「蔭子」「位子」など、広義の官人の位置づけについても問題にされなければならない。こうした外縁部に言及した研究が少ない中にあって、近年、散位そして無官について具体的に言及したのが十川氏の研究である。

十川氏は平安時代の史料の一つに[28]、六位の「有官」「散位」とは区別される「無官」という地位がみられることなどに着目し、「〝いま〟官（職事官のこと：筆者註）にない散位とは別に、任官前の〝まだ〟官にない官人が、特に無官と称された場合があった[29]」ことを指摘した。そして無官は職事官よりも下位に位置づけられていたのに対し、散位はあくまで職事官と同じ「官人」として位置づけられていたと評価する。

さきに平安時代の「位階制変質」の背景には、十世紀半ばごろにおける律令官人制の基盤部分の変質があることを指摘した。平安時代に入り、右のような意味の無官が登場したとすれば、それもまた何らかの形でその変質に関わっている可能性がある。そしてもしそうであるとすれば、無官およびそれと対比される散位の立場を再検討することによって、平安時代の官人やその枠組、ひいては律令官人制再編の具体的様相がより鮮明になるのではないだろうか。以下、そうした観点から散位・無官について考えてみたい。

1　位記における「無位」「蔭子」「蔭孫」

平安時代中期以降になると、無官の用例が多くみられるようになり、その地位はたしかに職事官よりも下位に位置づけられているようにみえる。では、そうした彼らの本質は、「まだ」職事官にないという点にあるのだろうか。

院政期の無官の実例の中に「蔭子」の身分表示をする者が含まれることから、十川氏は、彼らが「出身」してはいるが未だ職事官に任じられていない者であった可能性を指摘し、それが散位に対する無官の「まだ」という性格の論拠の一つとなっている。院政期でも、職事官に就く以前の者が八世紀と同様、例えば「蔭子正六位上藤原朝臣朝輔[30]」のように、「蔭子（蔭孫）＋位階」の形で表記されることは普通である。しかし、それをかつての「蔭子」「蔭孫」のように、官人として「出身」した者とみなしてよいのだろうか。そこで無官の地位をより明確にするため、彼らの出身の問題について考えることにする。まずは位記における表記を手がかりに検討を始めたい。

『朝野群載』巻第十二には、（a）寛平七年（八九五）の藤原忠平の位記、（b）応徳三年（一〇八六）の藤原忠教の位記、のように時期を大きく隔てた平安時代の二つの叙爵位記の実例の一部を載せている。そこでそれぞれ冒頭部分の記載を掲出する。

（a）藤原忠平位記

無位藤原朝臣忠平
右可㆓正五位下㆒
（b）藤原忠教位記
蔭孫藤原朝臣忠教
可㆑叙㆓従五位下㆒媞子内親王臨時申

これらはいずれも元服にあたって蔭位が授与された際の位記とみられるが(31)、その表記には、まず叙位前の現時点の位階の表示の有無という大きな違いがみられる。もっともこの場合の（a）位記の忠平の位階は、「無位」ということになるが、既述のように無位であっても、出身して考課対象にあるということを表示するという点で、数字と同じ意味をもつことはいうまでもない。そもそも蔭位授与の対象にならない五位の孫はもちろん、蔭位授与対象者でも、蔭位が授与されていない段階では、出身すれば無位からのスタートとなる。

例えば忠平の父、基経についても、『公卿補任』貞観六年（八六四）条所載の官歴に「仁寿二正ー蔵人（蔭孫無位、年十七）」とあるように、「蔭孫」として出身していれば、蔭位授与以前は「無位（无位）」を表記することになる。正倉院文書の中でも、例えば経師上日帳には「蔭孫无位鬼室小東人」(32)などの記載がみられるし、平城宮式部省跡付近出土の考選関係木簡でも、「去上蔭子无位秦□」(33)「蔭孫无位錦部□」(34)などの個別実例も散見する。彼らは実際に式部省に把握され、その記載（「去上」）から考課の対象となっていたことがわかる。数字的には意味がなくとも、「無位」は最初の成選叙位時ないしは蔭位授与時まで、出身した考課対象者、すなわち（広義の）官人であることを示すという意味で必要な位階表示の一つであった。そして忠平の位記からは、元服と同時に叙爵されるような場合でも、形式上、「蔭子」「蔭孫」として出身し、「無位」の官人となった上で、あらためて蔭位を賜るという形をとっていたと想定される。

しかし、このように出身に際し一般的であった無位の表記は、その後、位記をはじめとする多くの史料からほとんど姿を消す。二百年後の院政期の藤原忠教の（b）位記の実例もその一つだが、これが忠教個人の何らかの事情により、たまたま無位という地位にいなかったというわけでもないことは、室町時代になるが、『内局柱礎抄』[35]が位記の書式について、「上古者如二女房位記一加二無位二字一畢」と述べ、古くは「無位」の文字を加えるのが通例であったとしていることからも明らかであろう。女性のみが中世・近世まで位記に「無位」の表記が残る理由は、古くからの女性の叙位の特殊性[36]とともに別途に考えなければならない問題ではあるが、いずれにしても九世紀末以降のある時点から、個人の正式な肩書としての「無位」の表記が、少なくとも位記の上では消滅したことが指摘できよう。

かつては身分に関係なく一般的であった「無位」表記の消滅は、下級位階の消滅ないしは集約化に伴う現象の一つであることは当然予測される。墾田等の売買立券文などの史料からもうかがえるように、とくに地方において、無位は地域社会・組織等の中で官人として一定の地位を占めていた。さきにみたように課役免除等の問題もあって、その肩書に重要な意味があったと思われる。しかし、地方における無位も、やはり十世紀半ばごろまでにみられなくなる[37]。当時、無位だけでなく位階表示そのものが激減しているので、無位は考選制度・下級位階とともに、実質的にその機能を失ったとみてよいだろう。

このように、位記の書式の変化から、その背後に六位以下の「位階制変質」がうかがえるわけだが、そのことはさらに無位と密接に関わる「蔭子」「蔭孫」の立場そのものの変化、すなわち出身という律令官人制の基本的なシステム・制度に関わる変化をも示しているようにみえる。というのも、忠教の位記では、無位の表記が消えるだけでなく、それに代わるように「蔭孫」を表示しているからである。

本来、位記においては、公式令16勅授位記式条、および次のように規定される『延喜式』内記14五位位記条の五位以上位記の書式規定にみえるように、現時点で帯びる官職等は記載しない。

某位姓名

右可㆓某位㆒

このことは一貫して守られており、例えば（b）位記とほぼ同じ時期で、やはり『朝野群載』巻第十二に収載されている、寛治三年（一〇八九）の権中納言藤原公実の位記の実例をみても、その点は変わっていない。

（c）藤原公実位記

従二位藤原朝臣公実

右可㆓正二位㆒

したがって本来は、位階に対して「散位」や「蔭子」など、官職に相当する地位についても表記しないのが普通であったと考えられる。そのため、（a）位記のように、実際には出身して「蔭孫無位」などの地位にあっても、「無位」としか表示しなかったのである。それに対して（b）位記では「蔭孫」が表示されているのである。こうした書式の変更は、その「蔭孫」が、散位のように官職と同等に機能する律令官人制上の地位である「蔭孫」とすでに性質が異っていることを示していると考えられる。つまり、この新旧二つの位記の相違からは、律令位階としての無位の消滅、そして無位と密接に関わりのある、官人制度上の地位としての「蔭子」「蔭孫」の位置づけの変化、さらには出身制度そのものの変化がうかがえるのである。

2　出身制度の変質と無官

位記における「無位」や「蔭孫」などの表記の変化から、ある時期からの出身制度の質的変化を想定したが、その表記の点に関連してもう一つ興味深い事例が、『権記』寛弘三年（一〇〇六）十一月二十日条にみられる。[38]それによれば、参議藤原懐平の男経任が昇殿する際の名簿をみた記主の藤原行成は、そこに書かれている「无位藤原朝臣経任」という表記は先例にないとして懐平にそのことを問い合わせた。しかし、懐平は藤原公任の意見にもとづき、童殿上の場合は「蔭」を書かないと主張した。行成は家に帰りこれまでの「宣旨」の実例を調べ、やはり「位（ここでは「无位」）」は書かないが「蔭」は書かれていることを確認した、というものである。

ここで律令官人制システムという面からみて気になるのは、公任・行成の見解の正否よりも、彼らが名簿に「蔭」を書くか「位階」を書くかという二者択一を問題にしていることである。これまで述べてきたように、そもそも身分表示としての「蔭子」「蔭孫」は、出身に伴う考選制度や位階制度を前提とする表記で、考課の対象となる官職に相当する地位を表すから、本来、「蔭子従八位上」「蔭孫無位」のように記し、身分表示の際に、位階を伴わずにそれ単独で正式な肩書として使用することは基本的にないからである。ここでは、そのような認識自体がまったくうかがえないし、実際、実例の残る童殿上の名簿の表記は「蔭子」などとしか書かれていない。つまり、この時点ですでに肩書としての「蔭子」「蔭孫」の地位は、律令官人制システムのもとでのそれとは性格が異なっていること、すなわちさきの位記の場合と同様のことが指摘できるのである。なお、こうした「蔭子」「蔭孫」のみの記載の実例については、わずかにさかのぼるだけだが、十世紀末、長徳四年（九九八）にはすでにあったことが確認できるから、[39]遅くともこの時点までに、それらの地位の内実が変化しているとみてよいだろう。

ところで、公任はなぜ無位と書くべきと考えたのだろうか。一つ考えられるのは、このころから上級貴族層で、元服以前（童殿上などの段階）に叙爵する制度が成立したこととの関係である。[40]『朝野群載』巻第四には、二つの年爵申文の雛形をあげる。一つは一般的なものだが、他方は「童爵申文」である。両者の書式はほとんど同じだが、異なるのが、叙爵されるべき当人の地位がそれぞれ「正六位〔上脱カ〕某姓朝臣名」「無位某姓朝臣名」と例示されていることである。この点について『朝野群載』の編者は「今案、於二童爵一者、止二正四〔六〕位上四字一、可レ書二無位二字一。但於二凡人一者、不レ挙二童爵一云々」と注記するので、この場合の正六位上・無位という位階は、たんなる書式上の決まりごとであることがわかる。年給の申文は位階だけを書くのが通例だから、童殿上の場合も、単純に位階が無いという意味で「無位」を入れ、体裁を整えたものと想定される。

そして元服前の叙爵である「童爵申文」は、公任のころには作られ始めていたであろうから、公任は童殿上の地位には無位がふさわしいと考えたのかもしれない。なお、童殿上の無位とは、あくまでこうした特定の書類上での便宜的な表記であり、[41]正式な地位でないことは、『朝野群載』巻第五所収の長治二年（一一〇五）十二月分の殿上の月奏で、昇殿者の最末尾に記載された、当時童殿上の藤原忠通の記載が「小舎人藤孫藤原朝臣忠通」とあるだけで、彼だけ位階（無位）を記載しないことからも明らかであろう。いずれにしても、律令官人制はもちろん、何らかのシステムに裏打ちされた地位としての無位はもはや存在しないのである。[42]

このように遅くとも十世紀末までには、すでに出身に伴う身分表示としての「蔭子」「蔭孫」の変化、そしてそれと密接に関連する律令位階としての「無位」の消滅が想定できる。これは明らかに出身制度が変質、というよりも消滅していることを示しており、そしてこのことは、やはり根本的には、それらの制度の前提をなす考選制度や下級位階の、十世紀の間における実質的消滅に関わるものと考えてよいであろう。

ただ以上の事例は最上級貴族層に関わるものであり、本来の出身制度と比較する上で十分な素材とはいえないかもしれない。では元服前に昇殿したり、元服と同時に叙爵されるようなことのない一般的な上級官人の場合、令制的なシステムの改変以降、彼らはどのようにして官人の地位を得ていたのであろうか。古記録等から探してみると、平安時代末期になるが、『山槐記』治承三年（一一七九）正月十日条の次のような内容の記事に目がとまる。

この日、正五位下左衛門権佐藤原光長の十一歳の嫡男で右中弁藤原（吉田）経房の猶子となっていた長房の加冠の儀が行われた。記主である権中納言の藤原忠親は、加冠役として夕方に経房亭に赴いた。儀式は滞りなく行われ、その夜に光長・長房父子は関白藤原基房のもとに参上し名簿を献じた。その名簿の書様について、光長はあらかじめ忠親と相談したらしく、忠親はそれを次のように書き留めている。

蔭孫正六位上藤原朝臣長房
治承二〔三〕年正月十日

この名簿の記載から、彼は正四位下権右中弁で出家した光房の蔭孫として、官人の道を歩み出したことがわかる。この九日後の定例の除目で、長房は大膳権亮に任じられており、四年後の寿永二年（一一八三）正月の定例叙位で叙爵されている(43)。五位をただちに叙されることのない当時の諸大夫層の平均的な官人コースを歩み始めたといえよう。

それにしてもこの名簿の記載だが、ここには「蔭孫正六位上」という地位がすでに示されている。このうち位階について、彼らの場合、元服前の位階授与のようなことはもちろんなく、したがって元服が行われたこの日以前に位階を得ていたとは考えられない。また、この夕刻に始まった元服の儀のあと、関白亭に赴くまでの短い間に、位階授与に伴う厳密な手続き（六位の場合は奏授としての手続き）が行われた様子はないし、また本来ならそれと同時に行われるべき式部省による官人登録手続き、つまり「蔭孫」として「出身」する手続きが行われた様子ももちろんない。つまり、元服して名乗りをすると同時に、本来なら勅裁を含む手続きが必要な「正六位上」という位階、そして「蔭孫」の地位が突然登場したということになる。

つまり出身・考選制度がすでに消滅している中で、こうした勅授でない「正六位上」の位階については、貴族層の場合、一定の基準――おそらくはかつての蔭位授与の対象である四位以上の子・孫、五位の子という条件――を満たしていれば、その家の慣例に沿って、官人登録や位記発給などの手続きをとることなく、元服時点でただちに「蔭子」「蔭孫」の地位、そして「正六位上」の位階を名乗ることが許される、という例が成立していたことがうかがえよう。それに対して勅授である五位以上になると、この時代でも勅裁あるいは奉勅の上、内記による位記の作成、そして請印などを含む位記発給、そして式部・兵部省からの位記授与、などの繁雑な手続きがとられていた。実際、長房元服の三日前に行われた正月の定例叙位では、そのようにして作成された勅授位記が、内裏において天皇の出御、諸卿の参列のもと、式部・兵部省（の輔）に下され、二省から各人に対して授けられている[44]。

以上から、五位以上に対して六位以下の位階は、当時でも広くみられる「正六位上」の場合も含め、もはや律令官人制上のそれでないことがあらためて確認できるとともに、本来なら（無位を含む）位階授与の手続きと同時になされるはずの式部省における官人登録手続き＝出身制度そのものの消滅、そしてそれを経ることなしに「蔭子」「蔭孫」の地位を位階とともに（もしくはそれ単独で）名乗っていた当時の慣例をうかがうことができるのである。

つまり個人の肩書としての「蔭子」「蔭孫」とは、五位以上の子・孫という、当時でも有効な一定の特権身分を示すものではあるが、もはや「出身」したことを示す律令官人制上の地位ではないのである。したがってさきの長房の例でいえば、彼は元服の日以降、摂関家内の伺候者リストでは「蔭孫正六位上」として把握され、また対外的に「蔭孫正六位上」を名乗っていたとしても、数日後の除目で大膳権亮という「官人」として補任帳に載せられるまでは、律令人事官司である式部省などにおいて、令制的な意味での官人として正式に把握されることはなかったということになる。こうした、位階等の自身による名乗りということについては、その表示の契機の違いこそあれ、侍層などかつての位子に相当するような階層でも同じであったと思われる(45)。

このように、貴族層を含む官人が、初めて諸司四等官などの「官人」ポストに就く場合、かつての律令官人制システムのもと、式部省による出身手続き等を経て（広義の）官人としてすでに省に把握されていることを前提に、除目の場で推挙されるわけではないのである。たとえそれ以前に諸司（所々）や諸家の雑任などの地位にあったとしても、後述するように、その雑任の地位自体、すでに式部省等の管理下にあるものではない。つまり彼らは個別的に諸司・諸家などに把握されていたということになる。というよりも、それらと奉仕関係を結ぶことになった段階で事実上の官人になったといえよう。摂関家に名簿を奉呈した長房の事例も同じであろう(46)。

さて、雑任等も無官と称されることがあるから(47)、「蔭子」「蔭孫」を含むこれら「無官」とは、文字通り「官」（＝職事官）に無い者たちの総称といえよう。彼らは一応、官人として括ることが可能なのであろうが、律令位階制のもとで出身手続きを経て式部省に管理され、「白丁」と厳密に区別されていたころの律令官人制上の（広義の）官人からみれば、極めてあいまいな地位といってよい(48)。そして、職事官に対する無官の地位の低さも、そうした立場を反映したものとみてよいだろう。

3　申文の中の散位

平安時代に多くみられるようになった無官を表示する者の立場を検討することによって、当該期における官人の枠組のあり方、それをもたらした出身システムの変化、というよりもその消滅、などをみてきた。そこからうかがえるのは、やはり十世紀半ばごろにおける律令官人制そのものの変質ということになるだろう。そして職事官に対する無官の地位の低さもそこに由来すると考えるべきであろう。とすれば、一つ問題となるのが、「まだ」職事官でないとされる無官に対して、「いま」職事官にないとされる散位の地位についてである。

これまでみてきたように、律令官人制のもとで、散位そして「蔭子」「蔭孫」は、律令位階制の存在を前提に、官職と同等に機能しうる地位として、同じ扱いを受けてきた。したがって十世紀後半、六位以下の位階が律令位階としての位置づけを失ったことなどにより、その位階を基盤とする「蔭子」「蔭孫」の地位が変質したとするなら、六位以下の散位についても、それと同じような意味で変質しているはずであり、したがってその位置づけも無官と同様に低下しているのではないだろうか。しかし十川氏は、無官と異なり散位の場合は「官人」として位置づけられ把握されていたと評価しており、その論拠として、院政期の申文の中に「散位の労」というべきものが存在することをあげている[49]。そこで、あらためて散位の者が提出した申文について、その実例から考えてみたいと思う。

まず散位の実態を考えるため、管見に入った十二世紀までの官職申請の申文（自解以外を含む広義の申文）のうち、年給関係を除く六百五十余件を精査し、申請者がその申請時点で、散位のように官職に就いていない者、反対に官職にある者に区分した上で、前者についてその身分表示を、散位・前官（例えば「前内匠允」など）・蔭子

【表1】　申文における申請者の身分表示

現任官職の有無	内　訳	位階区分	位階区分ごとの合計
官職なし　344	散位　62	五位以上　56（17）	五位以上　60（17） 六位以下　284（99）
		六位以下　6（0）	
	前官　19	五位以上　4（0）	
		六位以下　15（7）	
	蔭子孫　23	六位以下　23（8）	
	学生　83	六位以下　83（15）	
	前学生　17	六位以下　17（0）	
	（表示なし）140	六位以下　140（69）	
官職あり　305		五位以上　55（9）	五位以上　55（9）
		六位以下　248（69）	六位以下　248（69）
		（不明）　2（0）	（不明）　2（0）
（不明）　9			

（　）内は『兵範記』紙背文書における件数

孫・学生・前学生、そして「表示なし」（おそらく初任であることを示す）に分類し、その件数を集計したものを【表1】で示した（なお実例は圧倒的に院政期のものが多いため、ほぼその時期の傾向を示すことになる）。

もちろん、『大間成文抄』等収載の「成文」は別として、必ずしも申文の通りに任用されたわけではないのだが、これをみるとたしかに散位からの任用の機会はそれなりに多かったことが予想できる。そしてその申文の内容を個々にみてゆくと、十川氏が指摘したもののほかにも、「居二散班一之輩、拝二任諸国権守一者、承前□〔之カ〕例也」(50)など、散位にいること自体が推挙の対象となることがうかがえるものがあるし、実際、彼らの労は「散位労」(51)「散班之労」(52)などと呼ばれていたことも確認できる。もちろん散位固有の職務の規定があるわけではないが、十川氏が述べるように、諸使を中心に一定の役割が課せられており、例えば「叙爵之後、奉幣使・堂童子役、毎レ有二其催一未二闕怠一」(53)などの労をあげるのは、まさにその具体的内容を示しているといえよう。実際、古記録においても、職事官と並んで散位を奉幣使等として発遣する例はしばしばみられる。

ただここで注意しておきたいのは、そうした「散位」としての労を本文内で主張するのは、五位以上の申文に限られるということである。そしてそもそも六位以下の散位の件数自体が、五位以上の五十六件に対して六件と極めて少ないのである。そのことは、それぞれの区分内で五位以上と六位以下を分け、その比率を比較すると、より明瞭になる。すなわち、官職にない者全体（三百四十四件）の中でみた場合、六位以下の申文総件数が五位以上の件数の四・七倍もある中で、散位に限ってみると、逆に五位以上の件数の方が九・三倍も多いのである。[54]

念のため、官職にある者が提出した申文（三百五件）でみても、六位以上の申文の件数はやはり五位以上の四・五倍を示し、官職にない場合と同様の傾向を示している。この比率については、五位以上のポストや官人はそれ以下に比べて少ないから、身分に見合ったポストの申請をするとすれば、五位以上の申文件数が少ないのはある意味で当然ともいえる。また五位以上の任用には申文を出さないケースもあった。[55]つまり現任官職の有無にかかわらず、それぞれにおいて六位以下の申文の件数が五位以上の四、五倍程度なのは自然な形といえる。したがって散位の場合のみ、五位以上の件数の方が逆転した上、九倍もあるのは特筆すべきことではないだろうか。ちなみに散位に立場が近い前官をみても、六位の申文の方が三・八倍多いのであり通常の傾向と大差がない。

もっともこれらの出典の半分近くを数える『大間成文抄』収載の申文は、類型が詳細に分類され網羅的ではあるが、編纂書として、類型からはずれる申文の不採用や、各項目ごとの採用事例数の偏在の可能性も考慮する必要がある。そこで出典のうち二割程度の件数を占める『兵範記』紙背文書の件数の内訳を参考として（　）で示した。すなわち、これらは平信範が蔵人頭であった時期の申文が多数を占めており、[56]除目の際に実際に蔵人のもとに提出された申文の一部である可能性が高く、紙背として偶然残った部分に左右される面があるものの、ある一時期の実際の除目の場における自然な分布傾向を知る上で参看すべき点があると考えるからである。その集計でみても、右で指摘したそれぞれの傾向は同じであることがわかり（むしろ数字的には差がさらに開いている）、やは

【表2】　六位以下の散位が提出した申文

No.	表示官位	姓　名	申請官職	年　代	出　典
1	蔵人所出納散位正六位上	惟宗信経	二寮允	延久元（1069).12.27	『大間成文抄』第八
2	散位正六位上	藤原国忠	八省丞、弾正忠	応徳3（1086).1.23	『魚魯愚鈔』巻第二
3	蔵人所雑色散位正六位上	源家重	左右衛門尉	康和2（1100).7.23	『朝野群載』第九
4	蔵人所雑色散位正六位上	源家重	左衛門尉	康和2（1100).12.14	『大間成文抄』第八
5	散位正六位上	大江行範	弾正忠、刑部丞、宮内丞等	保安2（1121).1.15	『大間成文抄』第八
6	散位正六位上	大江忠房	式部丞、雅楽助	承安4（1174).10.11	『大間成文抄』第八

り五位以上に対する六位以下の散位の申文の提出件数の少なさは際立っているといってよいだろう。

以上の分析からすれば、六位以下の散位が申文を出すケースは、全体の中においてかなり限られているといってよい。申請件数が実際の任用件数と必ずしも結びつくものではないが、このことは六位以下の場合は、散位が任用に預かる機会自体が極めて少ないことを示しているのではないか。ではわずかに六件拾うことのできた六位以下の散位が提出する申文の内容から、六位以下の散位がどのように位置づけられていることがわかるのだろうか。

そこでそれらの事例を【表2】を通して個別にみておきたい。ここでまず注意されるのが、この六件（人の重複もあるので人数としては五名）のうちの二件（No.2・5）が、「文章生散位」の資格により京官を申請するものであることである。この「文章生散位」の制度とは、文章生を毎年、諸国の掾に任じる「文章生外国」の制度に対し、その掾の任期を終えて散位になった者が、その後さらに京官に順に任じられるという、文章生を優遇する制度の一つである。No.2の藤原国忠の申文が「依レ為二文章生散位労第一一、被レ補二任八省丞幷弾正忠中レ他替一」と述べるように、外記が進上する文章生散位勘文[57]にもとづき、文章生散位の一労が毎年京官に任じられたのである。この場合、散位の地位そのものに価値があるわけでないことはいうまでもない。

そして「献策労」によって式部丞・雅楽助を請う№6の大江忠房のケースも、申文の内容をよくみると、「応保二年十二月補二文章生一、仁安二年正月任二越中大掾一」と述べており、彼も文章生散位の資格があることがわかる。本来、献策は文章得業生が行うものであったが、それ以外の者が方略宣旨を蒙って献策するルートとして、文章生散位による方略宣旨の申請があり、それによって献策を行う場合があったのである。(58)

さらに№3の源家重が衛門尉を申請する申文も注意したい。この申文自体は成功を申請するものだが、その内容をみると、「為二文章生一之者、雖レ無レ所レ募拝二除金吾一、古今之例也。何況申二請別功一之輩」としており、彼もまた文章生散位の地位にあったと考えられる。成功を申請する以前に、元文章生として任用の資格があることを強調しているのである。同じ家重の№4の申文は、本文が失われているが、事書から№3と同じ内容と推定される。残る№1の惟宗信経の申文も本文欠のため、詳細は不明であるが、その地位や申請の官職からみて、これについては文章生と関係はなさそうである。とはいえ出典史料の中の「出納」という項目に収載されていることからみて、蔵人所出納の地位にもとづく申請であり、散位としての労を主張していた可能性は低い。

つまり、判明する限りでは、六位以下の散位による申文は、その件数自体が少ない上に、そのケースのほとんどは、文章生の地位に関わるものであった。そこでは散位そのものではなく、あくまでそれ以前の文章生という地位にウエイトが置かれているのであり、五位以上の申文のように散位自体の労を主張するものはない。それと同様のことは、比較的事例が多く、散位と類似の立場である前官を肩書とする六位以下の申文にもうかがえる。彼らが申文の中で主張するのは、かつて就いていた官職の「旧労」(59)だけであり、官職に就いていない期間（すなわち散位の期間）の労を取り上げることは皆無である。(60)

たしかに『延喜式』には下級散位を雑使に充てるなどの例がみられ、そのころまでは彼らにも一定の役割が期待されていたと思われる。[61] しかし、平安時代後期を中心とする中文のあり方をみると、五位以上の散位と比較して、六位以下の散位は、明らかに官人としての地位を低下させているというべきだろう。そこで次に六位以下の散位について、官人把握の面から検討し、最後に散位と対比される無官との関係についてあらためて考えてみたい。

4　散位と無官にみる律令官人・官人制の変質

鎌倉時代の編纂史料になるが、『除目抄』に「往古、五位六位散位労帳、入二一筥一進レ之。〈頼経真人説、労帳ト云者、諸官一々可二遷官一者之類入レ之歟。[62]〉」という記述がある。つまり、かつては五位・六位の「散位労帳」というものがあったとしている。十一世紀初めの藤原行成の手になるとされる『新撰年中行事』上、正月には、除目関係文書として「文章生散位労帳」などとともに「五位散位労帳」「六位散位労帳」[63] があげられているから、実際に存在したのは間違いないだろう。

しかしそれよりあとの儀式書や、個々の除目の記録等にそれらはみえない。また十一世紀初頭の段階でも、たんに除目の場に供されただけで、すでに使用はされていなかった可能性もある。いずれにしても、五位以上の場合も含め、散位に留意する任用の場が、遅くとも十一世紀以降、失われていったことになり、その地位の低下の傾向がうかがえる。

そしてこうした文書の消滅は、官人の把握という点からみて看過できないものがある。なぜならば、除目の場において、現時点での職事官全体を通覧しようとする場合、その場に用意されている毎年作成の補任帳をみることによってそれが可能になるが、すでに考選制度という形での官人全体の常時把握システムが失われている以上、散位等については、散位労帳のようなものがなければ、その把握は困難だからである。ただここで注意したいのは、五位以上については、式部省が作成する五位以上歴名帳が一貫して除目の場に提出されており[64]、少なくとも建前上、五位以上については、散位をも把握した上で人事を行うことができたことである。それに対して六位以下については、現時点で職事官に就いていない限り（あるいは文章生散位勘文のような特殊な文書に載らない限り）、その存在を統一的に把握・確認できないのである。さきの申文からうかがえる六位以下の散位の位置づけを考えるなら、彼らを常時把握・確認する必要性自体がなかったということなのだろう。

このように六位以下の散位は、五位以上のそれと比較して、官人としての位置づけを低下させていたとみてよいであろう。そして、そうした差が生じた要因の一つには、やはり「蔭子」「蔭孫」の場合と同様、散位が存立しうる前提であるところの律令位階制、そして考選制度などの律令官人制システムの十世紀半ば以降の変質があるといえよう。すなわち五位以上の位階が律令位階制としての機能や手続きを維持し、それを帯びるだけで官人として一定の地位を保持し続けたのに対し、六位以下の散位はその存立の基盤をすでに失っており、厳密にいえば律令官人としての地位にないためと考えられるのである[65]。その意味で六位以下の散位は、やはり（六位以下の）無官と質的に差はないのである。実際、十川氏も言及されるように、散位を指して無官と呼ぶ事例も散見するが、それもこのように考えれば理解しやすいだろう。

そして以上のことをふまえて、あらためて職事官に対する無官の性格を考えた場合、やはりその「無」とは、散位との対比で想定されてきた「まだ」という点にポイントがあったわけではないと思われる。例えば、『兵範記』保元三年（一一五八）二月二十一日条によれば、この日、臨時除目が行われ、同時に検非違使別当と蔵人頭を任じる宣旨も下された。このとき頭に任じられたのは藤原惟方だが、それについて記主の平信範は「蔵人頭藤原惟方〈無官〉」と記している。実は『兵範記』によれば、この日に惟方はそれまでの右中弁を辞退していたのである[66]。この記事は、彼が職事官としての地位にない状態で頭に就いたことをとくに強調しているのであり[67]、ここで示される無官の本質は、前歴や地位の高下に関係なく、現時点で職事官という厳密な意味での「官」に「無い」点にあるだけといえよう。ただ惟方の場合は五位以上という地位にあるため、従来の律令官人としての立場を維持していることはいうまでもない。

平安時代になって「無官」が（とくに中下級官人層に関わる場面で）多用されるようになったことの意義は、職事官に「まだ」ない「いま」ないことを区別するようになったことにあるのではなく[68]、六位以下の「位階制変質」に代表されるような律令官人制システムそのものの変質ないしは消滅により、職事官＝「官」の周囲が地盤沈下したこと、それによって「官」の地位が相対的に浮上したことを示している点にあると考える。

以上、平安時代における無官そして散位の地位を通して、十世紀半ばにおける律令官人制の変質について考えてきた。その検討からは、職事官および五位以上という「官人」の周りを取り巻く部分、すなわち広義の官人の変化が明らかになったとともに、もはやその範囲の一番外側の枠線を引くこと自体が困難であることの実態――「官人」周辺部における律令官人・官人制の事実上の解体――という、律令官人制再編の一側面もまた明白になったのではないだろうか。

おわりに

平安時代における六位以下の「位階制変質」とは、令制的身分編成のもとで一体的に機能する令制の諸システム――出身、考選、課役免除制度など――の、十世紀半ば以降における変質・解体が顕在化したものの一部であった。延長四年の制度変更はその主要な契機の一つと考えられる。六位以下の下級位階の消滅・集約化という現象が、たんなる手続きや身分標識の省略などでなく、そうした構造的・質的な問題を意味することは、律令位階制を前提として成り立つ、（六位以下の）散位、そして「蔭子」「蔭孫」などの地位が、平安時代中期以降、低下したり変質したりしていることからも明らかである。六位以下は、当時もなお広くみられる「正六位上」も含め、「律令」位階としては事実上解体したのである。律令人事官司である式部・兵部省による叙位手続きと帯位者の管理は、五位以上に対してのみ残されたということになる。

このような二省における人事機能の低下、把握範囲の狭隘化は、下級位階だけでなく下級官職の面でもうかがえる。すなわち同じ十世紀後半、諸司の職事官の下に編成されていた史生以下の雑任に関しては、諸司内部だけで任用手続きが完結し、そのほとんどが省の把握から離脱する傾向にあることが看取されるのである。[69]延長四年制によってそれらのポストが諸司ごとの課役免除体制に組み込まれたこと、そして考選制度という官人の一元的な管理システムが失われたこと、などがその契機として想定できよう。したがって五位以上・職事官という、いわゆる「官人」の外側全体が、十世紀半ば以降、律令人事官司の管轄から離れていったのである。

「無官」という言葉が平安時代前期まであまり使用されなかった理由の一つに、[70]官人に狭義・広義の概念があったためと思われる。そしてかつてはどちらかといえば広義の官人であるか否か、すなわち考課対象者か「白丁」か、という区分の方が重視されていた。それに対して「無官」が多用されるようになる背景には、広義の官人の枠組そのものがあいまいなものになった結果、職事官が文字通り純粋な「官」として昇華したということがあると考えられる。[71]

つまりそのことは、かつての律令位階や考選制度などのシステムに立脚した官人身分（＝広義の官人）の枠組がとらえられなくなったこと、ないしは統一的にとらえる必要がなくなったことを意味する。本書第Ⅰ部第三章で指摘したように、考選制度にもとづく基礎的な官人管理台帳である式部・兵部省の「考帳」が、十世紀の間に消滅するのもそのためである。そして職事官と五位以上を除く官人は、諸司（所々）・諸所・諸家などで、それぞれ独自に把握されるようになった（把握された時点で官人となった）のであり、何らかのルールのもとで位階をはじめとする身分を各自で表示していたのである。再編論の論点の一つでもある官人の諸司・諸家の帰属のあり方も、具体的にはこのようにとらえられるだろう。以上が律令官人制の再編――とくに十世紀半ば段階における質的転換・解体――によって形成された、「平安時代の官人」の姿なのである。

さて、これまでの検討からすれば、もともと考選制度を通じて全官人を一元的に把握・管理していた式部・兵部省は、その人事機能を間違いなく低下させたといえる。しかしながら、省が把握しなくなった分の官人を外記が代わりに把握するようになった、ということではない。彼ら全体を統一的に把握すること自体が不可能（もしくは不必要）になっているのである。

それにそもそも外記は、職事官であれ雑任であれ、まずは式部・兵部省を介して官人の任免情報を把握していた。例えば除目では、任官儀（下名）において、文書としての除目＝召名が上卿から式部・兵部省に授けられ、名前が読み上げられるという儀式のあと、外記にその召名が伝達されていた。[72] また補任帳も式部・兵部省が作成して年二回、外記（太政官）に進上されるものであり、[73] 平安時代末期に至っても、およそそうしたあり方に変化はみられないのである。[74]

つまり式部・兵部省と外記は基本的に当初から役割分担の関係にあった。外記が人事関連事務を広く差配し、また上申・伝宣ルートなどに強く介入したとしても[75]、その変化は省の把握機能を代替するといった性格のものではないのである。官人把握の範囲としてみれば、式部省などの把握機能の縮小に伴って、外記の管轄する範囲はむしろ狭まっているとさえいえよう。また蔵人方に関しても、そこで諸家の官人を統一的に把握するようになったわけではない。蔵人所はその成立当初から、一貫して令制的なシステムとは別次元で独自に官人を把握していただけである。

つまり再編の結果、諸司の官人や散位が外記方によって、諸家の官人が蔵人方によって把握されるようになった、とすることはできず、したがって式部・兵部・中務の三省から外記方・蔵人方へと、把握機構の「組み替え」が行われたとみなすこともできないのである。もちろん、平安時代前期以降、外記の機能が高まっていること自体は間違いない。外記はその直接的な把握範囲を絞りつつ、それに関わる人事の庶務権限を従来以上に強めたというべきなのかもしれない。いずれにしても、律令官人制システムという側面から式部省などの機能低下を評価するなら、外記との対比よりも、官人というもの自体が、統一的・一元的に把握することが不可能なものへと変わっていったという点にまず着目すべきなのである。そしてその一方で職事官・五位以上は、除目・叙位儀を通して式部・兵部省のもとで厳格に管理され続けた事実にも注意したい。

この二省・外記ラインによる把握が維持され続けた、職事官・五位以上という、いわゆる「官人」の枠組は、その後も平安時代を通して官人全体のあり方を規定するものとなり、ひいては九百年近くにわたってその形を残すことになる。「平安時代の官人」や、それを誕生させることになった律令官人制の「再編」を考えるにあたっては、この枠組の存在を強く意識する必要があること、さらにはそうした枠組を成り立たせる歴史的前提などもあわせて考えてゆく必要があることを最後に指摘しておきたい。

註

(1) 黒板伸夫「位階制変質の一側面―平安中期以降における下級位階―」(『平安王朝の宮廷社会』吉川弘文館、一九九五年、初出は一九八四年)。

(2) 石母田正『日本古代国家論』第一部Ⅰ(『石母田正著作集』三、岩波書店、一九八九年、初出は一九七三年)。

(3) 十川氏の散位に関わる論考は多数にのぼるが、本章に直接関わるのは次の通り。a「平安初期の散位―『延喜式』における位置づけを中心として―」(『延喜式研究』二九、二〇一三年)、b「散位と無官」(『日本歴史』八〇九、二〇一五年)、c「律令官人制の展開と地方支配」(『歴史学研究』九三七、二〇一五年)。

(4) 泉谷康夫「調庸制の変質について」(『律令制度崩壊過程の研究』鳴鳳社、一九七二年、初出は一九六九年)、勝山清次「公田官物率法の成立とその諸前提」(『中世年貢制成立史の研究』塙書房、一九九五年、初出は一九八七年)、佐々木宗雄「王朝国家の支配構造」(『平安時代国制史研究』校倉書房、二〇〇一年)など。

(5) 解除の符について、賦役令11蠲符条集解朱説は「徴符」とし、蠲符とは別に発給していたようにもみえるが、同条義解などを参看すれば、実態としては同一の民部省符であろう。

(6) 本章の論旨に直接関わらないが、延長四年の制度変更に関する私見の妥当性を確保するため、阿蘇広遠が従来受けてきた免徭役が、どのような条件にもとづいて適用されてきたのかについて、ここで厳密に想定しておく必要がある。

まず、彼が延長四年の季帳造進停止以後になって、明法試の及第を経て大初位下の位階を獲得していたと仮定する。するとすでに季帳にもとづく蠲符の発給は停止されていたわけだから、本文でも触れたように「初位」による免徭役が実施されたとは考えにくいことになる。ただし賦役令11蠲符条に「凡応レ免二課役一者、皆待二蠲符至一、然後注レ免。符雖レ未レ至、験二位記一、灼然実者、亦免」とあり、蠲符の発給はなくとも、初位の位記にもとづいて徭役が免除された可能性がある。しかし、後述する同時期の『法曹類林』所収の問答から、当時、位記があっても、蠲符がなければ免除は認定されないのが実態であった。蠲符条は唐令をほぼそのまま引き写したものであり、少なくとも当時は実際にはこの部分は機能しなかったとみられる。したがって、延長四年の制度変更以後に免徭役が認定されていた可能性は低い。

次に、すでに延長四年以前に及第して位階を獲得し、蠲符によって「初位」としての免徭役の認定が行われていた可能性を考えてみる。その場合問題になるのが、延長四年から承平二年までの六年間に、少なくとも一回は成選叙位を迎えていることである。後述するように、当時はまだ成選叙位が行われていたと考えられるから、通常の機械的な三階昇進を想定すれば、広遠は承平二年の段階ですでに八位以上に到達してしまうことになり、現位階の大初位下と齟齬をきたす。したがってその想定も難しい。

次に位階以外に対しての適用条件の可能性を考えてみる。彼は「出レ自二法曹一」としながらも、課試に及第はしておらず、延長四年以前に「位子」として出身し、無位から位階を重ねて大初位下に至っていた可能性はどうか。すなわち、『延喜式』主計寮下1勘大帳条によれば「位子」もまた「半輸」つまり免徭役だったからである。しかし本史料によれば、戸主の阿蘇豊茂は位階をもっていないようだから、広遠が豊茂の子とすればその可能性はほとんどない。

そこで最後に、広遠は延長四年の季帳造進停止以前に「学生」の身分にもとづいて免徭役の認定を受けており（「学生」も「初位」と同じく賦役令19舎人史生条により「免徭役」と規定され、それは式にも引き継がれている）、延長四年以降もその蠲符がまだ有効であったと推測したい。彼が及第により出身したのは、先述の成選叙位との関係から、延長四年以降と考えられる。本来ならその直後作成の季帳に新たな「初位」という資格が記載され、従来と同じ免徭役であっても、その季帳にもとづいて新しい蠲符が発給されることになるはずである。しかしすでに季帳の造進が停止したことにより、ただちに新しい蠲符を発給することが困難になった。ただその状況は一方で、学生身分の終了に伴う徭役免除の解除もまた従来通りの形で行うことができないことを意味する。つまり、免徭役の結果は同じということもあり、旧来の蠲符の効力がそのまま認められてきたというのがこの時点での実態だったのではないだろうか。しかし、広遠が職事官（長上）のポストに任用され、免除の幅が拡大したことにより、広遠の側が「初位長上」の権利を主張し始めたということであろう。このように、季帳造進の停止後、さしあたってそれまでの蠲符を有効とする暫定措置を想定することについては後掲註(20)も参照。

(7) なおこの時期、上級官人層である蔭子孫は、出身にあたっての勘籍はすでに必要がなくなっており（野村忠夫「勘籍の本質と機能―官人出身の手続きをめぐって―」『官人制論』雄山閣出版、一九七五年）、直接的な影響はなかったと考えられる。

（8）軍防令46五位子孫条、同47内六位条。

（9）土田直鎮「奈良時代に於ける舎人の任用と昇進」「奈良時代に於ける律令官制の衰頽に関する一研究」（『奈良平安時代史研究』吉川弘文館、一九九二年、前者の初出は一九五〇年、後者は未発表）。

（10）『日本三代実録』貞観十五年（八七三）五月壬辰条。

（11）『大日本古文書』四―三一七。

（12）「蔭子」「蔭孫」「位子」は、木簡を含む各史料に官人個別の事例が散見するほか、例えば天平宝字二年（七五八）、散位など式部省（散位寮）所管の者について、考課対象者を限定し他は続労を認める措置をとった際、その限定枠（定額）について「式部散位四百人、蔭子・位子・留省資人共二百人」（『続日本紀』天平宝字二年十二月丙寅条）とする記載などもみえる。この二百人の中には「蔭子」「位子」のほかに「留省資人」も含まれるが、この時点で定額とされた者だけでもそれだけの数がいたことになる。

（13）中村順昭「律令制下における農民の官人化」（『律令官人制と地域社会』吉川弘文館、二〇〇八年、初出は一九八四年）参照。

（14）『法曹類林』巻第二百（引用は『大日本史料』第一編之六、承平二年雑載条による）。

（15）本史料と国目代については、森公章「雑色人郡司と十世紀以降の郡司制度」（『古代郡司制度の研究』吉川弘文館、二〇〇〇年、初出は一九九八・九九年）も参照。

（16）『続日本紀』養老二年（七一八）四月癸酉条。

（17）寺崎保広「考課木簡の再検討」（『古代日本の都城と木簡』吉川弘文館、二〇〇六年、初出は一九八九年）。

（18）虎尾達哉「律令官人社会における二つの秩序」（『律令官人社会の研究』塙書房、二〇〇六年、初出は一九八四年）。

（19）山下信一郎氏は、こうした課役免除を季禄や時服などが支給されない者に対しての反対給与ととらえている（「律令俸禄制と賜禄儀」『日本古代の国家と給与制』吉川弘文館、二〇一二年、初出は一九九四年)。

(20) この史料で、讃岐惟範の問いの内容が承平二年の出来事であることを前提に、そこから想定される惟範の免徭役の条件と延長四年制との関係について明確にしておきたい。まず、彼が現在保持している「元留省之符」は、既述のように、式部省を本司とする「位子」として出身したことにより発給されたものと思われる。しかし、彼はその後、無位から初位に昇進しており、そのため本来なら、同じ免徭役ではあるが、「初位」に対応した新しい省符が発給されるはずだったと思われる。しかし、彼の手もとに「元留省之符」しかないのは、延長四年制によって、身分に対応する蠲符が自動的に発給されなくなったためと思われる。彼の現位階と史料の年代から推して、無位から初位に昇進したのは延長四年制よりもあとのことであるから、その可能性は高いだろう。そしてここで「元」とあることに注意すれば、「初位」の省符への切り替えは行われていないものの、同じ免徭役でもあるため、「元」の「留省之符」がそのまま効力をもち続けたという状況が想定されるのである。そして今回のように「八位」に昇進し免課役の対象になったため、あらためて延長四年制の影響が顕在化したということであろう。つまり註(6)で述べた、阿蘇広遠と同じような状況が想定できるということになる。

(21) ただし取り扱い上の本司は式部省(寛平八年(八九六)までは式部省被官の散位寮)ということになる。

(22) 本書第Ⅱ部第二章でも指摘したように、逆に延長四年の季帳造進の停止が直接の契機となって、以後の諸司・諸国の下層部の活発な組織再編を促したと思われる。こうした下級官人の帰属の問題に関しては、終章でもあらためて言及したい。

(23) 考課がまだ実際に行われていたころの実際の考課対象者の総数を想定することは困難だが、『吉記』寿永元年(一一八二)七月六日条に記載される「擬階奏」の実例として著名な文書は一つの参考になる。この平安時代末期の考課・成選に関する儀式は、内実としては虚構といえる(後掲註(26)参照)。しかし文書に記入する数字については、他の儀式的文書の作成例から推して、最終的に考課が停止されたと考えられる十世紀段階のものをそのまま形式的に引き継いでいる可能性がある。それをふまえてこの奏文をみると、そこにはその年の奏授・判授対象の成選人の総計一六一一人と、その管轄(式部・兵部省)別に位階ごとの詳細な内訳が記されている。その一六一一人に、勅授である五位以上(ただし実際は叙されない、本書第Ⅲ部第四章参照)の数を加えたものが成選人の総数ということになろう。大雑把ではあるがおよそ千七百人程度となろうか。そして考課を受ける者はさらにその四倍以上の数だけいることになる。つまり考選制度が廃止になるまでは、機械的であるとはいえこれだけの者に対する考課・成選の手続きがそれまで毎年行われてきたのである。

(24) 具体的には「凡雑色人等応二勘籍一者、式部・治部・兵部具注二夾名一申レ官。官下レ省訖、三省先遣二史生一告下可二勘籍一之状上。即丞・録各一人相共対勘、訖更造二解文一、同署申レ官」(『延喜式』民部省上88雑色人勘籍条)。なお、勘籍の手続きの詳細については、堀部猛「日本古代の勘籍制」(『正倉院文書研究』一四、二〇一五年)参照。

(25) 三善清行「意見十二箇条」によれば、式部・民部省の勘籍によって作成された勘籍の「解文」は太政官に二通進上される。一通は官で保存され、蠲符発給の際に「勘合」に利用されることになり、もう一通は式部省に下される。その解文の内容が式部省で登録された段階で、官人身分を獲得したということになる。しかしこのあと述べるように、考課対象者となるには、さらにもう一つのステップがあった。

(26) 五位以上すなわち勅授における成選叙位の検討(吉川真司「律令官人制の再編過程」『律令官僚制の研究』塙書房、一九九八年、初出は一九八九年)を除いて、これまで成選叙位がいつまで行われていたのかについて具体的な指摘がなかったが、その理由の一つに、成選叙位に関わる令制の手続き儀礼の存続の問題があると思われる。すなわち、列見をはじめとする儀式の一部が、形式的には鎌倉時代に至っても続けられてきたことが、実態面での追究をより困難なものにしているのである(例えば註(23)で触れた寿永元年の擬階奏もその一つ)。とはいえ儀式史料から何か手がかりが得られないか、確認することを避けるべきではないので、その点についてもここで検討しておきたい。

　古記録等によれば、成選位記の請印・召給の儀礼は十一世紀半ば以降ほとんどみられなくなるが、列見・擬階奏などは院政期に至っても平安初期以来の形が維持されていたようである。そして三条実躬が乾元元年(一三〇二)の列見について「次列見。〈其儀大略如レ無、只硯・短冊置二上卿前一許也。近年如レ此。〉」(『実躬卿記』乾元元年二月十一日条)と述べるように、十四世紀に至っても、相当簡略化しながらもなお続けられていることがわかる。列見の場合、本来的には「選人」当人の参加が前提となるので、実際の選人の参加が確認できるかどうかを目安に古記録をみてゆく。するとさきの記事の四年後に行われた列見について、実躬が「列見選人事已絶久、事為二幽玄一。今度可レ有二興行一」(徳治元年二月十一日条)と述べているように、このとき久しぶりに実際に選人を引見することが行われたのがわかる。その際に過去の記録が参照され、中原師顕が「兵部選人為二六府兵士一之由、見二保安四年三月宇治左府記一。此選人等事、江記已下旧記之所見不二分明一」と述べているのが注目される。この「宇治左府記」（『台記』）の当該記事は現存しないが、実質面はともかく、このころまでは選人が実際に参加する場合があったことは他の記事からもうかがえる（管見によれば『山槐記』治承三年（一一七九）三月二十九日条が終見。ただそこでも式部省所管では「只一人」の参加だったようである）。しかし「宇治左府記」にみえるように、それらは一時的に人を集めて形だけ整えられていたようであり、結局、選人の参加の有無から成選叙位の実質的な消滅時期の手がかりを得ることはできない。

また『儀式』『西宮記』『北山抄』『江家次第』等の儀式書を比較しても、いずれも儀式次第が詳細に書かれるものの、内容はほとんど同じである。ただ、九世紀の『儀式』巻第九、二月十一日列二見成選主典已上一儀だけは、式部録が選人の名前を呼び、選人が稱唯して版位に就き、「毎レ足二十人一」に丞が「令二直立一」と命じ、選人は北面して版位の東に直立するとあるように、大勢の人数に対応した書き方となっている。これとても以後の儀式書はこの記載を省略しただけといえなくもないが、ここでは十世紀半ば以前の実質的な成選叙位が行われていた当時の姿が反映されたものと考え、そこに『西宮記』以後の儀式との違いを見出したい。

(27)「位階制変質」が以上のような形で進んだ場合、下級位階の消滅・集約化ということだけでなく、位階を表示すること自体の省略化をもたらすことになる。この時期に史料上から位階記載の省略が進んだことを示す史料に、すでに黒板氏が指摘している五つの時期にわたる著名な七条令解がある。その保証刀禰の位署書を比較すると、延長七年（九二九）（『平安遺文』一―二三二）と天暦三年（九四九）（同一―二五六）の解の間に位階記載の有無という点で明確な断絶がみられるのである。その時期をみても、やはり延長四年制の考選制度・位階制への影響が想定されるのではないだろうか。

(28)『吏部王記』天暦二年（九四八）十一月二十四日条。この史料の解釈については後掲註(68)参照。

(29)前掲註(3)十川氏b論文。

(30)『朝野群載』巻第五、応徳三年（一〇八六）十二月八日宣旨。

(31) 忠平の元服については『尊卑分脈』巻第三の「貞信公伝」に「寛平七八廿一叙正五下〈元服、同九月十五日聴二雑袍一、十六〉」とみえる。一方、忠教の位記は十一歳のときのものであるが、彼のような摂関家の子弟の当時の通例（高橋秀樹「京の子ども、鎌倉の子ども」（『鎌倉』七四、一九九四年）によれば、平安末期の摂関家では十一歳の元服が家例であった）からみて元服の際のものとみて間違いないだろう。

(32)『大日本古文書』一〇―三四八。

(33)『平城宮木簡』五―六三八四。

(34)『平城宮木簡』五―七一三五。

(35)『内局柱礎抄』上（『群書類従』第七輯）。

(36) 女性の叙位については、無位から五位への直叙が多くみられることなどが、その特殊性として早くから着目されてきた（野村忠夫「内・外位制と内・外階制」「女性の考叙についての特殊性」『律令官人制の研究』増訂版、吉川弘文館、一九七〇年、前者の初出は一九六七年）。その特殊性を反映してか、「位階制変質」以降、叙爵前の官人が位階を表示する必要がある場合、男性が一般的に「正六位上」としたのと同様に、女性の場合は（位記以外でも）「無位」を称するのが通例となったようである（『朝野群載』巻第四、寛治三年（一〇八九）九月十五日「斎宮女官補任宣旨」、同書巻第二十一、永久二年（一一一四）三月七日「藤原睦子薨奏」など参照）。もっとも女性の場合は、より早い弘仁・天長期における女叙位の成立とそれによる無位への集約化が指摘されている（岡村幸子「女叙位に関する基礎的考察」『日本歴史』五四一、一九九三年）。

(37)『平安遺文』における終見は康保五年（九六八）となる。ただそれを含む十世紀半ば以降の三例（天暦八年五月八日秦阿禰子解・秦阿禰子家地売券（『平安遺文』一―二六七・二六八）、康保五年三月二十二日藤原某家地売券（『平安遺文』一―三〇〇））は、いずれもともに連署する者の位階が正六位上・従七位上・従八位上に限られることが注意される。つまりこの位階は黒板氏が指摘する、集約化された特定の位階に合致するので、この場合の無位もすでに考選制度に裏打ちされた無位でなかった可能性が高い。

(38) この記事および童殿上に関しては、服藤早苗「童殿上の成立と変容―王権と家と子ども―」(『平安王朝の子どもたち―王権と家・童―』吉川弘文館、二〇〇四年、初出は一九九七年）も参照。

(39)『中右記』嘉承二年（一一〇七）四月十日条。

(40) 前掲註(31)高橋氏論文、澤田裕子「平安中期の叙爵と元服前叙爵の成立」(『歴史文化社会論講座紀要』九、二〇一二年）。

(41) このように貴族層における、身分表示を整えるための書類上の「無位」などの表記は、学問料を申請する際にも比較的あとまで残る。例えば『朝野群載』『本朝文粋』『本朝続文粋』には、天暦十年（九五六）から保延三年（一一三七）までの合わせて八人の「申学問料」の事例を載せるが、それを時代順にみると、十一世紀初頭の長保四年（一〇〇二）までは「無位」を書くのが通例だったようであり、その後はすべて正六位上となる。一方、「蔭子」「蔭孫」表記はその長保四年からみえるが、それ以前は、明らかに蔭子の身分であるにもかかわらず「蔭子」を記載しない事例があり、無位だけの表記が慣例だったことがうかがえる。彼らの個々の地位を正確にとらえることは困難であり確実な傾向とまではいえないが、かつてのようなシステム的なものが存在しない中で、書類形式やその時代ごとに応じた表記の慣例が形成されてゆく様子がうかがえる。

(42) このほか形式的に無位を称する例としては、諸王などが叙爵される際の本位としての表示があり、その慣例は中世まで長く続いたようである。

(43)『公卿補任』建仁四年（一二〇四）条の藤原長房の官歴。

(44)『山槐記』治承三年（一一七九）正月七日条。

(45) 彼らの位階も圧倒的多数は「正六位上」であり、機械的に附与されていることは想定できるが、それに加え、集約化されたもう一つの位階である「従七位上」が散見すること、そしてその従七位上帯位者のほとんどが卑姓であることも注意される。黒板氏が除目における仮の位階の可能性を指摘したのと同様に、おそらく雑任等に就く際などで、何らかの位階表示が必要になった段階で、当人の家系や前例などにもとづき、それに適した位階を称することになったのであろう。なお、「蔭子」「蔭孫」などに対し、当時の官人社会ですでに何のメリットももたない「位子」の場合は、自称されることもなく、自然に消滅したと思われる。

(46) 最初に院宮諸家等に名簿を奉呈することは、主従関係を結ぶということ以外に、かつての「出身」のように官人としてのスタートをきるという意味もあったといえよう。

(47) 例えば瀧口について、『殿暦』長治元年（一一〇四）十一月三日条に「今日内舎人・瀧口等至二相論一不レ渡二南庭一。仍余仰云、内舎人有官也、瀧口ハ無官也、至二相論一条如何」とある。なおいうまでもないが、内舎人はトネリだがその地位は四等官に準じ、任用も除目で行われるなど職事官と同じ扱いである。

(48) このように無官は、位階等を称していてもそれが律令人事官司から制度的に付与されたものではなく、したがってその全員が個別に把握されるような存在ではない。しかしながら管見に入った「無官」の事例の中に一つ、その性格に反するようにみえるものがあるため、念のため検討を加えておきたい。

すなわち、『山槐記』（除目部類）の保元元年（一一五六）十一月二十八日条の聞書に「中務丞藤博泰〈無官第二〉縫殿助同頼成〈無官第一〉」という記載があり、あたかも無官の労帳のようなものが存在するようにみえるのである。しかしながら、この二人の地位にまず注意したい。彼らに関する史料自体ほとんどないのだが、その少ない史料の中で、同年三月に行われた石清水行幸の際、二人がともに陪従としてみえている（『山槐記』同年三月十日条）のである。とくに頼成は藤氏陪従家として知られる頼方の子と考えられ、代々陪従を勤める地下の楽家の一員である（荻美津夫「楽所の変遷とその活動」『平安朝音楽制度史』吉川弘文館、一九九四年参照）。この頼成の兄弟と思われる「蔭子正六位上藤原朝臣憲頼」の申文が『大間成文抄』第八の「陪従」の項目に収載されており、その中で中務丞の欠員を請う「蔭子」の憲頼は「為二陪従一之輩、依二奉公之労一被レ拝二任諸司助一者、古今不易之例也」と述べるとともに、二年下臈の藤原親政が同じ「奉公之労」によりすでに二省丞を経て叙爵に預かっていることを嘆いている。実際、こうした陪従家の「蔭子」が八省丞・諸司助を申請する申文はほかにも散見する。

したがって保元元年の除目で、それぞれ「中務丞」「縫殿助」に任じられた二人の「無官」とは、無官一般のことではなく、陪従を勤める楽家の中で、まだ官職をもたない若年の「蔭子」「蔭孫」のグループを指すと思われる。つまりその範囲内での臈次は、ふだんから明確に意識（記録）され、それを基準に彼らへの諸司助・八省丞クラスの任用が決定されていたと考えられるのである。実際、そのようにみないと、範囲が不明瞭にしてかつ広範に及ぶ無官一般の中で、その臈次が常時把握されていること、そして本史料に関していえば、その上位二人が偶然にも同じ陪従に関わっていたというのも不自然である。

(49) 前掲註(3)十川氏b論文。

(50)『兵範記』紙背文書（以下、同文書については吉田早苗a「京都大学附属図書館所蔵「兵範記」紙背文書にみられる申文」（『東京大学史料編纂所報』一四、一九八〇年）、同b「「兵範記」紙背文書にみえる官職申文」（『東京大学史料編纂所報』二三・二四、一九八九・九〇年、『東京大学史料編纂所研究紀要』一、一九九一年）の翻刻による）仁安二年（一一六七）五月源知資申文。

(51) 前掲註(50)史料。『兵範記』紙背文書、仁安二年（一一六七）十二月十六日和気盛安申文。『法性寺殿御記』紙背文書、天治二年（一一二五）正月二十一日紀成忠申文（『九条家歴世記録』一）。

(52) 前掲註(50)史料。

(53)『大間成文抄』第五、永久四年（一一一六）正月二十八日藤原永俊申文。

(54) ただし、六位以下に対し五位以上の散位の申文が多いことについては、叙爵に伴う必然的な官職の辞任も考慮する必要がある。

(55) 玉井力「平安時代の除目について—蔵人方の成立を中心として—」（『平安時代の貴族と天皇』岩波書店、二〇〇〇年、初出は一九八四年）。

(56) 前掲註(50)吉田氏b論文。

(57)『魚魯愚鈔』巻第二（『史料拾遺』八）には、十二世紀の文章生散位勘文三点と応徳三年（一〇八六）正月二十三日藤原国忠申文（部分）の実例を載せる。

(58) 桃裕行「平安時代後期の学制の衰頽と家学の発生」（『桃裕行著作集』一、思文閣出版、一九九四年、初出は一九四二年）。
(59) 例えば、『兵範記』紙背文書の仁安三年（一一六八）八月十一日「前内匠允正六位上惟宗朝臣宗親」申文では、「爰宗親拝二内匠允一、数年勤節之間、俄受二病痾一辞二所職一已畢、如レ此之輩依二旧労一任二権守一、誰謂二非拠一」と主張している。
(60) もっとも前官の辞任の理由が服喪や病気ということであれば、一定期間は何の動きもとれなかったであろうから、その点は考慮に入れる必要がある。
(61) 前掲註(3)十川氏a論文。
(62) 『除目抄』中清両家文書書調様相違事（『群書類従』第七輯）。
(63) 本文引用は、西本昌弘編『新撰年中行事』（八木書店、二〇一〇年）による。
(64) 五位以上歴名帳については、『延喜式』で「凡五位已上歴名帳、毎年正月待二叙位官符一、即奏二内裏一。更写二一通一進二太政官一」（式部省上87五位已上歴名条）と規定されており、以後の儀式書の除目の記述の中でもつねに登場する。なお式部省がそれを作成する点についても、『除目抄』筥文積様（『群書類従』第七輯）は「式部省進レ之」と説明しており、鎌倉時代においてもやはり変化はないようである。
(65) 律令官人制上の地位を失い、肩書として積極的に使用されなくなった六位以下の「散位」も、地方では十世紀以降でも名乗ることが多く、また同様に「蔭子」「蔭孫」も散見する。この点について梅村喬氏は、有位者の特権、とくに課役免除の資格を表示するものとして地方社会の中で現実的な意味をもつからではないか、とする（「古代官職制と「職」」『「職」成立過程の研究—官職制の外縁』校倉書房、二〇一一年）。負担免除の内容が変わっていた可能性があるにしても（本書第Ⅰ部第四章参照）、そのように考えるのが妥当と思われる。なお、地方で「散位」が使用され続ける一方で、本来なら多かったはずの「外散位」は急速にみえなくなる。これは当時の散位がすでに律令官人制に立脚した地位でないことを明瞭に示しているといえよう。官人制システムから解放された「散位」、そして「蔭子」「蔭孫」の肩書は、中央・地方の官人社会において、それぞれの場面で一定の意味をもつ身分表示として利用され続けたといえる。

(66)『公卿補任』保元三年（一一五八）条の藤原惟方の官歴も同様に記す。

(67)四月二日に右兵衛督に任じられる（『兵範記』同日条、前掲註(66)史料）まで、彼は「無官」の蔵人頭ということになる。

(68)ただし十川氏が指摘するように（前掲註(3)十川氏b論文）、六位以下の散位と無官を明確に区別する『吏部王記』の記事（前掲註(28)史料）が存在する。すなわち重明親王婚儀の際の「賜陪従者禄、五位三人白単細長各一領・袴一具、六位有官・散位四人各同細長一領、無官三人白絹各一疋、召継以下銭二万」というものであり、この場合、本章の私見は通用しないようにもみえる。ただここでは下級官人は「召継以下」で一括されている（つまり本来雑任など無官というべきものも含まれる）と考えられるから、本記事の「無官」の枠で想定されるのは、「蔭子」「蔭孫」など若年上中級官人層に限られるだろう。つまり、この場合の無官は彼らを括るためのものであり、註(48)で述べた楽家の「蔭子」「蔭孫」グループの例と同様に、特定の場での限定的な「無官」の用法といえる。散位を指して「無官」と称する事例が散見することをふまえれば、やはり（十世紀半ば以降の）無官の本質は、時間の前後に関係なく職事官でないことにあるとすべきだろう。そして上中級官人たちの日常では実質的に「蔭子」「蔭孫」が無官の枠の中心であり、したがってそこから右のような限定的な用法が派生する場合もあったのだろう。

(69)本書第Ⅱ部第三章。

(70)例えば六国史の中で「無官」の用例は、『続日本後紀』承和十年（八四三）十二月癸未条の「謀反文室宮田麻呂罪当斬刑、宥降一等配流於伊豆国。其男二人内舎人忠基於佐渡国、無官安恒於土左国」の一つしかない。

(71)平安時代の古記録等における「官人」は、ほぼ四等官などの職事官を指す。ただ例外があり、佐々木恵介氏もすでに指摘するように（「『小右記』にみる摂関期近衛府の政務運営」『日本古代の官司と政務』吉川弘文館、二〇一八年、初出は一九九三年）、近衛府の府生は、諸司では史生に相当する雑任でありながら「官人」と呼ばれている。ここで注意したいのは、十世紀後半以降、ほとんどの雑任が式部・兵部省の管下を離れる中で、彼らについては未だその任免を兵部省が把握していたことである（例えば『小右記』治安元年（一〇二一）十月八日条）。「官人」の枠のとらえ方と二省による官人把握との関係がうかがえて興味深い。

(72)『西宮記』恒例第一、正月、除目によれば、任官儀のあと召名は「二省以二正文一上二外記一。写二一通一上二任符所一、又写二一通一進二蔵人所一。〈武官准レ此。〉」となる。

(73)『延喜式』は「凡内外諸司主典已上、及諸国史生・博士・医師・陰陽師・弩師補任帳、毎年正月一日、七月一日進二太政官一。〈但蔵人所料、六月・十二月廿日進。〉若有二改官及歴名錯謬一者、以レ朱側注」（式部省上146内外補任帳条）とする。武官についても、兵部省41補任帳条に同様のことが記される。なお式からは、こうした職事官のほか、史生や郡司などの補任帳もまたかつては式部省から太政官（外記）に進上されていたことがわかる。

(74)『除目抄』筥文積様（『群書類従』第七輯）には、外記が用意する除目の一筥に入れる文書として「京官諸司主典以上補任帳」「諸国主典已上補任帳」「武官補任帳」をあげ、いずれも「式部省進レ之」「兵部省進レ之」とする。そして補任帳の実例について『魚魯愚鈔』巻第一（『史料拾遺』八）の「七巻文書」の項目には、永久三年（一一一五）正月作成の各種補任帳をはじめとする七巻文書の実例が収められているが、そこでも式部・兵部省が作成主体であることが明瞭に示されている。

(75)そうした意味での式部・兵部省に対する外記の権限拡大は、例えば平安時代に入り、三省申政等において外記に対して事前にその内容の告知が義務づけられたこと（『類聚符宣抄』第六、天長九年（八三二）十一月二十一日宣旨、古瀬奈津子「宮の構造と政務運営法―内裏・朝堂院分離に関する一考察―」『日本古代王権と儀式』吉川弘文館、一九九八年、初出は一九八四年、大隅清陽「延喜式から見た太政官の構成と行事」『律令官制と礼秩序の研究』吉川弘文館、二〇一一年、初出は一九九〇年）、またそれより時代は下るが、式部・兵部省に下すべき人事の宣旨の一部が外記を経由するようになったこと（本書第Ⅲ部補論）、などにうかがえる。

第四章　律令官人制の再編からみた律令制下の君臣関係

はじめに

官職の年労にもとづく叙位など、平安時代に登場した新しい叙位制度の仕組みについては、一九八〇年代以降、著しく研究が進んだ。そうした中で吉川真司氏は、律令官人秩序の基本は天皇と個々の官人の〈君恩―奉仕〉の関係であり、その秩序を維持するために上日が集計され、位階制と禄制が運用されていたとした上で、平安時代の新しい叙位制度を含む官人制の展開を、律令官人制の「再編」としてとらえた。[1] すなわちその再編を通して、上日によって示されていた官人の奉仕は形骸化し、特定の官職の年労のみが評価され君恩に預かるようになり、その結果、上日より官職の労、位階より官職、そして叙位より除目が重要になっていったと指摘している。今日の官人制に関わる研究は、すべてこうした律令官人制論、および〈位階の上日・成選から官職の年労へ〉を核とする再編論を前提に展開しているといってよい。

しかしこれまで本書では、上日に代わる新たな評価基準になったとされる官職の年労に関して、いくつかの課題があることを指摘した。[2] また、そうした移行の結果とされる官人把握機構の変化についても、そのとらえ方に問題があることを指摘した。[3] とすれば、今日の再編論における〈位階の上日・成選から官職の年労へ〉という基本的な構図自体についても、もう一度見直す必要があるのではないか。そして当然ながらそのことは、その再編論の前提にある、上日・位階制（成選叙位）・禄制を君恩・奉仕関係＝君臣関係の軸とし、一方で官職を「副次的」[4]な君恩とみなす律令官人制論そのものの問題にも関わってくる。実際、本書冒頭の考課制度についての検討の中でも触れたように[5]、上日にもとづく成選叙位を君臣関係の中心に位置づけることには疑念がもたれるのである。

本章では、従来の再編論の中核部分についての再検討を行うとともに、そこを起点にして律令官人制自体の性格をあらためて論じることにより、律令制下の君臣関係の実像をより明確なものにしてゆきたいと考える。

第一節　律令官人制の再編と勅授

吉川氏による律令官人制の再編論は、勅授を決定する場である叙位儀と成選の切断という想定のもとに展開されている。具体的には、叙位儀の場で使用される文書について、〈成選文書から十年労帳へ〉という変更を想定し、その時期を九世紀前半の天長年間と推定した。そしてその十年労帳や外記勘文などの新しい叙位関係文書の内容分析などをふまえ、そうした官人制の変化の性格、すなわち律令官人制再編の本質を〈位階の上日・成選から官職の年労へ〉としてとらえたのである。

ここでまず視点を変え、平安時代における上日の問題から官人制の再編について考えてみたい。

1　平安時代における上日の位置づけ

既述のように、上日から年労へという視角は、その後の官人制研究の基礎となってきた。例えば、平安時代における叙任制度を概括的に論じた玉井力氏は、官人制再編後の叙位制度について、年労にもとづく年功序列的な叙爵・加階制度と、天皇の権威に結びついた特権的な叙位方式との二つの方向に展開するとし、前者の叙位方式として、具体的に巡爵・年労叙爵・諸司労・諸衛労等をあげている(6)。そして、任官制度についても、一部の重要官職を除き、年労によるものと、いわゆる「恩寵」によるものとに分類している。つまり天皇との特別な関係を除く叙任以外は、基本的に年労の枠内でとらえているのである。その後も佐古愛己氏は、叙位制度再編の変遷に関するこれまでの研究の共通認識として、「考課成選、すなわち官司の上日→無原則性・恣意性に強く依存→（位階の年労）→官職の年労(7)」のように整理している。この上日から年労へと収斂される官人制再編の構図を再検討するにあたり、右でもあげた新たな叙位制度のうち、代表的な巡爵による叙位の実態からまず確認しておきたい。

巡爵は、蔵人・式部丞・民部丞・外記・史・検非違使尉あるいは近衛将監など、顕官を中心とするポストに就いている者に対して、それぞれの第一労を毎年（あるいは一定年数で）叙爵する制度で、高田淳氏によって基礎的な部分が明らかにされている(8)。そして吉川氏による再編論以後は、年労による叙爵枠の一つとして位置づけられてきたことは既述の通りである。

しかし、実際のところ、巡爵における評価基準をみると、右の中で年労の順による叙爵は民部丞と検非違使尉だけである(9)。蔵人と近衛将監の叙爵について『西宮記』が「蔵人〈上日。〉近衛将監〈上日。〉(10)」としたり、また史について『小右記』に「於二給爵之先彼〔後〕一猶在二上日之多少一(11)」とみえるように、多くは上日の順によって行われているのである(12)。とくに注意したいのは式部丞の場合で、これは当初、年労の順によって行われていたが、応和元年（九六一）に至って、上日を基準とする形への変更が認められている(13)。

そもそも巡爵の対象となるポストのうち、近衛将監などの衛府官人は、殿上・蔵人所職員などとともに毎月の上日を奏上する制度＝月奏の対象となっていたし、外記・史なども同様に上日が毎月奏上されるなど、上日が重視されているのは周知の通りである。[14]そして太政官では外記・史だけでなく弁・少納言も上日奏上の対象になっていた。もともと太政官では天平二年（七三〇）に「太政官処分、自レ今以後、史生已上日数、毎月読ニ申長官一。如長官不レ参、読ニ申大納言一[15]」とされていることからもわかるように、早くから毎月の上日の管理が厳格に行われてきたが、こうした奏上まで行われるようになったのはむしろ十世紀に入ってからであることに注意したい。[16]

また太政官では雑任（分番）である史生（三局史生）の勤務評価についても、年労でなく上日が優先されていた。[17]彼らの外記庁や内裏での政務処理の煩忙さからみれば、衛府・殿上の職務とはまた異なった意味で、勤務日数が一貫して重視されていたのは当然ともいえる。同じ太政官内の史生でも、上日が重視される政務処理の担当者でなければ、年労など上日以外のものが勤務評価の基準として採用されることもあった[18]のは、そのことを裏づけよう。

つまり、勤務評価基準としての上日と年労の別は、新旧の関係ではなく、九世紀以降、官司・ポスト単位での勤務評価が重視されてゆく中で、その業務の評価基準として適切なものが、その時点の状況に応じて選択された結果とみるべきであろう。このように、上日から年労への移行は、一般的傾向を示すものとはいえないのである。

2　叙位関係文書と「官職の年労」

次に、上日から年労への移行の重要な論拠である叙位関係文書について再検討したい。叙位儀では冒頭に十年労帳が奏上されるが、吉川氏はそれについて、本来は成選文書が最初に奏上されていたと推測する。すなわち、天長年間における叙位儀と成選の切断、それによる〈成選文書から十年労帳へ〉という使用文書の変更を想定し、それを〈位階の上日から官職の年労へ〉の制度的変更と位置づけた。つまり十年労帳の登場を「官職の年労」成立の重要な指標としており、そのため巡爵以下の新しい叙爵制度も、十年労帳の存在を前提に成立したと指摘する。十年労帳は叙爵のみが対象となるが、加階についても、外記勘文の内容から同様の変化が認められるとする。

吉川氏が実例としてあげた、応永二十九年（一四二二）の十年労帳[19]の記載をみると、諸司ごとに一人（太政官は外記・史で各一人）の叙爵候補者とその年労が「歴〇年」のようにあげられ、たしかにポストごとの在任年数をもとに叙爵が検討されていたようにみえる。しかし、他の年の十年労帳の事例を見渡すなら、必ずしもそうとばかりはいえないようである。

例えば、外記からの叙爵候補者について、外記以前に史を経ていた場合、両方の経歴が記載されており、その場合の「歴」は史の在任年数をも含んでいるからである[20]。同じ太政官内での異動であるとはいえ、一つのポストを対象とする一般的な「官職の年労」の算出方法とは根本的に異なる。とくに次の宝徳四年（一四五二）の十年労帳[21]の冒頭にみえる少外記清原忠種のケースは、書博士と外記というまったく異なった官職の在任年数を含む年労数を示しているのが注意される[22]。

十年労

太政官

少外記正六位上清原真人忠種　歴廿五年

応永卅五年正月任書博士

永享二年九月兼任権少外記

同　日　兼任左近将監

同三年十二月去書博士

同四年十二月去左近将監
文安三年三月　見任
宝徳二年十二月兼任少内記
中務省
少丞正六位上大江朝臣家安　歴五十六年
応永四年三月　任
《中略》
右馬寮
少丞〔允〕正六位上惟宗朝臣行遠　歴五十三年
応永六年三月　任
宝徳四年正月五日

そして各十年労帳全体にわたって問題となるのは、個人ごとに「歴〇年」と表記されるその年労数と、実際の現任ポストの在任年数（労帳作成年－任用年）との差についてである。ほとんどの場合、前者の方が一年多い。これは労帳などに特有の足かけ年数による計算法によるためで[23]、それ自体は問題ない。しかし、まれに二年（場合によっては三年）差ということもあり、明らかに在任年数よりも長い。ここで記載される「歴〇年」を、正六位上に叙されて以降の年労数とみる見方があるが[24]、そのようにみるのが妥当と思われる[25]。少なくとも一つのポストについての年労を表しているわけではないのである。

つまりここで評価対象となる年労とは、「位階の年労」の可能性は高くとも、「官職の年労」とは異なるものであり、[26]仮に成選文書から十年労帳への切り替えの事実があったとしても、その変更をもって〈位階の上日から官職の年労へ〉という移行が行われたとすることはできないのである。したがって十年労帳が巡爵などの新しい叙位制度の前提にもなりえないことはいうまでもない。そもそも巡爵については、採用される基準の多くが上日であることは既述の通りである。つまり、十年労帳の登場からも「官職の年労」への展開を読みとることはできないのである。

外記勘文についても同様のことが指摘できる。吉川氏が取り上げた、応永二十六年（一四一九）の外記勘文[27]の、少将労による「叙従四位下」の四人の候補者を次に掲げる。

正五位下源朝臣具秀　　歴七年　　少将五年
応永廿年正月叙正五位下　同廿二年五月任左近衛権少将
正五位下源朝臣持康　　歴六年　　少将六年
応永廿一年三月任右近衛権少将　　同年四月叙正五位下
正五位下藤原朝臣基尹　　歴五年　　少将六年
応永廿一年三月任左近衛権少将　　同廿二年十一月叙正五位下
正五位下藤原朝臣実村　　歴四年　　少将六年
応永廿一年三月任右近衛権少将　　同廿三年十一月叙正五位下

ここでは「位階の年労」を「歴七年」、「官職の年労」を「少将五年」のように区別して記載している。吉川氏も言及するように、ここに記載される四人は、実は「官職の年労」の順でなく、正五位下の「位階の年労」の順に並べられており、「官職の年労」は労帳に載せられるための「足きり」の基準の役割しか果たしていないのである[28]。なお、「少将〇年」に対して、「位階の年労」を示す「歴〇年」の表記は、十年労帳の記載と共通しており、したがってこれは「位階の年労」の場合の記載法といえるのかもしれない。すなわち、十年労帳も外記勘文も一貫して「位階の年労」の論理が貫かれている文書である可能性が高い。

また、一方の成選文書が叙位儀で使用されなくなる時期に関しても問題がないわけではない。その時期を天長年間に置くことの論拠に『弘仁式』の改訂をあげることについて、西本昌弘氏は、現存の九条家本『弘仁式』断簡は承和七年（八四〇）の再訂式である可能性が高いことを指摘し、式の改訂から切断時期を考えることに疑問を呈している[29]。そして選叙令7遷代条集解跡記の記載から、延暦年間にはすでに加階・叙爵ともに成選とは切断されていたとして、八世紀の早い時期からの切断を想定する早川庄八氏の説[30]を支持しているのである。五位以上（および正六位上等）の者について、成選年ごとに成選叙位の候補者が機械的に計上され続けたとしても、その個々の中身を叙位儀の場で直接検討の対象とすることは、やはり八世紀の間に行われなくなったとみるのが適当と思われる。

以上から、天長年間に成選による勅授の放棄を想定すること、それ以前の問題として、十年労帳などから「官職の年労」への移行を読みとることは困難というべきであろう。さらにさきの上日の問題とあわせてみるならば、やはり〈位階の上日・成選から官職の年労へ〉という移行の関係で官人制の再編をとらえるのは妥当とはいえないだろう。では、実際の勅授の変遷については、どのようにとらえてゆくべきであろうか。そこで次に、従来の再編論のもう一つの論拠であった成選叙位の個別実態について触れておきたい。

3　勅授における成選叙位の実態

令制下の早い時期においては、勅授でも成選叙位が確実に行われていたことが、『続日本紀』の叙位記事からも明瞭にうかがえるが[31]、それがいつごろから減少し、そして行われなくなるのか、史料上で直接うかがうことは困難である。しかしながら、それについて吉川氏と早川氏は検討を加え[32]、とくに吉川氏は毎年の正月の定例叙位の個別実態を調査し、加階については、官人個人ごとの定例叙位での加階の間隔年数の分布のあり方から養老年間まで、そして叙爵については、叙爵される官人の本位の分布を集計し、その位階が正六位上に集中してゆく様子から弘仁年間まで成選叙位が行われていたことを指摘した。その上で、天長年間における叙位儀での使用文書の変更により、成選叙位は制度的に放棄されたとするのである。

この勅授における成選叙位について見落としてはならない点は、吉川氏が早川説に対して批判したように、勅授も奏授以下と同様につねに「成選による叙位候補入り」が想定できることであろう。しかしそのことを念頭に置くなら、吉川氏が示した加階に関する叙位間隔のデータからは、むしろ四年ごとの成選年限とは無関係の加階についても、令制当初からかなりの割合で行われていたという実態が浮かび上がってくる。

また叙爵された者の本位の分布のデータによれば、たしかにその本位はしだいに正六位上に集中してゆく傾向がみえるものの、一方で七位などかなり下位の位階からの叙爵も広範にみられる点も注意される。とくに嵯峨朝では、吉川氏も特異なあり方とするように、正七位上～従七位下からの叙爵者がまんべんなく分布しており、さらに八位からの叙爵もみられる[33]。氏はこれらも含めて成選による叙位ととらえている。しかし、奈良時代後期に考課が形式化・固定化して以降、職事官は三階昇進が普通になるとすれば[34]、それ以後の「従六位下」以下の位階からの叙爵のケースは、成選の結果とは考えにくいということになるだろう。

もっとも叙位儀の場にすべての成選者の案件がもたらされてから、四階以上の特進が決定したという考え方もできるかもしれない。しかし成選による勅授とは、選叙令9遷代条の「計レ考応レ至二五位以上一、奏聞別叙」の適用が前提になる。それについての集解諸説をみても、これは「考第」をもって計った結果が五位以上に達したケースを指すものと考えられる。つまりそれ以下は、最初から叙位儀の俎上に載らない可能性が高いのである。そもそも毎回、上下すべてにわたる成選人を叙位儀であらためて検討の対象とするのは現実的でない。したがって昇進階が固定して以後でいえば、本位が「従六位下」以下からの叙爵者のケースに関しては、ほぼ確実に成選によらない叙位とみてよい。そしてこのように、明らかに成選とは関係のない叙爵が存在するとするなら、逆に正六位上～従六位上の位階から叙爵された多くの者たちの中にも、実際には成選叙位の要素のまったくない叙爵のケースが一定程度の数で含まれている可能性は高いだろう。

吉川氏が示した叙爵者の本位分布のデータからは、たしかに七・八位からの叙爵者もいる嵯峨朝と、「正六位上」以外からの叙爵者が皆無である次の淳和朝との間には、一定の断絶があるようにみえるが、右に述べた嵯峨朝の特異性により、その落差が目立つだけともいえる。例えば、清和朝以降になると、再び七位などの叙爵者がみえるのであり、嵯峨・淳和朝間（弘仁・天長年間）の断絶は過大評価できない。(35) やはり叙爵における成選叙位の消滅時期について、個別データからの分析は困難であるといわざるをえない。しかし、この叙爵者の分布で注意されるのは、加階の場合と同様、やはり成選とは明らかに無関係な叙位の一般的な存在である。

4　勅授の意義

前項の加階・叙爵に関して吉川氏が示した二つの勅授のデータの中から浮上するのは、分析の困難な成選叙位の放棄の時期ではなく、むしろ令制当初から一定の割合で存在する成選に非ざる叙位の存在ともいえる。そして、これらが成選叙位でないからといって、そのすべてが「恩寵」など天皇との特別な関係にもとづく叙位とみなすわけにもゆかないだろう。

ところで、仮に従来の再編論のような叙位システムの変遷を想定した場合、八世紀の早い段階で成選による加階が行われなくなって以降、年労加階が行われるまで、どのように加階が行われたのかという問題におのずと突きあたることになる。すなわち、これまでの研究によれば、年労加階は九世紀末から十世紀初めに登場するのであり、[36]それまでかなりの空白期間があるからである。そのため、諸氏がそれについて見解を示してきた。すなわち、吉川氏はその点について不分明とはしながらも、外記勘文の記載法から「位階の年労」を想定し、〈位階の上日・成選→位階の年労→官職の年労〉という展開の可能性を述べた。また高田氏は、従五位下から従五位上への加階の個別実態を分析することにより、「位階の年労」にもとづく、十年労加階の慣行が貞観年間に姿を現したことを明らかにし、それが「官職の年労」にもとづく年労加階制の母体になったと指摘している。[37]

ただ高田氏によって「位階の年労」の慣行が始まる時期が具体的に示されたものの、それでもやはり成選による加階の消滅以降、それが始まるまでの一世紀ほどのかなりの長い空白期間を埋めることができるわけではない。ここで高田氏のデータ分析が示すもう一つの重要な点をあげるならば、十年労加階のようなシステムの登場が想定される一方で、前項で触れたのと同様、特定の年限にかかわらない加階もまた同時に多数行われていた、という事実であると考える。つまり成選叙位の衰退や、「位階の年労」「官職の年労」の登場とは関係なく、そうしたシステム化されたものでない勅授（くり返すようにそれは「恩寵」によるものとは限らない）が、つねに一定の件数をもって存在していたと考えられるからである。したがって、現在確認可能な叙位関係文書（成選文書と十年労帳・外記勘文）だけから、間断のない直線的なシステム移行を無理に想定する必要はないと思われる。

そして、任官については、のちの自解申文などに相当するような個別上申文書の存在が、遅くとも九世紀の初めにはうかがえるし、[38]それ以前でも、後述するように式部省が作成・上申するような人事資料が、令制当初から使用されていたと考えられる。したがって叙位についても、そのような人事資料の早くからの存在を念頭に置く必要があるのではないだろうか。つまり、成選文書のような令・式でシステムが明確に規定されているもの以外の叙位関係文書の（特殊なケースとしてではなく一般的な）存在を考慮する必要があると考える。そもそも巡爵のような、システム化された制度においても、その多くは申文・請奏などを通して個別に申請されていたことに注意したい。[39]

このように、成選文書・十年労帳・外記勘文のような一定のシステムのもとで機能する文書、あるいは申文をはじめとする上申文書、あるいは現存する史料からは今ではその存在がまったく読みとれない文書など、多様な人事資料（口頭伝達の形をとる場合も含む）が時期によっては複数並行して叙位儀の場で用いられていたことを想定しても不都合はないと思われる。つまりそれぞれは、次元の異なる評価論理にもとづく制度や慣習であって、必ずしも切り替えや発展の関係にあるわけではないのである。成選文書と十年労帳の関係もまたそのようにとらえるのが自然であろう。

高田氏は「五位以上の官人の位階昇進においては「勅授」という原則に由来する無原則性（恣意性）こそが律令制本来の姿であると見るべきだろう」とする。勅授における無原則性・恣意性が律令制の本来的なものかどうか、あるいは成選・年労等による叙位のケースに対する比重はどの程度なのか、という問題は別としても、実際の勅授において、システム等に拠らない無原則性・恣意性がつねに一定規模で横たわっていた可能性は、ある意味で当然かもしれないが、再認識すべきであろう。ただ無原則性・恣意性というと、非官僚制的なイメージが払拭できないが、明快なシステムに拠らなくとも、何らかの個別提出資料・情報にもとづいて（実質的な）任命権者が責任をもって判断する叙任の決定は、時代を問わず人事の枢要だったのではないだろうか。勅授に関しては、成選文書そして十年労帳・外記勘文に拠らない叙位の存在についても、もっと注意を払うべきと考える。

このようにみると、六位以下の奏授・判授と比較した場合、勅授の対象となる官人の奉仕、それに対する君恩を確定する仕組みについて考えるにあたっては、それぞれの叙位関係文書の消長を追うのもさることながら、時代背景に応じて多様な叙位システムを産み出すことを可能にしてきた叙位儀という「場」そのものにも、あらためて注意する必要があるのではないだろうか。その場は「恣意性ないしは無原則性」による叙位の決定が可能な場であると同時に、そうした縛りがない場であるがゆえに、年労あるいは年爵・氏爵のような、次元のまったく異なる叙位制度が交錯することもありえる場でもあった。そして巡爵のように、上日で判定することが適当な地位・官職に対しては、上日の数量を直接反映させるという、個々の奉仕形態に即した、まったく新しい叙位システムを構築することも可能な場でもあったのである。つまり現実の官人社会の実情がよりストレートに映し出される場であったことに、あらためて留意したい。

第二節　君恩・奉仕を決定する二つの「場」

前節において、〈位階の上日・成選から官職の年労へ〉という「移行」の関係を想定することが妥当でない点を指摘した。そのため、勅授における成選叙位の放棄の明確な時期を示すことが困難になってしまったかもしれないが、少なくとも八世紀の間にそれが衰退ないしは停止した可能性が高いと考えてよいであろう。では、その五位以上の「考課」についてはどうであろうか。六位以下に関しては、十世紀初めまでは確実に成選叙位が行われており(40)、したがってそれまでは機械的であれ考課の手続きが行われていたことは間違いないが、五位以上の者についても、そのころまでやはり形式上は、毎年、考課対象者として扱われていたと考えられる。そのことは考文の実例として著名な、十世紀半ばの天暦五年（九五一）の太政官の考文(41)から想定できる。

この考文の記載内容をみると、六位以下の九人については、当然ながらすべて考第を「中上」と評価した上で、その根拠となる善最の評価文言と上日が個々人に付されている。一方、規定上日の不足によって考課の対象からはずされた者七人を除く五位以上の四人は、考第は書かれずに、善最の評価と上日のみが付されている。また二人の大臣は「不レ在二考例一」とされ、名前のみが記され考課の対象となっていない。これらは考課令にもとづく手続き通りであることを示している(42)。

もちろんこの当時、六位以下も含めすでに考課・成選叙位が消滅していた可能性もあり(43)、あくまで定考の儀式のために機械的に作成された（もっとも考課が行われていたころも機械的であることは同じであった）ものかもしれないが、少なくとも十世紀前半の時期に成選叙位が最後に行われた段階のスタイルを踏襲していることだけは間違いないだろう。とすれば、五位以上についても同時期の状態を表している可能性が高い。つまり、八世紀の間に勅授における成選叙位が衰退・消滅したあとも、彼らは考課の対象からはずされたわけではなく、引き続き考課を受ける建前だけはとり続けていたことがわかるのである。したがって、勅授の成選叙位がまったく行われなくなってからも、考選目録上申の際には、成選年ごとの候補者のリストアップは六位以下と同様に機械的に行われ、その人数が報告されていたものと考えられる(44)。

つまり成選年ごとに叙位に預かるかどうかということに関係なく、考課は原則的にすべての官人(45)に対して一律に適用されるべきという理念が貫徹していたのである。そして、官人としての倫理規範を基礎に置く善最を通して、官人の奉仕をシステム的に測る考課に対し、その上に構築された叙位儀の場とは、官人社会の実態に即した君恩・奉仕関係について、王権が直接確認・認定する場であったということになる。では、そのような意味での現実的な君臣関係の確認の場は、叙位儀のほかにもあるのだろうか。

1　大宝元年七月二十八日太政官処分と除目

これまで官人の奉仕に対する君恩は、基本的に位階と禄とされてきた。そのうち経済的な意味での君恩は禄ということになる。令制において、五位以上の官人は、位封・位禄が与えられるため、位階の維持・昇進が直接、経済的な君恩につながる。しかし、大多数を占める六位以下の者にとっては、位階がただちに禄に結びつくわけではなく、職事官等に就くことによって、初めて季禄という形で禄を得ることができた。(46)もっとも官位相当の原理からすれば、彼らは位階を上昇させることによって、より相当位の高いポストに就くことが可能になるから、考課が形式的になろうとも、その定期昇進の積み重ねで、経済的な君恩をも上昇させることができたといえるかもしれない。

だがすでに指摘されているように、五位以上に対して六位以下においては、実際には早くから官位相当制が十分に機能していない。(47)このことは「位高官低」の者が多いこと、すなわち帯位者の数に対して相当するポストが少ないという、組織における一般的な問題ともいえるが、一方で「位低官高」という逆のパターンもままあることをみれば、そればかりが原因とはいえない。つまり中下級のポストであっても、年功序列のような明快な規範にもとづく任用が行われるとは限らず、それ以外の要素も（ある意味で当然だが）十分に勘案してポストが割り当てられたと考えられるのである。したがって六位以下においては、とくに考課の固定化により昇叙に差がつかなくなってからは、ポストを決定する場、つまり除目がより重要となってくる。位階に対して官職は副次的な君恩とされてきたが、では官職への任用とはどのようにして決定されたのであろうか。

周知のように令制下においては、任用、とくに選考に関わる令条は、考課・成選叙位関連規定の圧倒的な多さに対して、次の選叙令4応選条が示されるだけであり、具体的な選考方法をうかがい知ることはできない。

凡応レ選者、皆審二状迹一。銓擬之日、先尽二徳行一。徳行同、取二才用高者一。才用同、取二労効多者一。

本条については、それに対応する大宝令条文および唐令との相違について、早川庄八・坂上康俊氏による詳細な研究がある(48)。それによれば、大宝令段階での同条は、唐選挙令の条文をほぼそのまま引き写したもので、そこには次のように式部省による「試練」が規定されていたと考えられる。

凡応レ選者、皆責レ状試練。曾有レ犯者、具注二犯由一。銓擬之日、先尽二徳行一。徳行同者、取二才用高者一。才用同者、取二労効多者一。

しかし、大宝令の施行直後の大宝元年（七〇一）七月二十八日、次のような太政官処分が示された。

【『続日本紀』大宝元年（七〇一）七月戊戌条】

凡選任之人、奏任以上者、以二名籍一送二太政官一、判任者、式部銓擬而送之。

【選叙令4応選条集解令釈所引大宝元年（七〇一）七月二十八日太政官処分】

夫選任者、奏任以上者、注二可レ用人名一、申二送太政官一。但官判任者、銓擬而申二太政官一。

すなわちこの法令にもとづき、式部省による「試練」は郡領を除いて廃止されることになり、任用に際して省は候補者名簿のようなものを太政官に申送するだけとなった。その結果、養老令では「試練」が削除され、右記のように修訂されたとする。そして早川氏は、奏任以上の任用候補者の銓擬は、この太政官処分によって太政官が行うことになったとした上で、さらにこの処分が出された意図について、天皇の意志で任命しうる勅任の銓擬権をも議政官が獲得するためと指摘している。(49)

この勅任の任用法に関する理解については、吉川氏によって、唐制との対比からみた批判がなされており、この太政官処分についても、日本令で不明瞭であった奏任の銓擬の主体を明確にしたものとする。(50)銓擬権の問題は措くとして、ここでは早川氏がその前提として示した視角、すなわちこの大宝元年太政官処分によって、勅任と奏任をともに銓擬するようになった（あるいはそのことを明示した）という点にあらためて着目したい。唐制のような手続き区分（冊授・制授・勅授・旨授）は継受しながらも、実際には当初から勅任・奏任に対して同一の処理を行っていたことについては、坂上氏も注目され、両氏は平安時代における除目の原型がここにさかのぼることを指摘している。ただ両氏は平安時代の除目について、それを議政官合議とみたためか、今日ではその連続性があまり重視されているわけではない。

実際、吉川氏が指摘するように、除目における官職への任用は、基本的に天皇の御前において、執筆の大臣の奏と天皇の仰せで決定されるものであり、他の公卿の参列は意見聴取的なものでしかないのだろう。あるいはその参列は、任用の正当性を保証する程度の役割でしかないのかもしれない。(51)しかし、銓擬権の所在の議論を離れたときにみえる除目の特質とは、基本としては天皇と公卿がともに参加する同じ場で、(52)勅任・奏任つまりすべての職事官が同時に決定される形態が一貫して維持されてきた、ということなのではないだろうか。そしてもう一つの特質は、そうした実質的な人事決定後の政務処理の形式性である。

今日知られる平安時代中期以降の、複雑・多岐にわたる除目の手続きをみるならば、叙位儀で述べたのと同様、除目においても、令制当初からの長い時間の中で、権力構造や官人社会の変化に対応して、個々のポストごとに多様な任官方式の形成、あるいはその衰退などがあったと考えられる。例えば公卿が推挙する形をとる受領挙一つとっても、玉井氏が詳細に明らかにされているように、天皇と公卿との関係に関して多様な展開の跡をうかがうことができるし[53]、また年官のように、そうしたものとは根本的に性格の異なる人事が形成される場合もあった[54]。このようにさまざまな形態の人事、それに伴う多様な内部文書の登場・衰退があったかと思われる。

しかしそれがどのように複雑な展開をとげようと、最終的にはすべて「勅」「太政官謹奏」の書き出しで始まる任官文書＝召名にまとめあげられるのである。そして上卿から天皇に奏上され、裁可後にその召名が上卿から式部・兵部省に下され、二省によってその名前が読み上げられる形に変わりはないのである。

このような形態をとる任官儀（下名）は、平安時代を通して基本的に同じ形を維持してきたことが諸記録からうかがえるが、それはさらに八世紀以来[55]、おそらくは大宝元年までさかのぼって一貫して行われ続けてきたと考えられる。そしてその外側の形式性の維持によって、内部ではつねに官人社会の実態に即した君恩・奉仕関係の確認が可能になったといえるだろう。

2　除目と叙位儀

大宝元年太政官処分による処置は、令制の勅任・奏任といった手続き区分規定にかかわらず、実質的銓擬を一体化させたという点で、令制の当初からの形骸化といえるかもしれない。しかし職事官という一つの枠組で考えるならば、その枠に対する任用手続きがある意味で明快なものに調整されたと評価することも可能である。そもそも大宝令以前のそれぞれの前身官職において、同じような手続き区分があったのかは疑問である。すべてのポストに対してというわけではないだろうが、その一体的な銓擬・決定の場は、令制以前からの継承である可能性があるのではないか。また季禄（および職封）という経済的な君恩の対象という面からみても、それらがみな同じ平面上で一体的に銓擬・決定されたことになる点に注意したい。

そしてそのようにとらえるなら、五位以上の勅授（そしてそれに対応する位禄・位封）が、叙位儀という形を通して決定されたということも注意されるのではないか。すなわち、叙位儀もまた除目と同様に、基本的には天皇の出御、公卿の参列のもと、個々に多様な手続きを伴いながら進行しつつも、最終的にすべて執筆の大臣の手もとで一つの叙位簿にまとめられ、最後に大臣がそれを天皇に奏上し、決裁が行われたからである[56]。もしそれらが当初から同じ形態を保っているとしたら、封禄という経済的な君恩に裏打ちされた地位に対する叙任全体が、基本的に令制当初からすべて同等の場、類似の形式で決定されていたことを重視すべきではないだろうか。

もっとも除目・叙位儀の類似性については、吉川氏によれば、官人制の再編によって、上日よりも官職の労、叙位よりも除目、が重視されるようになり、その結果、叙位儀が除目に接近した、ということになる。しかし、その前提にある〈位階の上日・成選から官職の年労へ〉という理解が成り立たないとすれば、もともとは叙位儀の方が重視されていたとみることが必ずしも妥当とはいえなくなり、したがって令制当初から叙位儀と除目は相似形であったとみることも可能となってくる。

もちろん、当初から除目・叙位儀が、天皇・議政官（公卿）の参加による同じような形を保ち続けていたことを実証することは史料上困難だが、逆にそれを積極的に否定する理由もないと思われる。むしろ、類似の君恩の対象となる事項は、同じ構成員のもとで決定するのが自然ではないだろうか。つまり除目・叙位儀というほぼ同じ構造をもつ儀式の場で、叙位・任官のバランスをとりながら、一体的に君恩が決定されるのが一つの基本型として令制当初から定着していたと考えられるのである。六位以下と比較した場合、五位以上において官位相当が遵守されていること、言い換えれば、相当させることが可能だったのはそのためといえよう。

除目・叙位儀における実質的な人事権の所在について、それを個別ポストごとに、さらに通時的な形で明らかにすることは難しい。しかし、全体的に俯瞰した場合、令制当初から平安時代までの間に、その時代状況ごとの権力の形態などを反映した人事上の手続きが、さまざまな形で生み出されたり衰退したりしながらも、空間的・構成員的に同じ「場」を軸として推移していったことは想定してもよいであろう。前節で触れたように無原則的、あるいはそれと正反対の機械的・システム的なものを含む多様な勅授の方法も、そうした中で形成（あるいは衰退）されていったということになる。

そしてくり返すように、その場で行われる人事の内実がどのように変化し、そして複雑な手続きがいかに積み重ねられても、最終的には、同じ文書内にまとめられ、一括して議政官の代表が天皇の決裁を受けるという外形については、一貫して変化はなかったのである。こうした天皇・公卿からなる銓擬・承認の「場」や、最終的な叙位・任官文書の形式、そしてその文書の一括決裁や最終的な叙任の儀式（任官儀・位記召給）など、これらの外形上の形式性を固守することにより、逆にその内実において、多様な奉仕のあり方を多様な評価方法で判断するなど、官人社会の変化に対して柔軟に対応できたともいえよう。

律令制下の君臣関係を考える場合、全官人に対して一律に適用される考課・成選に対し、このように現実の君恩・奉仕関係を王権が直接認定する二つの同質の「場」――除目・叙位儀――と、両者の一体性について注意する必要があるのではないか。と同時に、両儀を媒介にして決定される職事官・五位以上という一体的な枠組、いわゆる「官人」（以下、これら狭義の官人を「官人」と表記する）の枠組自体についても、あらためて重視する必要があるだろう。

第三節　律令制下の君恩・奉仕関係

ここまで〈位階の上日・成選から官職の年労へ〉という形での再編論が成り立たないこと、そして職事官・五位以上については、全官人を対象に主に倫理的側面を測る考選制度とは別に、官人社会の実態に即した君恩・奉仕関係を確認するための同質の二つの場（除目・叙位儀）が一貫して維持されていたことを述べてきた。令制下の考課システムは、上日数の多寡を位階に直接反映させる仕組みをとっていない、という私見[57]などとあわせて考えれば、上日にもとづく成選叙位、という形を令制下における君臣関係の中軸とみなしてよいのかがあらためて問われることになるだろう。そこで本節では、令制下の上日と位階という制度そのものについて、君恩・奉仕関係の本質の問題、すなわち天皇との関係に関わる部分を中心に、それぞれ個別に見直すとともに、職事官・五位以上という「官人」の枠組の歴史的意義について考えたい。

1　上日

今日の律令官人制の研究において、とくに上日の制度が重視されてきたのは、一つには令制下の全官人にそれが適用されていたからであり、もう一つにはそれが考選・季禄と関連づけられる形で令条に規定されているから[58]であるが、加えて、それを通して君恩・奉仕関係をみることによって、律令官人制の形成および再編を見通しやすいという側面もあったためと思われる。

すなわち、再編問題に関していえば、上日が全官人に一律に及ばなくなり、それに代わって年労制が登場したとみることにより、その再編像は明快なものになる。また形成問題については、部民制下におけるトネリなどのトモやマヘツキミによる大王への近侍が、上日という形で全官人に拡大されたと想定することにより、律令官人の奉仕は人格的従属関係の強いものと評価されることになる。その場合、個別官職における年労が重視されるようになった官人制の再編とは、「王権と全官人との人格的結合を象徴していた上日の制度」の「解体」であり、それは両者の間の「人格的結合の希薄化」[59]としてとらえられ、中世社会への展望も視野に入れることが可能となる。しかし、令条の存在について過大評価できないこと、年労制は必ずしも再編後の官人制の基軸となるものではなく、また上日と年労は新旧の代替関係にあるわけではなかったことは、これまで本書で論じた通りである[60]。

そして令制下の上日の性格について、仮に人格的従属関係の側面を重視した場合、平安時代になっても上日を集計しているポストは、天皇との人格的結合が強いまま推移したと評価されることになる。実際、平安時代に蔵人や殿上人の日給が厳密に行われていたこと、そして太政官官人の上日が毎月天皇に奏上されていたことから、九世紀以降も「天皇と官人との関係性において上日の奏上による仕奉の把握が重要性を持ち続けていた」とも評価されることになり、それは「上日の基本は天皇の傍近くの侍候空間に出仕することであるという律令制以来の意識」との理解にもとづくことになる[61]。しかし第一節でも触れたように、太政官における上日の重視とは、政務が中心となる太政官官人の本来的な奉仕の性格から考えるべきであり、その意味で殿上の上日と同じ平面でみることはできないのではないか。

そもそも天皇と空間的に近い議政官（あるいは五位以上）の地位にあっても、内裏上日と朝堂における朝座の上日とは、本来、通計すべきものではなかった点に注意したい[62]。そのことは、それぞれの空間で行われるべき奉仕の質的相違に由来するものと思われる。すなわち、吉川氏が指摘したように、本来的に内裏（大王・天皇の宮の閤門以内）は、女官（宮人）が天皇に近侍し日常生活に奉仕するための空間であり[63]、一方、朝堂は、五位以上（マヘツキミ）が原則として毎日侍候して、国政案件の処理、天皇への上奏などを含む奉仕を行う場であった[64]。

上日数を重視する官職（地位）については、特定空間への出仕という行為を重視する職務、という点に共通項があったとしても、その職務の本質、とくに天皇との関係のあり方まで、ただちに同じようにとらえるべきではないだろう。したがってすべての官人にまで敷延された令制の上日そのものに、必ずしもかつてのトモやマヘツキミと天皇との間のような人格的従属関係の強さを強調するわけにはゆかないのである。官司内において、広義の官人ですらない仕丁の奉仕の度合もまた、「上日」数で表されていたことに注意したい[65]。

つまり上日の制度については、殿上での奉仕から仕丁のような雑役も含め、それまでの多様な形で存在していた王権への奉仕について、それぞれ特定の空間への出仕という共通項を抽出し、そこに一律に「上日」という語をあてはめ、人事管理を中心に利用しようとした側面をあらためて重視すべきではないか。それは考課や禄の対象となる最低基準日数を設定する際はもちろん、休暇取得や月料などの食料給を支給する際など、実際の官人制運用上のさまざまな局面で至便な指標だからでもある。起点にマヘツキミやトモなどの奉仕があったとしても、令制下の上日がもつ官僚制としての合理的側面を今一度、評価し直す必要があるだろう。

天皇との関係でいえば、上日については、むしろすべての出仕に、「上日」すなわち「ツカヘマツレルヒ」という呼称が採用されたことの意義に注目したい。つまりそれは、奉仕の質に関わらず（天皇との人格的従属関係の濃淡に関わらず）、その奉仕が天皇へ一元的に「ツカヘマツル」ことであることを明示した点にあるといえる[66]。したがって逆に王権を支えるための出仕であれば、仕丁と殿上の奉仕のように、まったく次元・性格の異なる職務はもちろん、それら「律令官人」としての範疇にない奉仕の量をも上日で示すことが可能であった。つまり上日は、律令官人制システム上の考課・成選叙位ラインとは別に独自に機能しうるものである。

したがって九世紀に入り、諸司の自律的官司運営の傾向が強くなる中で[67]、官司・ポスト単位での勤務評定が問題にされれば、上日という形での評価方法がふさわしいポストや地位については、年労と同様、考課・成選とは無関係に上日の制度が独自に展開することもありえた。すなわち、それまでの考課でさえみられなかった、上日数の多寡をストレートに叙位に結びつけることも、巡爵のような形で制度化されたのである。そこでは上日の制度そのものが、ある意味で拡充されたともいえるだろう。しかしそうだからといって、そのポストが従来以上に天皇との人格的従属関係を深めたというわけではないことはいうまでもない。上日に対して令制以前の人格的従属関係を強調しすぎると、令制下におけるその性格がわかりにくいものになってしまうのではないだろうか。

上日が君恩を得るための重要な要素の一つであることに変わりはないが、君恩・奉仕関係上における意味や重要度の比重はポストによって変わるものであり、行事を含めほかに考課の対象となる要素が実際に存在する以上、それを君恩（位階）を得るための奉仕の中心とみなすことは必ずしも妥当とはいえない。上日は客観的に明瞭な指標であるため、令制下において、官僚制的運営の上で多様な役割を果たした。そして考課（および禄）に関しても、それを受けるための最低限の奉仕を示す一つの基準とはされた。しかし一方で、その数量そのものを考第（そして殿上の等第禄のように禄の支給量）にストレートに反映させる仕組みが作られなかったのはそのためである。

そして十世紀以降、上日数が重視される一部の官司を除く諸司一般において、上日が計られなくなったとしても、それは上日の意義が低下し、年労制にとって代わったためではない。直接的な理由としては、十世紀半ば以降、考選制度が実施されなくなったことにより[68]、考課の際に必要な最低限の勤務日数を管理することが不要になったためと考えられる。くり返すように、上日、年労、そして考選制度（成選叙位）は、それぞれ独自の動きをとりうる別箇のシステムなのである。

2 位階制

律令官人秩序の基本は、天皇と個々の官人との間の君恩・奉仕の関係にあるとされる。しかし令制下の実態として、官司内では五位以上に対して六位以下が人格的に従属するという日本独自の構造が根強く残っていたという。[69] 奉仕関係の頂点に天皇がいたとしても、重層的で複雑な部民制の構造のもとで、それをどのように天皇と個々の官人との間の一元的な君臣関係（少なくともその意識）へと昇華させるか、そして個々の官人と天皇との距離を測る一元的な物差しをどのように用意するのかが、律令官人制の形成途上で課題となっていた。既述のように、出仕日数に対して上日（ツカヘマツレルヒ）という呼称を用いることにより、すべての職務が究極的には天皇への奉仕であることを明確にしたのもその一つである。しかし、上日とは別に早くから整備されてきたのが、いうまでもなくすべての官人を天皇のもとに一元的に序列化することを可能にする位階制であった。

日本の位階制については、唐の官品制に対するその独自性や、叙任の証書は位記だけであることなどが早くから指摘されてきたが、日唐律令の比較研究は、さらにそのことを令制下における官職に対する叙位重視の姿勢の表出として規定した。[70] そのため天皇の君恩という側面からみた場合、位階がその中心に置かれ、官職は副次的な君恩とみなされてきた。その視角は、位階を媒介にして官人が王権との間に人格的服従関係を結んでいたという指摘[71]がとくに大きく影響していると思われる。[72] では実際、天皇との人格的従属関係からみた場合、令制下の位階はどのような意味をもつのであろうか。

従来の律令官人制論・再編論の視点から令制システム全体を見渡した場合、その君恩・奉仕関係の中身が最も具現化されるのは、考課や成選の場ということになるが、その過程において天皇が直接介在する余地は思いのほか少ない。もちろん考課について、考課令59内外初位条は、本司での考課のあと式部省の「勘校」を経て、三位以上については「奏裁」、五位以上は太政官が「量定」の上、「奏聞」することを規定する。しかし、圧倒的多数を占める六位以下の考課について天皇の関与を示す規定は見当たらない。そして内外初位条に相当する唐考課令では、六品以下も含めすべての官人（流内官）の考課が皇帝に報告されるの(73)と比較するならば、日本でのこの改変は看過できないものがあるだろう。式によれば、成選の段階に至ると個々の位階に関して成選短冊が天皇に奏上されるが(74)、それは最終結果としての位階の確認であり、天皇はそこから各人の奉仕の内容を読みとることはできない。

もっとも考課・成選それぞれの段階において、その目録が、三省申政を介して天皇に奏上されることになっており、これまでそのことが天皇との関係において重視されてきた。すなわちそれらは、官人たちが天皇にいかに奉仕したかを報告し、それに対して位階や禄などの君恩を請うもので、天皇との関係において官人個々人の処遇を決定するための政務として位置づけられてきたのである(75)。

しかし、考選目録は基本的に「諸司官人得㆑考幷応㆓成選㆒数」（太政官127列見条）を記した目録であった。季禄目録なども「録㆓人物数㆒」（太政官113季禄条）したもので、実際に三省申政の場で各省が読み上げる具体的内容も、支給対象者の総数、位階ごとの人数、支給品目ごとの総量、大蔵省からの支給分の量、諸国での支給分の量、そしてそれらの前年との増減であった(76)。つまりこれらはただちに個々の官人と天皇との間の個別的な君恩・奉仕関係を反映するものではない。

既述のように上日とは、その呼称において、天皇への一元的な奉仕の理念を前面に出したものではあるが、令制下におけるその機能は、必ずしもトネリなどのトモの奉仕にみられたような人格的従属関係に由来するものとは限らなかった。同様に、律令官僚制の一部として最終的に完成した律令位階制一般についても、天皇との間の人格的従属関係を強調しすぎるわけにはゆかないのではないか。五位以上の位階には、かつてのようなその関係が強く反映されていたであろう。ただそれは官人全体に一律に適用される共通昇叙システムの上に、さらにそれとは別の昇叙の仕組み——叙位儀——が重なっていたためではないか。

そしてその全官人に共通する昇叙システムとして導入・整備されたのは、唐制の「考選制度」であった。部民制下の複雑で重層的な従属関係から自立した官人秩序を構築するためには、天皇とマヘツキミ層との間における人格的従属関係にもとづく位階授与を一部で留保しつつも、拡大しつつある官人に適用可能な、位階制運用のための綿密なシステムの構築と、マヘツキミ層を含む全官人を対象とする明確な規範が必要であった。中国と異なり、日本の支配層にとっての律令は、礼と並ぶ社会規範の一部というよりも、理想的な国制そのものであり、八世紀前半の考課の厳格さも、その国制の実現のため、個々の官人の行動を倫理的な内面を含めて統制することを意図していたためという。[77]

ただ従来からの君臣関係などをストレートに反映させる仕組みをとらず、最終的に唐制の官人としての倫理規範とシステムをほぼそのまま継承する形で完成した考課方式は、時間の経過とともに評価自体が緩慢になる可能性を内在していた。[78] そして実際、勤務評定は形式的になっていったが、それが進んだ背景には、別の叙位システムの存在、すなわち旧来の君臣関係の継承を含め、より官人社会の実態を反映した君臣関係を確認・決定する叙位儀の存在があったのではないだろうか。

そして考課の形式化・固定化は、機械的な定期昇叙をもたらすことになるが、令制以前からの位階秩序が維持されていたと思われる五位以上の位階の枠組では、当然のことながらそれは抑制されなければならなかった。もともと成選の結果が五位以上に相当したとしても、その案件はあらためて叙位儀での検討の対象となるが、そうした定期昇叙が日常化すると、もはや叙位儀の場に成選関係文書を提出する意味は薄れ、最終的に成選は叙位儀と切断されることになったのではないだろうか。本章では勅授の成選叙位の停止時期について、八世紀説を採ってきたが、その理由の一つには、八世紀における考課の形式化と勅授成選叙位の停止は密接に関係すると考えるからでもある。

以上の点からみて、上日にもとづく成選叙位を令制下の君臣関係の中心に置くことは、やはり必ずしも妥当なこととはいえないのである。

3　職事官・五位以上という枠組

このように、令制下の叙位に関しては、全官人に対して、いわば建前的な君恩・奉仕関係にもとづく考選制度の叙位システムが構築された一方で、旧来のマヘツキミ層に対しては、さらにその上に叙位儀が設定されていた。そしてこの叙位儀は、より官人社会の実態に即した君恩・奉仕関係を、王権が直接確認・認定する「場」であったということになる。

そこでは例えば、もともとマヘツキミ層で重視されていたものの、令制下の考選制度のもとではストレートに評価することのなかった上日数そのものも、直接考慮することが可能であったと思われる。すなわち五位以上については、本司から毎月太政官に上日を報告する制度（以下、「五位以上上日」とする）が大宝元年（七〇一）・慶雲四年（七〇七）に施行されたが(79)、大宝令施行前後の時点で、あえてこうした単行法令が出されたのは、大宝令の施行により、五位以上の官人に対しても考選制が明確に適用されるようになったため、天皇近くにおける出仕日数＝上日の多寡が重視されてきた彼らについて、従来の上日を媒介とした人格的従属関係、それにもとづく君恩・奉仕関係の維持があらためて問題になったからであろう(80)。そして実際にそれを直接反映した叙位を決定する場が、（恒例・臨時を問わず）叙位儀であったと思われる。また令制以前からの譜第意識にもとづくような叙位も、その場を介して行われたのではないだろうか(81)。叙位儀ではこうした従前の君臣関係の継承や、その時々の権力構造などがストレートに反映される場でもあった。そしてそれは除目の場でも同じであっただろう。

こうした叙位儀・除目という叙任システムに裏打ちされた、「官人」という制度的に強固な枠組が設定されたのは、その枠組内にいる者が行う奉仕が、従来から一貫して王権にとって極めて重視されてきたからにほかならないだろう。そしてその奉仕こそがかつての王宮内での直接的な奉仕、すなわち従来のマヘツキミ層が王宮の天皇近くに侍候して行っていた国政案件の処理・上奏をはじめとする奉仕であり(82)、また彼らによる中小の伴造層への指揮・監督という奉仕、そしてそれを受けて伴造層自身が行っていた王宮内での奉仕であったと考えられる。

かつての中小伴造層の日常的な出仕の場は、王族やマヘツキミ層の家政機構、あるいはそれが発展したと考えられている曹司かもしれないが(83)、その中でもマヘツキミ層につき従って王宮においても直接奉仕していた部分が、マヘツキミ層とともに「官人」＝職事官を構成することになり、唐制的な四等官の枠に時間をかけて順次編成されていったのであろう(84)。したがってマヘツキミ層に限ってみた場合、御前での序列が重視される侍候に関わる奉仕に対しては位階（およびそれを通しての位封・位禄）という君恩、伴造層を率いて行う奉仕に対しては官職(85)（およびそれを通しての季禄）という君恩、のようにそこではかつての別次元の君恩・奉仕関係がそれぞれ色濃く継承されたと考えられる。

このように、後から整備され、最終的にはのちの雑任（分番）クラスをも含むすべての官人に一律に適用されることになった唐制の官人像にもとづく考選制度とは別に、従来からの王宮におけるさまざまな形の奉仕を評価する仕組みが、除目・叙位儀として一体的に継承・整備されていったと考えるのである。[86] そして基本として天皇と公卿から構成されるその場は、権力構造や官人社会の変化が敏感に反映される場でもあり、それゆえ明快なシステムが確立されにくい場でもあった。そうした性格もまた令制以前から継承するものと思われ、それゆえ令条でも職事官および五位以上の具体的な叙任基準などに関しては規定できなかったと考えられる。

しかしだからといって、そこが天皇による特別な「恩寵」など、恣意的な面に支配されていたというわけではない。早い段階で勅授の成選叙位が行われなくなったとしても、考課とは別の、一定の資料（情報）にもとづく叙任の決定は行われていたと思われるし、かえってそうしたフレキシブルな部分があるがゆえに、五位以上上日のように、単純な数値の多寡を考慮することも可能であった。したがって平安時代に入り、諸司の自律的運営強化を背景とした再編が進めば、[87] それに対応して、職種に応じて上日労や年労を使い分け、それらの数値をストレートに叙任に反映させる仕組みを作り、巡爵のようにそれを制度化することも可能だったのである。

そしてくり返すように、この「官人」の枠組内部の叙任方式の柔軟な可変性は、同じ参会者や文書形式・決裁手続き・叙任儀式などの外形面・形式面を厳格に保つことで可能になった。それを通じて、令制以前からの王権全体としての権益を継承してゆくことができたともいえる。前章で指摘したように、十世紀半ばに広義の官人の枠組が実質的に解体された中にあっても、この「官人」の枠組が固守され、律令人事官司である式部・兵部省によって把握する形が維持されてきたのもそのためであろう。

おわりに

本章では、今日における律令官人制再編論の本質部分ともいえる〈位階の上日・成選から官職の年労へ〉という論点について検討し、その構図が成り立たないことを明らかにした。平安時代に入り、年労による新たな叙位制度が登場・展開しても、それは成選叙位（考選制度）とは別の平面上で考えるべきシステムで、二つの制度の消長は直接リンクしないのである。そもそも評価基準としての上日と年労は、新旧の移行関係にあるのではなく、官司・官職ごとの奉仕単位が重視される中で、その職掌に応じて使い分けられる形でそれぞれ再整備された令制的評価基準(88)であることに留意すべきである。

そして天皇と官人との間の君臣関係を考える上では、そうした上日・年労の数量による評価法、あるいは年給制度のようなまったく別の論理にもとづく制度など、多様な叙任法を可能にする除目と叙位儀、そして両儀の当初からの一体性についてあらためて重視する必要がある。この除目・叙位儀は、その叙任手続き上の外形を固守することによって、その人事の内実を政治情勢や権力構造、官人社会の変化などに応じて柔軟に変化させることが可能であった。この両儀によって決定された職事官・五位以上という「官人」の強固な枠組は、かつての王宮空間内での奉仕のあり方に由来するものと思われる。

それに対して、律令制の形成過程で、官人秩序の維持のために、後発的に整備された全官人を対象とする考選制度の評価論理自体は、あくまで唐の官人像にもとづく、人格的関係を抑えられた倫理性の強いものであった。そしてその抽象的な評価基準を直訳的に継承したため、勤務評定としてはもともと形式化しやすい側面をもっていた。しかしこのような秩序維持の建前があるゆえに、除目・叙位儀では、令制以前からの継承を含む現実的な君臣関係を強く維持することができたともいえよう。とはいえ、その存在が結果的に考課の形式化を進めることとなり、さらにそれが叙位儀と成選との切断をもたらした。それでもなお、五位以上は六位以下とともにつねに考課対象者として扱われていたのは、その考課にもとづく秩序維持が、律令官人制の基本的な建前であったことを示していよう。

このように律令制下における天皇と「官人」との間には、考選制度を媒介とした関係と、除目・叙位儀を媒介とした関係という、二つの君臣関係が重なっていた(89)。考課の早い段階での形式化にみられるように、前者の後発的な君臣関係の内実は脆弱なものであったが、見方を変えれば、官人主要部においてつねに実質的な君臣関係を王権が直接確認・認定する場が保証されていたからこそ、こうした官人としての倫理や秩序の維持を主眼とする考選制度の導入・維持が可能になったともいえる。そして〈位階の上日・成選から官職の年労へ〉という「移行」の構図が成立しないのは、年労にもとづく叙位法は、考課・成選制度の衰退とは無関係に形成されたためであるが、それは言い換えるならば、この二重構造のそれぞれの背景にある君臣関係の枠組の次元が異なるため、ということになるだろう。

そして以上のことは、その移行論の前提にある、上日およびそれにもとづく位階制（成選叙位）・禄制を君臣関係の基軸とする律令官人制論自体に、やはり修正が必要であることを示している。中でも注意すべきは、平安時代の官人制の再編以前から、官職は位階と同等もしくはそれ以上に重視されていたということ、すなわち位階に対し官職を副次的な君恩と位置づけることは妥当でない、ということではないだろうか。圧倒的多数を占める六位以下の官人は、職事官・雑任にかかわらず、何らかのポストに就いていない限り、経済的な恩典に預かれないという面にあらためて留意すべきだろう。とくに多くの下級官人にとっては唯一の給与ともいえる月料・番上粮などのポストに付随する食料給を君恩からはずす積極的な理由はないとすれば、それらも幅広く官人に与えられた君恩と考えるべきではないか。

ただ雑任の場合、基本的に奉仕の場は（トネリは別として）本司であり、その任用も諸司・式部省レベルで行われ、禄やそれに伴う賜禄儀もなく、食料給も諸司を介して支給されるなど、君恩・奉仕関係はその歴史的背景により、天皇と官人との間に諸司が強く介在する間接的なものであり、その点で彼らをも広く覆っていた成選叙位を介した君恩・奉仕関係の存在は大きい。とはいえ、位階にもとづく列立などの機会の少ない中下級官人層にとって、官職（ポスト）やそれを介しての（課役免除等も含む経済的な）君恩は、やはり君臣関係の事実上の中心をなすものだったのではないだろうか。

律令制下の天皇と官人の間の君臣関係を考える上で、上日と位階制（成選叙位）・禄制、そして両者の関係に軸を置く官人制は、これまで必要以上に強調されてきたように思われる。それについては今一度見直した上で[90]、再編を含む律令官人制の諸問題を考える必要があるだろう。

註

（1）吉川真司ａ「律令官僚制の基本構造」、同ｂ「律令官人制の再編過程」（『律令官僚制の研究』塙書房、一九九八年、初出はいずれも一九八九年）。以下、特記しない限り吉川氏の所論はｂ論文による。

（2）本書第Ⅲ部第二章。

（3）本書第Ⅲ部第三章。

(4) 前掲註(1)吉川氏a論文。
(5) 本書第Ⅰ部第一章。
(6) 玉井力「十・十一世紀の日本—摂関政治」(『平安時代の貴族と天皇』岩波書店、二〇〇〇年、初出は一九九五年)。
(7) 佐古愛己「平安貴族社会における叙位制度の展開と特質」(『平安貴族社会の秩序と昇進』思文閣出版、二〇一二年)。
(8) 高田淳「「巡爵」とその成立—平安時代的叙位制度の成立をめぐって—」(『國學院大學紀要』二六、一九八八年)。なお高田氏は、近衛将監については、叙爵後の受領任用権が与えられていないという点で、蔵人以下の枠と一応区別している。
(9) 『二中歴』第七、叙位歴(『改定史籍集覧』)に「使丼民大蔵等丞〈五六年叙位〉」とみえる。
(10) 『西宮記』恒例第一、正月、五日、叙位儀。
(11) 『小右記』長元二年(一〇二九)正月六日条。
(12) このほか外記については『中右記』(『口言部類』叙位儀)天治二年(一一二五)正月六日条を参照。また後述するように、式部丞については十世紀半ばに叙爵基準を年労から上日に変更している。なお、『二中歴』は近衛将監について「五六年叙位」と記す。これに関しては『江次第鈔』第二、正月、叙位(『続々群書類従』第六)が「西宮云上日者、今案有二府奏一」とするので、十世紀段階では上日が基準だったが、のちに年労へ変更した可能性がある。
(13) 『類聚符宣抄』第七、応和元年(九六一)八月五日・四年(九六四)三月五日宣旨。
(14) 「月奏」および太政官人の上日奏上についての理解は、佐藤全敏「宮中の「所」と所々別当制」(『平安時代の天皇と官僚制』東京大学出版会、二〇〇八年、初出は一九九七年)による。
(15) 『続日本紀』天平二年(七三〇)六月甲寅条。
(16) 弁・史については『貞信公記抄』天慶二年(九三九)六月二十九日条、少納言・外記については『類聚符宣抄』第六、天慶九年(九四六)十一月十一日宣旨を参照。
(17) 『延喜式』には、「凡太政官丼左右弁官史生召使等、毎年一人除二諸国主典一。(中略)其労成任官者、並不レ依二年労一、只計二上日一」(太政官60召使任官条)とみえる。なお本書第Ⅲ部第二章参照。

(18) 本書第Ⅲ部第二章。
(19) 宮内庁書陵部所蔵壬生家旧蔵本「叙位除目関係文書」(壬二九三)第二袋三一。
(20) 例えば、延徳四年(一四九二)の十年労帳(宮内庁書陵部所蔵壬生家旧蔵本「叙位除目関係文書」(壬二九三)第七袋一〇〇)では、少外記安倍盛俊の官歴について「任右少史」から始めており、そこに付される「歴四十二年」の記載も、明らかに史の在任年数を含むものである。
(21) 宮内庁書陵部所蔵壬生家旧蔵本「叙位除目関係文書」(壬二九三)第三袋四五。
(22) 忠種の「歴廿五年」について、書博士を起点とすればその官歴全体は足かけ二十五年となり合致するが、権少外記からでは二十三年となり年数が不足する。
(23) 福井俊彦「労および労帳についての覚書」(『日本歴史』二八三、一九七一年)参照。
(24) 京都大学文学部博物館編『公家と儀式』(京都大学文学部博物館、一九九一年)に掲載される「叙位文書」の中の十年労帳についての解説(古藤真平氏執筆)では、「諸司の六位の第一労の者について、正六位上に叙されてからの年数(歴)と現在に至るまでの官歴を記したものである」としている。
(25) ただし、記載年数差がゼロ年というケースもみられ、この場合、さきのように足かけ年数を考慮すれば、表記官職の任用後に正六位上となるケースがあったということになる。しかし、平安時代中期以降の五位未満の位階とは、本書第Ⅲ部第三章で述べたように、厳密にいうと令制的な叙位の手続きを経たものではないと考えられ、何を契機にどのようにして正六位上への「昇叙」が行われたのかはわからない。あるいは年数差が一年のもの以外は、すべて誤記という可能性もあるが、件数もそれなりにあるので(さきの宝徳四年の十年労帳の場合、十四件のうちゼロ年が三件、二年が二件)すべてが誤記とは考えにくい。こうした点については今後の検討課題としたい。
(26) ただし十世紀後半以降、下級官人の正六位上の帯位は、初任と同時とみなされたと思われるから(本書第Ⅲ部第三章参照)、現存の十年労帳登載の(太政官官人を除く)各人の記載のように、長期間異動がなければ、「位階の年労」と「官職の年労」は基本的に一致することになる。

(27) 宮内庁書陵部所蔵壬生家旧蔵本「叙位除目関係文書」（壬二九三）第二袋二八。
(28) また外記勘文末尾の「諸司労」「外衛労」（叙爵）についても、一部で既述のような意味での表記年労数（「歴〇年」）と在任年数のずれが確認できるので、ここでも「位階の年労」の順が優先されていた可能性がある。
(29) 西本昌弘「「孝謙天皇詔勅草」と八世紀の叙位儀礼」（『日本古代儀礼成立史の研究』塙書房、一九九七年）。
(30) 早川庄八「成選叙位をめぐって」（笹山晴生先生還暦記念会編『日本律令制論集』下、吉川弘文館、一九九三年）。
(31) 例えば『続日本紀』慶雲四年（七〇七）二月甲午条では、「天皇御二大極殿一、詔授二成選人等位一。親王已下五位已上男女一百十人、各有レ差」とする。
(32) 前掲註(1)吉川氏b論文、前掲註(30)早川氏論文。
(33) 寺崎保広「考課木簡の再検討」（『古代日本の都城と木簡』吉川弘文館、二〇〇六年、初出は一九八九年）。
(34) 野村忠夫「官位の昇進をめぐる問題」（『官人制論』雄山閣出版、一九七五年）。
(35) 嵯峨朝における七位などからの叙爵者をみると、上級官人層から下級官人層出身者まで幅広く分布している。本書第Ⅲ部第二章で検討した、弘仁年間における除目の別當の登場＝申文の増加とあわせて考えるなら、むしろ同時期の特異性の背景には、成選階数や階層によらず、天皇の意思により彼らを引き立てることを可能にした叙位儀の存在（とその拡充）が想定される。
(36) 玉井力「平安時代における加階と官司の労」（前掲註(6)玉井氏書、初出は一九八八年）、高田淳a「加階と年労―平安時代における位階昇進の方式について―」（『栃木史学』三、一九八九年）、同b「「年労加階制」以前―その成立と平安前期の位階昇進の実態について―」（『国史学』一五〇、一九九三年）。
(37) 前掲註(36)高田氏b論文。
(38) 本書第Ⅲ部第二章参照。
(39) 巡爵のうち、式部丞（おそらく民部丞も）からの叙爵は、省の請奏で申請が行われ（前掲註(13)史料）、外記・史は『西宮記』恒例第一、正月、五日、叙位儀に「年爵〈外記史一労、以二自解一申〉」とあるように、申文で申請が行われていた。

なお『江次第鈔』では、近衛将監について既述のように「今案有㆓府奏㆒」とする一方で、年労による叙爵が行われていたことが明確な兵衛・衛門尉（すなわち外衛労）については、「依㆓外記勘文㆒」と述べ、外記勘文に拠ることを明示している。

(40) 本書第Ⅰ部第四章・第Ⅲ部第三章。
(41) 『政事要略』巻二十五、天暦五年（九五一）十月一日太政官符。
(42) 考課令59内外初位条に「三位以上奏裁。五位以上、太政官量定奏聞」とあり、同条義解は「右大臣以上、不㆑在㆓考例㆒也」とし、跡記は「五位以上、太政官定㆓等第㆒奏」とする。
(43) 本書第Ⅲ部第三章参照。
(44) この目録の記載内容に関しては、またのちに触れたい。
(45) ただし大臣は考に預からない。そのことについて鈴木琢郎氏は、大臣は考課を定める側に位置していたと指摘し、それは令制下の大臣の、天皇による判断の補助・補佐をする輔弼官的な役割に由来するとしている（「考選・叙位制と律令制大臣の職掌」『日本古代の大臣制』塙書房、二〇一八年、初出は二〇一二年）。
(46) 職事官のほか、それに準じる内舎人・才伎長上、そして兵衛も季禄に預かることができた。なお、その対象は和銅四年（七一一）に分番一般にまで広がったとされるが（『続日本紀』同年十月甲子条）、このときの「禄」の性格についてはさまざまな議論がある。
(47) 虎尾達哉「律令官人社会における二つの秩序」（『律令官人社会の研究』塙書房、二〇〇六年、初出は一九八四年）。
(48) 早川庄八「選任令・選叙令と郡領の「試練」」（『日本古代官僚制の研究』岩波書店、一九八六年、初出は一九八四年）、坂上康俊「日・唐律令官制の特質―人事制度の面からの検討―」（土田直鎮先生還暦記念会編『奈良平安時代史論集』上、吉川弘文館、一九八四年）。
(49) 早川庄八「古代天皇制と太政官政治」（『講座日本歴史』二、東京大学出版会、一九八四年）、前掲註(48)早川氏論文。
(50) 吉川真司「律令太政官制と合議制―早川庄八著『日本古代官僚制の研究』をめぐって―」（前掲註(1)吉川氏書、初出は一九八八年)。

(51) 大津透「摂関期の陣定―基礎的考察―」(『山梨大学教育学部研究報告』四六、一九九六年)、同『日本の歴史六　道長と宮廷社会』(講談社、二〇〇一年)。

(52) ただし臨時除目(小除目)では、御前に召されるのは上卿だけであり、また陣座で上卿が勅旨を受ける場合もある。ただその場合でも、後述するように最終的には通常の除目と同じ作法をとること、すなわち上卿の指揮のもと、「太政官謹奏」などで始まる召名を参議が作成し、それが奏上されるなど、形式上、太政官の意思とそれに対する勅裁の形をとっている点に注目したい。その特質は、中世以降、一般政務と変わらない宣下方式による任用が登場することと対比すると、より鮮明になるだろう。その点については本書第Ⅲ部補論でも触れたい。

(53) 玉井力「「受領挙」について」(前掲註(6)玉井氏書、初出は一九八〇年)。

(54) 磐下徹「年官ノート」(『日本研究』四四、二〇一一年)。

(55) 早川氏は、『除目抄』の記載から、勅任・奏任の除目(召名)は八世紀から作成されていたと推定されること、そして大間書に相当する文書も同時期には存在していたと推定されることなどから、八世紀における任官儀は、平安時代の儀式書等みられるそれとさほど相違するものでなかったことを指摘している(「八世紀の任官関係文書と任官儀について」前掲註(48)早川氏書、初出は一九八一年)。

(56) 『江家次第』巻第二、叙位。

(57) 本書第Ⅰ部第一章。

(58) 考課令59内外初位条・禄令1給季禄条。

(59) 大隅清陽「律令官人制と君臣関係―王権の論理・官人の論理―」(『律令官制と礼秩序の研究』吉川弘文館、二〇一一年、初出は一九九六年)。

(60) 本書第Ⅰ部第一章・第Ⅲ部第二章・本章第一節。

(61) 志村佳名子「日本古代の朝参制度と政務形態」「平安時代日給制度の基礎的考察―東山御文庫本『日中行事』を手がか

りとして―」(『日本古代の王宮構造と政務・儀礼』塙書房、二〇一五年、初出は二〇一三・〇九年)。
(62)『類聚符宣抄』第十所収の延暦十一年（七九二）十月二十七日宣旨・天長九年（八三二）三月二十一日宣旨の記載から、延暦十一年に至って初めて両者の通計が許されたと考えられる。
(63)吉川真司「律令国家の女官」(前掲註(1)吉川氏書、初出は一九九〇年)。
(64)吉川真司「王宮と官人社会」(『律令体制史研究』岩波書店、二〇二二年、初出は二〇〇五年)。
(65)正倉院文書の、写経所から仕丁の粮米を申請する解などでは、仕丁の出仕日数は「上日」とする。
(66)実際、仕丁の粮米を申請する解の中には、宝亀二年（七七一）二月二十五日奉写一切経所解の「起二今月一日一、迄二卅日一、仕奉仕丁等上日、顕注如レ件、〔以脱カ〕解」(『大日本古文書』一八―一〇九)のように、仕丁の「仕奉」を明示するものがある。
(67)本書第Ⅲ部第二章。
(68)本書第Ⅲ部第三章。
(69)大隅清陽「律令官僚制と天皇」(『岩波講座日本歴史』三、岩波書店、二〇一四年)。
(70)早川庄八「前期難波宮と古代官僚制」(前掲註(48)早川氏書、初出は一九八三年)、前掲註(48)早川氏論文。
(71)石母田正『日本古代国家論』第一部Ⅰ(『石母田正著作集』三、岩波書店、一九八九年、初出は一九七三年)。
(72)例えば吉川氏は、早川氏の天皇論に、天皇が人格的支配従属関係の頂点にあったという石母田正氏の重要な論点が欠けているとして、その具体例として位階制の問題をあげている(前掲註(50)吉川氏論文)。
(73)『唐令拾遺』考課令復旧第四一条。坂上康俊「成文法と規範意識―古代の法と慣習―」(『唐法典と日本律令制』吉川弘文館、二〇二三年、初出は一九九四年)参照。
(74)『延喜式』太政官128擬階条。『内裏式』中、奏二成選短冊一式。『儀式』巻第九、四月七日奏二成選短策一儀。
(75)前掲註(1)吉川氏a論文。
(76)『儀式』巻第九、二月十日申二春・夏季禄一儀。

(77) 前掲註(69)大隅氏論文。
(78) 本書第Ⅰ部第一章。
(79) 『続日本紀』大宝元年（七〇一）五月癸酉条、慶雲四年（七〇七）五月己亥条。
(80) この「五位以上上日」については、本書第Ⅰ部第一章も参照。
(81) 叙位を通した君臣関係について熊谷公男氏は、『続日本紀』に収載された宣命の中にしばしば「譜第的な君臣関係の維持が君恩として表明されている」点を指摘し（「〝ヲサム〟考」『新日本古典文学大系月報』六〇、岩波書店、一九九五年）、北康宏氏はそれをふまえ、その中に、祖の名を継いで仕奉することが叙位の条件となるなど、「名が日本特有の位階へと転化する連続相が看取される」という重要な点を指摘している（「大王とウヂ―「天皇と官人」の淵源―」『日本古代君主制成立史の研究』塙書房、二〇一七年、初出は二〇一四年）。ただ考課の理念からみて、それは北氏が想定するように令制下の考選制へと受け継がれたものではないだろう。宣命の宣制でも祖の名の継承に直接対応する叙位は、五位以上が対象のようであり、こうした旧来の意識をはじめとする天皇との人格的関係や、現実の政治関係にもとづく君臣関係などは、考選制システムではなく、叙位儀のような場でこそ具体的な姿を現すものと思われる。なお、こうした譜第的論理は、叙位の場だけに顕現するようにみえるが、そこでは任官と違って、祖業と現実のポスト・職掌とのズレや欠員の有無などにとらわれることなく、必要に応じて君恩を施せるからである。実際、その論理は「今其の家の名を継ぎて明らかに浄き心を以て朝庭を助け奉り仕へ奉る右大臣藤原朝臣をば左大臣の位授け賜ひ治め賜ふ」（『続日本紀』天平神護二年（七六六）十月壬寅条）のように、任官の際にも働きうるものであり、本章で後述する点をふまえれば、むしろ官職の賜与こそが本来の姿に近いものではなかっただろうか。
(82) 前掲註(64)吉川氏論文。
(83) 吉川氏は前掲註(64)論文で、大内裏の曹司の淵源について、内廷官司の曹司は大王の家政機構から、外廷官司のそれは諸宮・諸家の実務機構から転成したものとする。
(84) 吉川氏は前掲註(64)論文で、朝堂の本質を五位以上官人の侍候空間と規定した上で、六位以下官人も朝堂に出仕することがあった理由を、五位以上の侍候・奉仕を補助するためと指摘する。それをふまえるならば、もともと伴造層の奉仕は、諸宮・諸家内での活動を基本としつつも、マヘツキミにつき従って王宮で行う奉仕もあり、それがマヘツキミとともにそれぞれ四等官の職掌として組み込まれていったと想定したい。後述するように、建前上の地位では職事官と雑任（分番）は厳格に区別されるが、このような事情もあるため、階層や具体的職掌の面で両者が必ずしも明確に分離されるものではなかった。

(85) なお官職の中には、侍候としての職掌の一部が特化されて、侍従などとして編成されたものもあった。

(86) ただし殿上における天皇身辺での日常的な奉仕（およびそれに直接対応する君恩）については、令制としての明確な制度化は行われなかった。それが官人社会の中で顕在化し、法整備が行われるのは、「開かれた内裏」（前掲註(63)吉川氏論文）化が進む九世紀以降ということになる。古瀬奈津子「昇殿制の成立」（『日本古代王権と儀式』吉川弘文館、一九九八年、初出は一九八七年）、今正秀「王朝国家宮廷社会の編成原理―昇殿制の歴史的意義の再検討から―」（『歴史学研究』六六五、一九九四年）参照。

(87) 本書第Ⅲ部第二章。

(88) 年労もまた令制的な評価基準であることについては、選叙令4応選条および同条集解の古記参照。なお、本書第Ⅲ部第二章も参照。

(89) 吉川氏の律令官人制論を基本的に継承する大隅清陽氏は、律令官人制における王権と官人との人格的関係は、王権と五位以上集団との関係と、上日や考選・季禄の論理による王権と全官人との関係の二つに整理されるとする。そして平安時代については、そうした五位以上集団の解体と、王権と全官人との人格的結合を象徴していた上日の制度の解体、年労制への移行として見通している（前掲註(59)大隅氏論文）。しかし、上日に関しては、大宝令施行前後に法制化された五位以上上日の報告規定のように、後者よりもむしろ前者の王権と五位以上との関係においてこそ、上日の多寡をストレートに評価する論理がはたらいていることが注意される。そしてその論理は平安時代に入ると巡爵などさらに別の形でも展開してゆくのである。また考選制度による君臣関係と対比される枠組としては、より実態に即した君恩・奉仕関係が反映される枠組という意味で、五位以上の「位階」だけでなく、職事官という「官職」をも含む枠組、つまり封禄制全体に裏打ちされた、いわゆる「官人」の地位全体の枠組を想定した方が、君臣関係の枠組としては理解しやすいと思われる。

(90) なお八木充氏は、律令官人制において、位階に対して官職を二義的・従属的にみる通説を批判し、位階が儀礼の秩序とその標識であるのに対して、官職は支配の秩序と政治的権能における地位を表示するものであり、律令官人制の特質は、この二つの秩序が天皇権力によって統合された君臣構造として存在するところにある、と指摘している（「律令官人制論」『岩波講座日本通史』四、岩波書店、一九九四年）。

補論　兼官留任の宣旨について

はじめに

『菅家文草』巻第九所収の元慶六年（八八二）七月一日式部省奏状については、「頃年之例、自二職事一拝二参議一者、至レ兼二本官一、必有二宣旨一」とする部分がみえることから、参議をいわゆる宣旨職とする根拠の一つとされてきた。しかし、虎尾達哉氏はその「宣旨」についての検討から、それをもって参議を宣旨職とすることができないことなどを明快に指摘している(1)。すなわちその「宣旨」とは、少なくとも議政官について、それまで帯びていた兼官を昇任後もそのまま留任させるためのもので、具体的手続きとしては多くの場合、後日、特例的に召名に「兼」字を追記することであったとし、これを「兼字宣旨」と称したのである。しかしそこでは、参議の位置づけを明らかにすることに主眼があるため、宣旨そのものに対するとらえ方について問題がないわけではない。例えば、留任手続きの実態について、召名に「兼」字を追記することとみるのは、問題とされた議政官においてはむしろ一般的とは思われない。また宣旨の下給について、除目の終了後における特例的な措置ともみなしにくい。

任官という場において、こうした兼官留任の宣旨(2)は副次的な位置にしかないかもしれないが、それに伴う手続きなどの全体像を明確にすることによって、除目という制度の上に成り立つ律令官人任用制度の特質、あるいは

変質などの一端が明らかになるのではないかと考える。ここではこのような宣旨そのものについて検討すること
にしたい。

第一節　議政官の異動に関する兼官留任の手続き

式部省奏状にみえる「宣旨」について、虎尾氏はまず『公卿補任』[3]にみえる各人尻付の、任官日の後に記載される兼官留任の記事に着目し、そこに宣旨の実例を読みとっている。そうした中には、

【弘仁八年（八一七）条、参議多治比今麻呂尻付】
　十月一日任。左京大夫・大蔵卿如レ元（十一月十八日賜二兼字一）。
【貞観十四年（八七二）条、大納言藤原常行尻付】
　八月廿五日任。廿九日右大将如レ元〔宣旨如レ元兼二右大将一〕。

のように、「賜二兼字一」と記すもの、あるいは直接「宣旨」に触れるものが若干みられるが、多くの場合は、

【貞観十二年（八七〇）条、大納言藤原基経尻付】
　正月十三日任。廿八日左大将如レ元。二月―按察使如レ元。
【延喜十四年（九一四）条、右大臣藤原忠平尻付】
　八月廿五日任。左大将等如レ旧。

のように、兼官留任の事実と日付、あるいは兼官留任の事実のみを示す事例である。直接「兼」字について触れていないこれら多くの事例をも、召名への特例的な「兼」字の追記があったとただちにみなしてよいのであろう

か。

まず、問題になると思われるのが、任大臣儀（大臣召）に伴う留任のケースをどうみるかである。いうまでもなく任大臣儀での任官は宣命によって行われるのであり、この場合、例えば『江家次第』巻四、除目で「至二大臣一者以二宣命一任レ之。仍不レ入二除目一」とするように、通常の召名（除目）は作成されなかったとみるべきだろう。任大臣儀では大臣の任官にとどまらず、同時に任命される納言・参議もその対象となるから、[4]そうした異動は議政官の異動全体の中でかなりの割合を占めることになる。『公卿補任』の尻付に兼官留任の事実が記載されるケースについても、そうした異動に該当するケースは多くみられる。したがってこうした場合の兼官留任はどのような形で行われたのかをあらためて検討する必要があるだろう。

そこで注意されるのが、『西宮記』臨時一（乙）、諸宣旨に記載された式部省に下される宣旨（「下二式部一宣旨」）の一覧である。その末尾に次のような項目がみられる。

文官公卿兼官還任事。大臣召時、転任公卿兼二文官一者、依二宣旨一任レ之。

ここでは文意からみて、「大臣召時」以下はその直前部分に対しての注記と考えられる。そしてその内容とは議政官の兼官留任に関するものとみて間違いない。さらにここでは、とくに「大臣召」のことが取り上げられていること、そして律令官人把握官司である式部省に直接宣旨が下されていることに注目したい。つまりこれは、任大臣儀に伴う兼官留任の場合、通常のように召名を取り寄せ、それに「兼」字を書き入れるという処理を行うことができないため、兼官留任の勅旨を受けた上卿は、式部省などに勅旨を直接下すことで処理していた可能性を示唆するからである。

そこで任大臣儀と除目、それぞれに関わる兼官留任の手続きについて個別に検討してみたい。なお叙述上煩雑になるため、以下では、本官の異動が除目によって行われ、それに対して兼官留任の手続きがとられたと考えられるケースを（A）、本官の異動が任大臣儀によって行われ、それに対して兼官留任の手続きがとられたと考えられるケースを（B）としておく。

第二節　除目に関わる宣旨

最初に除目に関する（A）のケースから検討したい。除目「後」における召名への「兼」字追加については、虎尾氏が指摘したように、多くの場合、直物の中で処理されたと考えられる。確認できる早い事例としては、天慶五年（九四二）三月二十九日に大納言に昇進した藤原師輔の兼官留任があげられる。『公卿補任』同年条の師輔の尻付には「三月廿九日任。中宮大夫如レ元。閏三月七（四）賜二兼字一」とみえるのだが、この閏三月七日について、『本朝世紀』閏三月七日条は「行二去月廿九日除目直物事一。即召二式兵二省一。而式部不レ参。兵部少丞源仲舒参入、賜二召名一罷出」とするのである。ついで『小右記』天元五年（九八二）三月五日条にみえる直物の記事の中で、常陸介となった源満仲の馬権頭留任のことを、蔵人頭である藤原実資が「以レ詞」って上卿に伝達しているのがみえる。

勅旨を受けたあとの上卿の動きがわかるものとしては、『権記』長徳四年（九九八）九月十九日条が参考となる。それによれば、同年八月に行われた除目で、権医博士丹波重雅・針博士菅原典雅・大炊権頭賀茂光栄は、それぞれ典薬頭・造酒正・大炊頭となっていたが、この日になってから彼らの「兼」字裁可についての「勅命」が蔵人藤原説孝を通して陣にいる上卿の権大納言藤原懐忠に伝えられた。懐忠は外記を呼んで「仰二去月廿八日除目可

ㇾ進之由二」した。その後懐忠は、（参議大弁の代行となった）左中弁藤原行成に「宣旨」にもとづいて除目（召名）に「兼」字を付すように命じた。行成が「兼」字を書き終えると、除目を奏聞、復座ののち兵部大輔[5]にそれを与えている。

この史料中では「直物」の表記はみえないが、上卿が外記に召名を取り寄せるように命じ、外記がそれを進め、上卿の指揮のもと参議が訂正し、上卿が奏聞のうえで二省に下す、というのは直物と同じ構造といえる。このほか、除目の清書奏聞の際に、過日の別の除目に関する兼官留任の「仰せ」が上卿に下され、それによって上卿が以前の召名を取り寄せて「兼」字を追記させ、奏聞の上で式部省に下給した例もあり[6]、この場合もやはり同じ構造といえよう。

以上は除目終了後に宣旨が上卿に下給された例だが、除目の場においても宣旨が下される場合があったと想定することができる。そこで除目期間中における「兼」字の付与とはどのように行われたのかも確認しておく。まず『小右記』長和元年（一〇一二）四月二十七日条の宮司（皇后宮職）除目をみる。ここでは、御前で藤原隆家の皇后宮大夫任官の「仰せ」を受けた執筆の大納言藤原実資が、大間にそれを書き留めたあと、「兼」字のことを奏している。そして「天許」を得たあと、続けて「次又依ㇾ仰書ㇾ亮。兼字同二大夫一。仰云、次々可ㇾ書者。（中略）今般宮司多是有二本官一。皆賜二兼字一」とあるので、亮以下も同様に「賜二兼字一」ったことがわかる。そしてこのあと続けて清書が行われ、召名は奏聞の上、式部丞に下された。ここでは、御前における兼官留任の確認に対する勅答、という形だが、小除目などで蔵人を介して上卿が任官の勅旨を陣にて奉じる場合でも、上卿が「兼」字付与の確認を奏聞しその勅許が伝達される、というケースがしばしばみられる[7]。もちろん、最初から通常の任官の「仰せ」と同時に「兼」字のことが上卿に伝えられることもあった[8]。

このように除目の間でも、兼官留任の決定には、そのつど勅旨の下給という形式が必要であったとすべきであろう。なお、『公卿補任』の尻付において、留任の日付が明記されないものの中には、このように本官の異動と同時に従来の兼官留任の勅旨が示されたために、日付記載を省略したとみられるケースがあることにも注意する必要がある。(9)

また、除目の最終段階である任官儀（下名）にて、二省に召名を下す前に、「兼」字が書き加えられる場合もあった。任官儀の当日、「仰せ」が下されて追加任官が行われることがあるが、(10)この段階で「兼」字が加えられる場合もあるのである。例えば、天仁元年（一一〇八）春除目の任官儀の際、陣において蔵人頭藤原為房が、上卿の権中納言藤原宗忠に次のような任官関係の「仰せ」を一括して伝えてきた。(11)

頭為房来仰云、下名之次、式部少丞藤忠理可レ転二大丞一。史中原良兼宿官筑後権介也。可レ止二権守〔字〕一也。又右衛門佐宗章可レ付二兼字一。〈本越中守也。〉

この勅旨を受けた宗忠は、参議左大弁源重資に召名を訂正させたあと、あらためてそれを奏聞した。それから太政官庁にて通常のように任官儀を行い、召名を二省に下給したのである。このような任官儀の際の「兼」字付与(12)の手続きも、「仰せ」を奉じた上卿の指揮のもとで参議が召名を訂正し、あらためて奏聞を経る、という点でやはり直物などと同じ構造をとっていることに注意したい。

このように（A）に関して、「兼」字賜与の方法については、除目議定の最中、そのあとの任官儀（下名）、そしてそれ以後など、さまざまな形態があった。そしてそれらいずれの場においても、通常の任官の「仰せ」と同じように「兼字を賜ふ」行為、すなわち天皇からの兼官留任の「宣旨」の下給があったのである。したがって宣旨が時間的に「後日」に下されるということをとくに区別する必要はないといえよう。そして宣旨を受けた上卿の指示のもとで、参議によって召名に「兼」字が付され(13)、さらに奏聞を経て二省に下され正式なものになる、という点においてもそれぞれ変わりはない。これらは、直物の場合を含め、いずれも広い意味での除目儀礼の範疇にあるといえるだろう。それに対して（B）の場合は、どのようにとらえることができるのであろうか。次に検討したい。

第三節　任大臣儀に関わる宣旨

まず、延喜十四年（九一四）八月二十五日の任大臣儀に関連する兼官留任の手続きを『貞信公記抄』同二十九日条で確認してみる。

廿九日、遷官公卿兼任如レ旧。仍召二二省一仰。

ついで康保四年（九六七）十二月十三日の任大臣儀に関して、『初任大臣大饗雑例』には次のようにみえる(14)。

十九日、大納言在衡奉レ勅、召二兵部少丞藤原師衡一、給下左大臣如レ旧兼二左近大将一、右大臣如レ旧兼二右近大将一宣旨上、召二式部丞藤原弘頼一、給下右大臣如レ旧兼二皇太弟傅一宣旨上。

前節において、（A）に関する手続きは、それ自体が広い意味での除目儀礼の範疇にあることを指摘した。それに対して、任大臣儀に関わる（B）においては、これらの実例をみるならば、第一節で想定したように、上卿が天皇からの宣旨をさらに式部・兵部省に「直接」下すことによって、政務執行者レベルでの手続きが完遂されたことが明らかであろう。つまり、これは通常の政務手続きにおける上卿からの宣旨下給と同じであり、召名を取り寄せて「兼」字を追記する除目儀礼とはまったく別な行為なのである。

また、この実例にもみられるように、武官については兵部省に宣旨が下された。とくに近衛大将は、大臣・大納言が兼帯することが多く、しかもその昇進に際しても大将はそのまま留任するのが普通のため[15]、大将兼帯議政官の昇進があるたびに、つねにこうしたタイプの宣旨が兵部省に下されることになる。『公卿補任』にみられる事例でも、やはり大将留任のケースが多い。そのため、『西宮記』臨時一（乙）、臨時雑宣旨にみられる宣旨の一覧では、とくに「左右大将還任」の項目が立てられている。そしてこれは平安後期以降に「大将還宣旨」と呼ばれるようになり、任大臣儀の関連儀礼として一定の位置を占めることになる。

もっとも（B）に関する宣旨は、上卿から（二省でなく）外記に下されることもあり、この場合、一見すると（A）と（B）の手続きに区別がないようにもみえる。なぜなら（A）の実例であるさきの『権記』長徳四年九月十九日条でも、上卿から（二省でなく）外記への下知がみえるからである。しかし、その事例における上卿からの外記への下知とは、召名を持参させるためのたんなる指示（「去月廿八日除目可レ進」）であり、（B）の場合において外記に下される「宣旨」と性質はまったく異なるものである。そこで念のため、（B）の場合の外記への下知内容を確認しておく。例えば、天禄元年（九七〇）正月二十七日の任大臣儀に関して、『初任大臣大饗雑例』には「二月二日、中納言橘好古着二左仗一、召二権少外記小野時通一。仰云、右大臣如レ旧兼二左近衛大将一、権中納言雅信如レ旧兼二左衛門督一、権中納言朝成卿如レ旧兼二中宮大夫一者」とみえる。やはり（B）の場合、上卿は兼官留任の勅旨をそのまま外記に宣旨として下給していたとみてよいのである。

そして、さきに触れた『西宮記』の「左右大将還任」の項目には、注記に「外記仰二兵部一」とみえ、外記に下された宣旨は、外記を介して、最終的にはやはり二省に伝宣されたと考えられる。そこで（B）について、上卿からの宣旨がどこに下されたかがわかるものを、平安時代全体を含む十二世紀末までを区切りに【表1】にまと

【表1】　上卿からの宣旨の奉者

年代	西暦	月日	留任の兼官	奉　者	出　典	【表2】のNo.
延喜14	914	8.29	「遷官公卿兼任」	二省	『貞信公記抄』	3
承平3	933	2.17	左大将	兵部大丞	『初任大臣大饗雑例』	4
天慶7	944	4.16	右大将	兵部	『初任大臣大饗雑例』	6
康保4	967	12.19	左大将・右大将・皇太弟傅	兵部少丞・式部丞	『本朝世紀』『初任大臣大饗雑例』	9
天禄元	970	2.2	左大将・左衛門督・中宮大夫	権少外記	『初任大臣大饗雑例』	10
治安元	1021	7.28	左大将・右大将	大外記カ	『小右記』	16
久安5	1149	7.29	左大将	少外記	『本朝世紀』	18
久安6	1150	8.22	右大将	少外記	『本朝世紀』	19
仁安2	1167	2.11	右大将	大外記	『山槐記』	24
文治2	1186	11.2	右大将	大外記カ	『玉葉』	30
建久9	1198	11.14	民部卿	大外記	『自暦記』(『大日本史料』)	33
正治元	1199	6.23	左大将	大外記	『猪隈関白記』	34

めてみた。すると、十世紀半ばまでは一貫して二省に下していたことがわかる。つまり十世紀後半になってから、宣旨の伝宣ルートに外記が介入するようになった[16]、ということなのであり、(B)に関する手続きの本質的な部分は変わらないといえよう。

このように、任大臣儀を伴う議政官の異動に際して、兼官の留任が決定された場合、その決定時期が異動と同時か後日かにかかわらず、構造的問題として必ず別途に手続きをとる必要があったのである。そしてそれは召名への「兼」字の追記とはまったく別な手続きなのである。これらは、本官自体が任大臣儀という特殊な任官形態のために生じるもので、除目儀礼を基本とする任官制度体系の中で変則的な処置にならざるをえなかった。しかし、議政官人事という枠の中でみるならば、こうしたケースはかなりの件数を占めていたことが推測されるのである。

第四節　もう一つの兼官留任の手続き

前節までに、上卿が兼官留任の宣旨を受けた場合、本官の任官形態に応じて二つの処理方法があることを明らかにした。ところが『公卿補任』の尻付には、次のように記されるものがある。

【康保三年（九六六）条、右大臣源高明尻付】

正月十七日任、同廿七日左大将如ㇾ元（除目）。

これは源高明の任右大臣に関する記事である。したがって（B）のタイプとみなして、上卿から宣旨が外記等に下されたと考えることができるが、尻付には「除目」とみえるのである。同様の事例はほかにもみえる。

【天承元年（一一三一）条、参議藤原宗能尻付】

十二月廿二日任（中略）同廿四日除目、中将如ㇾ元。

【安元元年（一一七五）条、参議藤原朝方尻付】

十一月廿八日任。十二月八日皇太后宮権大夫如ㇾ元（除目次）。

これらは日付からみて、いずれも任大臣儀による議政官任官と考えられるが、やはり兼官の留任に関して「除目」とみえるのである。こうした場合、どのような手続きが想定できるのであろうか。この問題について手がかりになるのは、長徳元年（九九五）六月十九日の任大臣儀に関する事例である。このとき藤原道長は右大臣に昇進し、兼帯していた左大将について、『公卿補任』は「同廿日大将如ㇾ元」と記載する。しかし、この兼官留任については、実は外記（二省）への宣旨下給という手続きがとられたわけではなかった。『小右記』の同年六月二十一日条には、

昨日両大将宣旨被ㇾ仰二中納言時中一。而無ㇾ音退出。今日有下被二咎仰一事上。仍今日行二除目一、下二給兵部一云々。

とみえ、前日の「宣旨」によって示された左大将留任は、新任の右大将（藤原顕光）とともに、この日の「除目」において新たに任じることで処理されたことがわかる。

同様に翌々年の長徳三年（九九七）七月五日の任大臣儀において、藤原公季・道綱・懐忠はそれぞれ内大臣・大納言・権大納言に昇進した。そして彼らが兼帯していたポストについて、『公卿補任』はそれぞれ七月九日に「左大将如レ元」「右大将如レ元」「民部卿如レ元」となったことを記している。しかし、これについて『小右記』の七月九日条は、「今日除目、左右大将・民部卿如レ元。〈左大将内大臣、右大将道綱、民部卿懐忠。〉春宮大夫道綱、大蔵卿左大弁扶義（下略）」としており、旧兼官は除目によって任じ直されていたことがわかる。このときのことは、『権記』では「左大将公季兼」などのように記録している。[17] つまりこのような場合、議政官の方を留任扱いとして、召名の兼官名の下に「兼」字が付されたものと推測されるのである。

さきの源高明の事例について、『村上天皇御記』には、「右大臣令下延光朝臣申中兼二左近大将一喜上。即申云、例以二宣旨一兼之時、不レ奏二慶賀一。而被レ載二除目一。仍申二此由一云々」[18] とみえる。ここでは、やはり除目で兼官留任が処理されたことが確認できるとともに、そうした除目による新任方式と外記等への宣旨下給方式との二つの方式が併存していたことがうかがえる。そこで任大臣儀に伴う異動に関して、十二世紀末までの諸史料から判明する、それぞれの事例と思われるものを【表2】で取り上げ、「宣旨」「除目」の類型を明示し、さらにそれに対応する『公卿補任』の尻付の記事についても記載した。ただし、史料の中で「宣旨」の記載があるものの、上卿から外記等への宣旨下給を指すのかどうか判然としないものは「(宣旨)」とした。[19] また、除目方式に関して、当該各人ごとの旧兼官の新任が確認できないものの、『公卿補任』尻付にみえる留任の日付が諸史料上で「除目」「任官」などとする日と一致する場合は、除目による新任方式の可能性が極めて高いため「(除目)」として掲出した。その「(除目)」のケースも含めて考えるなら、少なくとも議政官の場合、除目によって旧兼官を新たに任じ直す事例が、おおよそ平安時代全体を通してかなりの件数確認できるのである。[20] そしてその除目新任方式による兼官留任

【表2】　任大臣儀に関わる兼官留任の手続き類型

No.	年代	西暦	月日	官職	氏名	類型	『公卿補任』の尻付	出　典
1	貞観12	870	1.13	中納言	藤原常行	（除目）	廿六日右大将如元	『日本三代実録』
				参議	在原行平	（除目）	同廿六左兵衛督備中守等如元	『日本三代実録』
2	貞観14	872	8.25	右大臣	藤原基経	除目	廿九日左大将如元	『日本三代実録』『日本紀略』
				大納言	藤原常行	除目	廿九日右大将如元〔宣旨如元兼右大将〕	『日本三代実録』『日本紀略』
3	延喜14	914	8.25	右大臣	藤原忠平	宣旨	左大将如旧	『貞信公記抄』
				大納言	源昇	宣旨	卿如元	『貞信公記抄』
				大納言	藤原道明	宣旨	傅右大将等如元	『貞信公記抄』
4	承平3	933	2.13	右大臣	藤原仲平	宣旨	左大将如元	『初任大臣大饗雑例』
5	承平7	937	1.22	左大臣	藤原仲平	（宣旨）	左大将如元	『初任大臣大饗雑例』
				右大臣	藤原恒佐	（宣旨）	右大将如元	『初任大臣大饗雑例』
6	天慶7	944	4.9	右大臣	藤原実頼	宣旨	右大将如元	『初任大臣大饗雑例』『小右記』（長徳元年6月21日条）
7	天徳4	960	8.22	中納言	藤原師氏	（宣旨）	左衛門督如元	『西宮記』
8	康保3	966	1.17	右大臣	源高明	除目	同廿七日左大将如元（除目）	『西宮記』『公卿補任』
9	康保4	967	12.13	左大臣	源高明	宣旨	左大将如元	『本朝世紀』『初任大臣大饗雑例』
				右大臣	藤原師尹	宣旨	右大将傅如元	『本朝世紀』『初任大臣大饗雑例』
10	天禄元	970	1.27	右大臣	藤原伊尹	宣旨	二月二日兼左大将如元歟	『初任大臣大饗雑例』
				権中納言	藤原雅信	宣旨	二月二日左衛門督如元	『初任大臣大饗雑例』
				権中納言	藤原朝成	宣旨	二月二日兼中宮大夫	『初任大臣大饗雑例』
11	天禄2	971	11.2	左大臣	源兼明	宣旨	八日東宮傅如元	『初任大臣大饗雑例』
				右大臣	藤原頼忠	宣旨	同八日左大将如元	『初任大臣大饗雑例』
12	正暦2	991	9.7	権大納言	藤原道長	（除目）	廿一日大夫如元	『日本紀略』『小記目録』
13	長徳元	995	6.19	右大臣	藤原道長	除目	同廿日大将如元	『小右記』

14	長徳2	996	7.20	左大臣	藤原道長	（除目）	廿一日大将如元	『小記目録』
				右大臣	藤原顕光	（除目）	廿一日右大将如元	『小記目録』
15	長徳3	997	7.5	内大臣	藤原公季	除目	同九日左大将如元	『権記』『小右記』『日本紀略』
				大納言	藤原道綱	除目	九日右大将如元	『権記』『小右記』『日本紀略』
				権大納言	藤原懐忠	除目	九日民部卿如元	『権記』『小右記』
16	治安元	1021	7.25	右大臣	藤原実資	宣旨	廿八日右大将如元	『小右記』『日本紀略』
				内大臣	藤原教通	宣旨	同廿八日左大将如元	『小右記』『日本紀略』
				権大納言	藤原頼宗	（宣旨）	廿八日大皇大后宮権大夫如元	『小右記』
				権大納言	藤原能信	（宣旨）	廿八日中宮権大夫如元	『小右記』
17	康和2	1100	7.17	右大臣	藤原忠実	（宣旨）	同十八日宣旨云、如元可為左近大将	『為房卿記』
				内大臣	源雅実	（宣旨）	同十八日宣旨云、如元可為右近大将	『為房卿記』
18	久安5	1149	7.28	内大臣	源雅定	宣旨	同廿九日左大将如元	『本朝世紀』
				参議	藤原経宗	除目	八月二日左中将如元	『本朝世紀』
				参議	藤原資信	除目	八月二日右大弁如元	『本朝世紀』
				参議	源俊雅	除目	八月二日左大弁如元	『本朝世紀』
19	久安6	1150	8.21	内大臣	藤原実能	宣旨	同廿二日右大将如元	『本朝世紀』
20	保元元	1156	9.13	左大臣	藤原実能	（除目）	同十七日東宮傅如元	『兵範記』
				権大納言	藤原重通	（除目）	同十七日中宮大夫按察使如元	『兵範記』
				参議	藤原公親	（除目）	同十七日右中将如元	『兵範記』
21	保元2	1157	8.19	内大臣	藤原公教	除目	同廿一日左大将如元	『兵範記』
				権大納言	藤原公能	除目	廿一日右大将如元	『兵範記』
				権大納言	藤原季成	除目	廿一日民部卿如元	『兵範記』
				権中納言	藤原基房	除目	同廿一《中略》同日左近権中将如元	『兵範記』
22	永暦元	1160	8.11	権大納言	源雅通	（除目）	同十四日中宮権大夫如元	『山槐記』
				権中納言	藤原兼実	（除目）	十四日左中将如元	『山槐記』

23	応保元	1161	9.13	右大臣	藤原基房	（除目）	十五日左大将如元	『山槐記』
				権大納言	藤原兼実	（除目）	同十五日右大将如元	『山槐記』
24	仁安2	1167	2.11	内大臣	藤原忠雅	宣旨	同日如旧兼右大将	『山槐記』
25	仁安3	1168	8.10	権中納言	平時忠	（除目）	十二日更兼右衛門督使別当如元	『兵範記』
26	安元元	1175	11.28	参議	藤原朝方	除目	十二月八日皇太后宮権大夫如元（除目次）	『玉葉』 『公卿補任』
27	治承元	1177	3.5	内大臣	平重盛	（宣旨）	同日大将如故	『玉葉』
28	寿永元	1182	10.3	権大納言	藤原良通	（宣旨）	同七日右大将如元	『玉葉』
				中納言	平時忠	（除目）	同七日左衛門督如元	『玉葉』
				中納言	平頼盛	（除目）	同七日按察使如元	『玉葉』
29	寿永2	1183	4.5	内大臣	藤原実定	宣旨	九日左大将如元	『玉葉』
				参議	藤原修範	（除目）	九日更任左京大夫	『玉葉』
30	文治2	1186	10.29	内大臣	藤原良通	宣旨	十一月二日蒙大将還宣旨	『玉葉』
31	文治5	1189	7.10	右大臣	藤原実房	（宣旨）	同日左大将如元	『玉葉』 『愚昧記』
				内大臣	藤原兼雅	（宣旨）	同日右大将如元	『玉葉』
				権中納言	藤原隆房	（除目）	同日左兵衛督別当如元	『玉葉』
32	建久2	1191	3.28	権中納言	藤原能保	（除目）	四月一日更任左兵衛督為別当	『玉葉』
				参議	藤原光雅	（除目）	四月一日更任大宮権大夫	『玉葉』
33	建久9	1198	11.14	権大納権	藤原経房	宣旨	同日民部卿如元	『自暦記』（『大日本史料』）
34	正治元	1199	6.22	右大臣	藤原家実	宣旨	同廿三日大将如元	『猪隈関白記』
				内大臣	源通親	宣旨	同廿三日大将如元	『猪隈関白記』

手続きについて、【表2】をみればわかるように、『公卿補任』の尻付などが、必ずしもそのことを明示するとは限らないことにも留意する必要があるだろう。

そもそも新しいポストに就くことは、それまで帯びていたポストの自動的解任を意味する。それは議政官が兼帯するポストについても同じことであろう。例えば任大臣議において、宣命が読まれた直後、帯剣をはずす行為が史料上でしばしばみられるのは、宣制によって旧本官とともに兼帯武官の方も解任されたとみなされていたからにほかならない。とするならば、任大臣儀のあとにもとの兼官を除目で任じ直すことは、本来なら必須の行為であったともいえよう。さきの『村上天皇御記』で「例以二宣旨一兼之時、不レ奏二慶賀一」とするのは、通常の任官儀礼体系においては変則的な存在である外記（二省）への宣旨下給方式が、もともとは略式であったことを示しているのかもしれない。いずれにしても、このように旧兼官をあらためて「除目」によって任じ直す場合もあること、そして長徳元年の事例にみられるように、それもまた天皇から上卿への兼官留任の「宣旨」にもとづいて行われたことに注意したい。

第五節　宣旨の変化

第三節までにおいて、兼官留任を処理する場合、本官の任官形態によって、その方法がまったく異なることを明らかにした。この相違について、実務官人による政務処理という視点に立つなら、外記の役割の相違ということになるであろう。くり返すことになるが、（B）に対して（A）の場合、外記は上卿を介して勅旨を直接受けることはなく、任官文書等をたんに持参・準備する役にとどまったからである。しかし、そう断定する前になお検討しておかなければならないのは、虎尾氏が「兼字宣旨」の実例としてあげた、『伝宣草』所収の鎌倉時代の元応元年（一三一九）六月十六日宣旨[21]のとらえ方である。まず史料を確認する。

元応元年六月十六日　宣旨
　権中納言藤原朝臣基
　　宜レ為二右近衛中将如一レ旧
　　　　蔵人頭宮内卿藤原成隆

これは蔵人が記した「口宣」（口宣書）であるが、これに続く上卿から外記への消息の存在によって、通常の消息宣下の場合と同様に、同じ内容を外記が奉じていることは明らかである。したがって外記による宣旨書も作成されたとみられよう[22]。しかし問題なのは、ここにみられる藤原（近衛）基嗣の本官たる権中納言への任官は、実は任大臣儀ではなく除目によって行われたと考えられることである[23]。すなわちこれは（A）のケースなのであり、上卿が奉じた兼官留任の勅旨の内容そのものを、外記（あるいは二省）が直接受けるのは任大臣儀の（B）のケース、とするさきの論旨と齟齬をきたすのである。このことをどう考えるべきなのだろうか。

この点を検討する上で重要なのが『中右記』元永元年（一一一八）正月二十三日条の記事と思われる。この年の春除目の任官儀（下名）の終わった翌日、臨時百座仁王会の上卿の勤めを終えて退出しようとした権中納言藤原宗忠のもとに、頭弁である藤原顕隆が来て次のように「仰せ」を伝えた。

頭弁来仰云、（中略）一日除目左京権大夫有賢任二参河守一、皇后宮少進任二安芸守一。二人共可レ有二兼字一。又以二重恒一被レ成二主税属一可レ遷二任主計属一也。是先被レ尋レ例処、如レ此事以二口宣一被二仰下一者。又仁王会日被レ行二他公事一先例多存、仍所レ被二仰下一也。

頭弁密語云、去夜此事下名之次欲㆓仰下㆒処、上卿治部卿早々不㆑申㆓案内㆒被㆑行了。仍今日追所㆑被㆓仰下㆒也者。予移㆓着端座㆒、令㆑敷㆓膝突㆒、召㆓大外記師遠㆒、両人之兼字主計属事、以㆓口宣㆒仰下了。但如㆑此事先例如何。師遠申云、引㆓奉行上卿仰㆒以㆓宣旨書㆒所㆑下㆓知諸司㆒也。

すなわちここで宗忠は、顕隆から「兼」字等について口宣をそのまま下すように命を受けた。しかし、顕隆が密語していうには、この件は当初、前日の「下名」のときに処理するはずのものだったのであるが、それができなかったため今日こうした方法をとったというのである。宗忠は、命じられた通り大外記の中原師遠に宣下したが、このようなケースの先例について師遠にたずねている。師遠はこのような場合、上卿宣を引用して外記が宣旨書を作成し、「諸司」に下知すると答えた。ここでいう「諸司」とは二省と考えてよいであろう。すなわち、先例の件数はともかく、少なくともこの時点で、本官が除目による異動の場合でも、召名の訂正という形をとらず、勅旨の内容が（B）のように外記に直接下される場合があったとしなければならない。

記主の宗忠は、こうした案件を政務手続きの当事者として処理したことがなかったようであるが、宗忠本人が直接関わらないものの、実は『中右記』には、その七年前に同様のケースがあったことをうかがわせる記事が存在する。すなわち、天永二年（一一一一）八月二日条によれば、七月二十九日の除目の後、八月二日に宗忠の子息宗成の侍従留任についてとくに「兼字事被㆓仰下㆒」され、それによって外記が宣旨を書いて宗忠のもとに送付していることがみえるのである。このときのことは摂政藤原忠実も書き留めているが、そこで忠実が「上卿仰㆓外記㆒歟」[24]とあえて記したのも、上卿・参議らによる召名訂正の儀式を経ずに、勅旨を直接外記に下すことが、やはり当時はまだ一般的とはいえなかったからだろう。

一方、少しさかのぼった『師記』承暦四年（一〇八〇）四月二十二日条には、この年の春除目後の兼官留任の処理について、上卿が「人々」に「召二旧除目一可レ付二兼字一歟、将可二新補一歟」とたずねていることがみえ、この場では結局「職事仰二可レ補由一、若有二除目一者、其次可レ補」と決まった。ここでは、（Ａ）のケースでも、前節でみたような、旧兼官を後日の除目においてあらためて任じる場合があったことがわかるとともに、除目の決定に対して変更を加える場合、この時期はまだ、「新補」するか、召名（「旧除目」）に「兼」字を書き加えるかのいずれかの方法しかなかったことがうかがえる。したがって直接外記に宣下する方式は、これよりもあとになってから定式化したようである[25]。

もっともさきの『中右記』元永元年の記事以降も、直物において「兼」字を付したとみられる事例がなお存在するから[26]、その当時直物の実施が滞りがちであったとはいえ[27]、このような外記への宣下方式に完全に切り替わったわけではないようである。しかしいずれにしても、（Ａ）の場合においても、その召名本紙に参議が「兼」字を付す一連の儀礼を経ることなく、上卿が口頭で外記に勅旨を下達するだけで簡便に処理する方式が新たに成立したのである。『伝宣草』の事例とはこの新たな方式についての実例と考えられるのである。

以上のことから、（Ａ）と任大臣儀に関わる（Ｂ）とでは、本来的には兼官留任の手続きがまったく異なるのだが、十二世紀以降、（Ａ）に関する手続きは、外記が勅旨を直接奉じることが可能になったという点で（Ｂ）と同質化しつつあった、とするのがより正しい理解といえよう。

おわりに

以上、兼官留任の宣旨について、手続きの問題を中心に検討した。勅旨として上卿に下された「宣旨」という点では同じであっても、その後の処理において多様な手続きがとられうることが明らかになったと思う。とくに議政官に限ってみるなら、それ固有の特殊な任官形態（＝任大臣儀）の事情ゆえに、召名の訂正とは無関係な手続きをとらざるをえない場合も多かったのである。そしてまたこの宣旨とは、こうした本官の任官形態の事情にかかわらず、あるいは留任決定が本官の異動と同時であるか否かを問わず、兼官を留任させる場合には必ず勅旨として下される一般的なものだったといえよう。(28) 少なくとも形式の問題としてはそのようにみなされていた。そうでなければ、元慶六年七月一日式部省奏状の「至㆑兼㆓本官㆒、必有㆓宣旨㆒」との主張、すなわち、この宣旨が兼官留任の際には「必ず」下されるがゆえに参議は職事官である、とする主張が生きてこないであろう。その意味でこの宣旨に、通常の任官を命じる勅旨以上に特例的な側面は見出しがたいのである。

そして一方、十二世紀に入ると、除目の場で確定された人事についての変更（兼官留任の追認など）を、その召名の訂正とは異なった形で処理する方式も確立した。すなわち、本官の任官形態の特殊性などの事情もないのに、兼官留任の勅旨をそのまま外記に下して処理するという極めて簡便な措置もとられるようになったのである。

この新しい方式の登場については、貴族社会における政治の形態を考える上で注意すべきであろう。いわゆる公卿合議とは異なるが、除目とは、基本としては公卿参会の場での人事決定のあと（御前儀でない場合は勅旨が上卿に伝達されたあと）上卿の指揮のもと、参議によって「太政官謹奏」(29) などから始まる召名が作成され、その奏聞の上、任官儀(30) により施行されるものであった。除目人事の変更も、上卿・参議による召名の訂正、その再奏上と二省への下給、といった儀式をくり返すことによってはじめて可能になった。追記であるか否かを問わず、召名に対しての「兼」字付与も、そうした意味で厳格な手続きを伴う任官儀礼の一部を構成していた。勅旨による一方的な発令であっても、形式上こうした手続きが厳しく守られてきた「除目」という政治形態の枠組の一端が、ここにおいて一般的な政務と代替可能になったといえるのである。

そしてその十二世紀に入ったばかりのころ、除目本体の儀礼そのものについても、従来とは異質な手続きをとるケースがみえ始めていたことに注意を要する。すなわち『本朝世紀』康和五年（一一〇三）十二月二十九日条によれば、この日に「春宮坊帯刀於二陣頭一搦二進犯人一賞」としての任官の仰せが、上卿の権中納言源国信から直接大外記中原師遠に口宣で伝えられ、「口宣例不レ穏事歟」と評されている。またこのときのことは藤原宗忠も「今夜又有二小除目一（中略）後聞、件除目不レ書。上只以二口宣一被二仰下一者。世間人為二奇恠一。於レ陣臨時除目被レ行時、必以二参議一令レ書恒例。今度不レ然。如何〻〻[31]」と記し、その特異な状況を指摘している。除目関係の手続きが外記への口頭の宣下のみで処理されている点は兼官留任の手続きの変化と共通するといえよう。

このように除目儀礼から大きく逸脱した任官が可能になったとすれば、兼官留任の宣旨の変形や手続きの簡略化も、この時期における直物などの儀礼の弛緩のみからとらえるのではなく、政治形態としての除目の位置づけの推移の中で考える必要があるだろう。逆にいえば、これらの除目儀礼の変質を通して、院政期の政治構造の特質を考えることができるのかもしれない。

註

（1）虎尾達哉「参議宣旨職論小考—参議を宣旨職とする通説を疑う—」「元慶六年七月一日式部省奏状について—参議職事官化の実相—」（『日本古代の参議制』吉川弘文館、一九九八年、初出は一九九五・九六年）、以下虎尾氏の所論はこれにもとづく。

（2）以下、兼任していたポストなどを本官の異動後もそのまま兼任として留まらせるための宣旨を便宜上「兼官留任の宣旨」と表記するが、ここでいう「兼官」とは、選叙令5任両官条で規定する法制用語としての（「正」官に対する）「兼」官を指すものではない。また「本官」は宣旨の下給以前に帯びていた官の意で用いる。

（3）以下、本章の『公卿補任』における校訂記号は、新訂増補国史大系に従い、（　）は底本の割註、〔　〕は校異を表す。ただし、後者の対校諸本の記号部分は略した。また諸本による底本の闕脱部分の補正箇所については、囲みの記号等をすべて略し本文にそのまま組み入れた。

（4）ただし、佐々木恵介氏によれば、宣命の中に大納言以下も含まれるようになったのは、延暦二年（七八三）の任官儀以降である（「任大臣儀について―古代日本における任官儀礼の一考察―」『日本古代の官司と政務』吉川弘文館、二〇一八年、初出は二〇〇三年）。

（5）通常、文官・武官の召名はそれぞれ別個に式部・兵部官人に下されるが、この召名の場合は文官の任官も含まれていたにもかかわらず兵部大輔にのみ下されていたようである。これは前掲の『本朝世紀』天慶五年（九四二）閏三月七日条などにみられるように、式部省官人不参の代理として兵部大輔に下されたものとみられる。

（6）『九暦』天暦四年（九五〇）七月二十六日条（『御産部類記』三）。

（7）『小右記』長和三年（一〇一四）六月十七日条など。

（8）『権記』長保三年（一〇〇一）十二月七日条など。

（9）『公卿補任』尻付にみられる兼官留任の記事のうち、留任の日付の記事がないケースについて、虎尾氏はいくつかの実例から、それも後日に留任が決定された可能性を指摘している。しかし一方で、除目の場で任官と同時に「兼」字が付されたため、日付を省略したと思われる事例もある。例えば『公卿補任』長承二年（一一三三）条では、頭弁源師俊・頭中将藤原公教の参議任官について、それぞれ「正月廿九日任（元蔵人頭右大弁）、大弁如レ元」「正月廿九日任（元蔵人頭、頭労三年）、左中将如レ元」として、兼官留任の日付を明示していない。しかし、この兼官留任について、『中右記』同年正月二十九日条は、同年春除目の最終日の様子として、「頭弁・頭中将任二参議一。付二兼字一」と記しており、この場合は議政官任官決定と同時に召名に「兼」字が付されたことがわかるのである。

(10) これらは「加任」などと称される。
(11)『中右記』天仁元年(一一〇八)正月二十七日条。
(12) なお、このような任官儀(下名)の際の「兼」字付与は『公卿補任』の尻付にもうかがえる。例えば保元元年(一一五六)条の参議藤原伊実の尻付には、「正月廿七日任、元蔵人頭左中将中宮権亮、下名賜二左中将兼字一」とみえる。
(13) 御前除目の場で宣旨が下った場合は、執筆が大間書に付す。
(14)『初任大臣大饗雑例』還宣旨事(『続群書類従』第三十三輯上)。
(15) ただし、太政大臣への昇進の場合は大将を辞任した。
(16) 外記が奉じて自ら書き下した宣旨の実例については、『山槐記』仁安二年(一一六七)二月十一日条にみえるものが最も古いと思われるので、それをあげておく。

内大臣藤原朝臣

正二位行大納言源朝臣雅通宣、奉レ勅、件人宜三如レ旧兼二任右近大将一者

仁安二年二月十一日　大――奉

ここでは奉者が略記されているが、記主藤原忠親は、その日の任大臣儀に伴う随身宣旨・輦車宣旨などの一連の下外記宣旨を、大外記清原頼業から当日「尋取」って写しており、他の二つの宣旨も頼業が奉じているのは明らかなので、これも大外記の頼業が書き下したものと考えてよいであろう。ここにみえる内容からも、外記は上卿が受けた兼官留任の勅旨をそのまま奉じていることがわかる。なお、外記はこうした宣旨を書き下した上で、さらに二省に伝宣したとみられるわけだが、それとは別に外記はこの宣旨そのものを、留任の当事者に渡す場合があった(後述の『中右記』天永二年(一一一一)八月二日条参照)。
(17) 史料纂集で全体を示すと「□〔民部卿懐忠カ〕□〔兼〕・大蔵卿扶義兼・左大将公季兼・右大将□〔道綱カ〕□〔兼カ〕・□・□〔民部少カ〕輔清通・摂津守理兼兼・尾張守知光・伯□〔耆守カ〕政職」となる。
(18)『西宮記』恒例第一、正月、大臣召(裏書)所引。

(19) したがってこのケースの中には、天皇からの「宣旨」下給にもとづいて、上卿が「除目」の中で処理したものを含む可能性がある。

(20) なお、兼官留任の決定日が同日であるにもかかわらず、大将留任などは宣旨を外記に下すことによって、それ以外のポスト留任は除目によって処理するという形式がのちにみられるようになる（『山槐記』仁安二年（一一六七）二月十一日条参照）。また『明月記』建暦二年（一二一二）六月三十日条（国書刊行会刊本）に「大将還宣旨、隆衡卿公氏朝臣今度載二召名一云々。未レ聞事也」とあることから、鎌倉時代初頭には大将留任を除目で新任として処理する方式が行われなくなって久しいこともうかがえる。

(21)『伝宣草』上、下外記部（『群書類従』第七輯）。

(22) 外記による宣旨書の実例については、前掲註(16)参照。

(23) この日に除目が行われたことは、記録等から明確にできるわけではないが、少なくとも大臣に関する異動はなかった。また『公卿補任』によれば、同日に議政官以外のポストの異動が確認できるから、この日に除目が行われたことは確実であろう。

(24)『殿暦』天永二年（一一一一）八月二日条。

(25) この『師記』にみえる上卿からの諮問に対して、「源中納言被レ申云、召二彼年除目一可レ被レ付レ兼歟」とする意見が出たのに対し、記主の源経信が先例として、外記に宣旨を下して処理する方式を主張しているようにもみえる部分がある。ただ記事に欠落部分もあり、また文の前後関係とのつながりも不明瞭なところがあるため、詳細は不明としかいえない。しかしその先例がすでにあったとしても、承暦四年当時それが一般的な選択肢には入っていなかったことは間違いない。

(26)『公卿補任』保元二年（一一五七）条の平範家の官歴に「久寿元十二月廿八日転二権右中弁一（元左少）。同二二月直物（被レ付二兼字一）」とみえ、実際に『兵範記』等によれば二月二十五日に直物があったことが確認できる。

(27) 当該期に成立の『江家次第』巻第四、直物は、直物について「往古毎年除目訖、一日〔月〕中行レ之。中古以来毎年不二妙〔必〕行一レ之」とする。

(28) すなわち、六国史等の任官記事において一般にみられる「――如レ元」などの事例はすべて該当すると考える。
(29) ただし、勅任なら「勅」となる。
(30) ただし、通常は春・秋の定例除目でなければ、太政官庁・外記庁における唱名の儀式は伴わない。
(31) 『中右記』康和五年（一一〇三）十二月二十九日条。

終章　律令官人制とその再編

ここまで本書では律令官人制の「再編」の問題を中心に、官人制に関わるさまざまな問題について、とくに下級官人という視角に留意しつつ検討を行ってきた。最後に本章では、まず第一節でそれらの成果を中心にその再編の過程を時系列的に整理し、再編によって成立した平安時代の官人・官人制のあり方を提示する。次に第二節でこうした再編問題の検討から浮かび上がった律令官人制そのものの特質の一側面について、若干の新たな知見を付け加えて述べる。以上をふまえ、最後の第三節で律令官人制再編の性格と、それを課題とすることの意義についてあらためて考えることにする[1]。

第一節　律令官人制の再編過程

1　九世紀の官人制再編——自律的官司運営の進展——

養老軍防令46五位子孫条・47内六位条の規定によれば、律令官人の出身にあたっては、大学寮を経て課試及第した場合などは別として、まずトネリに就くことが基本とされた。彼らはその上で諸司に配されたのである。それは天皇への近侍という部民制下のトネリの性格を重視した出身法であった。その際、官人の圧倒的多数を占める位子階層は、本貫京国および式部省による「簡試」（あるいは兵部省による「試練」）を経た上でトネリ等に任用されることになっていたが、この簡試については、第Ⅱ部第一章で明らかにしたように、九世紀前半の間に行われなくなったと推測される。一方、式には「雑色出身」（『延喜式』式部省上246位子条）という出身形態がみられるが、これは式部省等の簡試が廃止された結果、位子階層の出身については、諸司が直接彼らを雑色（使部・伴部など）として採用し、省にはその採用結果のみを通知するという出身法が一般化したためと思われる。

そしてこの時期、諸司だけでなく諸衛についても、同様に個別官司ごとの任用選考の傾向が看取される。さきの内六位条の規定によれば、位子のうち武芸的側面が見出された者については、兵部省の「試練」を経て兵衛として任用するとされていた。しかし、式では「凡近衛・兵衛者、本府簡試」（『延喜式』兵部省34近衛兵衛条）として、それぞれの衛府自身による選考を規定する。この点については、『続日本後紀』承和六年（八三九）八月庚戌条所引の大同元年格が、近衛に関して「蔭子孫・式部兵部散位・位子・留省・勳位等之類、聴二本府試補一」とすることから、少なくとも近衛、おそらくは衛府舎人全体が、この大同年間に至り兵部省の事前関与なしに諸衛によって直接選考されるようになったと推測されるのである。

このように九世紀に入ると、官人の出身において、式部・兵部省はトネリ等の選考に関与しなくなり、トネリを基本とする出身法も衰退したと考えられる。トネリを通過することがなくなったという意味では、トネリの性格をふまえた均質的な官人の養成が重視されなくなったともみられよう。しかし同じころ、史生に準じて諸司に新設されていった書生をみると、その任用法は、史生が式部省の課試を必要としていたのと異なり、あえて「不レ歴二省試一」と規定するなど、式部省の関与を避ける傾向にあったことがわかる（第Ⅲ部第一章）。そうしたことと、雑色出身の一般化、衛府舎人の「本府試補」化を考えるならば、ここではむしろそれぞれの官司自身による官人の選考、という官司の主体性を重視する任用姿勢の方向性に注意したい。こうした当該期の個別官司運営の効率化という面からみた場合に想起されるのが、九世紀初頭、とくに大同年間に行われた大規模な官司・人員の整理や官人給与の再編であり(2)、また同時期における諸司公廨の設置や諸司田の画期に関する指摘である（第Ⅲ部第二章）。これらはみな連動する動きである可能性が高いと考えられる。

任用選考にあたっての式部・兵部省の非関与、諸司ごとの出身の強化といった傾向のほか、九世紀前半における下級官人に関わる官人制の方向性についてもう一つ注意したいのが、第Ⅲ部第一章で指摘したように、本来的には式部判補のような下級のポストでも、任用にあたり式部省を経由せずに勅裁を必要とするケースが増加したことである。こうした場合の任用事由をみると、例えばいわゆる「恩寵」や「儒後」など、令制の任用論理から乖離したケースが見受けられる場合がある。そして同様な意味で注意したいのが、もともとが勅裁主体の任用決定の場、すなわち「除目」の場における変化である。九世紀初めごろに自解申文が除目の場に直接供されるケースが増加し、弘仁四年（八一三）に、のちの除目の第三筥（自解申文を入れる筥）につながる筥が登場したからである。

その変化の意義については第Ⅲ部第二章で詳述した。大宝元年（七〇一）七月二十八日の太政官処分からもうかがえるように、職事官の任用にあたっては、式部省がその候補者を取りまとめて太政官に提出するのが令制の原則であったと考えられる。それに対して九世紀に入り、外記が用意する自解申文の筥が登場し、王権側が除目の場で直接自解をみるようになったということは、式部省の事前査定になじまない事由、すなわち令制の任用論理から乖離した事由などについて、それらを積極的に汲みとる形での任用の仕組みが除目の場で制度化されたことを示唆する。そして諸司の問題を考える上で注意したいのが、その自解申文の直接提出ルートの登場を契機に、諸司が任用を直接申請する「諸司奏」も、このあと続けて確立したと考えられることである。

この諸司奏の性格を分析すると、それはたんなる人事文書というだけでなく、諸司自身が必要とする多様な奉仕等を吸収しようとする際に有効に機能する文書であり、個々の官司運営の効率化・自律化の強化にとって必要不可欠の文書であることがわかる。つまり、自解ルートを利用して諸司奏の直接提出が可能となることで、諸司は令制の論理からははずれた官人の奉仕などを幅広く組み込みながら、その自律的運営をより強力に推進させていったと想定されるのである。九世紀における諸司財政の独立化の傾向についてはすでに指摘されている。以上に加えて、雑色出身の一般化と式部・兵部省の関与の縮小、そして諸司奏の成立などをあわせて考えるなら、これら九世紀、とくにその前半段階における官人制の動向については、個別官司ごとの機能の重視や、自律的な官司運営の方向性を軸にすえた官人制の構築としてとらえることが可能であろう。

さて、これまでの平安時代の官人制研究においても、個別官司・ポストを単位とする官人の奉仕という視点が重視されてきた。それはいうまでもなく、九世紀に新たに成立・拡充する官職の「年労」に関する諸制度の研究が進んだことによる。そのため、当該期に登場した諸司奏による任用も、（いわゆる「恩寵」による任用枠に対して）年労による任用の枠の中でとらえられてきた。しかし、年労による任用とは、むしろ令制の任用論理の範疇にあるもので、諸司奏の任用論理とは必ずしも一致しない。そうした点で、この時期に新たに登場した官人制度としてもう一つ注目したいのが巡爵である。個別ポストごとの奉仕を重視する巡爵の制度も、やはり年労による任用の枠の中でとらえられてきたが、実際にはその対象となるポストの多くは、年労ではなく上日の多寡を勘案するものである（第Ⅲ部第四章）。

これらのことは、九世紀における自律的な官司運営の方向性に対応して、令制の論理外の幅広い奉仕を取り込む諸司奏のようなものが登場・確立する一方で、令制の論理の枠内にある、既存の上日や年労などの評価基準による叙任制度も、やはりその方向性に応じる形でそれぞれ再整備されたとみなすべきだろう。

そしてそのように上日・年労を並列的にとらえた場合、大きな問題になるのは、九世紀前半における〈位階の上日・成選から官職の年労へ〉という律令官人制の再編に関するこれまでの基本的な考え方である。そのため第Ⅲ部第四章において通説の再検討を図った。まず上日から年労への転換の根拠とされる十年労帳などの叙位関係文書の内容や、成選叙位の実態を見直すと、そうした形での「移行」をうかがうことは困難であった。そして第Ⅲ部第二章でも指摘したように、十世紀後半以降も視野に入れるなら、中下級官人層における年労制は衰退する傾向にあるといえる。一方、上日については、太政官など特定官司のポストにおいて、九世紀以降、評価基準としてむしろ制度的に拡充される傾向にあった。巡爵の多くが上日の多寡で叙爵を決定していたのも、それが反映されたものであることはいうまでもない。

このように、上日と年労は新旧制度の移行の関係にあるのではなく、九世紀段階における個別官司ごとの主体性やその自律的運営が重視される中で、人事評価の基準としてともにクローズアップされ、それぞれ新たに「官職の上日労」「官職の年労」として再整備されたものである。再編問題を考えるにあたっては、そうした背景のもとで、個々の官司・ポストごとにその職掌にふさわしい評価方法が選択された点にこそ注目すべきであろう。

一方、成選叙位については、九世紀における上日・年労の再整備の動向とは無関係に衰退することとなる。すなわち五位以上の勅授については八世紀の間に（第Ⅲ部第四章）、そして六位以下の奏授・判授については十世紀半ば以降に（第Ⅲ部第三章）行われなくなったと考えられる。時期的にみてもやはり〈位階の上日・成選から官職の年労へ〉という「移行」の関係は成立しがたいのである。

2　十世紀の官人制再編――令制的身分編成の解体――

九世紀段階における官人制の再編は、自律的な官司運営を重視する中で進んだが、官人の地位や性質そのものに変化が生じた様子はみられない。しかし十世紀に入ると、六位以下の下級位階が消滅・形骸化した事実にうかがえるように、律令官人制の根幹に関わる部分に明らかに大きな変化がみられるようになる。

この十世紀における官人と官人制の変質の問題については、第Ⅲ部第三章を中心に検討した。制度的にみた場合、その変化を考える上で重要なカギとなるのが、式部省が季帳を作成して太政官に上申し、それによって民部省が蠲符を発給し課役免除を行う、という令制の基本的なシステムの一つを停止した延長四年（九二六）の措置であると考える。この措置以後、諸司雑任層については、任用だけでなく課役免除についても諸司の裁量によって決定されるようになり、その結果、令制的身分編成などの解体をもたらすことになったと考えるからであるが、それによって官人・官人制がどのように変質したのかを述べる前に、なぜ十世紀に入ってそうした根本的な改変が行われる必要があったのか。その背景について、諸司・諸国それぞれの視点に立って言及した第Ⅱ部第二章・第Ⅰ部第四章の概要をそれぞれ述べておく。

既述のように、九世紀における自律的な官司運営を重視する方向性のもと、雑任などの任用に関しては諸司の裁量が強く反映されるようになった。しかし式部・兵部省が彼らを最終的に官人として把握し、統一的に管理するという人事システムに変わりはなかったから、諸司による実質的な任用が先行しすぎると、諸司のもとで事実上の奉仕を重ねていても、二省および民部省が認可するまで、その令制的身分に対応する考課や課役免除などの特権を受けることができない、という律令官人制システムの構造に関わる問題が、九世紀を通して顕在化することになる。また、令制下における諸司の運営は、仕丁による雑役が設定されていたように、当初から官人身分の者の奉仕のみを想定していたわけではなかったが、自律的な官司運営が進むにつれて、そうした部分は個々の官司の実情に合わせてさらに拡充される必要があった。しかしながら、仕丁のような正規の令制的身分を保持しない限り、彼らに対する課役免除などの身分保障はない。このように、従来の令制的身分編成にもとづく官人制システムは、自律的な官司運営を進める上で足かせとなっていたのである。

一方、九世紀の京外に目を向けると、院宮王臣家や諸司などは競ってその勢力の扶植に力を注いでいたが、その要因の一つに、令制的俸禄制の崩壊・再編が指摘されている(3)。自律的な官司運営の強化もそうした面からとらえてゆく必要があるが、在地勢力の動向という側面からみて注意されるのは次の二点である。まず、大粮米などの諸司への直接納入化などを機に、その収取システムを媒介にして中央官人などの特権身分を獲得しようとする在地有勢者が増加したと考えられること、そして次に、彼らは必ずしもその身分を楯に国司に対捍するわけではなく、その中にはむしろ国司からの非制度的な差用に応じてまで、国郡において一定の地位を得ることを志向する者が含まれていたことである。国司官長による在地支配の強化の中で、こうした非制度的差用を「国例」とする既成事実の積み重ねにより、延喜二年（九〇二）四月十一日に著名な太政官符が出され、部内居住官人の全体に対して、そうした差用を制度的に一律に課すことが行われることとなった。この官符は、令制的身分編成にもとづく蠲符の発給など、令制の課役賦課・免除システム自体を変更するものではなかったが、そうした令制システムの空洞化を促進させることとなった。

こうした諸司・諸国での身分編成に関わるシステム上の課題について、制度面で一つの決定を下したのが、延長四年（九二六）における式部省の季帳造進の停止だったのである。これによって、どこでどのような形で負担を賦課・免除するかは、基本的に諸司・諸国の判断によるところとなり、式部省などで作成された季帳によって、令制上の身分にもとづき自動的に決定されるものではなくなったのである。これは令制的身分編成、およびそれを前提に諸司・諸国と式部・兵部省、そして民部省などの官司同士の連携によって成り立つ令制諸システム全体の根本的な転換を意味する。では、それを契機として以後、官人・官人制は具体的にどのように変質したのか。

第Ⅲ部第三章で指摘したように、それが最も顕著な形で現れたのが、成選叙位の停止、つまり考選制度の廃止であり、またその結果であるところの六位以下の下級位階の消滅・形骸化である。もともと考選制度は、出身制度や課役免除システムと直接連動する、官人把握・管理のための制度でもあった。そのため、勤務評定という考課の本質面が八世紀の段階で早くも形式化・固定化し、また六位以下の官位相当も厳密に守られず下級位階の昇進に大きなメリットがなかったとしても、考選制度および初位・八位などの底辺部の位階は、下級官人を把握し、その奉仕に応じた課役免除の制度などを維持するためにも厳密に運用する必要があった。しかし、課役免除の裁量が諸司にゆだねられ、従来の免除システムが消滅し、それによって令制的身分編成が解体されれば、下級位階の存続意義は低下し、考課や成選叙位という迂遠で手間のかかる仕組みを維持する必要性はほとんどなくなる。そのため成選叙位は停止され、基本的にその昇進システムのみを存立基盤としていた六位以下の下級位階は、その律令位階としての内実を失っていったと考えられる。そしてその変化は、（六位以下の）散位や「蔭子」「蔭孫」「位子」といった地位の変質からもうかがうことができる。

つまり六位以下の位階や散位等の地位は、式部・兵部省を軸に運営されていた律令官人制システムを通して管理されるものでなくなり、元服や除目の申文作成の際など、身分表示が必要になった段階において、先例や一定の基準にもとづいて個々にそれを名乗る形式的なものになっていったのである。そして式部省による個々人の位階の把握・管理は、叙位儀などを通して五位以上になった段階で初めて行われ、それらは省作成の「五位以上歴名帳」で管理された。「正六位上」を含む六位以下の位階はたんに形式化したというのではなく、十世紀の間に大きく変質、というよりも「律令」位階としては事実上消滅していたのである。

そして同様の変化は雑任のポストについても指摘できる。九世紀以降、官人任用の選考過程で式部省の役割が低下したとしても、最終的には勅任以下式部判補以上すべてのポストを、式部・兵部省が律令人事官司として把握することに変わりはなかった。しかし、第Ⅱ部第三章で指摘したように、十世紀後半になると、雑任などの任用において、事前の選考過程における関与はもちろんのこと、最終的な人員把握でさえ二省は行っていない。除目で任じられる職事官、およびごく一部の雑任ポスト（三局史生など）を除いたほかは、律令人事官司による名簿上の管理すらも行われなくなったのである。すなわち下級位階だけでなく、下級官職においても十世紀の間における質的変化がうかがえるのである。

こうした十世紀後半における下級官人レベルでの官人制変質の直接的な要因は、延長四年の措置などにみられる令制諸システムの変質、すなわち諸司ごとの課役等負担免除認定体制の成立や、考選制度の停止、あるいはそれによる出身制度や官人管理の消滅などにあると考えられる。つまり官司運営の効率化・自律化の必然的な帰結としてみるべきであろう。そのため雑任等のこのような地位の変質は、一方で諸司底辺部における実務職員の拡充・再編成の一環としてとらえることもできる。

実際この時期、諸司底辺部では、職事官すなわち「官人」（以下、これら狭義の官人を「官人」と表記する）に近い身分として、「官人代」というこれまでにない新しいポストが登場し、式部省の管理を受けない形で官人制システムの中に組み込まれてゆく（第Ⅱ部第二章）。また春宮坊・中宮職などでは、職事官の末端に「庁」という下部組織が形成され、かつての令制雑任（史生・諸掌など）を含む多様な奉仕者を編成し直した「庁官」という身分も、やはり省の所轄外の枠組として成立する（第Ⅱ部第三章）。「庁」「庁官」の成立については、諸家における家政運営の展開に応じた動きともいえるが、この段階ですでに官人制は、こうした動きにも柔軟に対応できるようなものへと変質していたことに注意したい。四等官などの「官人」に変化がないため、官司のあり方に表面上は目立った変化はみられないかもしれないが、律令官人制の基盤部分が大きく転換した十世紀半ば以降、諸司底辺の実務部門は、このように律令官人制システムや、式部省などの律令人事官司の管理から解放されることによって拡充していったのである。

十世紀半ばにおける官人制の再編とは、九世紀段階における自律的な官司運営の推進の方向性を承け、それを制度面で完遂させるための必然的なものとしてとらえることができる。それは、官司を底辺で支えてきた官人たちの身分に関わる構造、すなわち令制的身分編成の解体にまで踏み込むことによって初めて達成しえるものであり、そのためその身分編成を前提に相互に連動する諸制度、すなわち出身制度や考選制度、そして課役免除システムなど、律令官人制の基盤をなす諸システムをそれぞれ放棄させることになった。その結果、式部・兵部省による把握・管理が維持された職事官および五位以上の枠の外側――それは従来の官人の大部分を占める――では、律令官人制は実質的に機能を停止したといえよう。

十世紀半ば段階における官人制の改変は、「再編」というよりも、ある意味で「律令」官人制の「解体」というべきかもしれない。そしてそれは平安貴族社会の新たな段階に対応するための必須の転換でもあったのである。

3　再編後の官人制――官人の把握と帰属――

前項まで、九世紀から十世紀半ばにかけての律令官人制再編の諸段階を追ってきた。この項では、再編に関する論点の一つである、官人の把握・帰属という側面から、再編後の官人と官人制のあり方について私見をまとめておきたい。

九世紀以降、律令官人制システムだけでなく律令官司制システムの形もまた大きく変わってゆく。これまでとくに指摘されてきたことは、太政官中枢部（外記局・弁官局）への諸司実務機能の直属化、それによる八省クラスの総括官司の機能低下であった。[4] 八省の一つである式部省についても、その役割の著しい低下については、これまでみてきた通りである。そして従来の再編論において指摘されてきたのも、律令人事官司である式部・兵部・中務省の三省による官人把握から、外記方・蔵人方による把握へ、という転換であった。

しかし、第Ⅲ部第三章で指摘したように、再編によって式部省などが把握しなくなった分の官人を外記や蔵人所が受けもつようになったわけではなかった。そもそも外記による個別官人の把握とは、再編の前後に関係なく、基本的に式部・兵部省の把握を前提とするものであり、また蔵人所も、当初から二省・外記のラインとは別次元で官人を把握していたからである。つまり再編によって、外記・蔵人所が三省に代わる官人把握機構になったわけではないのである。それ以前の問題として、広義の官人の大きな枠組そのものが、十世紀半ばの官人制の転換によって質的に大きく変化、というよりも「律令」官人の枠組としては事実上、消滅したことに注意しなければならない。

再編の結果、省・外記によって直接把握される官人の範囲は、基本的に除目・叙位儀を通して叙任が行われる職事官・五位以上と狭まったが、これはほぼ狭義の官人、いわば本来の「官人」の枠の範囲といえる（以下、この範囲をA枠とする）。その「官人」（A枠）に対して、その周囲に位置する雑任など、従来の広義の官人の枠組（以下、これをB枠とする）にいた者たちは、式部省を軸に成り立つ官人制システムのもとを離れ、諸司（所々）・諸家あるいは諸国ごとに独自に把握されることになったのである。

もともと八・九世紀の諸司や諸国の底辺部では、多様な身分の者が個々の官司固有の呼称で把握され、さまざまな職務に従事していたが、彼らの中では、（広義の）官人であるかどうかが重視されていた。つまり式部省に把握され「考」に預かる入色等（B枠）であるか、あるいは「白丁」（以下、これをC枠とする）であるかは、同じ職務に従事していたとしても身分的には厳格に区別されていたのである。しかし十世紀半ば以降、課役免除システムが改変され、考選制度が停止されるなど、令制的身分編成を解体する形で官人制の再編が進むことにより、諸司・諸国の四等官など「官人」（A枠）の下ではB・C枠が同質化し、官司ごとの実情に応じて、文書事務や雑役に従事する者が独自に再編成されたのである。

このことは、帳内・資人をはじめ、従来から一定数の考課対象者を抱えていた諸家においても同じといえる。十世紀の間に「考帳」と呼ばれる官人基本台帳が消滅するのも、式部省等による「考」、すなわち考選制度にもとづく一律的な官人の把握・管理が行われなくなったこと、あるいは行う必要がなくなったことを象徴していよう（第Ⅰ部第三章）。官人の諸司・諸家への帰属とは、以上のことを前提に考える必要があるだろう。では、このような形をとる再編後の官人制や官司運営は、国家の体制としてみた場合、どのようにとらえられるのだろうか。

令制下での個別官司の財政的運営は、公民一般による課役負担という形での国家への奉仕＝公役の、官司相互の連携による再分配によって支えられていた。そして式部・兵部の二省と民部省との連携のもとで成り立つ令制システムを介してその公役の免除を受けた官人子弟も、同じシステムを通して官人として編成された上で官司に配置された。そして官司の人的運営は、その官人の奉仕によって支えられていた。つまり官人の職務としての「奉仕」と、白丁が行う公役としての「奉仕」とは、表裏一体をなすものであり、個々の人間がそのどちらを通して国家に奉仕するかは、基本的に令制的身分編成にもとづいて自動的に決定され、それぞれの奉仕の管理は、二省と民部省とが互いに連携しながら、それぞれが別箇に所管していたということになる。

しかし、調庸等の公役の収取が滞るようになると、関係官司の連携にもとづく物資調達・給与（禄・食料給など）支給を前提とする官司運営の維持が困難になってゆき、諸司田の設定にみられるように、しだいに諸司はそれぞれが自己完結できるような自律的運営体制に傾斜せざるをえなくなった。そのため、諸司自身がその運営に必要な多様な奉仕を吸収できる方法など、最も効率的な経営形態が模索され、官人制システムもそれに適合する形をとることが求められるようになった。その最終的な帰結として、令制的身分編成を前提に成り立つ出身・考選・課役免除制度など、一体的に機能する令制の諸システムは、十世紀半ばに至って放棄されることになり、雑任層の人事管理と公役の収取・免除事務の双方が個別諸司の管下へと移されていった。つまり、その令制上の身分に応じて、二省と民部省のどちらか一方が所管していた各人の国家への奉仕を、個々の諸司（在地においては諸国）が直接管理・収取するという体制へと移行したのである。

第Ⅰ部第四章で触れたように、九世紀において、〈官人の職務＝白丁の公役〉の論理形成のもと、両者の負担を同質とみる意識が生まれ、延喜二年官符でそれが定着した。そして十世紀半ばを過ぎると、官人の職務と白丁の公役とを区分する令制諸システムや根拠（令制的身分編成）はもはや介在しないため、両者の奉仕は完全に同質のものとみなされるようになる（以下これを「公役」とする）。そして個々の人間の側からみて諸司（諸国）とは、本来的（令制的）な身分に関係なく、各自が可能な形での（労役あるいは物質的な）奉仕＝「公役」に応じることによって、負担免除や官職等の取得、経済活動を含む日常生活の維持を保障してもらう主体となってゆく。

例えば、平安時代中期の織部司に関する永承三年（一〇四八）八月七日の宣旨[5]から、当時の織部司織手の実態が

「諸司諸衛諸宮諸臣召使出納雑色人等」であり、[6]そのため彼らはその織部司の「司家之所役」「公役」を怠りがちであったことが知られている。この宣旨は、官衙町そのものについて触れているわけではないが、その成立過程を考える上で重視されてきた。[7]すなわち官衙町とは、もともと下級官人の宿所だったものが、摂関期になると、そこに居住する者に対して、その身分・所属に関係なく、諸司が夫役公事を徴収し、あるいは手工業者を編成する場所となっていったとされる。[8]諸司は、その私的所有に帰した土地を媒介にして、さまざまな身分の者から官司運営に必要な多様な奉仕を「公役」として吸収していたといえよう。そしてそうした展開が可能になる前提には、諸司は、その本来的（令制的）身分に関係なく自らによる編成が可能になった雑任等を媒介にして、官司運営に必要な多様な奉仕（それは令制上の職務に限らない）をすべて同じ「公役」という名目で吸収できるようになっていた実態があるのではないだろうか。ただ一方で永承三年の宣旨は、彼らの帰属先が複数に及んだ場合の諸司（あるいは諸家）側のデメリットも伝えている。

九世紀までの史料上に現れる公役（役）の用例は、ほとんどの場合、在地での課役等の負担を指していた。それが官人の、本来的な職務やそれをも超えた幅広い奉仕全般にまで及ぶようになったのは、これまで述べてきたような形での奉仕・負担関係の変化があったためと思われる。そしてやはり自律的な社会集団となりつつあった「諸家」[9]も、何らかの肩書の付与を通して諸人から奉仕を受けるとともに、彼らの権益を保障する場となり、その意味で、諸司・諸国と同様の位置づけになったと思われる。とくに年給制度の展開は、官人制上で「諸家」を「諸司」と同じ平面上でとらえることにつながったといえよう。

令制下では、律令官人制システムにより、官人階層に属する者は、基本的に何らかの形で出身し、（ポスト就任の有無にかかわらず）考課対象者として式部・兵部省に把握され「考」に預かることにより、自動的に官人の身分を獲得・保持することになった。しかし官人制が大きく転換した十世紀半ば以降、「官人」（A枠）の外側においては、本来的（令制的）身分に関係なく、諸司・諸国・諸家などに対して何らかの形で奉仕関係を結んだ者、そのうちの一定の肩書を名乗る者がいわば官人なのである[10]（第Ⅲ部第三章）。

また、蔭子孫・位子という階層にもとづいた官人身分の自動的取得システム（選叙令38五位以上子孫条・軍防令46五位子孫条・同47内六位条）など、令制下における官人層の再生産機能も、諸司や諸家、そして諸道[11]などが部分的に担うことになったと考えられる。官人制からみた場合、下級官人の諸司・諸家への帰属とは、令制的身分編成にもとづく官人の枠組や考選制度などのシステムを解体へと導いた十世紀半ばの制度的改変、そしてそれが実際に解体し、一方で諸司・諸家の自律的な組織運営が飛躍的に進む十世紀後半の段階をもって、一つの完成を迎えたとみてよいだろう。

なお、二省・外記による把握が維持されていた「官人」（A枠）、すなわち上中級官人に関しても、諸司・諸家などが彼らの権益・日常生活を保障する場となってゆくことに変わりはない。本書では、九世紀初めの除目において、式部省を介さずに任用申請を行うルートが確立したことを重視した（第Ⅲ部第二章）。これ以降、令制的な任用論理に関係なく、さまざまな形の奉仕を官人から吸収できる体制が整ったと想定されるからであり、とくに官人の帰属の問題としてみた場合、その直接的ルートの制度的確立により諸司奏が展開し、さらに諸家に対しての多様な奉仕を介した叙任体制、すなわち年給制度[12]も、そのルートの存在を前提に成立した[13]と考えるからである。なお、そうした直接的ルートによる任用申請で注意したいのは、「自解」の形をとる申請の場合も、実際には諸司などを通して行われることが少なくなかったことである[14]。

そうした意味では、官人制再編の進行により、下級官人のみならず上中級官人を含む官人が、諸司・諸家に帰属したということになる。彼らは自らの権益や日常生活が保障されるために、個別に諸司や諸家（あるいは両者）に帰属したわけだが、そうした諸司・諸家を結節点とした奉仕関係の多元化とともに、もう一つ注意されるのが、奉仕関係の重層化である。つまり諸家は、院宮・摂関家などのより上級の諸家と奉仕関係を結ぶことがあったからである。[15]

諸司・諸家は、令制的な身分編成によらない幅広い諸人（あるいはより下位の諸家）から多様な形の奉仕を受けることによって、自らの組織の保全と朝廷の行事などへの奉仕を可能にしたといえる。諸司・諸家が彼らの奉仕を恒常的に受けることができたのは、一つにはその自律的な組織運営が成熟しつつあったからであり、また一つには、朝廷の行事などの遂行と引き換えに、彼らの地位の保証を王権に直接求めることのできる仕組み——除目・叙位儀——が、官人社会の変化につねに対応できるような形で維持されていたからである。その意味で王権側は、その除目・叙位儀による人事を通して国家運営に関わる個別組織の統制・安定化を図ったともいえる。

十世紀後半において、恒例・臨時の行事や内裏造営などの財源を安定的に確保するために収取制度の再編が行われたが、[16]そうした財政構造の確立とともに、これまで述べたような官人制の運用によってもたらされる、国家運営を支える個々の組織（諸司・諸家等）の自律的安定化もまた、平安貴族社会のもとでの国家の体制として志向されたといえよう。

第二節　再編を通してみた律令官人制の特質

1　律令制下の君臣関係の実態

本書において従来の再編論の問題点を検討する中で、その再編論の前提にある律令官人制論、すなわち上日の数量で示される官人の奉仕と、位階（成選叙位）・禄という君恩を君臣関係の軸とし、一方で官職を副次的な君恩とみなす官人制論についても問題点があることを指摘した。そこで本節では、1・2項で、律令制下の君臣関係の実態とその形成・変容について、第Ⅲ部第四章での指摘を中心にこれまでの私見を整理し、それをふまえた上で、あらためて律令官人制の特質の一側面について3～5項で個別に言及したいと思う。

令制下の考課の構造をみると、それは必ずしも上日数の多寡が、考課そして成選叙位にストレートに反映される仕組みになっているわけではなく、またその制度の形成面からみても、上日を官人の奉仕の中心としてとらえることには問題があることがわかる（第Ⅰ部第一章）。また上日と位階（成選叙位）に、ただちに天皇への人格的従属関係をみることにも再考の必要がある。

たしかに上日や考選制度は、五位以上を含む官人全体に対して一律に適用されるものである。しかし、最終的に完成した令制下の考選制度とは、あくまで唐制の官人像を媒介にした官人と天皇との関係が制度化されたものであって、官人としての倫理規範や秩序の維持に主眼があり、必ずしも従来の君恩・奉仕関係を直接継承するための仕組みとなっていたわけではなかった。そしてそのことが勤務評定としての考課の早い段階での形式化を招いたと考えられる。

そしてその形式化がさらに進み、結果的に固定化にまで至ったのは、「官人」（A枠）周辺においては、個々の官人の奉仕について、多様な人事資料・情報を通してその奉仕を王権が直接確認し、それに見合った君恩を決定する場、すなわち現実の君臣関係を維持するための「場」が、考選制度（成選叙位）とは別に用意されていたためと考える。

その一つの場が叙位儀である。当初は成選案件も叙位儀での銓擬の対象となったと考えられるが、考課が形式化すると、君臣関係の実態と乖離した定期昇進化を抑制するため、そうした案件は叙位儀とは切り離されることとなったのではないか。つまり勅授における成選叙位の衰退・停止も、奈良時代の間における考課の形式化がその背景にあると考える。

そしてもう一つの場が除目である。除目については、〈位階の上日・成選から官職の年労へ〉という官人制再編の結果、官職・除目が重視されるようになり、叙位儀が除目に接近したとされてきたが、その移行関係が成立しないとすれば、両者の形態は当初から相似形とみて問題はないだろう。つまり両者はつねに一体的に運営されてきたと考えるべきであり、五位以上に関して、官位相当が維持できたのもそのためである。

この叙位儀・除目は、その手続き上の外形を固守することによって、官人社会の変化などにもかかわらず、その内側でつねに現実に即した君臣関係を反映させる仕組みを保ってきた。この両儀によって決定された五位以上・職事官という「官人」の地位が、十世紀半ばの官人制の大きな転換を経てもなお、本質的に変化することがなかったのはそのためである。この「官人」の強固な枠組とは、かつての王宮にて直接奉仕していた人々の枠組に由来するものと考えられる。

このように、令制下における天皇と「官人」との間には、考選制度にもとづく新しい君臣関係と、旧来の君恩・奉仕関係の維持を図る一方で官人社会の変化に柔軟に対応できる叙位儀・除目を媒介とした君臣関係とが重なっていた。律令制下の君臣関係については、このような形での二重の構造を想定すべきであろう。官人制の再編の過程で、〈位階の上日・成選から官職の年労へ〉という移行の形が成立しないこと、すなわち成選叙位の衰退と年労による叙位の登場が直接リンクしないのはそのためである。

そしてこの君臣関係の二重構造のうち、官人社会の実態がよりストレートに反映される叙位儀・除目を介した関係こそが、君臣関係の主軸とみるべきであろう。そして両儀で決定される五位以上の位階と官職（職事官）は、君恩としては当初から同等にみるべきだし、官職を通してしか経済的な君恩を得ることができない六位以下に至っては、官職こそが事実上の君恩の中心であったとみるべきではないか。そのことは、もともと位階による序列を意識する機会の少ない「官人」（A枠）の外側、すなわち雑任などのB枠ではより顕著であったと思われる。つまり官職を副次的な君恩とみなすことはできないのである。

2　君臣関係の形成と変容

では、このような律令制下の君臣関係の二重構造はどのように形づくられてきたのか。先学の考察にこれまでの私見を重ねてみるならば、以下のようになるだろう。

令制以前のウヂを支えていた主要な基盤は、王権のツカサとそれに付随した部であり、ツカサに就いて王権に奉仕することで、部の領有を認められていた(17)。そのツカサを通した天皇（大王）との関係については、天皇の代替わりの際にみられる「以二大伴室屋大連一為二大連一、平群真鳥大臣為二大臣一、並如レ故。臣連伴造等、各依二職位一」(18)のような留任記事が注意される。こうした留任の本質は、天皇の代替わりにおける新たな職位の確認であり、その手続きは臣・連・伴造ばかりでなく「百八十部」まで推測できるという(19)。つまり、部民制下において、王宮にて直接奉仕する者の君臣関係の中心には、ツカサつまりのちの官職に相当する地位の秩序があった。

ただマヘツキミの場合は、それに加えて天皇近辺での国政案件の処理や上奏を含む「侍候」としての奉仕(20)が重視され、そこでは御前での序列などの秩序が重要であった。外交問題を直接の契機にするとされる冠位十二階の導入・整備[21]は、官人（に相当する人々）上層部における王宮でのその秩序の可視化に主眼があったと思われる。もちろん冠位そのものは体裁上、下層部にまで設けられたが、実際には各階層のごく一部にしか施行されなかった[22]とすれば、下層部が冠位を通して秩序を確認する機会は限定的であったはずである。つまり、位階（冠位）制が始まっても大多数の人々にとって、ツカサにもとづく秩序こそが君臣関係の中心であった。

大化改新期を経て部民制が解体されてゆく中で、位階は増加・整備されるが、それは必ずしも官職（ツカサ）の秩序から位階（冠位）の秩序への軸足の移動を意味するわけではなかった。当然ではあるが、その位階の増加自体が、位階に見合うだけの官司の下部組織の急速な形成を意味するからである。しかも、その増加した全官人を対象とする基本的な位階の昇叙法として導入、整備されていったのは、唐制の官人像にもとづく君臣関係を一つの目標とする、システム化された「考選制度」であった。中下級官人層の創出が進む天武朝において、形成途上にある考選制度の関与が推定される中下級官人の昇進事例がみられる一方で、同じ制度が適用されたはずの上級官人においては位階昇進が抑制されていた[23]というのも、マヘツキミ層では、旧来の位階秩序や昇叙の仕組みが大きく変わらなかったということなのだろう。したがって早い段階から、位階制の背景にある秩序はこうした複合的なものであり、それぞれが令制下に継承され、考選制度と叙位儀を通しての叙位システムとして定着したのである。

一方、下層部を中心に飛躍的に拡充・組織化された官司・官職については、その内部において、五位以上に対し六位以下の官人が人格的に従属するという日本独自の構造が根強く残っていたという。つまり、かつての部民制下の重層的な臣従関係を承けて、官職の秩序にもとづく天皇と官人との関係は、下層部にゆくほど、（かつての王族やマヘツキミの家政機関をその淵源とする）官司を媒介にした間接的なものになり、天皇との君臣関係としては相対的に弱いものにならざるをえなかった。それをカバーするものとして想定されたのが考選制度だったともいえよう。しかし、その考選制度の仕組みは、人格的な関係が抑えられたものであり、その意味では、天皇と六位以下の官人との間における君臣関係はやはり弱いものであったと思われる。

いずれにしても、このように支配者集団の中心に位置する「官人」（A枠）においては、全官人を対象とする考選制度にもとづく後発的な君臣関係、そして王権が君恩・奉仕を直接認定する場である除目・叙位儀を介した君臣関係、の二重構造が形成されることになった。そして「官人」の周囲には、相対的に弱い君臣関係のもとにある大勢の官人（B枠）たちがいた。くり返すように、こうした複合的な形が律令制下の君臣関係の実態であったと考えられる。

それではこのような形をとる律令制下の君臣関係（君恩・奉仕関係）は、律令官人制の再編を経てどのように変化したのか。その全体像の見通しについて断案を示すことができなかったが、一ついえることは、もともと強固なものでない考選制度にもとづく君臣関係は、全官人を把握するための考課が形式的ですら行われなくなると、実態としてはほぼ消滅したと想定されることである。したがって身分・生活保障まで個々の本司の管下に置かれるようになった再編後の雑任等に関わる従属的関係については、令制当初から下級官人に対する拘束力の強かった本司等へほとんどが吸収されていったのではないだろうか。もっとも職掌によっては、彼らは天皇との間に独自に君臣関係を築く場合もあったと思われる。

そして「官人」レベルも含めた官人全体の奉仕を考えるにあたっては、佐藤泰弘氏の、官司の長官と官人との間で「召―奉仕」関係が形成されたとの指摘が重要であると考える。「役」の奉仕と使役の二面性を示すという「召―奉仕」関係が、官司内部で明確になってゆくのも、前節で述べたように、官人制の再編によって官人の奉仕は、必ずしも令制上の職務遂行を指すものとは限らない、さまざまな顔をもつ「公役」となったからではないだろうか。「公役」とは建前上、あらゆる奉仕は最終的に天皇に帰するものであることを示すのだろうが、その名のもとで行われる実際の官人の日常業務は、それまでの天皇と官人との間の双務的な君臣関係の性格を大きく変えることになったと思われる。

また九世紀に入ると、昇殿制など位階・令制官職とは別の論理にもとづく奉仕関係が表面化し、九世紀末にはさらに拡充する。[24] しかもその論理は院宮などの諸家にまでわたって広く及ぶもので、奉仕関係の多元化の前提となるものであろう。このように「官人」枠においても、一元的な関係としての君恩・奉仕の形は変形し、官人の従属関係は多元的・重層的なものへと複雑化し、天皇と官人との間の直接的な君臣関係は事実上、その一部分にすぎなくなる。

しかし、叙位儀（および位記召給）・除目（および任官儀）などの儀礼を維持することによって、「官人」の枠組では、天皇からの「君恩」の賜与の形が保持されていた。つまり従来からの唯一の従属関係としての君臣関係の維持が理念として図られ、その暗黙の合意のもとに平安貴族社会の秩序が保たれてきた部分があるのではないだろうか。再編後の官人社会における君臣関係の問題については今後の課題としたい。

3　任官文書と考課

本書では、令制下の君臣関係に関して、その中心に上日と位階制（成選叙位）・禄制を置くこと、そして官職を副次的な君恩とみなすことの問題点を指摘した。そうした通説とは異なる立場を明確にした上で、本項で付け加えておきたいのが、第Ⅰ部第二章で言及した、考課関係文書の一つとされる「考状」の一側面と、「考課」の意義についてである。

この考状について本書では、和銅五年（七一二）五月十七日詔によって初めて登場したこと、その内容は考課令1内外官条で規定される官人の「功過行能」を諸司がそのまま記録して式部省等に送付したものであり、通常は業務実績、つまり「行事」などが記載の主体であることなどを述べた。実はそこで大きくは取り上げなかった先学の指摘に、考課に関する文書であるはずの考状が、『令集解』の諸説では、官職への任用に関する選叙令4応選条（「凡応レ選者、皆審二状迹一。銓擬之日、先尽二徳行一。徳行同、取二才用高者一。才用同、取二労効多者一」）に集中して登場する、というものがある。[25] すなわち平安時代において考状の存在は疑わしく、官職の選考に際して考状が用いられたというそれらの説明（例えば同条令釈は「皆審二状迹一、以二考状一可レ為二審案一」とする）は、同条文の「状」の語にひかれた実態のない解釈であるとするのである。

たしかに考状について、集解諸説が肝心の考課との関係において明確な説明をしていないのは、考課の形式化により、考状そのものが考課で使用されなくなったためと思われる。しかし、既存の令条（戸令33国守巡行条・考課令63応考之官条）から明らかに考課関係文書と読みとれる考状について、明法家があえて任官関係文書として説明するのは、実態にもとづいた何らかの根拠があったからではないだろうか。

ところで、その応選条の集解諸説をあらためてみると、義解は「銓二衡人物一、必拠二考簿一」と述べるように、任用に関わる考状と同じような文書として別に「考簿」というものをあげる。この考簿は考課令1内外官条の義解にもみえ、ほぼ同様の役割を果たす文書として注記される。また考課令13条で規定する「式部之最」に関して、同条集解古記は「補レ官之日、太政官令三式部省挙二可レ用人一。則式部検二考案一悉抄出」と述べ、「考案」と呼ばれる式部省内の任官関係文書をあげ、それをもとに式部省が太政官に任用候補者を推挙すると説明する。[26] さらに内外官条の讃記では「考帳」と呼ばれるものをあげ、「不考」であっても「功過行能」を記録するのは、考帳に記すためとする。考帳については第Ⅰ部第三章で検討したが、平安時代に確実にその存在が確認できる文書で、考状の系譜にもつらなるものである。考課以外にも官人の解任等に関わる人事情報の伝達に関して重要な役割を果たしており、それらの内容を蓄積した式部・兵部省内の官人台帳などもそのように呼ばれていたと考えられる。このほか職員令13式部省条の「選叙」について、同条集解穴記は「選課随㆓任用㆒上㆑官。即就㆓考状帳㆒銓㆓衡其人㆒」と述べ、「考状帳」というものをあげる。

このようにみると、名称や形状、使用する場の相違があったとしても、これらはみな内容的には、業務実績を含む人事情報全般を記録した、ほぼ同一性格の文書を指しているようにみえる。そうした令制にみられない複数の名称の存在、あるいは「考——」と称しながらほとんど考課に関わらないその性格は、かえってその文書の実在を示唆する。少なくともそうした内容の官人任用のための文書の存在を否定する理由はない。それらは考課（成選叙位）に直接関係がなくとも作成されたが、それでも「考」を共通項とし、選叙・考課令の集解諸説にまたがって散見するのは、それがもともと「考」を単位とする考課事務の一環として作成されていたためではないか[27]。そして集解において考状が任用に関する応選条に多く登場するのも、当時の形式化した考課のもと、考状が考課面でほとんど活用されていなかったのに対して、官人の任免等の手続きにあたっては、そうした考状（というよりもその後継文書）に記された情報が、平安時代でもなお利用される場合があったことを示しているのではないか。

本書では、日本が唐令をほぼそのまま継受する形で考選制度を採用し運用してきたことの意義について、①令制以前からの君恩・奉仕関係を組み込むための制度というよりは、唐制にもとづく官人としての倫理規範や秩序の維持こそが第一義であるとみなした。勅授における成選叙位の停止後も、五位以上が机上であれ考課対象とされていたのはそのためである（第Ⅲ部第四章）。②それと同時に、令制的身分編成にもとづく全官人把握・管理のための統一的システムという考選制度の機能面をも重くみた。すなわち、勤務評定としての側面が結果的に早くから形式化し、①の機能が低下したとしてもなお、繁雑な考選の手続きが維持されてきたことの理由もそのシステム面に求めた（第Ⅲ部第三章）。そしてさらに、③任官関係文書と目されるものに「考」がつく場合が多いことを念頭に置くならば、その考選制度、とくに考課の手続きが長らく維持されてきたことのもう一つの理由として、考課には、上日や業務実績＝行事をはじめとする個々の官人のさまざまな人事情報を、本司において年度ごとに確認、確定させる（さらにそれを中央人事官司で集約化する）という側面があったため、との推測も可能であろう。

つまり、早い時期から考課事務とは、成選叙位のためだけでなく、官人管理、そして官職への任用・解任などに関する人事行政のためにも必須であったと考えるのである。

4　官職と行事

さて、官職を位階と同等もしくはそれ以上の君恩と位置づけ、さらに前項で触れたような、業務実績などを含む多様な人事情報を記した任官関係文書（官人台帳）の存在とその活用を想定した場合、上日以外の日常的な奉仕の質・量を示す指標、すなわち「行事」などもまた、君恩の対象となる奉仕を具体的に測るための要素として積極的に評価されるべきものであることを再認識させる（第Ⅰ部第一章）。

そもそも官人の奉仕について、行事に対して上日だけが重視されてきたことの理由の一つに、君恩が位階（および禄）を中心に考えられてきたという面がある。すなわち令には、考課・禄と上日数との関係が直接明示されている一方で、行事については、それを表す用語自体も見当たらないからである。しかしそのことが、例えば定考の儀式の中で、上日と並んで明確に官人の「仕奉」として位置づけられている行事の意義を見失わせ、あるいはその行事遂行の背後にある、さまざまな奉仕の形への関心を妨げてきたのではないだろうか。その令の上日数に関わる規定とは、考課や禄の対象になるための最低限の出勤日数を示したものにすぎないこと、一方で官僚制的国家運営を実現するにあたっての、上日の合理的側面についてもあらためて留意する必要がある（第Ⅰ部第一章・第Ⅲ部第四章）。君恩などを考える上で、行事などの業務実績はもっと考慮されるべきであろう。

そして律令官人の奉仕において、この行事などの業務実績に着目すべきさらなる理由は、それが官人制の形成から再編までを見通す上で必要な一つの視角を提供するものと思われるからである。例えばその一つが、官司に対する官人の物質的奉仕についての問題である。第Ⅲ部第二章の中で、制度として完成された形をとる成功などとは別に、平安時代の中下級官人が、本来的な職務を遂行するため（そしてそれによってより有利な地位を得るため）に、自身による物質的奉仕が必要となる場合があったことについて述べた。

もちろんこれまでも、平安時代の官人による所属本司への物質的な奉仕について言及されることはあった。例えば、院政期に内蔵寮の頭が富裕な受領をもって充てられていたことはよく知られているが、それは十一世紀初頭前後には始まっていたとされる[28]。また同じころ、近衛府では年中行事の饗料や禄などの必要な経費を大将が私的に負担していたことも指摘されている[29]。しかし、職務を遂行する上での必要な物資・経費の一部負担という形での奉仕は、本書で述べてきたような官人制の再編を経ての官司運営のあり方からすれば、それがただちに叙任に結びつくかどうかは別としても、長官などの責任者に限らず、平安時代の官司内で広く行われていたと考えられそうである。

では、こうした令制の官司運営や叙任の論理とは相容れない奉仕のあり方は、官人制の再編が進んだ九世紀から十世紀にかけて始まったのだろうか。本書の論旨からすれば、そうした奉仕にもとづく叙任は、再編の進行により強化・制度化されたものであって、それ以前は式部省の介在によって、令制的な論理からはずれた奉仕をストレートに叙任に反映させることは、建前上、抑制される仕組みがあったということになる。しかし、官人の奉仕としての行事の位置づけが高く評価できるならば、再編以前にあっても、その個々の行事の背後には、それが表に出るかどうかは別として、官人自身による何らかの物質的奉仕なども含まれる場合もあったことが想定されてくる。少なくとも令制官司が形成される以前は、組織の運営に必要な奉仕に、私的か公的かを区別することは困難である。

品部・雑戸という令制的身分編成にもとづく令制上の貢納関係などとは別に、一般官人、とくに実質的な人事権限が諸司側にあった雑任などの下級官人において、通常の職務遂行の背後には、物質的なものをはじめとする、令制上の建前からはうかがい知ることができない奉仕が令制当初から含まれている場合もあったのではないか。そしてそれが、やはり令制システムからは想定できないメリット、例えば官司内の地位の向上（およびそれに伴う役得）などにもつながることもあったのではないか[30]。

そして律令官人制再編以前の八世紀においても、特定の機関（諸司）からの推挙による任用が行われていた可能性[31]を念頭に置くならば、そうした意味での日常的な奉仕が本司からの推挙などに大きな影響を与えていた可能性もあるだろう。もしそうだとすれば、中央財政の逼迫が諸司の運営に直接影響を及ぼすようになれば、その傾向はより強まったであろうことは想像に難くない。官人制の再編が促進された要因の一つも、もともと律令制の建前の背後に隠れていたそのような奉仕を、より積極的・効果的に汲みとるためのシステム化や制度化にあるのかもしれない。

最後に臆測による大雑把な見通しを重ねすぎたが、いずれにしても、令制下における君恩・奉仕関係を考える際に、「官職」という君恩、そして「行事」などの奉仕をいかに官人制の中に位置づけてゆくか、そうした作業がこれまで以上に必要となってくるのではないか。天皇と官人との間の君臣関係について、「上日」にもとづく「位階」「禄」の賜与、という目線からいったん離れてその作業を行い、それらの複合的な視点で令制以前から平安時代までの官人社会全体を見通すことにより、律令官人制とその再編像は、より豊かなものとなるだろう。

5　律令官人制の形成・再編と式部省

ところで、「再編」という角度から律令官人制そのものを本書のようにとらえた場合、いま一つ明瞭に浮かび上がる律令官人制の特質は、その随所に現れる式部省の役割ではないだろうか[32]（以下、本項では繁雑さを避けるため、兵部省を併記すべきところも、すべて式部省で代表させる）。そして同様のことは、再編とは逆の、律令官人秩序の形成を考える上でもいえると思われる。そのことをまず、大宝令施行直後に「凡選任之人、奏任以上者、以二名籍一送二太政官一、判任者、式部銓擬而送之[33]」「夫選任者、奏任以上者、注二可レ用人名一、申二送太政官一。但官判任者、銓擬而申二太政官一[34]」と規定した大宝元年（七〇一）七月二十八日太政官処分からあらためて確認してみたい。

この太政官処分の評価については、第Ⅲ部第四章でも触れたように、式部省の試練を廃止することによって奏任以上の銓擬権を太政官が掌握した、あるいは不明瞭であった奏任の銓擬の主体を明確にした、という銓擬権の所在が問題にされてきた。しかしこの処分をよくみれば、直接、奏任以上の銓擬権の所在に触れているわけではなく、むしろ式部省側の行為に視点が置かれていることに注意したい[35]。仮に前者の指摘のように、大宝令制定者の唐制継受の意図に反し、ここで式部省の試練を廃止して省の権限が抑制されたとしても、人事情報を統括する省による候補者の選定という重要な役割が、ここで明確に示されたことになるのである。

そして養老選叙令4応選条が、大宝令にあった「試練」をたんに削除しただけではなく、「審二状迹一」と改変されたのをみれば、やはりこの太政官処分は、試練を廃止することに主眼があるのではなく、（太政官による）奏任以上の銓擬にあたっては、式部省の審査結果にもとづいた候補者名簿が必要であること、一方で判任に関しては、この太省自身が銓擬の主体であることをあらためて示したということではないか。そしてさらに留意すべきは、この太政官処分において、式部省による候補者選定は、勅任をも対象であることが示されていることである。令制当初から式部省に求められていた役割が、どこにあるかがうかがえよう。

律令官人制の構築にあたっては、部民制下における多元的・重層的で複雑な従属関係や多様な奉仕形態に対しての統御、その統御を実現・維持するための規範・秩序の構築とその運用が急務であった。式部省は、唐の吏部をモデルにしながらも、その政治的機能の継受ということでなく、考選制度を基盤として令制的な論理にもとづいて一元的に人事を管理するという、行政的機能こそが期待されていたのである。日唐間の比較・継受という視点からいったん距離をおくと、式部省については、右のような役割を与えられた点が注意されるのである。そして、そのような背景をもつ人事行政を担うこととなった式部省の行政的権限の大きさは、一般政務に対する三省申政の位置づけにも表れているといえよう。

さて、本書では平安時代の官人制再編について、自律的な官司運営の推進を一つの軸としてみてきた。もし式部省という視点を重視してそれをとらえ直すとするなら、官人制の再編とは、律令官人制の形成過程の中で設定されていった式部省の行政上の機能・権限を、今度は一つずつはずしてゆくことによりそうした官司運営を加速させ、結果的に諸司・諸家などが（ある意味で令制以前のように）官人結集の結節点となってゆく過程ともとれる。

すなわち九世紀の初め、「官人」（A枠）への任用に関して、式部省の事前審査のフィルターの役割が弱められたが、そのことは諸司そして諸家自身が、令制の論理外のものを含む多様な奉仕を効率的に吸収し、それを制度的なものとして拡大してゆくことを可能にした（第Ⅲ部第二章）。そして雑任などのB枠に関しても、トネリ出身制度の前提である式部省の簡試などを九世紀前半の間に廃止し（第Ⅱ部第一章）、また九世紀を通して任用に関する決裁権を式部省から王権側に必要に応じて移すことにより（第Ⅲ部第一章）、さらにその方向性を進展させたのである。

そして最終的に十世紀半ばには、考選制度にもとづく一律的な式部省の官人管理そのものが解消されることになった（第Ⅲ部第三章）。省の官人把握の範囲も「官人」（A枠）のみと著しく限定されたが、それにより諸司そして諸家は、自らの裁量で従来のB・C枠を一体的に再編成し、個々で必要な奉仕をより効率的に収取・管理することが可能になったといえる。こうして諸司・諸家には、従来の令制的身分編成とは無関係に人々が結集することになったが、その一方で式部省の「官人」把握についての中身は、本司による「考課」と省による人事情報の集約化（本節3項）が行われなくなったことにより、たんなる名簿管理的なものになってしまったのである。

律令官人制の諸問題を考えるにあたっては、式部省の人事行政の内容とその推移について、これまで以上に留意する必要があるだろう。

第三節　律令官人制の再編とは

律令官人制に関わる個別規定やシステムの変更などは、当然のことながら、大宝令の施行直後から断続的に行われてきた。しかし、九世紀の初めごろから、その改変の中に一つの方向性が現れ始めた。そしてそれこそが、最終的に律令官人制の基盤部分を改変ないしは解体させることにつながってゆく性格のものであった。その方向性とは、個々の官司自身の自律的・自己完結的な運営の推進を背景にもつものであり、そのために個別官司・ポストごとに異なる機能や、それに応じた多様な奉仕の形を重視し、個々の官人の奉仕についても、その角度から積極的に評価してゆこうとする姿勢をもつものであった。それはまた諸司だけでなく諸家なども、国家運営を支える自律的「機関」の一単位として位置づけ、そこでの奉仕者をもその体制の中に組み込む側面をもっていた。

本書では、そうした方向性と、それが制度面で具現化していった九世紀初め以降の個々の法令などを律令官人制再編の主軸ととらえた。そしてその最終的帰結として、考選制度や課役免除システムなど律令官人制存立のための基盤的システム、およびそれにもとづく広義の官人の枠組（そしてその前提にある令制的身分編成）そのものまでが解体することとなった十世紀半ばをとくに大きな画期とみなした。そして、その十世紀半ばの制度的転換が諸方面に浸透してゆく十世紀末までを含めて、律令官人制の再編期ととらえることにしたい。

そのような自律的な官司運営が重視されるようになった主な理由として、「各官衙財政の非独立性[36]」「使途に応じた現物の貢納制[37]」を構造上の特徴としていた中央財政のもとにおいて、八世紀の後わりごろから深刻化する貢納物の違期・未進などの問題がやはり大きいと思われる。ただ、これまであげたような官司の自律性とは、財政以外の問題が含まれるものであり、たんなる収取・分配の組み替えを目的とするものではない。とすれば、そうした自律化が進行した背景について考えるためには、当然ながらより広い視角が必要となってくる。

例えば、もし本書で指摘したような、任用手続き上における式部省の事前関与の低下・消滅が、一面で個々の諸司や所々あるいは諸家等が横並びに天皇との距離を縮めたことを意味するとすれば、それが始まる時期の政治体制そのものの問題、具体的には諸司別当制などの問題(38)も含めて考える必要があるだろう。その場合、本書ではほとんど扱うことはできなかったが、官司等に関する運営の新たな展開――律令官司制の再編――が、官人制諸制度にはたらきかけた影響を考慮しなければならない。

そもそも諸司のすべてが等しく自律的な経営体に成長したわけではなく、逆に官司としての内実を失うものもあった(39)ことはいうまでもない。その意味で平安宮内諸官衙の、十世紀後半以降から十一世紀前半にかけての物理的な衰退(40)という事実にも十分に留意する必要がある。また、個別官司の内部構造・実態については、史料が増加する摂関期以降において研究が進んでいるが、本書でみてきたような律令官人制の再編は、例えば年預制(41)のような、律令官司制の枠組を維持しながら実質面を拡充させてゆく官司運営の前提になったと思われる。摂関期以降の官司のあり方から、律令官人制をどのように相対的にとらえることができるのか、それも今後の課題となるだろう。

ところで本書では、除目・叙位儀の対象となる職事官・五位以上、すなわち狭義の「官人」については、官人制の再編を経てもなお、式部・兵部省による管理・把握のもとで、その一体性が維持されてきたことを重視した。その意味であらためて注意したいのは、任用が実質的に決定される除目本体だけでなく、その後に行われる任官儀（下名）についてである。これは奏上された召名を、上卿が式部・兵部省官人に下し、それを二省官人が読み上げるというものである。除目とは独立した形で行われ、まったくの儀礼的なものであるにもかかわらず、省略もされずに平安時代を通して一貫して行われてきたのである。もっとも実際の儀式の中身は、任用される当人が必ずしも出席するものではなく(42)、その儀式の本質は、（参列者がいなくとも）被任用者の名が唱えられることによって、任用の事実を公表し確定することにあるとされるから(43)、その点が重視され続けたといえるかもしれない。

しかし、のちにはその唱名自体が行われなくなるのであり、[44]それでも上卿が召名を手ずから二省に渡して「マケ（任）タヘ」と命じる儀礼だけは行われ続けていたことに注意したい。[45]そして二省官人が不参の場合は、召名は封をされた上で外記に預けられ、後日、あらためてそれが行われるなど、[46]厳格に維持されてきたのである。また叙位儀についても、その最終段階である位記召給において、上卿が位記を式部・兵部省官人に渡し、二省官人がそれを個々の対象者に渡すという形式が長く保たれていた。令制の個別人事が残った「官人」枠に関わる庶務執行権限については、ほぼ外記に集約され、二省による官人の把握は名簿管理的なものにとどまっていたとしても、このように叙任に関する省の人事行政面での地位は、形式上強く維持されていたのである。多様な従属関係が交錯する現実の官人社会の中で、理念上の唯一的な君臣関係の維持のためには、二省の関与は不可欠ということになるのだろう。

そしてさらに注意したいのは、もう一つの君臣関係に関わる儀式、つまり律令官人制システムの基盤をなしていた考選制度に関わる儀式についてである。すなわち列見や擬階奏などの儀式は、官人制再編によって考選制度が停止され、広義の官人の枠組（B枠）が解体されたあとも、あたかも一人一人の考課や成選叙位が実施されているかのように、二省の関与のもと、その外形だけが平安時代を通して行われ続けていたことである。つまりその儀式を執行し続けることで、個別的にはもはや実態のない広義の官人に対しても、従来通り二省が考選制度を介して把握・管理する形をとっているのである。つまり実存する「官人」（A枠）の個別人事とあわせてみれば、官人秩序や令制的身分編成を維持・管理するための考選制度をベースに、その上に実質的な君恩・奉仕関係を確認する「官人」叙任システム（除目・叙位儀）を置き、それら人事行政全般を二省が統括する、という律令官人制の基本的な構造（それによる君臣関係の二重構造）は、現実の官人制が平安貴族社会に適合的な形で運営されているにもかかわらず、建前上はそのまま生き続けているのである。

本書の検討からすれば、このことは令制以前からの君臣関係に由来する問題というよりも、考選制度および式部・兵部省というものが、令制当初、「律令」による国家運営そのものを象徴する、まったく新しい理念・合理的管理システムによる制度、そしてそのもとで官人を統制するまったく新しい機関として、人々の間に強く印象づけられ、その意識がのちのちまで潜在的に引き継がれていったことを示している、ということになるのだろう。右で述べた儀式を執行し続けることによって、律令官人制、ひいては「律令」による国家運営が、それに携わる人々の間で観念的に維持[47]されてきたのである。こうした平安時代およびそれ以降の官人社会の大枠を形づくったのが、十世紀末までの間にほぼ完成した律令官人制の「再編」だったのである[48]。

さて、実際の個別人事が維持された[49]職事官・五位以上という「官人」の枠組は、叙任手続きを含め、その後も九百年近くにわたって官人のあり方を規定するものとなった。そして逆に、その形式的手続きの根幹部分に何らかのゆがみが生じたときは、政治構造に質的な変化が生じたことを予測させる。

第Ⅲ部補論で指摘したように、白河院政が始まってまもない康和五年（一一〇三）のある日、小除目の結果が上卿から式部・兵部省に文書（召名）で伝えられるのではなく、「外記」に直接「口宣」で伝えられるという極めてイレギュラーな事態が突然出来し、関係者を困惑させた。そして、除目終了後に召名を戻してそれを一定の作法で訂正し再び上卿が二省に下すという繁雑な手続きを原則としていた兼官留任の手続きも、それに根拠を得たかのように、このあと上卿から外記への口頭宣下のみで済ませる簡便な方法へと進むようになる。そしてついには、兼官留任ではない通常の任官そのものにおいても、除目ではなく、一般政務手続きと同様、上卿から外記への宣下のみで行われる方式が登場し[50]、後世それが一般化する。「官人」の枠組は維持されるものの、独自のシステムを固守してきた除目や叙位儀という形を通しての人事行政は、徐々に一般行政システムの中に埋没してゆくことになるのである。

これらは院政期の政治構造の問題としてとらえるべき重要な課題になると思われるが、その立ち位置からの官人制や君臣関係の問題に関しては、本書の領域をはるかに超えるものになるため、それについては今後の検討に期したい。

いずれにしても、平安時代における律令官人制の再編の実態と、その検討を通して浮き彫りになる律令官人制の特質の一端を示すことができたと考えるので、本書はここで擱筆することにしたいと思う。

註

(1) 以下、各章で言及した先行研究に関する註は、重複による繁雑さを避けるため原則として省いた。

(2) 本書の下級官人を重視する視角からすれば、この時期の官司・官人制の改革が、たんなる冗官整理でなく史生の新置・増員を含む点、下級官人への待遇改善である点、などの先学の指摘はとくに重要である。

(3) 市大樹「九世紀畿内地域の富豪層と院宮王臣家・諸司」(『ヒストリア』一六三、一九九九年)。

(4) 玉井力「十・十一世紀の日本—摂関政治」(『平安時代の貴族と天皇』岩波書店、二〇〇〇年、初出は一九九五年)。

(5) 『続左丞抄』第三、永承三年(一〇四八)八月七日宣旨。

(6) なお織手等と諸家との関係については、告井幸男「摂関期貴族階級の社会構造—官人の兼参を中心に—」(『摂関期貴族社会の研究』塙書房、二〇〇五年)も参照。

(7) 村井康彦「官衙町の形成と変質」(『古代国家解体過程の研究』岩波書店、一九六五年)、北村優季「京中支配の諸相—十、十一世紀の平安京—」(『平安京—その歴史と構造—』吉川弘文館、一九九五年、初出は一九八五年)。

(8)前掲註(7)北村氏論文。
(9)吉川真司「院宮王臣家」(『律令体制史研究』岩波書店、二〇二二年、初出は二〇〇二年)。
(10)もちろん実際には、諸司等からすでに距離を置いているのに、その肩書を利用し続ける者が地方を中心に少なからずいたと思われる。
(11)諸道に関しては、除目における「諸道挙」「諸道年挙」(『蟬冕翼抄』(『群書類従』第七輯))の形成が、システム面での成立の一つの指標になるだろう。
(12)尾上陽介氏は、年給制度の封禄制度(任料・叙料の得分)としての側面に対し、近親者や家政機関等における有労者への叙爵・任官という側面をも明らかにし、年爵・年官制度の多面的性格と後者の側面の方が年給の本質である点を指摘している(「年爵制度の変遷とその本質」『東京大学史料編纂所研究紀要』四、一九九四年、「年官制度の本質」『史観』一四五、二〇〇一年)。
(13)なお年給の場合はその性格上、外記方ルートではなく当初から蔵人方ルートをとっていたとみられるが(玉井力「平安時代の除目について—蔵人方の成立を中心として—」前掲註(4)玉井氏書、初出は一九八四年、参照)、いずれにしてもこのときの(のちに「外記方」と呼ばれる)直接的ルートの誕生が、蔵人方ルートの成立の前提になったと考える。
(14)佐々木恵介「任官申請文書の類型とその系譜」(『日本古代の官司と政務』吉川弘文館、二〇一八年、初出は二〇一一年)。
(15)この場合、位禄定の院・宮・大臣家の「分」(推挙権)の成立はとくに重要であろう。位禄の「分」については、吉川真司「律令官人制の再編過程」(『律令官僚制の研究』塙書房、一九九八年、初出は一九八九年)、山下信一郎「平安時代の給与制と位禄」(『日本古代の国家と給与制』吉川弘文館、二〇一二年、初出は一九九七年)参照。
(16)大津透「受領功過定覚書—摂関期の国家論に向けて—」「平安時代収取制度の研究」(『律令国家支配機構の研究』岩波書店、一九九三年、初出は一九八九・九〇年)。
(17)熊谷公男「〝祖の名〟とウヂの構造」(関晃先生古稀記念会編『律令国家の構造』吉川弘文館、一九八九年)。
(18)『日本書紀』清寧天皇元年正月壬子条。

(19)吉村武彦「仕奉と貢納」(『日本古代の政事と社会』塙書房、二〇二一年、初出は一九八六年)。
(20)吉川真司「王宮と官人社会」(前掲註(9)吉川氏書、初出は二〇〇五年)。
(21)宮崎市定「日本の官位令と唐の官品令」(『宮崎市定全集』二二、岩波書店、一九九二年、初出は一九五九年)、井上光貞「冠位十二階とその史的意義」(『井上光貞著作集』一、岩波書店、一九八五年、初出は一九六三年)、石母田正『日本の古代国家』第一章(『石母田正著作集』三、岩波書店、一九八九年、初出は一九七一年)。
(22)黛弘道「冠位十二階考」(『律令国家成立史の研究』吉川弘文館、一九八二年、初出は一九五九年)。
(23)虎尾達哉「天武朝における冠位の抑制をめぐって」(『律令政治と官人社会』塙書房、二〇二一年、初出は二〇〇七年)。
(24)古瀬奈津子「昇殿制の成立」(『日本古代王権と儀式』吉川弘文館、一九九八年、初出は一九八七年)。
(25)寺崎保広「考課木簡の再検討」(『古代日本の都城と木簡』吉川弘文館、二〇〇六年、初出は一九八九年)。
(26)式部省の推挙については、本書でくり返し触れたように、大宝元年(七〇一)七月二十八日太政官処分で実際に規定されており、この件に関しては本章においてもさらに後述する。
(27)もっとも本書第Ⅰ部第二章で述べたように、具体的な「功過行能」等を本司から式部省に毎年報告する文書としての考状は、和銅五年(七一二)に成立したと考えられる。したがってそれ以前における式部省への人事関係の報告については、考課令13条集解古記にみえるように、一部を考文に付したり、あるいは考課日程と無関係に必要に応じて送られていたと想定しておきたい。
(28)森田悌「平安中期の内蔵寮」(『平安時代政治史研究』吉川弘文館、一九七八年、初出は一九七八年)参照。
(29)鳥谷智文「王朝国家期における近衛府府務運営の一考察—『小右記』を中心として—」(『史学研究』一九九、一九九三年)、佐々木恵介「『小右記』にみる摂関期近衛府の政務運営」(前掲註(14)佐々木氏書、初出は一九九三年)。
(30)この点に関して、市川理恵氏は正倉院文書の分析から重要な点を指摘している。すなわち、吉田孝氏が同文書によって早くから「官人の私経済」について言及(「律令時代の交易」『律令国家と古代の社会』岩波書店、一九八三年、初出は一九六五年)したものの、その後の研究が私富の蓄積などの面に傾斜しているのに対し、市川氏はその「官人の私経済」が認められていたのは、彼らが官司運営のために私財を提供する存在であったためとする（「造石山寺所関係文書からみた安都雄足の官司運営」『正倉院文書と下級官人の実像』同成社、二〇一五年、初出は二〇一四年）。また氏は、月借銭に対するこれまでの評価を見直し、その財政的な意義を明らかにするとともに、下級官人はそれを請負うこと自体が官人の実績として認知されていたと推測している（「下級官人と月借銭―宝亀年間の一切経写経事業を中心に―」前掲書、初出は二〇一三年）。造東大寺司関係だけでなく、一般官司においてもそうした「官人の私経済」を基盤とする財政運用の可能性が濃厚（吉田氏前掲論文）なら、すでにこの時期において、本司の運営を財政面で支えるような奉仕が人事面などに与えた影響の可能性は考慮してもよいだろう。

(31) 前掲註(14)佐々木氏論文。

(32) なお近年、虎尾達哉氏は人事官庁・礼儀監督官庁としての式部省の役割を高く評価する論考を相次いで公表している（「律令官人群の形成」「弘仁六年給季禄儀における式兵両省相論をめぐって―律令制下官司統制管見―」前掲註(24)虎尾氏書、初出はいずれも二〇一八年）。また律令官人全体を問題にするのであれば、女官とそれを統括する中務省の考察は不可欠であるが、本書ではほとんど言及できなかった。それについては今後の課題としたい。

(33) 『続日本紀』大宝元年（七〇一）七月戊戌条。

(34) 選叙令4応選条集解令釈所引大宝元年（七〇一）七月二十八日太政官処分。

(35) なお、同法を直接継承する式文「凡選任者、奏任以上者、省注二可レ用人名一、申二送太政官一。但官判任者、銓擬而申二太政官一」（『延喜式』式部省上79選任条）では、式部省の主体性がより明確に示されている。

(36) 村井康彦「平安中期の官衙財政」（前掲註(7)村井氏書）。

(37) 早川庄八「律令財政の構造とその変質」（『日本古代の財政制度』名著刊行会、二〇〇〇年、初出は一九六五年）。

(38) 佐藤全敏氏によれば、九世紀初頭に広がったとされる諸司別当などの別当制とは、桓武朝以来、とくに嵯峨・淳和天皇が、自らと人格的に結びついた一部の上級官人と抜てきした実務官人を率いて、一連の政治改革を主導した平安初期政治体制と呼ばれる政治形態のもとで、律令官制などとは別に別当を置くことによりその政治形態を制度化したものである

（「検非違使別当の特質」「平安時代の寺院と俗別当」「諸司別当制からみた律令官制の変容」「古代日本における「権力」の変容」『平安時代の天皇と官僚制』東京大学出版会、二〇〇八年、「検非違使別当の特質」の初出は一九九六年）。

(39) 例えば第Ⅱ部第三章で触れた春宮坊被官監署など。

(40) 西山良平「平安京の〈空間〉」（『都市平安京』京都大学学術出版会、二〇〇四年、初出は一九九四年）参照。

(41) 官司の内部構造に関して年預の問題は、中原俊章『中世公家と地下官人』（吉川弘文館、一九八七年）、今正秀「平安中・後期から鎌倉期における官司運営の特質―内蔵寮を中心に―」（『史学雑誌』九九―一、一九九〇年）の論考以降、今日に至るまでとくに関心の高いテーマといえる。

(42) 西本昌弘「八・九世紀の内裏任官儀と可任人歴名」（『日本古代儀礼成立史の研究』塙書房、一九九七年、初出は一九九五年）。

(43) 佐々木恵介「古代における任官結果の伝達について」（前掲註(14)佐々木氏書、初出は二〇〇三年）。

(44) 前掲註(42)西本氏論文では、『台記』保延二年（一一三六）十一月十日条の記事から、十二世紀前半には任官儀の場で二省が召名を読み上げることさえ行われなくなっていたことを指摘している。

(45) 上卿から二省に召名を下給すること自体は、たとえ二省官人が不参であっても、後述のように儀式を延引したり、あるいは前掲註(44)史料にみられるように、代官を用いたりすることをしながらも続けられている。

(46) 例えば、『左経記』長元四年（一〇三一）十二月二十六日条には「令レ召二式部一。不レ参。仍加レ封預二外記一、明日参入可レ下二式部一之由、被レ語二付侍従中納言一」とみえる。

(47) 佐藤全敏「国風文化の構造」（吉村武彦・吉川真司・川尻秋生編『シリーズ古代史をひらく　国風文化―貴族社会のなかの「唐」と「和」』岩波書店、二〇二一年）参照。

(48) ただし、基幹システムが事実上解体しつつも、なお理念的な建前を当事者の間で共有する十世紀後半以降の人事体制を「律令」官人制といってよいのか、という律令体制に関わる根本的な課題が残されている。その評価によっては、本書全体で論じた平安時代前期にみられる官人制の動向は、そもそも「再編」といってよいのか、ということになる。それは、これまで議論されてきた摂関期の国制の評価にも直接つながるものだが、以上の課題を深める前に、あらためて吉川氏が重視した「諸階層の存在形態と、それらの相互依存関係」（「摂関政治の転成」前掲註(15)吉川氏書、初出は一九九五年）の一つ一つを、具体的に明らかにしてゆく必要を感じている。その視点からの、下級官人を含む官人社会の研究は、例えば前掲註(6)告井氏論文、前田禎彦「看督長小考―摂関期の官司と社会集団―」（『国史学』一九一、二〇〇七年）のような成果をみている。本書で検討した制度的前提をふまえつつ、そうした角度から、「平安時代の官人」とは何か、という問題をさらに追究し、右の課題に応えてゆきたい。

(49) もちろん実際の除目では、一部で架空の人物を推挙するような慣例も形成されてゆく。

(50) いつから宣下のみによる職事官の任用が行われるようになったかは判然としないが、『宣旨類』（『続群書類従』第十一輯下）所収の、康和四年（一一〇二）七月二十一日に大納言源俊明が宣下した書状形式（宛所は欠）による任用事例が、確認できる最も古いものではないかと思う。ただし、本文で触れたような小除目の結果を除目に書かずに口宣等で外記に伝達するスタイルは、その後も、『本朝世紀』康治元年（一一四二）三月十四日条などにみえるので、この康和四年の事例が除目とまったく無関係に行われたと断定することはできない。このほか『本朝世紀』には、仁平二年（一一五二）二月二十五日条に、外記が奉じて記した宣旨書そのものが収載されるが、右のような意味で除目と完全に無関係かどうかはやはり判断できない。ただこのころの『兵範記』嘉応元年（一一六九）六月十二日条によれば、後白河院の意向による、院御随身の左近衛将曹中臣重近の将監転任について、「臨時口宣」が問題になり、それについて蔵人頭の平信範が外記に問うた。すると外記は「下野敦利・季利・秦兼弘等任二将監一之〔時脱カ〕皆除目之次也。非二臨時口宣一。但如二舞人等一、蒙二勧賞一之時、皆臨時口宣也。可レ依二御定一歟」と答えているので、このころまでには一部で奉外記の宣旨のみによる任用が行われていたらしい。それでも左大臣の藤原経宗は納得がいかなかったが、再三の沙汰により外記に宣下せざるをえなかった。信範は蔵人頭としてこの宣旨を書き留めているが、「依二当時御定一雖二宣下一、此事臨時口宣。猶不レ可レ為二後例一歟」とも記しているので、やはり、当時の官人社会において、こうした形式はまだ好ましいものではなかったようである。

あとがき

本書は、二〇二二年九月に提出した学習院大学審査学位論文「律令官人制再編の研究」を一部加筆・修正したものである。審査の労をとって下さった鐘江宏之先生・家永遵嗣先生・大隅清陽先生には、厚く御礼申し上げたい。

自分が今のように「歴史」に向き合うようになったきっかけは、おそらく小学校のクラブ活動の一環で近くの神社を訪ね、神職の方のお話を聞き宝物を触らせていただいたときの強烈な印象にあったと思う。それ以来、身近な文化財などを見て歩く中で、さまざまな歴史に興味をもつようになった。中学生になると地域の枠を超えて東国武士団に関心が向かい、一年の夏休みには従兄に車で中世城館跡などを見に連れて行ってもらったのだが、その際に立ち寄った埼玉古墳群で、大小連なる古墳に感銘を受けたことが、古代史との出会いということになるのかもしれない。その後、高校一年の時に近所の区立図書館で、たまたま（たぶん『尊卑分脈』の近くにあったからだろう）『公卿補任』を手に取り、これにもなぜか衝撃を受けてそれを借りて読み込み、自分なりに公卿の範囲や散位の意味について考えたりしたことが、本書に通じる関心の起点ということになりそうである。

一九八八年に学習院大学文学部史学科に入学したときには、すでに古代史に進もうと決めていたが、入学の少し前から黛弘道先生はご病気で療養されていた。そのため二年のとき、出講されていた笹山晴生先生のゼミで『令義解』を読むことから本当の勉強が始まった。夏休みのゼミ合宿では講師の前川明久先生から『続日本紀』を読む機会を与えられた。四年のときに卒業論文指導の形で、復帰されたばかりの黛先生から初めて教えを受けることになったが、そのころはまだ自分で本当にやりたいテーマが定まらなかった。入学後に入った学習院大学考古学研究会のサークル活動で、夏休み・春休みの多くを地方の発掘調査の現場で過ごしているうちに、考古学を採り入れた形で論文を書こうか迷っていたからかもしれない。

大学院に進学し、出講されていた橋本義彦先生のもとで『兵範記』の講読という機会に恵まれ、またそのころには笹山先生も専任で学習院大学に移られることになり、関心は平安時代史へと急速に傾いていった。学部で学んできた律令条文、あるいはそれをもとにした当時の概説書等の説明では、とても理解できない平安時代の官人の姿に、かえって引かれるものがあった。そのうちに本書の序章でも触れたように、そうした違いの本質を理解するためには、下級官人の制度的実態について知ることも必要なのではないか。そんなことを考える中で、ようやく自分が目指すべき方向性が見えてきた。しかし、テーマも決まり修士論文を書き始めたところで、現在の職場の前身である地元の博物館開設準備会で仕事をすることとなり、課程最後の一年間は二足の草鞋をはきながら修論を書き続けた。

なんとか修論を提出したあと、その一部を『ヒストリア』に投稿し、掲載していただいたのが、本書第Ⅱ部第一章のもととなったトネリに関する論文である。爾来、ほぼ下級官人の周辺をテーマに、遅々とした歩みで本書所収の各論文を公表してきた。ただ、分量が多く投稿することができなかったもの（例えば第Ⅲ部第二章は、本来第一章とセットで構想していたが、一章の公表後十五年ぐらいの間に雪だるまのように膨れてしまった）、あるいは他稿との関係性から単独で公表しにくいものが残った。こうしたものを既発表の各論文と整合性をとりながらまとめ直したり、また必要に応じて新たに稿を起こすなどして、それらを一つにすることで博士論文として提出することができた。それまでの長い期間、なにかとお気遣いいただいた鐘江先生に、重ねて御礼申し上げたい。

その間の二〇一〇年十二月に黛先生が逝去された。時間的にはわずかであったが、先生からの古代史に限らない一つ一つの教えを忘れることはない。そして本書原稿の入稿後の今年四月には、笹山先生がお亡くなりになった。あと少しというところで先生に本書をお見せできなくなってしまったことは痛恨の極みである。いつも穏やかなお顔とは反対の、厳しいお言葉をもう頂戴することができないのが残念でならない。

研究を続けてゆく過程では、ほかに多くの方からお世話になった。在学中には先輩の伊佐治康成氏・井上亘氏とは研究会を開いたりしていたが、とくに伊佐治氏には大学を離れてからもよく面倒をみていただいた。また、橋本先生のゼミ以来、しばらく古記録とは距離を置いたままでいたときに、『山槐記』輪読会に出席させていただくことになったが、それから現在に至るまで、古記録はどのように読むのか、について教えていただいている中世史の先輩の中込律子氏・高橋秀樹氏にはとても感謝している。そしてもう二十年も前になるが、佐々木恵介先生に『西宮記』を読むゼミへの参加をお許しいただいたことは、今でも大変ありがたく思っている。

さきに考古学研究会について触れたが、ここでは実に多彩（多才）な人たちが部室に出入りしており、いろいろな面で強く影響を受けた。「研究」という面でいえば、とくに近世史の先輩の岩淵令治氏からは、考古学のことについてはもちろん、近世文書の調査などに連れて行っていただいたり、小さな研究会を開いたりする中で、多くのことを学んだ。そして仕事のことなども含め、今でも公私ともにお世話になっている。

現在の自分の研究領域とは大きく異なれども、今にして思えば、発掘調査や文書調査における記録の取り方などからも多くの影響を受けてきた。各調査の際にお世話になった方々、このほか研究を続けてゆく中で励ましをいただいた方々にも、この場を借りて御礼申し上げたい。

また出版事情の厳しい中で本書を刊行していただくことになった塙書房にも御礼申し上げたい。そして校正では甚だしくご迷惑をおかけした寺島正行氏にはお詫び申し上げるとともに、終始丁寧に編集にあたっていただいたことに心より感謝申し上げたい。

最後に私事にわたり恐縮だが、つねに自分の好きな道を歩ませてくれ、本来なら本書の刊行を誰よりも喜んでくれたであろう亡き両親の正勝・紀美子に、そしていつもそばで自分を支えてくれている妻明子に、あらためて感謝の気持ちを伝えたい。

なお、本書の刊行にあたっては、学習院大学大学院人文科学研究科博士論文刊行助成金の支給を受けた。

二〇二四年八月

田原光泰

索　引

（事項／人名／研究者名）

採録は本文中の語に限り、史料・史料名・表・論文名からは原則として採らなかった。
また「研究者名」では、編者・校訂者等の名前は採録しなかった。

事　項

き

く

け

こ

さ

し

す

せ

そ

た

ち

つ

わ

人　　名

は

ふ

み

も

や

れ

わ

研究者名

田　原　光　泰（たはら・みつやす）

略　歴
1969年　東京都に生まれる
1995年　学習院大学大学院人文科学研究科史学専攻博士前期課程修了
2023年　博士（史学）学位取得
現　在　渋谷区郷土博物館・文学館学芸員

主要論文
「蔭位授与制度の再検討―延暦十四年十月八日格を中心に―」（『日本歴史』619、1999年）
「平安初期における官人出身の施策について」（黛弘道編『古代国家の政治と外交』吉川弘文館、2001年）

律令《りつりょう》官人《かんじん》制《せい》再編《さいへん》の研究《けんきゅう》

2024年12月25日　第1版第1刷

著　者　田　原　光　泰
発行者　白　石　タ　イ
発行所　株式会社　塙　書　房
〒113-0033　東京都文京区本郷6丁目26－12
電話　03(3812)5821
FAX　03(3811)0617
振替　00100－6－8782

富士リプロ・弘伸製本

定価はケースに表示してあります。落丁本・乱丁本はお取替えいたします。

ISBN978-4-8273-1358-1 C3021